本书为"湖北省高校人文社科重点研究基地社会治安治理研究中心"研究成果

治 安 学 文 库

法治社会视野下民事纠纷非诉讼化解决机制研究

农江 著

WUHAN UNIVERSITY PRESS

武汉大学出版社

图书在版编目(CIP)数据

法治社会视野下民事纠纷非诉讼化解决机制研究/农江著.—武汉：武汉大学出版社,2023.10(2024.12重印)
治安学文库
ISBN 978-7-307-24016-2

Ⅰ.法… Ⅱ.农… Ⅲ.民事诉讼—处理—研究—中国 Ⅳ.D925.104

中国国家版本馆 CIP 数据核字(2023)第 188192 号

责任编辑:田红恩　　　责任校对:鄢春梅　　　版式设计:韩闻锦

出版发行:**武汉大学出版社**　　(430072　武昌　珞珈山)
(电子邮箱:cbs22@whu.edu.cn　网址:www.wdp.com.cn)
印刷:湖北云景数字印刷有限公司
开本:720×1000　1/16　印张:25.5　字数:387 千字　　插页:1
版次:2023 年 10 月第 1 版　　2024 年 12 月第 2 次印刷
ISBN 978-7-307-24016-2　　定价:96.00 元

前　言

中国自古有"和为贵"和"无讼"的理念。近年来，随着法治社会建设的不断推进，公民权利意识日益增强，特别是受立案登记制等因素影响，诉讼案件数量快速增长，案多人少矛盾突出。2019 年初，习近平总书记在中央政法会议上提出："把非诉讼纠纷解决机制挺在前面。"2023 年 3 月 19 日《人民法院报》头版刊登了《把非诉讼纠纷解决机制挺在前面——安庆法院诉源治理工作纪实》的文章，介绍了安徽省安庆市两级法院 2022 年，通过内建机制、外搭平台，在诉源治理方面交出的一份优秀答卷。民事行政一审案件收案 4.5 万件，同比下降 17.2%，安庆市 11 家法院全部实现负增长，降幅列安徽省法院之首；诉前委派调解案件 5.7 万件，调解成功 5.5 万件。

"非讼"和"诉讼"作为化解矛盾的两大手段，都是推动矛盾纠纷纳入法治化轨道解决的重要途径。非讼化纠纷解决机制有利于促进社会自治善治，充分体现了系统治理、依法治理、综合治理、源头治理相结合，自治、法治、德治相融合的治理思路。

目前，我国有明确法律依据的非讼化纠纷解决机制主要有人民调解、行政调解、行业调解、律师调解、仲裁、信访等，类型多样、领域广泛、效力不一。与诉讼相比，非讼化纠纷化解机制在化解矛盾纠纷、修复社会关系中具有独特优势。主要表现为：其一，纠纷双方合意。纠纷非讼化解决的当事人主要基于双方合意解决纠纷，有利于激活当事人自主解决矛盾纠纷的积极性。其二，解决依据多样。纠纷非讼化解决通常是在法律框架内，灵活适用各种社会规则来解决纠纷，有利于满足现代社会多元化的需求。其三，程序设置灵活。纠纷非讼化解决方式程序相对灵活，当事人可视争议的具体情况选择合适的解决方案，选择余地大，时间成本低。其四，解决过程非对抗。纠纷非讼化解决机制大多以协商而非对抗方式解决纠纷，有利于受损或失衡的社会关系调整修复。在制度设计和法律规定层面，非讼化纠纷解决机制之间有紧密的逻辑相关性。

"坚持把非诉讼纠纷解决机制挺在前面，构建起分层递进、衔接配套的纠纷解决体系，从源头上减少诉讼增量。"要求我们加快推动非讼化纠纷解决机制建设，健全多元化纠纷解决体系，筑牢矛盾纠纷化解屏障。善于运用法治思维和法治手段化解矛盾纠纷，夯实社会稳定基层基础。

笔者有过律师从业经历，现在作为一名从事诉讼法学研究的高校教师，从切身感受而言，深感诉讼对于当事人，在很多情况下并非最佳的选择，甚至在某些情况下，诉讼应当仅仅作为当事人解决纠纷的最终保底选择。而这正是诉讼的高成本和延迟性这一世界性问题所带来的。也正是在这样的背景下，引发了全球范围的司法改革运动，各种替代性纠纷解决方式应运而生并逐渐得到各国立法机关和司法机关的重视。在我国当前建设法治社会的背景下，本课题的研究具有理论和实践的重要意义。目前对该课题的研究正处在不断发展进程中，笔者所掌握的资料十分有限，同时由于个人学识和能力有限，本书难免有诸多不足之处，期待各位专家学者的批评指正。

目　　录

第一章 民事纠纷非讼化解决机制概述

第一节 非讼化纠纷解决机制的概念与类型

一、非讼化纠纷解决机制的概念和特征

非讼化纠纷解决机制亦称之为代替性纠纷解决方式，是根据英文 Alternative Dispute Resolution（缩写为 ADR）翻译得来。这一概念即可根据字面译为替代性纠纷解决方式，也可根据其实质意义译为诉讼外或非讼化纠纷解决方式。ADR 概念源于美国，原来是 20 世纪逐步发展起来的各种诉讼外纠纷解决方式的总称，现在已引申为对世界各国普遍存在着的民事诉讼制度以外的非诉讼纠纷解决方式和机制的总称。①

美国法学家弗来彻认为，"虽然从表面上看替代性纠纷解决办法是一个有序体系，但事实上它只是一组供当事人任意选择用来避免对抗性诉讼的办法"。② 由于非讼化纠纷解决机制并不是一种单一的程序，其外延亦在不断发展，且方式因不同国家而有所区别，所以一直以来国际上对它的定义存在着诸多分歧，未能形成统一的概念。但即便如此，也并不影响非讼化纠纷解决机制对传统法学产生巨大触动，同时因为它相较诉讼，能够更加廉价、高效并更好

---

① 范愉：《非诉讼程序（ADR）教程》，中国人民大学出版社 2002 年版，第 17 页。

② 宋冰：《程序、正义与现代化——外国法学家在华演讲录》，中国政法大学出版社 1998 年版，第 420 页。

地解决纠纷，更促使其成为实践中人们争相选择适用的宠儿。

通常，从区别于法院诉讼程序的角度而言，非讼化纠纷解决机制应具备以下几个方面的特征：

第一，意思自治。ADR 的首要特征是当事人有权通过自愿协议的方式自由地处理争议（自由的程度因不同的 ADR 会有所区别）。

第二，灵活性。意思自治的结果是当事人可以自由地设计他们认为合适的程序，这种灵活性甚至可以延伸至纠纷解决的结果上，使当事人不局限于减少法律规定的救济上，而且还可以结合任何物质或非物质利益的转移和交换。

第三，谈判结构。无论是为了达成有约束力或没有约束力的协议，经过谈判达成和解都是 ADR 的基本目标。换言之，谈判可以使当事人取得一致的可能性最大化。

第四，以利益为中心。与民事诉讼以当事人的权利为导向不同，ADR 主要以当事人的利益作为纠纷解决的焦点，因为利益而非权利是当事人最终之利害所在。由于权利是衡量利益合理性的基本工具，因此，ADR 也具有权利导向的特征，但它的基本价值取向仍然是直接切入纠纷的核心要素——利益冲突。

第五，降低成本。尽管涉及的纠纷、当事人、所选择的程序以及第三人介入的效果不尽相同，但 ADR 所具有的节约成本和时间的优势显然是毋庸置疑的。这里所说的成本不仅包括当事人在运用 ADR 过程中支付的直接成本，也包括纠纷过程中派生出来的间接成本，如业务中断、当事人之间关系的破坏，以及商业机会的丧失等。

第六，替代性。是指对法院审判或判决的替代。美国法律信息网对 ADR 所作的定义是，"是一系列多样化的纠纷解决程序的统称。程序的共同之处在于'替代'这一概念。每一种程序都是对法院判决的一种替代"。① 但需要强调

---

① Alternate Dispute Resolution（ADR）refers to a variety of procedures for the resolution of disputes. Common to all ADR procedures is the word alternate. Each ADR procedures is an alternative to court adjudication. By Cary H. Barnes.

的是，这种替代性并不意味着"取代"诉讼，因为 ADR 不准备、也永远不可能取代法制。法治是我们社会的基础，而且其价值将会继续决定着社会的基本模式。"非诉讼"并不意味着排斥法院的参与，事实上很多内容是与法院相关的。

由此，非讼化解决机制是一项整体性的机制，而不是个别性的纠纷解决措施。

其社会功能的体现就是通过其自身的特点和优势，对诉讼审判制度补偏救弊、相互衔接和互补分，减少社会在纠纷解决上的成本和代价，更加及时有效地调整人际关系和社会关系，并有效地节约司法资源。在现代社会中，形形色色的非诉讼程序与诉讼和审判共同构成了一种多元化的机制，共同承担着纠纷解决的社会功能。

二、非讼化纠纷解决机制的类型

了解其他国家 ADR 的发展与建设情况，对于构建我国有很大的参考和借鉴作用，世界各国的 ADR 形式，根据其性质和法律地位，可以概括为三类，即民间性 ADR、行政性 ADR 和司法性 ADR。

（一）民间性 ADR

民间性 ADR 其主持纠纷解决的主体在性质上属于自治机构，但并不意味着这类机构或组织是完全自发产生或脱离国家权力而存在的。这类主体既有以财团法人形式运作的专门机构，如日本的交通事故纷争处理中心；还有自发成立的民间团体或审计署法人机构，如美国的邻里司法中心；同时我国的人民调解委员会的人民调解也属此类。[①]

民间性 ADR 通常与法院诉讼之间存在着指导或衔接关系。由于民间性 ADR 不具有强制力，因此为提高纠纷解决的有效性，保障民间性 ADR 处理结果的效力，进而采用通过司法审查使民间性 ADR 处理结果获得法律效力；在法律上赋予双方当事人达成的合意以契约性效力，对双方产生契约上的约束

---

① 范愉：《非诉讼程序（ADR）教程》，中国人民大学出版社 2002 年版，第 109 页。

力；当事人可以通过公证使和解协议产生法律效力，由此在一方当事人拒不履行时，可据此申请法院强制执行等方式。

（二）行政性 ADR

行政性 ADR 主要是指国家的行政机关或准行政机关所设或附设的纠纷解决机构及程序。行政性 ADR 的设置主要是出于特定类型纠纷的处理需要，借助政府主管部门的行政权力和专家的作用。如消费者协会的调解、劳动仲裁机构的仲裁等。行政性 ADR 能够将特定类型的纠纷从司法管辖中分流出来，有效地减轻法院的压力。由于行政性纠纷解决机关具有一定的权威性和专门性，在解决特定纠纷中既可提高效率和效益，又可借助专家的力量得到较审判更为合理的解决结果。此外，行政主管机关可以通过自己的管理权限在特定类型的个别纠纷的解决过程中，逐渐积累经验，形成政策和规范，不仅可进行事后的救济，而且有助于积极防止和有效调整以后同类问题的发生。因此在近年处理现代新型纠纷时，行政性 ADR 扮演了越来越重要的角色。由于行政性 ADR 机构在纠纷解决中往往需要动用自己的行政管理权，因此其中立性不免受到影响。为了避免和纠正行政机关的权力滥用，世界各国建立了形式不一的司法审查制度。目前各国现行的行政性纠纷处理与司法之间的关系也呈现出不同的格局，既有以维护行政合法性及独立权为核心的法国式行政法院体系，也有以普通法院行使司法审查权的美国式司法审查制度，还有英国式的行政法庭与普通法院同时存在、各司其职的模式。

（三）司法性 ADR

司法性 ADR，也称为法院附设 ADR，即以法院为主持机构，或者受法院指导，但不同于诉讼程序的纠纷解决程序。法院附设 ADR 虽与诉讼程序不同，但二者间却又有某种制度上的联系，在某些法定条件下，可以作为诉讼程序的前置阶段，如日本的民事和家事调停以及美国的各种法院附设 ADR 等。

司法性 ADR 属于司法体系的组成部分，其程序与民事诉讼程序相互衔接，构成一个周密的体系。这些程序一般都是根据立法或法院规则确立的，其组织结构、人员设置、基本原则、管辖范围以及具体程序等，都较为严格和规范。司法性 ADR 实际上是国家将部分司法权限有条件地委托给机构进行处理，同时保留法院对他们的司法审查权。它作为一种直接辅助民事诉讼程序的替代性纠纷解决方式，具有重要的作用。

第二节　非讼化纠纷解决机制的价值

近现代法制中，人们曾以司法尽可能取代其他纠纷解决方式为目标，但是，实践证明了这种设想的不切实际。20 世纪以来现代 ADR 等非讼化纠纷解决机制，在短时期内取得快速的扩展和推进，其直接原因或推动力正是诉讼与司法制度本身。正是在美国、英国等司法高度发达的国家，现代 ADR 最初产生并得到广泛实践和发展。近年来，美、英等国又不约而同地重视，强调纠纷的多元化解决。由此不难看出，非讼化纠纷解决机制在现代法治社会中的重要功能和价值。

一、缓解"诉讼爆炸"给法院带来的负担和压力

迄今为止，任何一种先进的诉讼制度都未能有效地解决一个两难的问题，即如何使诉讼在廉价、快捷、方便当事人的同时，又不导致滥讼的后果。在诉讼大量激增的情况下，出于保证法院权威和法官素质，避免进一步诱发滥讼以及节约司法资源等多方面的考虑，多数国家的法院规模始终保持基本不变，这就不可避免地导致诉讼与审判之间的比例失调。近年来，美英等法治国家均面临着这样的局面，大量的纠纷产生并涌入法院，引起了这些国家的法院对诉讼的警觉和反思，并迫切地希望构建这样的多元化社会纠纷解决机制。如今在我国，随着经济的快速增长和市场经济体制的逐渐完善，参与市场的经济主体数量迅猛增加，同时每一主体拥有的权益日益丰富，伴随着法治建设的进步，人们法治观念日益增强，所以纠纷的骤增也势在必然。纠纷大量出现，总体上呈不断上升之势，部分大中城市出现"诉讼爆炸"，而我们不可能通过无限制地增加法院的人力和物力来处理汹涌而至的社会冲突。这样一来，造成了有限的司法资源与社会对诉讼纠纷解决服务不断增长的需求之间的矛盾日渐突出，使得法院的负担日益沉重，产生了诉讼迟延、诉讼成本过高及投入司法的资源无

法与诉讼量增长的速度相适应等问题，特别是执行案件的结案率低下，清理积案已经成为我国司法界的一大要务。可以预计随着我国的经济发展速度的加快，各种纠纷，特别是民商事纠纷的数量又将呈上升趋势，常规性的纠纷解决途径不能满足民众需求，诉讼解决纠纷的瓶颈现象会越发严重。与此同时，我国的多元化纠纷解决机制尚不完善，各种解纷机制都还存在有较大缺陷，防控、遏制及处理冲突尤其激烈冲突和群体性突发事件的能力较弱，难以公正、及时、有效地化解纠纷。

二、充分保障公民选择权的实现

法律是为了赋予公民以更大的自由，而不是为了剥夺他们的选择权和自主权。在社会主体处分自己合法权利时，只要不违反公共利益和公序良俗，不侵犯他人合法权利，其自主的选择权和处分权就应该得到最充分的尊重和保护。权利获得程序保障，就应当赋予当事人一定的程序参与权和程序选择权，使当事人有平衡追求实体利益和程序利益的机会。民事程序选择权作为一项程序权利，是立法充分尊重当事人意思自由，对当事人进行程序关怀的体现。它强调当事人在诉讼中的主观能动性，鼓励当事人选择对自己最有利的程序，实现自己利益的最大化。选择民事纠纷解决方式，是民事程序选择权的重要内容。非讼化纠纷解决机制的存在形成了同诉讼方式竞争解决纠纷资源和案件的局面，打破了诉讼这种纠纷解决方式对市场的垄断地位，使得当事人的程序选择权范围越来越大，这对于当事人告状无门，申诉难的局面将有根本性的改善。特别是对于某些需要保守秘密的案件，替代性纠纷解决机制的优势就显得更为明显。

三、有助于法治社会的建立

很多学者对非讼化纠纷解决机制的发展表示出担忧，认为非讼化纠纷解决机制的发展会削弱诉讼的核心地位，进而不利于法治社会的建立。笔者认为，这种将非讼化纠纷解决机制与法治对立起来的观点过于偏颇。许多国家的经历已经证明，建设法治社会仅仅依靠法院审判的力量是远远不够的。以美国为例，其自 20 世纪 70 年代起重视 ADR 并着力推广，这从另一层面说明了诉讼方式的局限性，同时说明法治化道路的多向性和系统性。法治并不是一个僵化的概念，充分尊重当事人的意思自治也是法治的题中之义，即使是在诉讼过程中，只要不违反社会公共利益和法律的基本原则，当事人亦可对自己的诉讼权利和实体权利行使处分权。"法律的生命在于经验而非逻辑，对法治的加强，应是对整个系统的加强。"① "法治现代化并不必然是一条线性的和单一的路线，使社会全面法化和以国家司法权统辖纠纷解决未必是法治现代化的唯一方向"。② "法治不等于强制，在市场经济和法治条件下，主体的选择自由和自治、自律的范围，应该是不断扩大的。自治不是对法治的解构，而是一种有效的补充。"③ 在法治国家，正式的国家法律体系和非讼化纠纷解决机制应该并行不悖、协调互动。一方面非讼化纠纷解决机制是以法律规范为指导，在法院的监督下解决纠纷；另一方面，非讼化纠纷解决机制又能促进法治的改革和完善，让人民更好地接近正义。因此，在法治的基础上，建构起一整套完善的诉讼外纠纷解决机制，充分发挥诉讼和各种诉讼外纠纷解决方式的作用，互补利弊，更有助于社会主义法治国家的建立。

四、有利于和谐社会的建立

强化替代性纠纷解决制度的理由之一，就在于诉讼外纠纷解决机制所独有的和谐性。和谐与秩序、稳定和协调同向，而与混乱、冲突和无秩序相悖。纠纷解决方式多种多样，诉讼是最权威也是最具强制力的一种，但绝不是最和谐的一种。在对抗制诉讼模式下，控辩双方在法庭唇枪舌剑，法官冷眼旁观，冷冰冰地根据事实和证据做出裁判。社会关系的对立和紧张在不断扩大，经济生活和市场运行的成本在不断增加，自治协商、道德诚信等一系列重要价值和社

---

① 徐国栋：《民法基本原则解释》，中国政法大学出版社 2004 年版，第 25 页。
② 范愉：《非诉讼纠纷解决机制研究》，中国人民大学出版社 2000 年版，第 132 页。
③ 张居盛：《ADR 与我国代替性纠纷解决机制的建立》，载《政法学刊》2004 年第 4 期。

会规范遭到贬损，整个社会共同体的凝聚力在逐步衰退。① 家庭的温情、邻里的礼让、交易的诚信乃至社会的宽容和责任感，都在尖锐的利益对抗中消失殆尽，人们也因此丧失了对司法的信心。这就是西方所谓的"司法危机"。"通过对中国传统"无讼"文化以及西方流行的纠纷解决模式的分析，我们可以看到，相对于诉讼解决机制，替代性纠纷解决机制有其突出的优势。就日常纠纷的解决而言，这些解决机制相对于纯粹由国家机构出面对纠纷的排除，不但成本低，效率高，而且对社会裂痕的修复效果更好。特别是对受传统文化影响，不愿"撕破脸皮"的中国民众，这类解决机制更有其存在的必要性。对民事纠纷而言，如果当事人能自行和解或者通过第三方调解取得一致是最好的，司法是最后的解决手段。如果轻言诉讼，当事人不仅要耗费大量的精力和金钱，且风险极大，而且未必就一定能实现目的，这样的结果常常是当事人因事与愿违而蒙受心灵与物质的更大损伤，在此情况下，不但和谐不能实现，而且可能会由此产生新的矛盾。当今社会，人们更注重交流与合作，尊重与宽容。而非讼化纠纷解决机制所具有的增强凝聚力、调和关系、缓解矛盾、重构和谐的功能，是诉讼和司法所不可替代的。

五、是解决现代性纠纷的现实需要

多元化的利益带来的冲突以及制度未有效确立而产生的混乱与无序，产生许多新型的现代型纠纷，比如环境污染、消费者侵害、交通事故、保险、医疗纠纷、劳动纠纷、产品质量等。这些新型纠纷的特点是、不是单纯赔偿过去发生的损害而是着重于预防或回避将来可能出现的侵害、强调对相互冲突对立的利害关系进行调整、纠纷的处理需要高度的有关专门技术知识、由于侵害的严重或相反由于纠纷数额的微小，而要求特别简易迅速的处理、非对等的当事人之间经济地位不平等。这些特点决定了运用传统的诉讼程序来解决现代型纠纷困难重重。比如，许多纠纷并不属于法院主管或管辖的范围，例如村民自治中

---

① 齐树洁：《司法理念的更新：从对抗到协同》，载《司法》2006 年第 12 期。

的矛盾、土地林木权属争议、土地承包纠纷、计划生育引起的纠纷等此外，有些纠纷虽属于法院受案范围，但当事人往往却并没有任何法律意义上的依据和证据。或者，法官虽是法律方面的专家，但其知识结构远未全面到足以胜任处理特殊性、专业性极强的现代型纠纷，往往还须借助有关方面的专家。对于这些民事诉讼难以发挥有效作用的案件，基于其自身灵活务实的特点，也就成为了一种必然的选择，担负起对诉讼案件的补充和替代作用。

第三节　非讼化纠纷解决机制的起源和发展

一、非讼化纠纷解决机制的起源

非讼化纠纷解决机制既包括源于西方国家 20 世纪逐步发展起来的现代ADR，也包括一些国家基于本国的传统或其他社会机制建立、发展并纳入现代纠纷解决机制的各种纠纷解决方式。追根溯源，我们不难发现各国、各类的代替性纠纷解决方式实际上是在截然不同的时代背景和理念基础之上，针对不同的主体需求产生的。是长久以来各种非诉讼纠纷解决措施的发展、完善和整合，不断形成一个完整的体系。正如美国法学家弗来彻指出的那样，"替代性纠纷解决办法在每种文化中都有其历史渊源"。[1] 许多具体的 ADR 措施都有着久远的历史和实践，如日本的调停制度，其前史可以追溯到德川时期，与近代调停制度直接相关的有江户时期的相对济令》、内济制度和明治时期的劝解制度。美国现代 ADR 的发端可以追溯到 19 世纪中叶，而美国现代 ADR的正式应用，则始于 20 世纪 30 年代的劳动争议调解。[2] 此外，苏联、东欧等社会主义国家在计划经济条件下也都曾建立多种形式的非诉讼程序，如"同志审判会""调解委员会"等，有学者认为，社会主义国家都有形式不

---

[1]　宋冰：《程序、正义与现代化——外国法学家在华演讲录》，中国政法大学出版社1998 年版，第 420 页。

[2]　范愉：《非诉讼程序（ADR）教程》，中国人民大学出版社 2002 年版，第 71 页。

一的这类组织。① 即使是在德国，虽然人们认为德国公民习惯于通过法院解决纠纷，而没有形成利用 ADR 的社会风气，但当美国判例还不承认仲裁的终局效力之时，德国民事诉讼法就明确规定了仲裁程序。②

至于我国的调解历史则更是源远流长，被认为是中国传统法文化的重要资源，亦被比较法学家视为划分远东法系的基本标志之一。在我国历史上，调解基本上都是民间调解与官府调解同时并重，相辅相成，构成了一个相对严密的多元化纠纷解决机制。但在中华人民共和国成立后，这些纠纷解决机制长期游离于学者研究视野之外，处于一种自生自灭的态势。③

"Alternative Dispute Resolution" 这个称谓正式出现，标志着 ADR 作为一项机制正式受到人们的重视并成为理论界和实践界关注的重点。"ADR" 这个称谓产生于美国 20 世纪 30 年代的劳动争议调解，此后便逐渐作为广泛的各种替代性纠纷解决方式的总体代称而沿用下来。事实上，美国也的确是 ADR 发展和实践比较成功而广泛的国家。"在美国的法律制度中，ADR 方法的宽度是令人吃惊的。"④ 1998 年美国专门制订了《替代性纠纷解决法》（简称《ADR法》），授权法院更多地开展 ADR 的实践。在英国 20 世纪 90 年代启动的以"接近正义"为主题的民事司法改革中，ADR 也受到了改革领导者沃尔夫勋爵的极力推崇。⑤ 此外在诉讼状况一直稳定而理性的德国等大陆法系国家，ADR 同样得到了较为广泛的重视和推广，由此看来，称"ADR 浪潮正在席卷全球"并不为过。

二、非讼化纠纷解决机制的发展

当今各国现行的非讼化纠纷解决机制，根据其来源，大体可以分为三类，

① ［德］康拉德·茨威格特、海因·克茨著：《比较法总论》，潘汉典等译，法律出版社 2004 年版，第 559 页。

② 范愉：《非诉讼程序（ADR）教程》，中国人民大学出版社 2002 年版，第 87 页。

③ 何兵：《现代社会的纠纷解决》，法律出版社 2003 年版，第 104 页。

④ ［美］史蒂文·苏本、玛格瑞特·伍著著：《美国民事诉讼的真谛》，蔡彦敏、徐卉译，法律出版社 2002 年版，第 212 页。

⑤ 齐树洁：《英国民事司法改革》，北京大学出版社 2004 年版，第 168 页。

即传统型的调解、仲裁类；现代型的为解决特定纠纷而设立的 ADR；在苏联、东欧社会主义国家存在的同志审判会及经济组织间的仲裁制度等。

（一）传统型

传统型非讼化纠纷解决机制基于各国的国情，根据社会成员的传统习惯和法律意识孕育而生。其主要形式是仲裁和调解。

仲裁作为非讼化纠纷解决机制由来已久，近现代以来，更是成为解决商事纠纷的重要手段。调解作为非讼化纠纷解决机制在欧亚大陆的纠纷解决实践中亦是早有迹可寻。如日本的调停制度可以追溯到德川时期；挪威在 1797 年就建立了调解组织，并成为解决民事案件的诉讼前置必经程序；德国 1844 年曾在离婚程序中设立法官和解劝试义务，并一直沿用到现行的民事诉讼家事审判程序中。

传统型非讼化纠纷解决机制在设立之初，均在社会纠纷解决中发挥了巨大的作用，并相较于诉讼展现出极大的优势，即便到今日仍然保持着旺盛的生命力，成为现代非讼化纠纷解决机制的重要组成部分。

（二）以美国为中心的现代型 ADR

现代型 ADR 是指与传统无直接关系的，基于现代社会纠纷解决的实际需要产生发展而来的代替性纠纷解决方式。[①] 美国是现代 ADR 的发源地和典型，其发端可以追溯到 19 世纪中叶，面对商事纠纷的激增给法院审判工作带来的巨大压力，人们不得不思考相应的解决方法。最初，美国相较其他西方国家对替代性纠纷解决方式十分排斥，美国联邦法院系统真正接受替代性纠纷解决办法是在 1925 年通过《联邦仲裁法案》之后，最高法院作出一系列决定，鼓励使用和执行替代性纠纷解决办法达成的协议。

ADR 在美国经历了从否定到大规模推行的曲折发展进程，而在每一个发展阶段，基于特定纠纷解决的需求，美国的 ADR 方式通常还伴随着相关理念的发展。如，劳动纠纷中调解的运用伴随着"社会干预"理念的发展；家事纠纷推行的调解则是"治疗"理念的根植；为应对诉讼高峰产生的案件管理

---

① 范愉：《非诉讼纠纷解决机制研究》，中国人民大学出版社 2000 年版，第 94 页。

运动中伴随着"促进和解"理念的蓬勃发展；伴随诉讼附属 ADR 的发展，对诸如律师等具有一定经验的调解人的需求增加，"评价性"理念应运而生等。

在曾经激励推行司法诉讼为社会调整之最高和最佳方式的美国，在面对"诉讼爆炸"的现实危机之时，最终采取了灵活的应变措施，以多元化的纠纷解决机制替代和补充司法的中心地位。虽然 ADR 的发展并未、也不可能否定法治本身，但其一方面证实了法制（治）的固有弊端之所在，另一方面又为医治这种弊端提供了一种补救措施。而美国法院的民事司法制度改革更是直接促进了 ADR 的革命。在美国，各种功能的 ADR 围绕法院及其判决的形成了一个辐射圈，构成了一个多元化的纠纷解决系统。① 今天，美国仍然以高诉讼率而号称诉讼大国，但占 90%以上的纠纷都是通过 ADR 以及和解解决的。

三、社会主义国家的代替性纠纷解决方式

苏联和东欧国家在社会主义制度和计划经济的条件下，为了解决不同社会主体之间的性质不同的纠纷，在司法和诉讼程序之外，曾建立了多种形式的代替性纠纷解决方式，根据性质和作用的不同，主要有以下几种方式：

（一）自治性、教育性的纠纷解决方式

如同志审判会和调解委员会。一方面将国家的法律职能转移给自治组织，另一方面通过吸引大众直接参与纠纷产生教育效果。社会主义国家在当时都有形式不一的自治组织。例如，南斯拉夫在 20 世纪 50 年代初期开始建立调解委员会，1967 年颁布了《调解委员会法》，其性质逐步从政府调解机构演变为群众自治调解机构。调解委员会调解个人和家庭关系方面的纠纷及其他民事纠纷，凡争执标的不大的纠纷，原告须先向调解委员会申请调解。此外，刑事自诉和轻微人身伤害案件，也必经调解程序。调解实行免费。1968 年 12 月，罗马尼亚大国民议会决定，在全国各工厂企业、经济组织、合作社、机关和市乡人民委员会均可设审判委员会，其职责是解决财产、遗产和家庭纠纷，以及酬

---

① 范愉：《非诉讼纠纷解决机制研究》，中国人民大学出版社 2000 年版，第 102 页。

酒闹事、打架斗殴、盗窃公物等轻微刑事案件。①

（二）行政性、经济管理性的纠纷解决方式

如仲裁。这是在计划经济条件下，为了解决不同经济组织之间的合同纠纷和其他经济纠纷所设的纠纷解决机构。如苏联有两套仲裁制度，一种是国内仲裁制度，另一种是涉外仲裁制度。国内仲裁机构实际上是行政机构的组成部分，其审理案件并非根据当事人的协议，而是根据法律的规定，实际上是一种行政仲裁，其使命是巩固经济核算制，保证计划和经济合同的执行，是当时计划经济的产物。②

苏联东欧国家的经济生活主要是建立在计划经济基础之上的，因此，其经济关系中的仲裁等纠纷解决方式实际上属于行政性的决定，这种方式在市场经济条件下已逐渐失去其存在的意义。因此，这些纠纷解决方式必须完成一种功能和性质上的转换。

第四节　我国非讼化纠纷解决机制与民事诉讼的关系

一、非讼化纠纷解决机制设立的社会环境

ADR 作为社会纠纷解决机制，社会纠纷随着社会发展呈现出不同的特点和变化，是其设立的社会根源和现实需求。近年来，我国社会纠纷的特点主要表现在以下方面：

1. 纠纷主体类型多元化。

从宏观上看，矛盾主体由过去的公民与公民之间的一般矛盾纠纷，逐步扩大为基层政府与群众的矛盾及劳资纠纷、城乡矛盾、贫富矛盾等③，这里所说的基层政府与群众的矛盾，已经从以往的包括干部与群众之间的矛盾，逐步扩

---

① 熊先觉：《中国司法制度新论》，中国法制出版社 1999 年版，第 211 页。
② 熊先觉：《中国司法制度新论》，中国法制出版社 1999 年版，第 243 页。
③ 刘培平：《社会矛盾与近代中国》，山东教育出版社 2000 年版，第 3 页。

大为政府与社会公众的矛盾,这些将成为当前和今后一个时期比较突出的社会矛盾。同时,矛盾纠纷的类型也由过去单一的民事纠纷逐步演变为经济纠纷、刑事纠纷、行政纠纷并存的总体格局。

2. 利益诉求复杂化。

由于社会个体实现经济利益的曲折性和差异性,导致利益诉求愈发复杂化,群众的维权意识空前增强,试图通过各种方式最大限度地捍卫自身权益。各个社会阶层和利益群体之间相互博弈,同样呈现复杂化趋势。矛盾纠纷的性质也由一般性的民间纠纷逐步转变为错综复杂的多元化社会矛盾纠纷,从而引起各类上访事件飙升。在各类矛盾纠纷发生的背后,还牵连出一系列不稳定因素,涉及一系列当事人的利益需求,加剧了矛盾纠纷的复杂性。

3. 群体性矛盾不断增多。

一个社会如果变迁规模很大,且这些变迁所带来的社会变化不能被及时消化,就很容易发生社会运动和变革。当前,群体性矛盾逐年增多,涉及多个利益主体,利益诉求较高,便出现了许多几十人、上百人甚至上千人组成的"集体闹访"事件,主要集中在征地拆迁、工资拖欠、社会保障等问题上,呈现出"事发突然、升级较快、不易处置"的特点。例如"6·17"湖北石首事件、"7·17"湖南临武瓜农事件,很多时候这些群体事件的背后往往暗藏着少数个体的利益需求,群众受到蒙惑唆使,情绪易被煽动,而这正是群体事件的始作俑者,这种群体性矛盾处理起来较为棘手。

4. 纠纷处置疑难化。

目前很多矛盾纠纷带有强烈的对抗性因素,激化过程变短,很多事件起因往往很小,但若缺乏警惕、处理不当的话,很有可能使矛盾性质顿时转化,酿成较大的社会动乱,影响和谐稳定大局。而且,一些矛盾纠纷潜伏期较长,表露不太明显。但经过积聚发酵,容易短期内激化升级。因矛盾纠纷激化而引发的集体上访或群体性事件近年来在各地屡见不鲜,造成了一定的社会影响。

社会纠纷类型和特点上的变化,迫使人们对纠纷解决方式进行重新的审视和思考,找到在诉讼之外,与当前纠纷特点更契合,更利于化解矛盾的方式方法。与诉讼相比,非讼化纠纷解决方式无疑有其固有的优势,主要表现在:

1. 以相对平和的方式解决纠纷，减少当事人之间的对抗性。

当代理论中的一个重要理论基础就是利益协调论，它强调在纠纷解决中不仅仅关注自身的权利和利益，也同时关注对方的利益不仅仅关注眼前利益，更应该着眼于长远利益，尽可能在协商中寻求双方的互利和双赢。由于强调合意，一重视和解，而且程序较为宽松和自由，不像诉讼程序那样严肃和正式，因此通过解决纠纷的当事人可以有效地减少或避免在诉讼中常见的对抗性，通过解决纠纷的当事人通常可以继续保持良好的感情或合作关系。

2. 提高当事人解决纠纷的责任感，促进相互尊重。

由于强调当事人的主动参与，与诉讼程序中被动参与有显著的区别。因此在这样的环境下有利于当事人发挥主观能动性，积极主动地想方设法解决纠纷，并且在这样的氛围与目的下，当事人一般不会再采用恶意欺诈等不当手段，因为的非强制性会使这些手段显得毫无意义。正是由于当事人之间客观、坦诚地寻求纠纷的解决，因此更能够赢得相互的尊重。的发展不仅增加了当事人自治的可能性和机会，也促进了社区共同体的凝、聚力和自治、自律功能的发挥。通过不仅可以解决纠纷，而且有助于形成新的共同体规范和共同的道德体系，以及共同体成员的认同感。它代表着社会调整新的发展方向。

3. 实现纠纷解决的彻底性。

"ADR 是以合意为基础的、以当事人为中心的程序。"[1] 通过程序取得的结果，一般来说都充分地体现了当事人自己的意愿，基本上是各方当事人都感到满意的结果，在取得这样结果的基础上，一般来说原有的纠纷基本上都可以得到彻底的化解和消除。尤其是对于新类型纠纷，如果由机构来处理，则不仅可以依靠其专家驾轻就熟地解决纠纷，而且能够积累经验，形成惯例，并可进而为此后的决策和立法提供信息和资料。从而极大地有利于促进新的规范形成来解决各类新类型纠纷。

4. 避免当事人对机构的误解和猜疑。

---

[1] ［日］小岛武司著：《诉讼制度改革的法理与实证》，陈刚等译，法律出版社 2001年版，第 181 页。

ADR 的选择利用也包括权利的放弃，往往是主体对风险、策略等进行综合的理性思考和权衡的结果，而并非必然是权利意识淡漠或对法律的无知。由于当事人的合意贯穿程序的始终，包括对机构及中立第三人的选择等事项，因此，无论是机构还是中立第三人都是当事人充分信任的对象，这可以有效地避免当事人的猜疑与误解。即使在带有一定裁判性的仲裁程序中，获得不利结果的当事人一般也不会对仲裁人产生仇恨心理，这与当事人对法官的心理有着显著的区别。

5. 在一定程度上弥补过分信赖诉讼而产生的消极作用，最大限度地节约社会和当事人在纠纷解决中的成本，促进司法资源和效益的最大化。

无论在东方或西方，人们在不同程度地承认诉讼在实现社会正义和公平方面的必要性和积极作用的同时，往往也对诉讼不同程度地持有否定的态度。如日本小岛武司教授指出"裁判是一种很奢侈的纠纷解决方式"。① 不仅在传统的东方法律文化中，力行"德治""息讼"，以"无讼"为理想，即使在西方法律传统中，诉讼也同样被视为一种"负价值"。"诉讼纯粹是一种损失。因此，从社会的立场或从潜在的原告或被告的立场来看，应避免打官司。"② 今天，在诉讼率最高的美国，也最为兴盛发达，这一事实或许正好印证了多元化的必然性和合理性。

二、与诉讼形成优势互补

诉讼作为纠纷解决的最权威和最终方式，在其不断发展和运行中不可避免地暴露出了一些不足，这些问题一方面需要其自身的不断完善，同时也不可或缺的需要其他纠纷解决方式与其形成优势互补。

诉讼的不足之处主要有：

因案件过多而导致的诉讼迟延。由于司法资源的有限性，其处理案件的能

---

① ［日］小岛武司著：《诉讼制度改革的法理与实证》，陈刚等译，法律出版社 2001 年版，第 161 页。

② ［美］迈克尔·D. 贝勒斯著：《法律的原则：一个规范的分析》，张文显译，中国大百科全书出版社 1996 年版，第 37 页。

力总是有限的，过多案件向法院的涌入必然导致诉讼的整体迟延。如在意大利，"普通的意大利人可能需要等待十年才能获得争议的最终解决"。严重的诉讼迟延无疑会削弱司法在纠纷解决中的功能，降低司法在民众中的威信，而纠纷长期得不到解决还会干扰正常社会秩序，影响社会稳定。

诉讼成本的高昂。必要的诉讼费用不仅是维持司法活动的必需，而且能够作为抑制滥讼的调节器。但是，高昂的诉讼费用可能导致当事人在司法资源利用上的不平等和司法的危机。经过多年的发展，美英等国在实现高度法治化的同时，由于诉讼更多地被作为解决纠纷的唯一方式，法律服务业空前发达，同时律师服务业的商业化导致高昂的律师费让许多民众难以承受。例如，在美国，诉讼费用已经涨到 1000 亿美元。许多美国公司的高级主管认为，费钱费时的美国民事诉讼制度是美国公司在国际市场上的一个竞争弱势。与此同时，美英等国为了确保司法公正而设计的繁琐的诉讼程序也令法院诉讼的成本颇为高昂，引起人们对司法过多占用社会资源的担忧。

诉讼解决新型纠纷的局限性。现代社会生活中不断出现的新型纠纷常常具有专业性强、急须快速处理等特点，如医疗纠纷、交通事故纠纷等，而由于诉讼程序本身非专业的局限性，显然不可能如人们所愿及时、妥善地解决这类纠纷。这些本应迅速得到解决的纠纷却绝大部分形成旷日持久的诉讼。环境纠纷、网络纠纷等新型诉讼频频出现，没有相关专业知识的法官难以满足诉讼当事人的期望，做出合理的判决。再次，纠纷的冲突程度也比以前有所加大，群体性纠纷和事件频繁发生，对抗性和组织性日益明显，暴力冲突，暴力抗法现象屡见不鲜。由此可见，现代社会的发展趋势，决定了正式的诉讼程序不可能全部承担纠纷解决的使命。

判决结果与社会情理的偏离。审判中使用的法律规范和法律思维往往与社会规范以及常识性思维存在一定差距，通过"法言法语"作出的判决结果常常与当事人的愿望和期待相距甚远不仅如此，在涉及人身或身份关系的领域，诉讼也往往在解决纠纷的同时，伤害了人与人之间的情感，乃至摧毁了基本的道德规范，以至于某些并无法律瑕疵的判决在作出之后常常在社会上引起轩然大波，被认为是对传统和道德的亵渎和宣战。

基于诉讼的上述问题，非讼化纠纷解决机制在以下方面弥补了诉讼的不足，与诉讼形成优势互补。

（一）法律价值的凸显

在经典的法治模式中，ADR 作为非正式的社会调整机制，作为一种妥协性的、过渡性的历史遗留，不仅在法律体系中无正当性可言，而且往往被社会舆论认为是非正当的、非正义的自力救济方式。然而，ADR 在现代法治社会存在的合理性恰恰在于其有一定的法律依据。当事人基于权利、利益和效益等合理因素做出的意思自治和选择权，是其存在的法律依据。法治社会应当以尊重当事人的自治权和处分权为前提的法律调整的最大意义在于为社会主体提供了一个自由活动的空间和范围。

ADR 之所以被纳入现代法律体系中，是因为其运作是建立在法律基础之上的。法律是通过对当事人之间权利义务的设定来实现其作用的，而 ADR 也是在该设定的权利义务框架内运作的。法律对权利义务的设定多为任意性规范的，而当事人的意思自治则是占主导地位的。美国的 ADR 之所以被称为"在法律的阴影下谈判"，就是因为其是在法律的基准下，当事人可以最大限度地利用法律空间，在强制与合意之间寻求最符合自身利益和价值观的结果。也就是说，ADR 的自治性特点赋予了当事人很大的意思自治，即使是在通过诉讼判决发生效力的情况下，当事人还是可以通过 ADR 的形式来进行协商，以改变判决的既判力的。同时，法律的预先规定也给当事人在运用 ADR 的过程中提供了准确的信息，使双方的协商有了方向性和目的性，使双方的协商结果不偏离基本的正义，从而也有利于协议的履行。

法治社会应是一个权利型社会，而权利不同于义务，它表示的是一种可供选择的任意性规范。权利的设定意味着当事人选择的自由性而不是为了剥夺他们的选择权。所以，在不违反公共利益、社会公德，不侵害他人利益的前提下，当事人的自主选择权应得到尊重。而 ADR 在运作过程中充分给予了当事人选择的空间（包括对纠纷解决方式的选择，对争议结果的履行方式等），而不是像法院的判决那样黑白分明。

（二）经济价值的优势

纠纷的解决无非包括两种方式，即诉讼或非诉讼方式。非讼化纠纷解决机制可在正义与效益之间寻找平衡点。司法和诉讼程序的设计往往要考虑正义与效益之间的关系问题，而在司法实践中，往往为了实现正义只好牺牲效益，对效益的追求可能使正义无法得到实现。仅从对正义的实现看，仅仅通过司法渠道是远远不够的，因为正义分为实质正义和形式正义两种，法官在审理案件过程中为实现实质正义往往拥有一定的自由裁量权，而自由裁量权的无限制扩张必然导致司法腐败，显露诉讼弊端。而 ADR 在正义和效益之间恰恰能够找到利益平衡点，为当事人所接受。尤其是在正义没有准确定义、意思自治的社会里，当事人能够接受的协商结果在一定意义上体现了正义，而且这种正义也体现了对效益的追求。

其次，为当事人的利益协调开辟了有效途径。ADR 是以利益为中心的，其运用旨在进行利益协调，这与诉讼以权利为中心截然不同。而这种利益协调在体现经济价值的同时，也体现了对社会资源的优化配置和合理利用。它强调在纠纷解决过程中不仅应当关注自身利益而且还要关注他人利益；不仅关注眼前利益而且还要关注长远利益，这就为当事人之间的利益纠纷开辟了有效路径。

（三）社会价值

法治社会的构建不应仅仅依赖国家权力及其一元化，更不能法律万能和司法垄断。尤其是在社会转型期，利益的多元化表现得非常明显，纠纷解决机制理应是多元的，应在诉讼外大力倡导 ADR 制度的运用，给民众提供多元化的纠纷解决机制，让当事人自由地选择纠纷解决途径。

首先，非讼化纠纷解决机制很大程度上弥补了诉讼的不足，但同时对司法制度也带来了巨大的冲击。因为非讼化纠纷解决机制是一种相对灵活的纠纷处理体系，当事人不必严守法律的规定，使当事人有了规避法律的可能；其次，在程序上的自由选择原则，只要能提出证据，一般对证据的合法性并无严格地审查，为非法获取证据提供了方便；再次，非讼化纠纷解决机制的本质是通过妥协、协商来使双方当事人达成统一。因此，对于无法用妥协和让步解决的纠纷，则不能适用 ADR，如刑事案件、有关公共利益、政府利益的案件、涉及道德原则的案件，必须由法院通过诉讼判决。尽管非讼化纠纷解决机制在民商领域内起了相当大的作用，它并不能取代诉讼，发展受到一定限制。

第二章 域外民事纠纷非讼化解决机制概览

第一节 欧洲国家非讼化纠纷解决机制

一、英国

长期以来，英国立法者、司法者以及法律服务阶层对于 ADR 基本上是持一种怀疑，乃至排斥的态度。英国律师则对 ADR 不屑一顾，认为它是美国社会特有的一种现象。① 在英国，立法者和法院长期固守司法权的"不容剥夺原则"，即当事人不得通过协议排除法院对特定法律问题的管辖权。然而，随着诉讼费用高昂、诉讼效率低下等问题的日益突显，寻求通过诉讼外方式解决纠纷进入了司法改革实践的探索。

在英国正式启动民事司法改革前，法院和民间在 ADR 的运用上已经开始了初步的尝试。1994 年英国商事法院首次发布了《诉讼实务告示》，要求律师提醒当事人考虑使用 ADR，并且要求在所有案件中法律顾问应该和当事人共同考虑试图通过调解、和解或其他方法解决特定纠纷的可能性，并向当事人告知解决特定纠纷的最有效的方法。但由于其中并未规定当事人在法院程序中负有采取 ADR 的义务，因此该《诉讼实务告示》后来被废止。② 1995 年发布的

① Karl Mackie and others, The ADR Practice Guide: Commercial Dispute Resolution, 2nd edition, Butterworths, 2000, p. 64.

② Karl Mackie and others, The ADR Practice Guide: Commercial Dispute Resolution, 2nd edition, Butterworths, 2000, p. 63.

《诉讼实务告示》中，法官创造了一种"劝导"当事人使用 ADR 的所谓"劝导性命令"，尽管该"劝导"并不是强制性的，但考虑到如果拒绝使用 ADR 或在使用 ADR 过程中从事不当行为，则法官在裁定诉讼费用时会予以考虑。① 这一创新对推动 ADR 的运用做出了重大贡献。民间方面，英国三大 ADR 组织，即专家协会（Academy of Experts）、ADR 集团（ADR Group）、纠纷解决中心（CEDR）则在 ADR 的组织建设和人力资源建设方面发挥了重要的作用。1994 年至 1995 年，英国的全国律师 ADR 网络，不仅受理案件的数量大幅度上升，而且至少 60% 的案件进入调解阶段，其中 90% 最终达成了调解协议。纠纷解决中心是由财团和专家支持的非营利性团体，为商业界的合同纠纷提供一种灵活和低廉的纠纷解决方式，采用非对抗的形式，主要程序是调解。专家协会则在培训中立第三人方面成就卓著。②

　　20 世纪 90 年代中期，英国正式启动了民事司法改革，其中"鼓励当事人采用 ADR 解决纠纷"即作为其改革的一项重要内容。1995 年发布的《中期报告》指出，在诉诸法院前的任何时候，当事人针对他们之间的纠纷实行和解都是合理的；如果存在着与法院程序相比更为经济、更为有效的、适当的解决纠纷的替代性纠纷解决机制，法院不应鼓励当事人启动法院程序，除非当事人已经使用该机制；在启动法院程序之前以及法院程序进行中，当事人应该能够了解并且应该被充分告知可能的诉讼成本和诉讼结果，以及所有的诉讼外纠纷解决方式。该报告对 ADR 采取的是一种期待性的态度，而未制定任何具体、可操作的措施。③ 随后，在 1996 年发布的《最终报告》中指出，鼓励人们只有在用尽其他可利用的、更为适合的纠纷解决方式后才诉诸法院程序解决纠纷；所有民事法院均应提供有关替代性纠纷方法的来源的信息。该报告已经考虑通

----

① Karl Mackie and others, The ADR Practice Guide: Commercial Dispute Resolution, 2nd edition, Butterworths, 2000, p. 157.

② Peter Hibberd & Paul Newman, ADR and Adjudication in Construction Dispute, Blackwell Science, 1999, p. 36.

③ 齐树洁：《英国司法制度》，厦门大学出版社 2007 年版，第 198 页。

过经济杠杆，包括法律援助和诉讼费用促进当事人使用 ADR。[①] 1998 年发布的《民事诉讼规则》，则从基本原则到具体制度都对 ADR 给予了有力的支持。包括通过案件管理制度督促当事人采取 ADR、通过利用诉讼费用杠杆促使当事人采取 ADR 等。在得到立法的正式支持后，英国替代性纠纷解决方式的建构自此进入了一个新的时期。

英国非诉讼纠纷解决机制的主要形式有：调解、调停、行政裁判、迷你审判、专家决定、早期中立评估、司法评估和仲裁等。[②] 而为鼓励民众采取 ADR 的方式，英国在民事司法改革过程中采取了许多措施。如在法院方面，虽然法院并不直接向当事人提供 ADR 产品，即法院附设 ADR，但法院为当事人提供一份 ADR 服务的个人和机构的清单，以鼓励当事人选择非诉讼的纠纷解决方式；法律援助资金的提供，则有效激励了当事人双方自觉的采取 ADR；法院发出 ADR 指令，以利当事人通过 ADR 解决纠纷等。[③]

同时，英国通过设置特别裁判所、行政裁判所等大量的法院外纠纷解决机构，来推进纠纷解决方式的多元化进程、缓解法院审判的压力。裁判所通常是根据议会法律设立的，大多数裁判所是独立的、具有司法性，有与法院相似的审判职能。裁判所的主席和成员必须要在政府之外的其他部门中选定，选定后通常由枢密院或者有关大臣任命，因此，裁判所具有较强的中立性。裁判所对劳动、税收、财产等纠纷均有管辖权，与人们的日常生活关系密切。作为补充性质的司法组织，裁判所需要接受法院的监督，当事人如不满裁判所的判决，还可以向法院上诉。裁判所的另一大特色是其具有很强的专业性、技术性。例如，由专门的医疗上诉裁判所处理工伤案件、由裁判所的税法专家处理所得税案件等。处理社会保障、工业事务、地方税收上诉以及租金控制等方面问题的

---

① 齐树洁总主编、范愉主编：《ADR 原理与实务》，厦门大学出版社 2002 年版，第 155 页。

② 刘敏：《论程序基本权保障与 ADR 的鼓励——英国民事司法改革的启事》，载《政治与法律》2004 年第 3 期。

③ 张军奎、蔡从燕：《英美 ADR 实践及其对我国解决企业纠纷的启示》，载《宁夏大学学报人文社科版》2001 年第 4 期。

裁判所占据了相当大的份额。

英国的 ADR 模式中最具特色的应属专家决定和早期中立评估。其中，早期中立评估，由专业权威人士在当事人之间作简短陈述，对纠纷作出评价，并提出无拘束力的解决方案，在解决家事纠纷中发挥了很大作用。

综观英国的民事司法改革进程，有学者把这种英国的 ADR 模式称为"大力支持，谨慎介入"模式。① 制度设置激励了人们尽可能采取非诉讼纠纷解决机制作为处理纠纷的方法。在其民事司法改革中采取了多项措施，促使当事人积极地参与纠纷的解决，减少对抗性，增加合作。因而在英国，有越来越多的人认为 ADR 有助于公平、适当、有效地解决纠纷，并具有更加灵活、成本较少等优点。通过当事人之间自主、合作的方式，因而更接近结果的公正，且更加有利于社会的和谐发展。②

二、德国

德国是罗马法的典型国家，有着极其理性和严谨的法律制度，以及法律援助和诉讼保险等制度，加之"是非分明"的社会文化，民众的诉讼热情高涨，③ 因此对 ADR 的发展显得十分保守。相较于英美，德国在 ADR 的发展方面属于落后的国家。

虽然如此，ADR 在德国的历史并不短，自 20 世纪 70 年代以后，德国政府开始倡导发展 ADR。1977 年、1981 年和 1982 年，德国连续举行了三次有关 ADR 的大型研讨会并提出了在现有的和解所、调解机关和仲裁所之外再建立其他新制度的提案，并进行了一系列尝试。④ 20 世纪 90 年代，"两德"统一

① 齐树洁总主编、范愉主编：《ADR 原理与实务》，厦门大学出版社 2002 年版，第 158 页。

② 杜闻：《论 ADR 对重塑我国非诉讼纠纷解决体系的意义》，载《政法论坛》2003 年第 3 期。

③ ［德］阿德里安·A·S·朱克曼著：《危机中的民事司法》，傅郁林等译，中国政法大学出版社 2005 年版，第 223 页。

④ 齐玎：《德国 ADR 制度的新发展》，载《人民法院报》2010 年 10 月 29 日，第 8 版。

后，德国和世界上大多数国家一样，面临着诉讼量增多、法院压力过大的问题，这让德国政府更加重视 ADR，并积极推动其在德国的发展。

调解在德国分为法院调解和法院外调解。2000 年 1 月 1 日，《德国民事诉讼法试行法》第 15a 条生效，这是德国第一条具有较广泛效力、规范起诉前强制调解的法律。它的问世揭开了德国民事调解的新篇章。① 德国《民事诉讼法实施法》中还明确三类人士可以担任诉前调解的调解员，即担任调解员的律师、公证员和上诉法院许可的其他人；具有调解员资格或其他经注册可主持调解的人；经注册的 ADR 组织中的调解人员。此举在德国引起较大反响，也收到了较好的效果，不仅缓解了法院的诉讼压力，也减轻了当事人的讼累。法院外调解，在德国私营领域，按照纠纷领域形成组织，提供调解服务的组织数量增长迅速。例如，学校调解、受害人—加害人调解、社区调解、家庭事务调解、行政法和社会化领域的调解等。其中，家庭调解是使用最多的一项民事调解，联邦家庭调解协会（BAFM）于 1993 年建立了家庭纠纷调解指引，随后的是调解资格认证项目的发展，以及对遍及全德国的家庭调解培训项目的正式认同。② 与美国针对商业纠纷的处理方式相似，对商业领域出现的不正当竞争的纠纷，根据反不正当竞争法的相关规定，州政府应在工商协会设置协商所，通过协商来处理这类商业纠纷。③ 除此之外，德国民间的非诉讼纠纷解决途径也十分多样化，通过工商协会、手工业协会、房地产业协会、建筑业协会等行业协会调解纠纷，已经成为行业内纠纷的重要解决方式。德国充分开发民间力量的解纷能力，利用行业协会调处矛盾，这对缓解法院审判压力、推动社会自治都有着积极的作用。另外，德国《律师职业条例》还明确将调解作为律师

---

① 章武生、张大海：《论德国的起诉前强制调解制度》，载《法商研究》2004 年第 6 期。

② Nadja Alexander and others. Mediation Germany：The Long and Winding Road, Alexander. Global Rends in Mediation, New York：Kluwer Law International, 2006, 225, 227, 257.

③ 何兵：《现代社会的纠纷解决》，法律出版社 2003 年版，第 111～112 页。

的法定业务之一。①

为了通过显著提高该程序在实践上的可接受程度的程序改革来减轻司法负担,② 1990 年 10 月德国组建了仲裁程序法革新委员会,经过 7 年的讨论和准备,于 1997 年颁布了《仲裁程序修正法》,对《民事诉讼法》第 10 编中关于仲裁的程序进行修订。③ 新法增加了许多符合国际和时代发展的内容,为德国的国内、国际仲裁提供了一部统一的法律。它在仲裁程序规则和法律适用方面赋予当事人更大的自由,因而具有很大的灵活性,便于具有不同法律文化背景的当事人适用仲裁方式解决争议。④ 例如,德国规定专业技术性较强的纠纷,如发明专利方面的纠纷,在起诉前必须首先向联邦专利局所设的仲裁所申请仲裁。

诉讼外和解,作为民间 ADR 制度,德国相关法律规定,律师应当尽力促成当事人优先使用 ADR 来解决纷争。1994 年德国颁布《费用修正法》,特别规定律师如能使当事人达成庭外和解,除了可向当事人收取全额律师费外,还可再多收取 50% 的和解费。⑤ 这一做法通过规定较高的收费标准,调动了律师的庭外和解积极性,也为当事人寻得了诉讼之外的纠纷解决方法。

近年来,德国始终高度重视纠纷解决机制的建构与完善,并将低成本、高效率的价值观念作为完善纠纷解决、提供高质量的法律救济的基本出发点。伴随着欧洲一体化的进程以及纠纷解决理念的转变,ADR 作为诉讼制度的有益补充,在德国适用范围将会更加广泛。

---

① 邵建东:《德国法学教育的改革与律师执业》,中国政法大学出版社 2004 年版,第 153 页。

② 〔德〕奥特马·尧厄尼希著,周翠译:《民事诉讼法》,法律出版社 2003 年版,第 473~474 页。

③ 齐玎:《德国 ADR 制度的新发展》,载《人民法院报》2010 年 10 月 29 日,第 8 版。

④ 张斌生主编:《仲裁法新论》,厦门大学出版社 2010 年版,第 366 页。

⑤ Marianne Roth, Towards Procedural Economy: Reduction of Duration and costs of Civil Litigation in Germany, in Civil Justice Quarterly, Vol. 20, April 2001, p. 144.

第二节　美国非讼化纠纷解决机制

一、美国 ADR 机制产生溯源

"无论什么样的纠纷解决制度，在现实中其解决纠纷的形态和功能总是为社会的各种条件所规定的。"① 美国是 ADR 的发源地，陪审制、社会文化等因素，使得美国非诉讼纠纷解决机制得到了很好的发展，其首次应用是 20 世纪 30 年代美国的劳动争议解决中。ADR 被定义为 "并非由法官主持裁判而是由一个中立的第三人参与协助解决发生争执的纠纷的任何步骤和程序"②。

商事调解与仲裁是美国现代 ADR 的起点之一。早期的商事调解与仲裁，在美国建国后逐渐向现代型 ADR 转变，不仅有国家相关立法规范，还有较为成熟的组织机构。南北战争对普通司法行政的瓦解，推动 ADR 进一步发展。19 世纪后期在商贸团体中开始出现常设仲裁机构，1873 年爱荷华州苏城同业公会成立仲裁委员会，鼓励使用仲裁与调解解决成员间的纠纷。此外，还有许多地方性仲裁法规被制定出来，第二次工业革命的全面完成，大大增强了商会的影响力，在纽约律师协会和纽约商会的推动下，1920 年第一个现代意义上的仲裁法案在纽约通过。1925 年美国国会通过了《美国联邦仲裁法》，最初只有 1 章 14 条。其后，该法经多次修订，并将国际商事仲裁等纳入。1995 年，美国统一州法委员会推出了《美国统一仲裁法》，该法共有 25 条，分别对仲裁协议、仲裁程序、仲裁员选任、仲裁裁决、仲裁费用、法院的管辖权、仲裁的上诉以及法律的适用和解释等作了详细规定。虽然没有真正的法律效力，但该法为各州提供了现代仲裁法案的规范文本。1926 年美国仲裁协会的成立也极大地推动了 ADR 的发展。该机构是专业性民间组织，也是美国最重要的商

---

① ［日］棚濑孝雄著：《纠纷的解决与审判制度》，王亚新译，中国政法大学出版社 1994 年版，第 21 页。

② ［美］史蒂文·苏本、玛格瑞特·伍著：《美国民事诉讼的真谛》，蔡彦敏，徐卉译，法律出版社 2002 年版，第 205 页。

事仲裁机构，创制了仲裁规则与费用结构，发展了具有专门仲裁知识与特定领域专业技术的仲裁员团体。协会起初设在纽约，随后在各大城市相继建立分支机构，并将仲裁解决纠纷的范围从商事纠纷拓展到劳动争议等领域。①

美国现代 ADR 的起点之二是劳动争议调解与仲裁。美国现代仲裁制度在商事纠纷中逐渐建立时，劳动争议中的 ADR 也在不断发展。建国后，美国法律和法院为契约自由与"权利基于财产所有权"的观念主导，将工人追求自身权益的行为视为对订立合同自由与私人财产权的侵害，以犯罪集团指控、劳工禁令等方式严厉压制，然而罢工持续不断。ADR 在劳动争议中的发展大致可划分为两个阶段：第一个阶段是在先锋行业中的立法与应用，以铁路、煤炭、服装和报纸行业为代表。1926 年《铁路劳动法》在铁路行业中创设了由当事方协商使用的持续性 ADR 程序，率先在铁路行业内建立了纠纷解决的现代体系，作为标志性法案，由其确立的很多原则被一直沿用。第二个阶段是全国性立法与应用。ADR 在先锋行业中的优异表现，使美国政府在两次世界大战及"大萧条"时期，积极推动使用谈判、调解、仲裁等 ADR 形式来减轻压力，收效良好。1935 年，国会通过了《国家劳资关系法》，以法律形式认可了工人的集体谈判权，确立了唯一原则和公平代表原则。1947 年的《劳工关系法》广泛修订了《国家劳资关系法》，规定集体谈判和调解为解决大部分劳资纠纷优先使用的方法，支持使用自愿仲裁，停止使用强制仲裁。经过两个阶段的发展，ADR 逐渐成为一种惯例，为劳资双方以及法院所认可与接受，ADR 在劳资纠纷中的法律环境获得了真正改变。

二、美国 ADR 机制的特点

纵观美国联邦 ADR 的发展以及多元机制的建构，可以发现美国联邦 ADR 在社会多元发展与纠纷解决实际需要的召唤下，融合了追求自由实用的民族个性与追求法治价值的社会理念，形成以利益均衡为核心，迅捷而符合实际的解

---

① Jerome T. Barrett, Joseph P. Barrett, A History of Alternative Dispute Resolution: The Story of a Political, Cultural, and ocial Movement, San Francisco: Jossey-Bass, 2004, p. 83.

决纠纷的多元化机制。具有以下经验与特点：

（一）传统 ADR 转化与现代 ADR 有机融合

最初殖民者带到北美大陆的法律已具较高的成熟度。法律是北美殖民地社会规则中的重要部分，被认为是殖民者所有权利和自由的来源。到 18 世纪初，较大的殖民地已创立其法院组织系统。律师在殖民地人数众多，并握有实权，在大多数殖民地居领导地位。虽然从殖民地时期开始，法律在美国已占有举足轻重的地位，但以习惯、公共道德、宗教教义为纠纷解决规范的传统 ADR 在北美殖民地仍然存在着，主要是在北美土著印第安社区内、反对法律和律师的较富乌托邦幻想的社会与宗教团体中以及欧洲传统的商事调解与仲裁中。美国法院与 ADR 的关系经历了建国初期的竞争、态度渐变、20 世纪 70 年代末的主动合作三个阶段。在从竞争到合作的过程中，一方面，受传统文化与资源影响而自发形成的传统型 ADR，随着国家法律体系的成熟与完善，受法律规制的影响加深，逐渐有国家制定的相关立法规范，并有较为成熟的组织机构作为支撑，成为"法律荫影下"的机制；另一方面，根据国家与社会的纠纷解决实际需要，不断发展形式多样的现代新型 ADR，并被法律与法院所认可和吸收。在传统与现代 ADR 的转化与融合过程中，实现了诉讼与 ADR 的平衡与合作。

（二）司法、行政、民间性 ADR 合作共存

法院附设 ADR 项目的发展以及 1998 年《替代性争议解决法案》的通过，确立了美国司法性 ADR 机制，使进入法院诉讼程序的相当一部分纠纷分流到 ADR 程序中，美国联邦法院向"多门法院"的构想进一步靠拢。行政机关广泛使用 ADR 程序解决内部与外部的纠纷，并针对某些特定类型的纠纷设置专有 ADR 程序，如前述的就业歧视调解等，还有协商谈判立法的方式，共同构成美国的行政性 ADR 机制。除此之外，各种提供 ADR 服务的私人组织与协会，积极投身于社区调解和特定类型纠纷解决中，使民间性 ADR 一直成为美国联邦 ADR 发展的重要推动力量。美国联邦 ADR 的发展不仅实现了纠纷解决形式和纠纷解决主体的类型化，而且形成了不同程序间良好的衔接与互动。

（三）专业人员与志愿群体共同参与

美国 ADR 的从业者包括律师、退休法官等法律界人士，专门的 ADR 从业

者，各个领域的专家以及数量庞大的志愿者，他们为 ADR 的发展做出了巨大贡献，参与了多方面的工作，广泛传播了 ADR 的理念与价值。美国 ADR 机制的建构离不开专业人员与志愿群体的共同参与。

（四）标准性与灵活性兼具

从美国联邦 ADR 的发展可知，美国 ADR 机制的构建并非一蹴而就，而是经历了在具体领域反复实践、建立适宜的 ADR 程序、总结经验制定 ADR 单行法，最终制定 ADR 专门立法，这样一个逐步制度化的过程。而 ADR 的制度化，又进一步为 ADR 的机构人员安排、程序设置运作等提供了切实保障。ADR 的制度化发展到一定程度将面临 ADR 本身非法律化、非程序性以及追求合意的性质与 ADR 程序规则无前提地接近诉讼程序以及自身不断复杂化之间的矛盾。美国 ADR 的制度化在一定程度上显示了解决矛盾的方向，首先，放弃对具有多样性特点的 ADR 进行盖以规制的尝试，针对每个纠纷类型进行制度上和程序上的个别性规范；其次，重视 ADR 发展过程中出现的不同理念，保持 ADR 的活力与创造性；最后，通过大量的实验和试点项目以及不断调整与反思，结合本国法律制度与文化传统，审慎立法。美国 ADR 在制度化的同时兼具了标准性与灵活性。

（五）实现非诉讼纠纷解决机制与诉讼机制之间有效衔接

非诉讼纠纷解决机制与诉讼机制相衔接的一个突出表现在于，法律规定对于某些案件，在启动诉讼程序之前必须尝试运用某种特定的非诉讼纠纷解决方式，即将 ADR 规定为对该类纠纷提起诉讼的前置程序，比如涉及婚姻家庭、邻里纠纷、小额或简单纠纷及其解决，必须借助其他已经设立的非诉讼纠纷解决机构及专家。一些专门性纠纷法院可以把调解规定为诉讼的前置程序①。另一突出表现在于，法律赋予司法机关对通过非诉讼纠纷解决机制达成的纠纷解决结果进行司法审查的权利，对符合法定情形的，予以认可并赋予其强制执行力。

---

① 范愉：《多元化纠纷解决机制研究》，厦门大学出版社 2005 年版，第 489 页。

三、美国 ADR 机制的发展

20 世纪六七十年代，美国社会经历了以民权运动为代表争取民主与自由的群众运动，普通公民的民主权利得到极大扩张，在个人权利领域产生了美国法律史上绝无仅有的"权利爆炸"现象。新的利益要求以法律权利的形式得到确认，而法律也将空前大量的权利提高到受法律保护的地位。由民权运动引起的权利爆炸成为诉权扩大的基础，而群众运动引发的骚乱与暴动使社会冲突激增，各种矛盾的纷繁复杂超出了传统纠纷解决者的能力，在此情境下 ADR 迅速成长。ADR 被广泛应用于种族、性别、宗教、国籍等引发的纠纷，还有环境纠纷、囚犯申诉等多个领域。

美国独立后，接纳普通法并进行改造，诉讼成为纠纷解决最重要的方式。20 世纪 70 年代末 80 年代初，美国进入"诉讼爆炸"时期，诉讼案件数量激增，数据表明，1960—1983 年，联邦地区法院的案件数量增加到原来的 3 倍多，达到 277031 件，年均复合增长率达到 5.6%，是 1904—1960 年增长率的 6 倍。而联邦上诉法院案件数量从 1960 年的 3765 件增长到了 1983 年的 29580 件，增长了 686%，年均复合增长率高达 9%，是上一个时期的 18 倍。[①] 加之审判程序周期长、费用高，致使大量诉讼案件在法院积压，商事交易和其他经济活动暂时中断，制约了美国经济发展及社会稳定。公民诉讼需求的不断提高与司法资源不足的矛盾日益凸显。1976 年，基于对现有纠纷解决文化以及法律职业的反思，讨论"大众为什么会对司法行政不满"的国家会议召开，这次会议被称为庞德会议。会上弗兰克·桑德第一次使用了"ADR"的概念。会议最终达成两点共识：一是加强法院管理，扩充法官权限，倡导法官对诉讼的管理义务；二是鼓励法院进行 ADR 实验。庞德会议后来被视为美国 ADR 历史上的标志性事件，被奥尔巴克视为"非正式替代性措施合法化的决定性时刻"。ADR 作为一种缓解司法与诉讼压力的机制被寄予厚望，具有了应用于所

---

① 所有数据均来自于［美］理查德·A. 波斯纳著：《联邦法院——挑战与改革》，邓海平译，中国政法大学出版社 2002 年版，第 3 章。

有纠纷类型的可能性。

对此，美国没有采取增加法院和法官的办法来解决，而是探索使用各种替代法院审判的纠纷解决程序——调解、仲裁、案件评估、修复小组、模拟法庭来化解民事、商事以及行政纠纷。ADR 机制以它的替代性、非对抗性、开放性、非法律指导性、灵活性、自主性以及保密性等特点，满足了当事人双方既希望快速妥善解决纠纷，又能够维持私密、继续交易的需求。同时，ADR 机制的广泛运用，大大减轻了法院压力，节省了国家司法资源。经过 20 多年的发展，美国 ADR 机制已趋成熟。目前全美 60% 的民商事案件和 90% 的行政案件都是通过 ADR 机制解决的。[1]

庞德会议后 ADR 运动在美国的全面展开，主要表现为 ADR 的司法化与立法化。美国 ADR 的司法化也并非一帆风顺，起初人们对其持否定态度，20 世纪 80 年代开始，美国行政与司法部门，对 ADR 的态度发生重大变化。1983年《联邦民事诉讼规则》第 16 条的修订，首次把和解确定为审前会议的目的，使法院的 ADR 实践具有了明确的法律依据。1990 年 12 月，美国国会通过《民事司法改革法》，要求法院建立减少成本和迟延的计划，指导法院考虑采用 6 条案件管理原则，其中一条即 ADR。1998 年美国国会通过了《替代性纠纷解决机制法》，这是世界上第一部关于 ADR 的专门立法，鼓励各法院根据自身规则确定该具体项目。[2] 至此，美国的 ADR 开始了迅猛发展。如 1979 年成立的司法仲裁调解机构，从 1988 年到 1992 年，年收入增长了 826%，1992年处理的纠纷达到 4 万件。[3]

美国 ADR 司法化主要是指法院附设 ADR 的发展。法院附设 ADR，即司法性 ADR，采用与诉讼不同的专门程序，但又可以与诉讼程序进行衔接，存在某种制度上的联系。美国各州法院附设的 ADR 机制也在 20 世纪 80 年代中期

---

① 欧秋钢：《浅析美国替代性纠纷解决机制》，载《上海保险》2018 年第 9 期。

② 韩红俊：《非诉讼纠纷解决机制（ADR）理论与实务》，法律出版社 2019 年版，第81~82 页。

③ ［日］石川明著：《比较裁判外纷争解决制度》，日本庆应义塾大学出版会 1997 年版，第 77 页。

以后开始激增。仅 1989 年就制定了 34 个与 ADR 有关的州法，提出的法案则超过 140 件。[①] 1990 年出台的《民事司法改革法》，是美国 ADR 发展史上的重要里程碑。该法以联邦议会立法的形式对改革民事诉讼程序和推广 ADR 作出了明确规定。要求美国所有的联邦地区法院制定改革计划，为此，各法院都把 ADR 的利用作为改革的重要组成部分。同时，确定了 5 个地区法院为实验法院和 10 个先导法院作为改革试点，要求其中 13 个法院采用 ADR，进而使法院附设 ADR 在全国联邦法院范围大规模推广。这些项目主要包括不同的类型：法院附设调解、法院附设仲裁、简易陪审团、早期中立评估、小型审判等。

（一）法院附设调解

调解是美国各级法院使用率最高的一种 ADR 模式。美国 94 个联邦地区法院有一半提供调解并且在一些案件中要求使用调解。为保证调解效果，一些州还规定了"强制调解"的配套制度，比如不接受调解的一方若在诉讼中没有得到更有利的判决，要接受惩罚。

在法院附设调解中，美国采取"调审分离"的结构，即调解与审判相互独立，避免调解对审判的影响与干预。法院附设调解的调解员主要由在法律界具有一定地位的律师和退休法官担任，这类调解员主要分为两类：一是附属于社会调解机构的调解员，有专职的也有兼职的。案件进入诉讼程序后，法院有自己的调解员名单供双方选择；二是法院聘用的调解员，有专职的也有兼职的。[②]

调解的主要经过一下步骤：首先，调解员使双方对程序事项达成一致，比如双方宣布他们自愿参加调解，安排将来谈判的时间和地点；签订一个正式的带有机密性的协议等。这个阶段的意义在于使处于对任何事情都无法达成一致的双方开始说"yes"。其次，双方交换基本观点，不是调解员发表演讲，而是双方面对面的交换意见。通常这是各方第一次听到对方完全的、不

---

① American Bar Association, Legisnation On Dispute Resolution: Federal and States Laws and Initiatives Pertaining to ADR 1990. p. 75.

② 齐树洁：《美国调解制度》，载《人民调解》2019 年第 10 期。

被人打断的观点陈述。双方当事人开始看到事物的两方面；并且开始感觉到对他们最初的观点做一些退让并不是不合理的。再次，如果双方当事人已经同意采用会议式程序进行，调解员则以秘密的私人会议方式与各方会见，并开始寻找解决方法，有时是双方对他们的基本观点进行检测。"穿梭外交"往往会暴露出双方看不到的或双方不便直接公开提出的弹性区域。最后，当双方当事人之间的差距开始缩小，调解员则会带着双方的要求和反要约往返于双方之间，或双方重新坐在一起相互交换意见。最后，若双方同意解决草案，他们会正式重新确认他们对解决方式的理解，并完成最后的细节，然后签订一个调解协议。①

（二）法院附设仲裁

美国法院附设仲裁起始于 1951 年。宾夕法尼亚州根据立法决定将一定数额以下的事件由法院强制性的付诸仲裁处理。20 世纪 80 年代以来，联邦法院的一部分进行了法院附设仲裁的试点。截至 1993 年，至少有 21 个周设立了这种程序。1993 年，美国众议院通过了在所有联邦地区法院扩大实行强制性法院附设仲裁的法案，但由于律师协会的反对，未获得参议院通过。因此载美国法院附设仲裁仍属于实验性制度。

法院附设仲裁不同于传统意义上仲裁的地方在于：首先，仲裁不是根据当事人的仲裁契约而开始，很多都是强制性的，作为诉讼的前置阶段。其次，仲裁的裁决不是终局性的。最后，仲裁是在法院的监督之下进行的，法官可依职权取消。

法院附设仲裁程序与调解相似，但其目的不在于促成和解，而着重于简化审判程序，尽快解决纠纷。相较于审判程序而言，仲裁程序能节约律师费用，但也存在和解率低、质量略差的问题。尤其是对于以强制方式剥夺当事人的诉权，历来是批评的焦点所在。②

---

① ［美］克里斯汀娜·沃波鲁格：《替代诉讼的纠纷解决方式（ADR）》，载《河北法学》1998 年第 1 期。

② 范愉：《非诉讼纠纷解决机制研究》，中国人民大学出版社 2000 年版，第 236～237 页。

（三）简易陪审团审判

简易陪审制，于 1980 年由俄亥俄州北部法院托马斯·D. 兰布罗斯法官首创。① 该程序属于评价性 ADR，不同于传统调解的中立性和解促成方式，一般不公开进行，当事人可以借此程序预测法院的判决结果，从而做出相应的判断，主要运用于双方当事人分歧很大的案件当中。

这一程序与正式的审判最为相似，有法官、陪审员和其他法院工作人员参加。通常是在法院举行。审理首先按照普通诉讼程序进行，法官等参与人员的费用由公共资金支付。如果能够达成和解，则省去了正式审判的费用，时间和复杂过程。该程序一般历时一天，通常是在证据开示程序完成后进行。与一般法院审理不同的是要求不仅代理律师，而且当事人本人到庭。简易陪审团审判是在简化正式审理中所提出证据的基础上进行的。同时为了节约时间，严格限制对证人的口头询问。陪审团是按照通常的程序从陪审员名单中选出的。但其评决只作为参考意见，并无拘束力。在陪审团作出评决后，律师可以与法官会面，根据平决意见讨论和解的可能性。此外，法官可以要求陪审员与当事人及其代理人讨论对于该事件的反应。法官在这一程序中处于核心地位，程序的后期实际上转换为法官的职权式简易程序；法官在讨论结束后做出裁量，但并无强制性约束力。当事人如果达成和解，则形成和解协议，如果达不成和解，则可以不受限制的进入审判程序。②

（四）中立评估机制

该制度是 20 世纪 80 年代中期，加利福利亚州北部地区联邦法院的首席法官 Robert F. Peckham 创设的，目的是通过在诉讼早期阶段为当事人提供关于案件的现实评价，以促进和解。1998 年出台的《替代性纠纷解决机制法》规定，美国联邦法院提供两种方式的评估程序：第一种是早期中立评估程序。即"由双方律师和委托人参加的秘密程序，由一个中立的第三方听取各方当事人

---

① 于丽娜，聂成涛：《社区矛盾纠纷化解机制》，中国社会出版社 2010 年版，第 38 页。

② 范愉：《非诉讼纠纷解决机制研究》，中国人民大学出版社 2000 年版，第 240 页。

对案件的陈述，然后对双方立场的强弱给出一个评估"。第二种是案件评估程序。即"由三名中立的律师组成的合议庭主持听审，双方当事人说明其辩论理由，合议庭对案件作出一个不具约束力的书面评估。当事人可以将这个评估作为案件的和解金额依据接受下来，也可以将其用于未来的谈判，或者要求继续正式法庭审理"。

整个程序通常历时两小时，由当事人口头提出主张，在中立评价人的指挥下进行讨论，并给当事人提供为达成合意进行谈判的机会。在无法达成合意的情况下，中立评价人则做出无拘束力的判定。在大多数法院附属型 ADR 中都包含着评价性要素，这与传统的调解有着明显的区别。其基本特征是：首先，其中第三方的作用是作出客观的评价，本质上有很强的指导性色彩。其次，在当事人提出主张和举证的程序上，较之调解更被正式。实际上多为律师准备在法院的诉讼程序中所做的工作，这样实际上为当事人提供了一次审理的实验。这种程序极大地依赖于中立者的信誉和能力，如果当事人确信中立者是公正和广见博识之人，则和解的可能性就会增加。① 通常中立评价人由法院提供，人选多为资深律师。

该制度主要是通过中立者的威望及广博的知识促成各方的和解，整个程序秘密进行，并且其评价的结果只具有参考性，如最终双方未能达成和解，该评估对后期法官的判决不具任何影响。

随着美国中立评估制度的不断完善，逐渐形成了较为健全的中立评估程序规则，对评估的程序、条件、方式、保密性以及评估员的要求等多方面进行严格规定，在美国为保证司法资源的有效利用，美国很多州立法规定，在诉讼前必须选择一种或是多种 ADR 程序来解决纠纷，使得只有不到5%的纠纷最终进入诉讼程序。

（五）小型审判

小型审判最初在1977年，为解决两个企业间的纠纷而创立，是一种和解

---

① ［美］Edward F. Sherman：《ADR 与民事诉讼》，大村雅彦编译，东京中央大学出版社1997年版，第11～12页。

促进方式。其并不是严格意义上的审判，而是一种综合谈判交涉、中立评价、调解以及裁判等程序而构成的，制度性的和解程序。随着小型审判的不断推广，法院附设的 ADR 的小型审判程序也逐步建立。小型审判由当事人双方选任的中立建议者主持，都由退休法官或资深法庭律师担任，双方当事人一般由企业法人代表或有决定权的高级主管人员参加，双方首先达成参加该程序的合议，并根据确定的规则准备证据文件和争点。在审理期日由双方律师进行一个简要的形式的辩论之后，由当事之间进行和解谈判，寻找和解途径，在谈判出现问题时，中立建议者可以向当事人提供意见，分析双方在主张和证据上的优势，预测法院判决结果，但其意见并无约束力。小型审判最显著的特征在于它不是以法官和职业法律家为中心，而是以作为非法律家的当事人为主角。其中双方律师所提出的证据和主张不是面向法官，陪审团或仲裁员等第三方的，而是面向自己的被代理人和对方的代表提出的。整个进行过程是不公开的，因此不会泄露企业的商业秘密。当事人通过该程序若达不成合意的情况下，则可以进入正常诉讼程序。由于参加者本身具有决策权，因此和解率及履行率较高。

法院附设小型审判不同于民间小型审判的地方，在于中立建议者是由法院选任的，其意见实际上代表了法院的观点。在到达规定期限仍未达成和解时，中立建议者将提出劝告意见，如双方无异议，则将此意见做成默认判决。如果当时不接受劝告意见，则在交付保证金后进入正常诉讼程序。在最终判决和劝告建议一致的情况下，该当事人将受到高额处罚。小型审判比较适用于诉讼标的额较大的企业间经济纠纷的处理。①

美国 20 世纪 80 年代，法院和律师对 ADR 参与的加深以及法院附设 ADR 试点项目收获的实践经验，推动了一系列联邦层面 ADR 立法的出现。有关 ADR 的联邦立法主要有 4 个方面：（1）司法改革立法。《法院附加仲裁法》1988 年由国会通过，该法提倡联邦司法的多样性改革，授权联邦地区法院启动仲裁试点项目，并制定了联邦法院附设仲裁的基本规则。《民事审判改革法

---

① ［日］石川明：《比较裁判外纷争解决制度》，日本庆应义塾大学出版会 1997 年版，第 84~94 页。

案》1990 年通过，要求联邦地区法院通过有效的案件管理程序，在适当的情况下使用 ADR 来解决纠纷，以减少诉讼开支与迟延。（2）行政改革立法。《行政争议解决法》授权联邦机构在发生行政纠纷时使用 ADR 来解决，鼓励联邦机构成立自己的 ADR 项目，并要求联邦机构在所有对商品和服务的标准合同中增加有关 ADR 的条款。《协商立法法》建立了协商制定规则程序的框架，以鼓励该程序在各联邦机构中的使用，提高行为的规范性。两项法案旨在授权联邦政府使用 ADR 来解决行政纠纷，并经过 5 年试行期于 1996 年经修正成为永久性立法。（3）ADR 专门立法。1998 年，美国国会通过了《替代性争议解决法案》，该法以 ADR 命名，旨在对 ADR 在美国联邦法院系统各个层面的应用提供有力支持。该法共有 12 条，分别规定了授权使用、管辖、调解员和中立评估人、提交仲裁、仲裁员的权限和报酬、传票、仲裁裁决与判决等内容，明确了地区法院的裁量权，扩大 ADR 运行的透明度，以增加预测的可能性。（4）其他法律规范。1991 年的第 12778 号行政命令指出，ADR 有助于对支持和反对政府的要求予以快捷、公平和高效的解决。1995 年发布的 12979 号和 1996 年的 12988 号行政命令进一步要求联邦机构使用 ADR 来应对正常渠道外的投诉，并规定了民事诉讼的有效替代方式，鼓励使用正式和非正式的 ADR 程序。司法部 1996 年 7 月 15 日发布政策声明"非诉讼纠纷解决的使用政策和案件认定标准"，列出了可供采用的 ADR 技术，并制定了适用 ADR 的案件认定标准。此外，《联邦采购条例》还规定了联邦采购合同中可以使用 ADR 来解决争议的情况。[①]

第三节　亚洲国家和地区的非讼化纠纷解决机制

一、日本

日本在亚洲国家中是当之无愧的 ADR 先进国。ADR 作为一种民事纠纷解

---

① Robert G. Fryling, Edward J. hoffman: Mini-History of Federal ADR Statutes, Orders, Regulations and Directives, Alternatives, 1997, p. 8.

决方法，与审判及谈判相并列，占据着重要地位。其较低的诉讼率也得益于其较为健全的 ADR 模式，其中最具特色的就是民事和家事调停制度。其法律规定了大多数纠纷的调解前置程序，并规定了不参与和履行调解的惩罚措施。日本民间 ADR 机构发展迅速，从 2007 年的 10 家发展到 2018 年的 180 家。2019年修定了《ADR 促进法实施指导》，对 ADR 机构的资质、监管等问题进行了规范。日本政府还通过设计标志图案等多种方式，拉近其与民众的距离。① 日本的 ADR 方式大致可以分为裁断型和调停型两种。前者有仲裁、裁定；后者有调停、斡旋等多种形态。

（一）日本 ADR 制度的发展背景

近代以来，日本的民事纠纷解决机制深受德国的影响。这一时期的诉讼法职权主义浓厚，实行集中辩论并具有促进诉讼的特点。② 第一次世界大战期间，农村人口涌向都市，东京地区出现了大量的房屋纠纷。为此，日本于1922 年颁行了《借地借家法》，引入了现代意义上的裁判所调解制度。第二次世界大战后，日本在美国的影响下，于 1951 年颁布了《民事调解法》。由于受中国传统文化和法律制度的影响，日本民众普遍具有回避诉讼的心理。学者川岛武宜认为，传统日本社会中的"厌讼"倾向是由日本人缺乏权利意识决定的。美国学者海利则认为"厌讼"情感是由于制度条件的缺乏即司法模式效能上的问题。"二战"后，日本的诉讼率有所下降，调解等裁判外的纠纷处理方式得到广泛的运用，诉讼案件中的和解结案率也一直居高不下。③ 诚然，国民权利意识的形成与法律制度的运行是相辅相成的复杂动态过程。从 20 世纪 50 年代日本司法实践的统计数据来看，日本国民的总体法律意识还是很淡薄的。只是在"二战"后，经过日本法学界持续不断的努力，日本国民的法律意识才慢慢跟上制度建设的步伐。④ 在这一过程中，调解、斡旋等手段以其

---

① 齐树洁：《日本调解制度》，载《调解》2020 年第 6 期。
② 何勤华等：《日本法律发达史》，上海人民出版社 1999 年版，第 392 页。
③ ［日］川岛武宜：《现代化与法》，王志安等译，中国政法大学出版社 1994 年版，第 3 页。
④ 何勤华等：《日本法律发达史》，上海人民出版社 1999 年版，第 46 页。

内在灵活性和对古老法律文化的移植,① 有效地缓解了移植法与传统社会之间的不适。② 20 世纪 70 年代以来，ADR 在日本社会开始受到重视。ADR 作为诉讼外的纠纷解决机制，在一定程度上迎合了日本国民传统的厌讼心理，缓解了滞后的法律思想与先进的继受法之间的矛盾。"二战"后诉讼外纠纷解决的立法为 ADR 提供了制度支持，增强了国民的 ADR 意识。实践表明，ADR 制度能够有效提高纠纷解决效率，弥补司法裁判的局限性。面对世界多元化纠纷解决机制的浪潮，日本立足于本国国情，不断发展 ADR 制度。

2000 年，日本开始进行司法改革，确立了三大基本目标：构建符合国民期待的司法制度；完善适应司法制度的法律职业制度；巩固国民参与司法的制度基础。2007 年，《关于促进利用裁判外纷争解决的法律》（以下简称《ADR 促进法》）开始实施，ADR 制度的完善正式成为日本司法改革的重要一环。

日本 ADR 制度可以分为司法 ADR 制度、行政 ADR 制度和民间 ADR 制度。司法 ADR 是指裁判所③调解和家事调解。行政 ADR 是指由行政机关作为中立第三方通过 ADR 程序解决争议。民间 ADR 是指由民间 ADR 机构主持解决纠纷，包括调解和仲裁等形式。日本关于 ADR 的立法主要有《ADR 促进法》《民事调解法》《家事案件程序法》《仲裁法》《独立行政法人国民中心法》等。《ADR 促进法》对日本 ADR 的基本理念、国家职责、民间 ADR 机构的认证制度、民间 ADR 的法律效力等进行了全面的规定。该法的总则规制司法 ADR、行政 ADR 和民间 ADR，其分则主要是关于民间 ADR 的具体规定，内容包括民间 ADR 认证制度及可能产生的特殊法律效果。④ 与此同时，日本在《公害纠纷处理法》《消费者基本法》《建筑业法》《保险业法》等部门法

---

① 齐树洁主编：《外国 ADR 制度新发展》，厦门大学出版社 2017 年版，第 417 页。

② 齐树洁、许林波：《域外调解制度发展趋势述评》，载《人民司法与应用》2018 第 1 期。

③ 日本的裁判所在一般意义上相当于我国的法院。虽然日本的裁判所和我国的法院都是四级设置，但是在定义上并未完全对应。一般将日本的四级裁判所翻译为简易裁判所、地方裁判所、高等裁判所、最高裁判所。家庭裁判所与地方裁判所同级。

④ 齐树洁主编：《外国 ADR 制度新发展》，厦门大学出版社 2017 年版，第 419 页。

律中都规定了相关领域的多元化纠纷解决机制，为各类型纠纷的多元化解决提供了依据。

（二）司法 ADR 制度

日本司法 ADR 制度包括裁判所调解和家事调解。司法 ADR 制度作为传统的调解制度，在日本的发展较为成熟。

1. 裁判所调解

裁判所调解遵循调解保密原则，违反保密原则可能会触犯泄露评议秘密罪和泄露他人秘密罪。民事调解案件一般由简易裁判所管辖，也可以由地方裁判所管辖。裁判所以调解委员会的形式进行调解，必要时也可以由法官单独调解。当事人申请调解的，必须由调解委员会进行调解。调解委员会由 1 名调解主任和 2 名以上调解委员组成。调解前，当事人可向调解委员会申请禁止对方当事人和其他利害关系人进行标的物处分和其他致使调解内容不能实现或难以实现的行为。对违反调解前措施的行为，可处以 10 万日元以下的罚款。对于受裁判所或调解委员会传唤无正当理由不出庭的案件关系人，可处以 5 万日元以下的罚款。调解委员会可依职权调查事实，还可依职权或当事人的申请进行其认为必要的证据调查。书记官将当事人达成的合意记载于笔录时，即达成调解协议。该记载与裁判上的和解具有同一效力。当案件的性质不适用于调解时或当事人基于不正当目的提出调解时，调解委员会可不经调解即终结该案件。在调解无法达成合意时，裁判所可在双方当事人调解请求的限度内，依职权作出旨在解决纠纷的必要决定。当事人或利害关系人若对裁判所代替调解的决定不服，可申请异议。

一般情况下，调解费用由当事人双方共同负担。由于地震和自然灾害在日本频发，2016 年以来，法务省多次在灾害时期颁布免除调解费用的特别规定。例如，在 2016 年熊本县地震时期以及 2018 年暴雨灾害时期，当事人就地震或暴雨引起的民事纠纷向裁判所申请调解的，调解费用应当被免除。纠纷的起因是否为自然灾害由裁判所判定。这一规定体现了 ADR 作为裁判外的纠纷解决机制，对日本民族团结稳定、秩序井然地度过自然灾害时期发挥了重要的作用。

日本裁判所调解的发展已有 90 余年的历史。裁判所调解因保密度高、费用低廉、程序简单、不必委托代理律师等特点而广受民众欢迎。然而，日本裁判所调解的职权主义色彩较重，容易产生司法腐败，在日本学界也有很多的争议。无论如何，日本裁判所调解的发展历程和制度成效，为行政 ADR 和民间 ADR 的制度建设提供了经验。①

2. 家事调解制度

家事调解案件由家庭裁判所管辖。家事调解程序遵循调解前置主义，可以由当事人申请开始也可以由裁判所依职权启动。调解由调解委员会进行或法官独任展开，但当事人申请调解时只能由调解委员会进行调解。调解委员会由 1 名法官和 2 名以上家事调解委员组成，评议案件应遵循保密原则。调解委员会的决议依过半数的意见作出，意见各半时，由法官决定。家事调解委员会中的法官可依照调解委员会的决议进行事实调查与证据调查，也可委托家庭裁判所调查官进行事实调查，还可委托医师等裁判所技术官对案件关系人的身心状况进行诊断。在调解期间，法官或委员会可作出必要的处分命令。调解前的处分命令虽无强制执行力，但当事人及利害关系人无正当理由不遵从该处分的，家庭裁判所可对其处以 10 万日元以下的罚款。当事人在调解中达成的合意被书记官记载于笔录时，调解达成。该笔录与判决书具有同一效力。

（三）行政 ADR

在 20 世纪 90 年代之前，众多欧美国家在新自由主义的思想下制定新的公共管理政策。日本政府借鉴西方国家的实践经验，以英国执行局制度为蓝本，根据《独立行政法人通则法》，创建了独立行政法人制度。② 1962 年，日本独立行政法人国民生活中心成立。20 世纪 90 年代，这些欧美国家包括日本纷纷显现出新自由主义下失衡的社会后果，尤其是在社会福利供给方面。世界首屈一指的人口老龄化使得日本的财政愈发不堪重负。虽然新自由主义理论使得日

---

① ［日］河野、宪一郎：Court-annexed Conciliation in Japan：Viewpoint from Japanese Experience of ADR，载日本《熊本法学杂志》2016 年第 11 期。

② 王玲：《日本国立研发法人制度分析》，载《全球科技信息瞭望》2018 年第 8 期。

本的财政负担日益沉重、众多社会问题无法妥善解决，但是并没有为日本所摒弃。在政府的预算上，削减独立行政法人的运营支付金是政府的预定目标之一。独立行政法人国民生活中心 ADR 制度的实践十分专业、细致，对日本应对经济高速增长时期社会易出现的环境污染和消费纠纷等问题发挥了巨大的作用，但也存在诸多问题。首先，利用率较低。国民生活中心 10 年以来受理了近万起纠纷，但是对比法院的民事诉讼案件总数，仍有天壤之别。其次，制度实施状况存在较大的地域差异。最后，政府财政支持不足。例如，广岛县国民生活中心规定："ADR 无法解决一些重大消费纠纷时，当事人若向裁判所提起诉讼，可向消费生活中心申请诉讼贷款。"但由于经费紧缺，这项规定从未被实际应用过。①

（四）民间 ADR 制度

民间 ADR 制度集便利性与自治性于一体，当事人可以根据自己的实际情况选择时间和场所进行调解。民间 ADR 以非公开为原则，达成调解后当事人须向民间 ADR 机构支付费用。民间调解协议不具有强制执行力。民间 ADR 机构在从业之前应向法务省申请从业资格，法务大臣根据法律规定的标准审查申请机构是否具备法定的资质。

2007 年，日本只有 10 家民间 ADR 机构，2018 年民间 ADR 机构的数量已经超过 180 家。民间 ADR 涉及的领域不断扩大，日本民众也更加便利地享受民间 ADR 服务。近年来，日本官方大力宣传民间 ADR 制度，赋予民间 ADR"纠纷解决支柱"的昵称并为其设计了标志图案，旨在拉近民众与民间 ADR 机构的距离，提高民间 ADR 的社会信任度。法务省还建设了民间 ADR 的专门网站，向民众介绍民间 ADR，公开民间 ADR 机构的基本信息和解决过的案例。官方公开 ADR 机构的信息不仅能够规范民间机构还便于民众选择合适的机构。此外，在 2017 年的日本法律宣传日，法务省举行了自行车事故纠纷的

---

① ［日］宫永文雄：《广岛市消费者纠纷调解委员会的现状与发展》，载日本《广岛法学》2018 年第 4 期。

模拟调解活动。日本 2019 年法务省报告表明，日本还将进一步推广民间 ADR。① 民间 ADR 制度符合现代法治的内核理念，能够在弥补司法资源不足的同时节省国家司法财政支出。实践表明，民间 ADR 的完善有利于提高整个社会的发展效率。

在《ADR 促进法》实施 10 年后的 2018 年，ADR 协会第二次向法务省提交了完善 ADR 制度的提案。② 该提案在提交前经过了 ADR 协会内外相关人士的问卷调查，体现了日本理论界和实务界对于 ADR 制度的讨论十分充分，反映了日本 ADR 制度自实施以来的各种问题。提案指出，虽然法务省的大力宣传使得国民对民间 ADR 耳熟能详，但是该制度的实施并未达到预期的效果。

相比较而言，民间 ADR 由于缺乏规范、管理松弛，导致利用率较低。

民间 ADR 的繁荣是现代 ADR 发展命题中的应有之义。财政赤字也是使日本节约司法成本、大力宣传民间 ADR 制度的原因之一。虽然日本的司法正义外在表现为提倡调解的社会文化，但是更为重要的是制度的支撑，即多元化纠纷解决机制的建立。

二、韩国

受韩国传统文化的影响，相对于费时费力的诉讼来讲，民众更喜欢在法院外解决纠纷。韩国法院对 ADR 也相当重视，不断对其进行优化。

（一）法院负责的 ADR

韩国的法院调解强调法官的调、审分离，借此避免审理法官的先入为主。此外《韩国家事诉讼法》中规定，家事纠纷审理前必须调解，不仅有很多程序可供选用，同时还可为当事人量身打造新程序以利于解决纠纷。

（二）法院外的 ADR

韩国法院外的调解主要有民间调解、行政部署下的各种调解委员会的调解

---

① 日本法务省：《2019 年法务省报告》，http：//www. moi. go. jp。
② 一般财团法人 ADR 日本协会： 《改善 ADR 法制的提案》，https：//japan-adr. or. jp/。

制度、仲裁、搜查机关的协议、国民苦衷处理委员会等。其中各种专门的调解委员会如个人信息纠纷调解委员会、电子商务纠纷调解委员会等，同时委员会不仅有大量的资金支持，而且职责比较明确，就是调解纠纷，并不附加其他任务，在解决纠纷中起到了非常重要的作用。同时，根据韩国法律的规定，调解员的选任要求较高，一般是退休法官、教授、工程师等具有较高的个人素质。在多重制度优势的保障下促使其 ADR 蓬勃发展。

第三章　民事纠纷非讼化解决
机制的主要形式

第一节　协　　商

协商，也称谈判（Negotiation），是最古老，最原始的纠纷解决方式。无论是原始社会的猎物分配还是现代的诉讼程序，协商总是无所不在的，每个人陷入纠纷时总会发现他最需要的就是关于谈判的理论和实践知识。[①] 但因其无须第三方或专门机关的介入，所以通常认为其不属于严格意义上的替代性纠纷解决方式的类型，但又因为协商满足 ADR 非讼性、当事人自主选择性和纠纷解决的基本属性。在现代社会，通过当事人自身当面进行谈判解决部分社会利害关系对立的行为正作为一个处理法律上对立的解决方法逐渐获得文化上的正当性。[②] 所以一般仍把谈判作为基本的纠纷解决方式之一。

一、协商的概念

协商是指双方或多方当事人之间采取的一种关于信息交换和传递的交互式的活动，其目的是未来寻求合作或者合理分配缺乏的资源，旨在相互说服的交流或对话，以期达到比他们单独行动更好的效果。

---

① Henry J. Brown & Arthur L. Marriott：ADR Principles and Practice, Sweet & Maxwell, 1999, p. 103.

② ［日］小岛武司、伊藤真编：《诉讼法纠纷解决法》，丁婕译，中国政法大学出版社 2005 年版，第 43 页。

协商体现着这个世界上最基本、最普遍的作出决定的过程。① 有时，协商甚至还是其他纠纷解决运用的前提。比如，我们在许多合同中关于争议解决的条款，一般都规定，若发生纠纷，原则上由当事人协商解决，协商不成的再选择仲裁或者诉讼的方式。即便进入仲裁或诉讼程序，协商也是绝大部分纠纷解决的重要途径。在美国，民事案件当事人真正要求判决的少于5%。刑事审判中，控方和辩护人以协商的方式解决了大部分的刑事控诉。

二、协商的特征

（一）无第三方介入

协商从开启到最终作出决定均取决于双方当事人的意愿，全程无第三方参与，具有高度的自治性。这也是协商与调解最主要的区别所在。调解以第三方促成纠纷当事人达成一致，解决纠纷为主要特征。仲裁和诉讼中，更是由仲裁机构和法院作为权威的决策者，约束当事人遵照一定的程序，最终作出裁判。

（二）无形式和程序上的特定模式

协商在形式和程序上较为随意，具有民间性。越为轻松的环境和氛围通常认为更有利于协商的进行。形式上只要不违反法律的禁止性规定，可以遵照交易习惯或当事人自行约定进行，甚至可以在请客吃饭、电话交谈中完成。

三、协商的条件

协商的上述特点，并不意味着协商在任何情况下都能成功。现实中，必须具备一定的条件，方能促成当事人通过协商达到逾期的结果。

（一）主观条件

首先，当事人有解决纠纷的愿望和诚意。协商的启动，取决于当事人双方是否都有迫切解决纠纷的意愿，是否愿意坐下来心平气和地解决问题。而在协商过程中，这种愿望和诚意也应当是一以贯之的，包括能否耐心听取对方的方

---

① Michael Palmer & Simon Roberts, Dispute Processes: ADR and the Primary Forms of Decision Making, Butterworths, 1998, p. 63.

案和主张；是否遵守双方约定的规则和程序；是否遵守协议和承诺等。协商以解决纠纷为最终目的，所以如果在协商过程中发现对方动机不存，就应当果断退出谈判，以免徒劳耽误自己的时间。

其次，当事人要有进行判断和权衡的理性或能力。协商解决纠纷的过程，其实是双方当事人各自作出让步妥协的过程。所以，协商需要建立在双方对自身优势、劣势的合理判断和评估的基础之上。过高地估计自己的优势而提出不切实际的要求；不能在适当的时机作出妥协，从而使谈判陷入僵局；斤斤计较细节而失去在主要问题上达成协议的机会以及轻率让步使自己招致重大损失等，都是谈判的大忌。①

（二）客观条件

纠纷事项的可谈判性，是协商进行的客观条件。如果双方选择了谈判，那就表明自己对于原来的要求有可让步、可妥协的余地。② 如果情势表明双方对自己的立场都没有让步的余地和可能，那么事实上谈判就不可能成功了。③ 现实中，如果交易数额或其他合理要求明显超出义务人的实际偿付能力，而权利人也无做出更大让步的可能时，谈判就只能画上句号了。这种情况不仅存在于协商过程中，即便在司法诉讼程序中，也同样可能遭遇无法执行的困境。另外，纠纷事项的可谈判性，还表现为有无违反法律禁止性规定的问题。通常，在刑事犯罪的指控和行政纠纷的解决中，有不允许当事人自行协商解决的部分。而在民事纠纷中，根据当事人意思自治原则，只要是法无明文禁止的，都允许当事人通过协商的方式解决。

四、协商的原则

协商虽然是非讼化纠纷解决机制，但在法治社会的大环境下，其同样需要在法律的框架下进行，应遵守以下基本原则：

---

① 范愉：《非诉讼纠纷解决机制研究》，中国人民大学出版社 2000 年版，第 170 页。
② 范愉主编：《ADR 原理与实务》，厦门大学出版社 2002 年版，第 269 页。
③ 沈恒斌主编：《多元化纠纷解决机制原理与实务》，厦门大学出版社 2005 年版，第 87 页。

（一）合法原则

合法原则，即谈判的内容、范围、程序和方式都必须合法，即不违反强制性、禁止性法律规范。现代法最大限度地给予公民权利自治的自由，法律实际上已经对可以通过谈判"私了"处理纠纷的范围做出了明确的限定，即除了刑法规定必须提起公诉的犯罪行为，一般的民事纠纷和属于自诉范围的刑事纠纷都可以通过当事人自行谈判协商解决。而对于可以"私了"的民事纠纷，通常只在特定情况下，如公证时，对其协议内容和程序做形式审查，即审查有无法律禁止的因素，对实质性内容不作具体审查和限制。在法律的阴影下交易，是谈判及一切 ADR 的精髓，这里，合法性作为一般原则制约这谈判不致脱离法律的基本轨道，从而以此保障"私了"的公平性。

（二）公平自治原则

谈判中兼顾公平和自治的协调十分必要。一方面允许当事人充分行使自主权与处分权，对实体权利和诉讼权利作出各种处分、让步与妥协；另一方面，必须注意防止因当事人之间实力的显著不平等导致的强迫、欺诈、显示公平和重大误解。一旦出现这种情况，必要时可以根据民事行为的公平原则，由法院做出和解协议无效或撤销的判决。对弱者权益的保护是现代法治关注的重点，这是行使自治的前提之一。

（三）不违反公序良俗原则

道德规范、行业惯例、民风习俗等是获得社会公众或利益共同体普遍认同的规范和准则。因此，谈判虽然建立在当事人自治的基础之上，但谈判内容及形式，以及谈判与履行的方式都不应违反公序良俗，否则必将遭到国家和社会的干预。

（四）诚信原则

协商是无第三方介入的纠纷解决方式，完全依赖于双方当事人的个人行为，因此诚信对于协商的进行显得尤为重要。在纠纷解决过程中，当事人的趋利心理合理正常，但如果为实现自身利益最大化而不择手段，甚至以恶意欺诈为出发点，那协商必然无法获得公平的结果，即使一时获利，最终也可能导致程序上的反复，于人于己得不偿失。因此，诚信原则是协商的最基本道德准则和必要条件。

五、协商的程序

谈判程序犹如生产工艺流程，工艺水平越高，产品越好；谈判程序越科学，谈判效果就越好。① 协商虽然并无固定模板，但通常要经过以下几个过程：

(一) 准备阶段

《孙子兵法》中说"知己知彼，百战不殆"。协商谈判的过程可以说是一场没有硝烟的战争，所以协商的第一个环节，就应当清楚自己和对手的利弊长短，作出理性分析。具体而言，主要包括以下几个方面的考虑：第一，对事实应当有一个全面的了解；第二，明确自己的诉求和底线及双方的优劣势；第三，了解相关法律和惯例；第四，对其他纠纷解决方式的横向比较及结果预测；第三，制定策略。在制定策略过程中，还应充分考虑几个基本因素：预期不应过高；分清主次；设定底线；适时妥协。

(二) 信息交换

谈判者对各种谈判信息的拥有量，特别是谈判者对信息的收集、分析和利用能力，对整个谈判活动有着巨大的影响。在谈判信息方面占优势的一方往往能够把握这谈判的主动权。② 具体而言，信息交换包括披露自己信息和了解对方信息两个部分。根据得到的信息，可以对谈判的条件作出及时判断和调整。出价是这一阶段的关键，甚至决定着谈判的成败。出价过高会使差异拉大，降低成功的可能性；过低则可能使自己遭受损失，增加不必要的代价，因此必须格外慎重。③

(三) 协议提出

在当事人一方出价后，双方能够一拍即合的情况微乎其微，所以谈判的过

---

① 丁建忠：《商务谈判》，中国人民大学出版社 2003 年版，第 42 页。
② 孙兆臣、易吉林编著：《谈判训练》，武汉大学出版社 2003 年版，第 73 页。
③ 范愉：《非诉讼纠纷解决机制研究》，中国人民大学出版社 2000 年版，第 172 页。

程通常都是拉锯战，需要建立在双方多次地让步妥协之上。这是谈判的实质阶段。为了达成和解，让步和妥协一般是必要的，关键在于掌握好作出让步的时机和限度，而这很大程度上取决于当事人在谈判中确定的目标和策略。美国学者诺兰—海利认为，在选择谈判的目标和策略时，根据所确定的价值取向，可以分为两大基本类型：对抗取向的谈判和解决纠纷取向的谈判（见下表）。所以当事人应当在明确对方谈判诚意的基础上，兼顾效益因素，准确把握谈判的方向和节奏。

谈判的两种策略①

类　　型	对抗取向	解决纠纷取向
目标	最大限度地争取自身利益	寻求互利
行为	竞争性实质交易	促进性利益权衡
对结果的理解	分配性的（distributive） 零总和（zero-sum） 胜负分明（win-lose）	综合性的（integrative） 非零总和（non-zero sum） 双赢（win-win）

（四）谈判结束

通过协商方式解决纠纷的结局无非两种，达成协议和陷入僵局。

达成协议，无疑是皆大欢喜的结局。在达成协议后，还有一系列的细节问题也是确保协议履行，使纠纷解决能画上圆满句号的关键，比如，协议的形式、是否担保、是否公证等。通常，较大标的或需要分阶段履行的协议，宜采用要式契约并进行公证，以保障其法律效力。目前，包括我国在内，还允许双方当事人在达成协议后，通过司法诉讼途径对合同效力加以确认，同样是为了加强协议的效力。

谈判结束的另一种结局是僵局，即谈判在进入实际的磋商阶段之后，谈判

---

① Nolan-Haley, Jacqueline M. : Alternative Dispute Resolution, West Publishing Co., 1992, p. 25.

各方由于某种原因而僵持不下，从而陷入进退两难的境地。[1]

实践中，不论当事人双方预期通过谈判能否获得利益，都可能导致僵局的出现，通常情况是否定预期，但一些外部因素，包括谈判的代价、个人情感因素、个人立场等同样会导致僵局的出现。所以当事人在谈判开始后，在维护自身利益的前提下，对一些非原则性问题无须过于坚持。一旦谈判陷入僵局，谈判各方应探究原因，积极主动地寻找解决方案，避免因一时陷于谈判僵局而终止谈判。[2] 对于僵局的化解，我们可以尝试采用诸如换位思考、有效退让、临阵换将、改变谈判环境等方法予以解决。

第二节　调　解

一、调解的概念

调解是历史最为悠久的非讼化纠纷解决机制，在世界各国都得到了广泛的应用，但在不同国家其具体形式和运作方式又存在着不同程度的差异。

我国通常把调解定义为：在第三方主持下，以国家法律、法规、规章和政策以及社会公德为依据，对纠纷双方进行斡旋、却说，促使他们互相谅解，进行协商，自愿达成协议，消除纷争的活动。[3] 国外学者对调解的定义中也都含有"中立第三方""达成协议"等关键词，如英国学者卡尔·麦基对调解的定义为，"在中立第三方介入下，纠纷当事人就争议解决达成协议的一种形式"。[4] 美国统一州法全国委员会 2001 年 6 月正式公布的《统一调解法》中，将调解定义为，"一个由调解人促进双方当事人的沟通和协商以协助他们就其争议自愿达成解决协议的程序"。在美国，90%以上的纠纷都是通过各种方式

---

[1]　孙兆臣、易吉林编著：《谈判训练》，武汉大学出版社 2003 年版，第 170 页。

[2]　范愉主编：《ADR 原理与实务》，厦门大学出版社 2002 年版，第 301 页。

[3]　江伟、杨荣新主编：《人民调解学概论》，法律出版社 1994 年版，第 1 页。

[4]　Karl Mackie：The ADR Practice Guide Commercial Dispute Resolution, Butterworths, 2nd edition, 2000, p. 48.

在诉讼程序之外解决的，其中调解所占的比例最高，特别是在解决特定类型纠纷中国的作用尤为显著，例如，合同纠纷的87%、债务纠纷的87%、其他人身损害赔偿要求的77%，都是通过调解解决的；法院附设调解总的和解率为83%，民间调解的和解率为85%。①

二、调解的特征

（一）调解以当事人的自愿为前提

调解的本质是促成合意的形成，是非强制性的纠纷解决方式。调解的自愿性贯穿调解的全过程，既包括程序上的也包括实体上的。程序上，调解的启动、调解人的选择、调解程序的进行以及调解结果的履行均取决于当事人的意愿。实体上，调解的方案、协议的内容亦由当事人决定。在实际运作中，出于现代纠纷解决对效益的追求，在调解中增加一些强制性因素也十分普遍。如将调解作为诉讼的前置程序，将某些特定类型的纠纷强制当事人先行提交调解解决等。但即便如此，调解仍必须以自愿为其本质规定，没有当事人双方的认可和自愿接受，就没有真正意义上的调解。

（二）调解是在中立第三方的参与下进行的纠纷解决活动

这是调解与和解的主要差异。调解人可以由国家机关、社会组织、专门机构或个人担任，其在调解中是中立地位，有别于诉讼中裁判者参加调解的过程。传统的调解强调调解人的消极中立，现代的调解已经突破这种限制，调解人在促成合意时可以采用多种方法，从截然不同的方向对当事人发生影响，可以是纯粹中立的冷静观察和监督，可以是积极地平息对立，可以仅仅是对话中的中介，有时则可以作为专家或权威，对结果提供评价性的信息。但无论何种形式，第三方的协助对当事人之间纠纷的解决都具有重要作用。

（三）调解协议效力的契约性

通常，作为非讼化纠纷解决机制，调解协议本身具有契约性，不具有国家强制性。一旦当事人一方或双方对协议内容或履行表示否定，原则上可以不受

---

① 资料来源：Http//adrr. com. adr3：THE TRUTHS BEHIND MEDIATION.

限制地选择其他纠纷解决方式，包括提起或转入诉讼程序，这样的局面无疑使得当事人因调解导致的费用和时间的支出成为额外的负担。因此，现代社会中，基于对纠纷解决效益的追求，很多国家的法律都规定，如果调解由司法或准司法机构主持，或者调解协议经过法院确认，则调解协议就具有与生效判决同等的效力。由此，调解协议对当事人不仅限于契约的约束力，而是对当事人具有司法约束力，可以强制执行。例如，我国《民事诉讼法》中设立的调解协议司法确认程序就属于此类。

（四）调解程序的灵活性

与诉讼相比，调解并无严格的程序设置，即便是法院作为调解方的诉讼调解，在程序上也较为宽松。调解过程中，当事人可以根据纠纷的特点、彼此的关系需求等选择相应的程序。因此，调解往往在一种非对抗性的、和谐的氛围中进行，这与调解积极促成当事人达成合意的目的也是完全契合的。调解的灵活性，还表现在规则的选择适用上。除依据法律法规外，调解还可以以各种有关的社会规范作为解决纠纷的依据和标准，如地方惯例、行业标准、乡规民约、公共道德准则、通行的公平原则等。调解中，调解人并不总是试图运用现有的法律法规来解决双方的纠纷，而是对纠纷双方提出的观点和要求策划一种妥协与和解的方法。①

三、调解的形式和种类

调解作为历史最为悠久的非讼化纠纷解决方式，形式多样，且还在不断创新。总体而言，调解主要包括以下几种类型：

（一）根据调解人的性质，调解分为民间调解、行政（机关）调解、律师调解、法院附设调解和法院（诉讼中）调解

民间调解，包括民间自发成立的，也包括政府或司法机关组织或援助的调解组织机构。这些机构因为与当事人在地域等方面的天然联系，通常介入纠纷

---

① ［英］罗杰·科特威尔：《法律社会学导论》，潘大松等译，华夏出版社 1989 年版，第 239 页。

时间较早，一般不需要任何费用或费用较低，因此在解决日常民间纠纷中具有无可替代的优势。例如我国的人民调解就在纠纷解决中发挥了巨大的作用，被称为纠纷解决的"第一道防线"。美国 60 年代开始的社区纠纷解决运动中的义务志愿者调解也属于此类。民间调解因其调解组织的性质的不同，如由政府出面组织或由财团资助，因此在调解的性质和功能方面存在一定的差异。

行政机关调解，行政机关作为调解方，既包括其在日常管理或指导工作中附带性的纠纷解决，也包括为解决特定纠纷专门设立的行政性非诉讼程序，我们这里探讨的主要是后者。行政机关主持的调解具有权威性、效率高、成本低的特点，同时行政机关还可以在纠纷解决过程中积累管理经验。此外，行政机关对其设立的信访、申诉等途径反映的各种纠纷，也可以视情况进行调解。这种方式使大量的纠纷在第一时间得到解决，避免了矛盾的进一步升级，对消除安全隐患和不稳定因素发挥了极好的作用。但由于行政机关的此类调解，当事人若对结果不满，则可能纠纷最终仍要诉诸法院，因此，实践中行政机关对此类调解的运用积极性不足。

律师调解，在本质上也属于民间调解的范畴。近年来，由于制度改革、观念变化和职业道德的提高，世界各国在设立律师参与促进和解方面推陈出新，出现了诸如独立调解人和专门从事调解的律师事务所。另外，在法律援助工作中与律师调解相结合，这些举措都有利于民事纠纷的迅速、简便和低成本解决。从形式上，律师调解可以分为两类。一种是单纯法律咨询，即由律师向当事人提供法律意见，预测纠纷走向、分析诉讼利弊，以促使当事人放弃诉讼，达成和解。这种调解模式通常与律师出于自身利益考虑而期望推动当事人进入诉讼的意愿相悖。因此，实践中应更多考虑从制度上鼓励和支持律师进行调解。另一种律师调解是由律师或律师事务所作为中立第三人主持调解。这种调解的结果，一定程度上也可以通过相应形式使其在效力上具有强制性。

法院附设的诉讼前调解，是 20 世纪逐渐发展起来的，近年来最受重视的一种制度，其重要性就在于，尽管纠纷已经到达法院，但仍有可能将其解决在诉讼程序之外。日本的调停以及美国的法院附设调解都属于此列。诉讼前调解的主要目的在于把调解与诉讼严格区分，分别按照其自身的运作规律和特有的方法进行。这有利于充分发挥调解的功能和特长，并且不致影响到诉讼程序中特有的对抗性和规范确认功能。近年来，随着法院诉讼中调解的日渐升温，这一制度的利用呈现出下降的趋势。

法院（诉讼中）调解，是指在人民法院审判组织的主持下，双方当事人自愿平等协商，达成协议，经人民法院认可后，终结司法程序的活动。[①] 此种以法院为第三方的调解与上述调解不同，它在诉讼中进行，属于诉讼活动，同时是人民法院审理民事案件的一种结案方式。当事人在法官主持下达成的调解协议已经生效具有与判决书等同的效力，可以据此启动强制执行程序。虽然这种调解具有一定的职权性，但仍强调以当事人自愿为前提，法院不得以任何形式强迫当事人进行调解。

（二）根据调解功能的不同，调解分为判断型调解、交涉型调解、教化型调解和治疗型调解[②]

此种划分的调解主要用于解决不同类型的纠纷。

判断型调解意在发现在法律上正确的解决方案。在判断型调解中，调解人主动寻求合乎法律规定的解决方案，并向当事人展示其判断，双方当事人以该判断为中心寻求合意，进而解决纠纷。调解人的判断本质上是对审判结果的一种模拟。这种模拟有助于当事人认清自己的"胜算"以及可能的纠纷解决结果，从而促使当事人考虑通过和解解决纠纷。但是，这种审判模拟与程序严格的诉讼毕竟区别巨大，其解决方案的正当性和公正性也难以与判决相比。这类调解，适合期待得到法律上的解决方案，但对诉讼的延迟和高成本有所顾虑的当事人。

交涉型调解是指当事人双方在估量可能的解决结果以及解决成本的基础上寻求对自己最有利的解决方案的调解类型。这一类型的调解是基于当事人在衡量所期待达到的目标和所愿付出的成本之后，是当事人自身的权衡选择，而非

---

① 柴发邦主编：《民事诉讼法学新编》，法律出版社 1992 年版，第 246 页。

② ［日］棚濑孝雄：《纠纷的解决与审判制度》，王亚新译，中国政法大学出版社 2004 年版，第 54~69 页。

调解人的权衡。交涉型调解的主要功能在于降低纠纷解决成本，并不以发现法律真实为目的，因此较为简易、经济，便于当事人所采用。但是，交涉型调解的结果对当事人拥有的资源以及讨价还价的能力或技巧较为依赖，因此具有较大的不确定性。在现代社会中，交涉型调解是绝大多数纠纷，特别是商事纠纷的基本调解模式。

教化型调解是指以谋求纠纷"圆满的解决"的调解类型。这种调解类型的优点在于调解过程不需要具有专业法律知识或受过专门法律训练的专家参与，因而可以节约纠纷解决的资源和成本。但要求当事人必须存在着特定的共同体和人际关系，而且双方当事人对所适用的社会规范表示认同。如果不具备这两个条件，则调解可能收效甚微。依托于社区和共同体的自治性调解，特别是解决邻里纠纷、家事纠纷和人事纠纷的调解大多属于这一类型。

治疗型调解是以调整、恢复人际关系为主要宗旨的调解。治疗型调解把纠纷视为人际关系的一种病理现象，并试图通过广义的人际关系调整方法来治疗病变。治疗型调解更像是一种心理治疗，经常适用于解决邻里纠纷、家事纠纷和人事纠纷。此类调解的调解人通常是专门的心理或社会问题专家。

（三）根据调解与诉讼的关系的不同，调解分为诉讼外调解、诉讼前调解和诉讼中调解

此种分类中的调解可以和和解作为同一概念理解，二者在关系上，可以说调解是手段和过程，和解是目的和结果。诉讼外和解，又称为私法上的和解，性质属于契约或契约变更，产生民法上的效力。

诉讼前调解，则是以不起诉或撤诉为目的的调解，所涉及的内容不在于民事法律关系的建立、变更或消灭，而主要是纠纷的解决，所达成的协议或调解书无论是有关撤诉还是有关实体权利处分的内容，往往都需要第三方的确认，属于三方的协议。此外，这类调解还可能延伸到起诉后、诉讼中、审判前乃至判决前，与诉讼中调解相互衔接。所以这类调解达成的协议是在法院范围内，经法院审核确认后产生于生效判决同等的法律效力，具有强制执行力。

诉讼中的调解，是在法院的诉讼程序中进行的。其性质属于当事人对自己的实体权利和诉讼权利的处分，是一种诉讼行为，同时这种调解本身是诉讼程序的一部分，其达成协议往往与法官在诉讼过程中促成和解分不开。美国的民事诉讼理论将其视为一种契约，大陆法系国家则认为它属于一种程序行为。①当前世界各国中我国的民事诉讼法明确规定了法院调解制度，多数国家则通过规定法官在诉讼中的和解促成义务，达到同样的效果。此类调解，所达成的协议—协议经过法院的审查和确认，有的国家甚至直接根据当事人的合意形成合意判决。对于该协议内容，由于经双方当事人认可，并经法院确认，所以一经生效，既不允许反悔，也不允许以同一诉讼标的再向法院起诉或上诉，与法院判决具有同等法律效力。

(四) 根据调解协议的效力，调解还可分为有强制执行力的调解和无强制执行力的调解

有强制执行力的调解是指当调解协议对当事人具有法律约束力，当事人必须执行调解协议的内容，否则另一方可以向法院申请强制执行。我国的法院调解和经司法确认后的调解都属于此列。

无强制执行力的调解是指调解所达成的调解协议不具有强制执行力，一方当事人在达成调解协议后如果反悔，另一方无法申请法院强制执行调解协议。此种调解的主要弊端即容易造成程序反复，导致纠纷解决的拖延和成本增加，所以现在各国一般都通过有关程序，将此类调解转化为有强制执行力的调解。

四、调解的原则

(一) 自愿原则

调解的首要原则是自愿原则，调解的进行和协议的达成都应该是当事人自愿的，及时是强制调解也不能强制当事人达成或接受调解；法官建议当事人采用调解程序的，同一需要经过当事人的同意。调解失败，当事人无法达成调解协议时，也需依据当事人的意愿转入诉讼程序。自愿原则保证了调解合意的性质，符合当事人主义的精神和处分原则，同时也是调解协议正当性及效力的根据所在。

① 白绿铉：《美国民事诉讼法》，经济日报出版社 1996 年版，第 110 页。

（二）合法原则

调解应当以合法和不违反公序良俗为基本原则，调解一般无须适用多种社会规范，当事人被赋予较大的自主处分空间，但调解内容应符合法律的基本原则，不违反法律的强制性和禁止性规定。通常经司法确认的调解协议，法院主要依据法规和政策以及社会公共利益、公序良俗，对协议进行内容和形式方面的审查，以保障其合法性。实际上，对于调解所达成的协议，当前多数国家都采取较宽容的审查政策，当事人可选择适用的规范，其自行处分的灵活性和范围都相当大，在某种意义上，"法律规则的存在仅仅是作为一种参考系数，而不是处理性的结论"。①

（三）尊重当事人实体民事权利和诉讼权利原则

调解和诉讼程序相互分离，即使是诉讼中的调解。当事人在调解过程中适用的证据在诉讼程序中仍需要重新质证，在调解中做出的陈述、妥协和自认也不产生拘束力，不能在今后的诉讼中作为对当事人不利的证据。这样的做法，同样可以消除当事人在调解过程中的顾虑，积极促成调解的达成。

（四）公平原则

调解程序应保证双方当事人的相对平等，以免因为当事人地位、实力或社会影响力等因素使调解的基础缺失，造成一方当事人可能利用绝对优势的地位控制调解的进程和发展方向，最终从中获利。同时调解人的地位身份应符合公平中立的原则，调解人一般不得是一方当事人的利益关系人或亲属。调解过程应当公开透明，不得在当事人不知情或存在重大误解的情况下，以欺骗手段诱使当事人达成调解。

五、调解的程序

如前所述，调解无须遵守过多的社会规范，为促成调解的达成，通常需要环境和氛围的非对抗性，因此，世界各国大多没有对调解设置严格的程序，而

---

① Nolan-Haley, Jacqueline M.: Alternative Dispute Resolution, West Publishing Co., 1992, p. 3.

更多地表现为简便、非正式性等特点。按照一般的做法，调解要经过以下几个基本流程。

（一）调解的启动

按照调解启动方式的不同，调解的开始阶段，主要有以下几种情形：

1. 当事人申请调解。调解经双方当事人申请或一方当事人申请对方表示同一的情况下，均可启动调解程序。

2. 根据法官或法院的建议或指令进行调解。在美国，法官经常建议或指令当事人先行进行调解。我国台湾"民事诉讼法"第 421 条规定，"第一审诉讼系属中，得经两造合意将事件移付调解"。

3. 调解组织主动进行调解。我国 1989 年颁布的《人民调解委员会组织条例》第 7 条规定，"人民调解委员会根据当事人的申请及时调解纠纷，当事人没有申请的，也可以主动调解"。这里的"主动调解"就是"根据群众报告、有关单位转告或人民调解人员亲自得知发生了纠纷，便主动、及时前往纠纷当事人中间或纠纷现场去进行调查、斡旋……使纠纷在初发阶段得到及时的解决，不致扩大、激化或转化"。① 需要注意的是，主动调解并不以为着可以违反调解自愿原则，其前提仍是当事人接受调解，相反，调解不得强行进行。

（二）确定调解员

调解通常允许当事人自行选择调解员。但实践中，则既有双方当事人自己选任的，也有由法院指定、当事人认可的形式。美国的法院附设调解，有时由双方当事人从法院提供的名单中各选一名代表本方，在共同选定一名调解员组成调解委员会。通常的民间调解中，一般由一名调解员主持即可。

（三）调解的进行

一般调解的过程主要是进行谈判和协商，在一些较为复杂的纠纷中，还需要首先进行事实调查和认证。

事实本身对于纠纷解决的重要性毋庸置疑，但由于调解没有复杂的质证程序，当事人的举证责任相对诉讼而言并不严格，对证据和事实的查证相对薄

---

① 江伟、杨荣新主编：《人民调解学概论》，法律出版社 1990 年版，第 147 页。

弱。因此，调解过程中的事实认定主要依靠调解员的谨慎和经验，在复杂的纠纷中通常必须由多名调解员参加，从而依靠集体的判断力避免错误的发生。在一些国家的调解中甚至引入了诉讼程序的一些做法，如美国的法院附设调解中，调解可以进行"证据开示"，即当事人双方进行证据交换，由此查明事实并了解双方的实力和"底牌"，确定争点，从而为纠纷的解决打下坚实的基础。在正式调解开始以前，调解员还可以在调查的基础上形成初步的调解方案并进行斡旋。基于调解本身灵活性的特点，在避免压制和欺骗的前提下，以促成双方当事人达成调解为目的，调解员在调解过程中的调解方式可以不拘一格，多样化。

（四）调解终结

与协商类似，根据调解结果的不同，调解有调解达成协议和调解不成两种结果。调解不成，当事人未能达成调解时，调解程序即告终结，根据特定程序或直接转入诉讼，或由当事人自行决定是否提起诉讼或选择其他纠纷解决方式。调解达成协议，除少数情况当事人仅需达成口头协议外，如能够即时履行的，一般都需以书面和解协议的方式结束调解程序。更为严格的调解，则需制作调解书，记明调解的参与人等相关信息，纠纷争议的事实，双方主张的事实和理由，调解达成的具体内容等，最终由双方当事人及调解员共同签署。

（五）调解协议的履行

未经特定程序产生法律强制力的调解协议，主要依靠当事人的自觉履行，如当事人反悔，也不能对其采取强制措施，但可由调解机关进行督促。具有强制力的调解协议在当事人拒不履行时，对方当事人可以申请强制执行。美国的一些法院附设调解，通过规定调解决定与法院判决之间赔偿额比例之差的办法，限制当事人再次提起诉讼，一定程度上保障了调解协议效力的稳定性。

六、调解与诉讼的衔接

作为传统的非讼化纠纷解决方式，调解与诉讼之间有着诸多差异。调解以当事人的合意作为纠纷解决的基础，诉讼则以裁判作为纠纷解决的主要方式；调解是当事人自主行使处分权的结果，诉讼则是体现国家司法权的行使；调解更注重实体正义、体现利益权衡，诉讼则遵循程序正义、体现权利界定；调解广泛适用各种社会规范，诉讼则严格适用法律规范等。但这些差异并不代表二者间的完全割裂，相反，如果能更好地寻求二者的融合、补充，从而使两者能充分发挥各自的优势，在解决纠纷中产生更为积极的作用。

（一）法院附设调解

法院附设调解是典型的调解与民事诉讼程序的结合。法院附设调解是指调解机关设立在法院的一种调解制度。法院附设调解与诉讼程序严格区分，有自己的运作规律和运作方式。当前，最为典型的法院附设调解形式主要有日本的调停制度、美国的法院附设调解。

日本的调停制度可分为民事调停和家事调停两种类型，调停由法院组成的调停委员会进行，与审判程序严格分开，性质上属于法院附设调解。1951年国会通过《民事调停法》，把家事事件和劳动事件以为的所有民事纠纷均纳入民事调停的管辖范围。民事调停通常由当事人申请开始，涉及人事关系的案件由家庭裁判所管辖，一律采用调停前置原则，把调停作为诉讼的必经阶段。[①]

美国1990年《民事司法改革法》授权联邦法院进行法院附设调解试验。法院附设调解被大量应用于离婚、抚养等家事纠纷中，并取得了令人满意的效果，调解成功率非常高。[②]美国的法院附设调解可由当事人申请，也可由法院指定进行，并据此分为任意型和强制型两类。

法院附设调解相较一般民间调解而言，其对司法资源的利用，有利于实现调解制度化，保障调解公正进行，增强调解机关的权威，对提高调解成功率也大有助益。通常通过法院附设调解达成的协议能得到国家司法确认，从而具有强制执行力，增强了纠纷解决的确定性。法院附设调解的运行同样存在一些不足，如法官在调解中职权色彩较重，一些国家设立的强制性法院附设调解，无形中增加了当事人解决纠纷的时间和成本风险等。

---

① 范愉：《非诉讼纠纷解决机制研究》，中国人民大学出版社2000年版，第226~227页。

② Michael Palmer & Simon Roberts：Dispute Processes：ADR and the Primary Forms of Decision Making，Butterworths，1998，p. 259.

我国最高人民法院在 2004 年颁布了《关于人民法院民事调解工作若干问题的规定》（以下简称该《规定》），设立了三种法院附设 ADR 制度。即协助调解人制度、独立调解人制度和和解协调人制度。同时，该《规定》还设立了调解协议（和解协议）司法确认制度。这一制度的建立，解决了我国法院附设 ADR 制度的瓶颈问题，对建立我国多元化纠纷解决机制发挥了关键作用。[①]

（二）强制调解

强制调解，亦为调解前置，即规定某类型纠纷的解决应以调解为必经阶段。此处的"强制"仅表示对程序上的必经要求，而对调解如何进行以及协议的内容等则仍然取决于当事人的意愿。

强制调解通常适用于某些特定类型的纠纷。如日本《家事审判法》规定，涉及人事关系的案件由家庭裁判所管辖，调停为诉讼程序的必经阶段。我国台湾地区《民事诉讼法》中也规定了包括不动产相邻关系在内的 11 种适用强制调解的案件类型，[②] 另外，还规定离婚诉讼、夫妻同居之诉和终止收养关系之诉等人事诉讼案件，在起诉前必须经过法院调解。

对于强制调解存在的合理性及其利弊问题，学术界一直争议不断。支持者认为其缓解了诉讼案件激增给法院带来的压力，反对者则认为其无形中增加了当事人解决纠纷的成本和纠纷解决的拖延；同时在对调解自愿原则的解读问题上两方也持不同见解。这些争论的存在其实从理论上无法给出最佳的解释，相

---

① 蒋惠岭：《法院附设 ADR 对我国司法制度的新发展》，载《人民法院报》2006 年 1 月 10 日，第 B1 版。

② 台湾地区"民事诉讼法"规定的适用强制调解的案件有：（1）不动产所有人或地上权人或其他利用不动产之人相互间因相邻关系发生争执者；（2）因不动产之界限或设置界标发生争执者；（3）不动产共有人间因共有物之管理、处分或分割发生争执者；（4）建筑物区分所有人或利用人相互间因建筑物或其共同部分之管理发生争执者；（5）因增加或减免不动产之租金或地租发生争执者；（6）因地上权之期间、范围、地租发生争执者；（7）因道路交通事故或医疗纠纷发生争执者；（8）雇佣人与受雇人间因雇佣契约发生争执者；（9）合伙人间或隐名合伙人与出名合伙人间因合伙发生争执者；（10）配偶、直系亲属、四亲等内旁系血亲、三亲等内之旁系姻亲、家长或家属相互间因财产权发生争执者；（11）其他因财产权发生争执，其标的金额或价额在新台币 10 万元以下者。

反，实证分析更有利于帮助我们找到答案。如果在调解过程中被"强制"接受调解的一方放弃对调解的对抗，并与对方达成调解协议的可能性极大，那么把调解设置为诉讼的必经程序就符合效益原则；如果某些类型的纠纷更适宜采用调解方式解决，那么在进入诉讼前尝试通过调解解决此类纠纷就更为合理了。当然，这当中同样存在一些无法量化的标准，如何更好地界定则需要我们进一步探讨。

2003 年，我国最高人民法院颁布的《关于适用简易程序审理民事案件的若干规定》亦规定了六种在开庭审理时应先行调解的案件：（1）婚姻家庭纠纷和继承纠纷；（2）劳务合同纠纷；（3）交通事故和工伤事故引起的权利义务关系较为明确的损害赔偿纠纷；（4）宅基地和相邻关系纠纷；（5）合伙协议纠纷；（6）诉讼标的额较小的纠纷。

（三）法院调解

法院调解，即诉讼中调解，指在诉讼过程中，在法官主持下对案件进行调解。法院调解严格意义上不属于 ADR 的范畴，属于民事纠纷的诉讼解决方式。

法院调解作为一项具有中国特色的诉讼制度，被外国誉为"东方经验"，在我国民事诉讼中占有重要的地位，在我国民事、经济审判活动中发挥了不可或缺的作用。其优点正式实现了调解与诉讼的相互融合、补充。但不可避免地也带了一些负面影响，从而也引发了理论届的批评。目前国内学者对法院调解制度的批评主要针对法院调解所采取的"调审合一"模式。"调审合一"模式表现为法官重调解轻审判，从而形成调解主导型的审判体制。"调审合一"的模式导致审判和调解二者价值的矛盾和冲突，引起调解功能的扩张和审判功能的萎缩，其后果是使得程序法和实体法的约束被双重软化了：首先，它软化了程序法对法官的约束，造成法官行为失范和审判活动无序；其次，它软化了实体法的约束，导致了调解结果的隐性违法和审判权的滥用，不利于法院公正执法。① 法院调解呈现的弊端已无可回避，改革势在必行。

---

① 李浩：《论法院调解中程序法与实体法约束的双重软化》，载《法学评论》1996 年第 4 期。

（四）人民调解

人民调解也是极具中国特色的民事纠纷解决方式，被西方学者誉为司法制度中的"东方之花"。是指在人民调解委员会主持下，通过说服教育的方式，劝说双方当事人互相谅解，自愿达成协议，从而消除争议的一种纠纷解决方式。长期以来，人民调解在预防和解决民间纠纷方面发挥了重要作用，大大减轻了法院的负担，极大减少了社会矛盾激化的可能。仅在 2000 年，人民调解委员会调解的民间纠纷就达 503 万件，防止矛盾激化 51633 件，防止自杀 2730 件。① 人民调解已成为我国纠纷解决机制的重要组成部分，被称为维护社会稳定的"第一道防线"。2002 年最高人民法院颁布的《关于审理涉及人民调解协议的民事案件若干规定》，规定经人民调解委员会调解达成的、有民事权利义务内容，并由双方当事人签字或者盖章的调解协议，具有民事合同性质。当事人应当按照约定履行自己的义务，不得擅自变更或者解除调解协议。如果一方起诉要求对方履行调解协议，人民法院应当受理。这一规定进一步发展和完善了人民调解制度，实现了人民调解与民事诉讼制度的衔接，提高了人民调解的权威性，增强了人民调解的工作效能，有利于更充分发挥人民调解工作的积极作用。②

第三节　仲　　裁

一、仲裁的概念和特征

仲裁（arbitration）制度起源于古罗马，历史悠久，并在近代得到迅速发展。1889 年，英国颁布第一部《仲裁法》，之后，常设性仲裁机构纷纷建立并呈现出从一国国内走向国际的趋势。③

---

① 资料来源：《中国法律年鉴（2001 年）》，法律出版社 2002 年版，第 231 页。

② 赵晓秋：《重塑人民调解——访司法部副部长胡泽君》，载《法律与生活》2004 年第 5 期。

③ 范愉主编：《ADR 原理与实务》，厦门大学出版社 2002 年版，第 366 页。

仲裁一词，从字义上讲，"仲"字表示地位居中的意思，"裁"字表示对是非进行评断、作出结论，"仲裁"意即由地位居中的人对争议事项公正地作出评断和结论，也就是居中公断之意。①

仲裁作为一项法律制度，中外学者对它的定义则各有不同。英国学者 Alan Redfern 和 Martin Hunter 追溯了仲裁的含义来源，认为仲裁是一种解决争议的方法，其实践来源于法律的母体，在国家设立法院后，寻求法院来解决纠纷是一种自然的结果；之后由于当事人希望通过较为非正规和费用较少的方式来解决争议，它们不愿意再寻求法院解决，转而将争议交付仲裁。② 法国学者 Fouchard 说，仲裁是一种明显初级的争议解决方法，因为它包含着将争议交付给当事人选定的普通人来解决争议，而传统上普通法国家对仲裁怀有敌意，认为它是一种过于原始的公正。③ 美国学者 Gray B. Born 认为，国际仲裁和国内仲裁一样，是一种根据当事人之间的自愿协议，由一个无利害关系的非政府的决定者确定地解决争议的一种方法。或者换句话说，按照美国最高法院的说辞，"将争议交付特定仲裁庭的协议，实际上是一种特别的择地行诉的条款"，它不仅安排了诉讼地，而且也确定了解决争议使用的程序。④ 在我国，韩德培教授认为，"仲裁是解决争议的一种方式，即由双方当事人将他们之间的争议交付第三者居中评断是非，并作出裁决，该裁决对双方当事人均具有约束力"。⑤ 范愉教授认为，"仲裁是根据当事人的合意（仲裁契约），把基于一定法律关系而发生或将来可能发生的纠纷的处理，委托给法院以外的第三方进行裁决的纠纷解决方法或制度"。⑥ 尽管在表述上学者们对仲裁概念的表述略有不同，有学者概括，仲裁应至少包含以下几个方面的因素：一是仲裁首先是

---

① 杨荣新主编：《仲裁法的理论和适用》，中国经济出版社 1998 年版，第 367 页。

② Alan Redfern and Martin Hunter: Law and Practice of International Commercial Arbitration, Sweet & Maxwell, 1986, p. 3.

③ 范愉主编：《ADR 原理与实务》，厦门大学出版社 2002 年版，第 367 页。

④ Gray B. Born: International Commercial Arbitration in the United States, Commentary and Materials, Kluwer, 1994, p. 1.

⑤ 韩德培主编：《国际私法新论》，武汉大学出版社 2000 年版，第 696 页。

⑥ 范愉：《非诉讼纠纷解决机制研究》，中国人民大学出版社 2000 年版，第 192 页。

一种争议解决方法；二是必须有当事人将争议交付仲裁的合意；三是由中立第三者就案件作出裁判；四是仲裁是一种第三者裁判能最终解决争议的方式。①

当代世界各国的仲裁制度虽各有特色，但其特征上有以下共性：

1. 仲裁以当事人之间事先达成协议，即约定仲裁为前提。约定仲裁即当事人在纠纷发生前或纠纷发生后就将来可能发生的纠纷约定解决方式。当事人的这种约定表明双方同意当纠纷发生时，不通过诉讼而通过仲裁来解决。当事人之间的这一约定对当事人产生拘束力，也就是说，当事人之间的约定仲裁已经表示当事人对纠纷的解决选择并确定了解决方式，同时放弃了以诉讼作为纠纷解决的路径。"在西方国家，各种关系人之间保持有一定共通的价值，在这种价值体系中容易达成从具有权威的个人或机关中选任仲裁人的协议，而且，考虑到在将来的商业交往中还要继续维持友好关系的话，选择仲裁被认为是明知之举。"②

约定仲裁也并非适用于所有仲裁类型，有一些仲裁也可以通过法律规定来适用，如劳动仲裁。这类仲裁实际上是用法律强制规定当事人、特别是企业和雇主一方参加仲裁的义务，并作为此类纠纷解决的必经阶段。在这类仲裁中，因为没有双方当事人的约定仲裁在先，因此所形成的裁决结果往往无法对当事人产生绝对的约束力，而是通常在裁决作出后，允许当事人另行起诉或允许当事人就仲裁裁决到法院上诉或复审。

2. 仲裁裁决具有终局约束性。当事人一旦选择了仲裁解决纠纷，意味着对仲裁裁决的接受，即非仲裁裁决有法定撤销事由，当事人不得反悔。仲裁裁决的终局性，与法院的生效判决具有同等效力。即所谓"一裁终局"。仲裁裁决的这一特点，让其可以防止为了拖延而无休止地上诉这种上诉中容易出现的弊病，从而迅速地解决纠纷。在特别要求纠纷得到迅速解决的商事领域，仲裁

① 沈恒斌主编：《多元化纠纷解决机制原理与实务》，厦门大学出版社 2005 年版，第167 页。

② ［日］棚濑孝雄：《纠纷的解决与审判制度》，中国政法大学出版社 2004 年版，第300 页。

之所以容易被利用的原因就在这里。① 仲裁的这一规则，提醒当事人在选择纠纷解决方式时应慎重。为弥补这一仲裁规则的过于钢性规定，现在在一些国家和国籍贸易仲裁中提倡仲裁中的先行调解，如当事人达成和解，则可以将和解内容作为仲裁裁决作出，仲裁裁决也可能作出折中性的决定。

3. 法律适用的灵活性。仲裁在法律适用上的灵活性，表现在实体法规范的适用和程序法规范适用两个方面。首先传统仲裁中，仲裁人在作出裁决时，原则上不受实体法律规范的严格拘束，可以自行决定所适用的规范。然而，随着当代社会法治建设的不断健全和发展，一方面，对仲裁应依法进行的要求已被很多国家的法律制度所确认；另一方面，仲裁活动实际上也不可能完全违背法律进行，因此，仲裁与法院的关系通常根据专门的法律加以调整，实行最低限度的必要的协调。如仲裁裁决可以申请法院强制执行、仲裁裁决确有错误的情况下当事人可以申请法院予以撤销等。但通常情况下，法院不会主动审查和随意推翻仲裁裁决。程序规范适用方面，原则上法律只规定一些基本原则保证仲裁程序的最低限度的规范性，而具体程序则委托仲裁人自行决定。相较于诉讼，仲裁的程序优势在于：其一，仲裁不公开进行，有利于保护当事人的商业机密和个人隐私；其二，程序灵活，仲裁人可以同当事人约定具体程序，方便当事人；其三，费用低廉，例如在美国，仲裁省略了证据开示和陪审团两个环节，从而大大节约了费用；其四，迅速，由于程序的简便和没有上诉程序，使得仲裁成为最为快捷的、具有终局性的纠纷解决方式。②

二、仲裁的性质

（一）司法权说

司法权理论认为，国家对其管辖范围内进行的仲裁都具有监督和管理的权力。这一理论的主要依据是裁判权是一国司法主权的一部分，一般只能由一国

---

① ［日］棚濑孝雄：《纠纷的解决与审判制度》，中国政法大学出版社 2004 年版，第 301 页。

② 范愉：《非诉讼纠纷解决机制研究》，中国人民大学出版社 2000 年版，第 198 页。

法院行使；没有仲裁地国法律的许可和主管机关的授权，仲裁员就没有受理争议并作出裁判的权利，否则，仲裁员即使作出裁决也无法律约束力。① 这种理论使得仲裁员的自主权受到很大限制，究其实质，是要求仲裁裁决服从于裁决作出地国的法律，并且适用仲裁地国的程序法和冲突规则。②

（二）契约说

契约理论认为仲裁来自于当事人的协议，仲裁的进行取决于当事人的协议，仲裁方式的选择、仲裁的地点和语言、仲裁庭的组成、仲裁程序的规则、仲裁适用的法律以及仲裁员的权力等都是由当事人协议决定的，因此，仲裁最本质的特征在于它的契约性质。该学说认为，仲裁员的权力来源于仲裁协议而不是国家法律和公共当局，仲裁协议的效力来自于"必须遵守原则"，从而不需要国家的授权，仲裁裁决也具有契约性质，法院执行裁决如同执行一份未履行的合同。③ 契约说的本质在于强调当事人在选择支配其关系的法律方面具有无限的自主权。④

（三）混合说

混合说学者认为，片面强调仲裁的司法性或其契约性无益于认识仲裁的本质。只有将二者结合起来才能真正阐明仲裁的性质：仲裁首先是基于当事人的契约，仲裁庭的组成、仲裁规则、仲裁审理时所应适用的实体法，均主要取决于当事人的意思表示；而对仲裁协议效力的认定以及仲裁裁决的执行，均需要相应法律加以调整，并最终需要一国法院的决定，否则整个仲裁程序亦无法独立存在。施米托夫教授认为，从理论上看，仲裁包括两方面的因素：契约因素与司法因素。契约因素表现在仲裁权的取得必须建立在双方当事人意思表示一致达成仲裁协议的基础上，仲裁权的行使要受到当事人授权的限制等；司法因

---

① 朱克鹏：《国际商事仲裁的法律适用》，法律出版社 2000 年版，第 2~3 页。
② 齐树洁主编：《民事程序法》，厦门大学出版社 2003 年版，第 507 页。
③ 宋连斌：《国际商事仲裁管辖权研究》，法律出版社 2000 年版，第 16~18 页。
④ 齐树洁主编：《民事程序法》，厦门大学出版社 2003 年版，第 507~508 页。

素主要体现在仲裁立法执法中，还有司法权对仲裁权的影响和制约。① 作为司法权说与契约说折中调解的产物，混合说避免了绝对司法主义和绝对契约主义的片面性，在现代仲裁学界占有较大优势，许多著名学者倾向于此。混合说兼顾了仲裁的契约性和司法权性两个本质特征，是对仲裁性质比较全面的概括和总结。②

（四）自治说

自治说认为只有考查仲裁的效用和目的，才能确定仲裁的真实性质，不能把仲裁决然分为司法的或契约的，仲裁也不是一种"混合制度"。自治说的实质是承认仲裁的非国内化以及当事人对仲裁的无限意思自治。据此当事人可以自由选择可适用于仲裁的法律体系，无论是实体法还是程序法。根据自治说，商业社会是一种足以发展自身法律的"国际环境"，在解决商事争议方面，其作用等同于国际法院。在当事人没有明确选择可适用法律的情况下，仲裁员不必求助于仲裁地冲突规则，可以摆脱传统方式的束缚，根据特定案件的条件，适用他们认为适当的冲突规则或者直接适用有关的国际法或国际规则。③

三、仲裁的类型

世界各国的仲裁形式多种多样，除了传统型的仲裁外，还发展了有很多新的形式。根据不同的标准，仲裁有以下几种划分类型：

（一）国内仲裁和国际仲裁

国内仲裁属于一国内纠纷解决的特定机制，受国家的仲裁法调整；后者是指存在国际性要素的仲裁，而"国际要素"则包括当事人不具有该国国籍、仲裁程序不是基于该国法律进行、在国外进行的仲裁程序等情况。国际仲裁通常涉及国家间关系和国际法规范，一般按国际惯例运作。

---

① ［英］施米托夫：《国际贸易法文选》，赵秀文译，中国大百科全书出版社1993年版，第598页。

② 王生长：《仲裁与调解相结合的理论与实务》，法律出版社2001年版，第25页。

③ 韩键：《现代国际商事仲裁法的理论与实践》，法律出版社2000年版，第39~41页。

（二）制度仲裁和个别仲裁

制度仲裁的仲裁机构、仲裁的程序规则都已制度化；个别仲裁则针对每个案件或具体纠纷临时决定仲裁机关和程序规则。国际仲裁机构的显著发展充分体现了当今仲裁法的国际性倾向，国际上著名的仲裁机构有美国仲裁协会（AAA）、巴黎的国际工商会议所（ICC）仲裁、伦敦国际仲裁法院（LCIA）等。

（三）现在的仲裁契约和将来的仲裁契约

现在的仲裁契约是为了解决已经发生的具体法律问题而缔结的仲裁契约，针对特定对象；将来的仲裁契约是约定用仲裁程序解决将来可能发生的纠纷的仲裁契约，其对象是不明确的。如日本《公示催告仲裁法》第 787 条对被限定为"一定的权利关系""因此产生的纠纷"的情况均可认可将来的仲裁契约的效力。

四、仲裁的程序

不同类型的仲裁，形式上有所区别，通常主要经过以下几个阶段：

（一）订立仲裁契约

双方当事人通过事先订立仲裁契约，承诺放弃诉讼，选择仲裁，并接受仲裁裁决作为终局结果，仲裁契约的效力通常是法律确认的，同时各国有的国家还规定了司法审查的必要性、条件、范围和程序等。仲裁契约涉及当事人诉权，受国家强制力保护。

（二）委托仲裁

当事人提出申请开启基于仲裁契约的仲裁程序即为委托仲裁。机构仲裁的情况下，需要向仲裁机构提出开始仲裁程序的申请。程序开始的时间，如果仲裁机构制定的规则中有相关规定，则按照规定；如果没有规定，则应该理解为从向仲裁机构递交的申请被受理之时起产生时效中断的实体性效力。在个别仲裁中，如果还未选任仲裁人，想要进行仲裁程序的当事人就必须先进行仲裁人的选定程序。仲裁程序开始的时间就是被选定的仲裁人接受委任的时间。[①] 需

---

① ［日］小岛武司、伊藤真编：《诉讼外纠纷解决法》，丁婕译，中国政法大学出版社 2005 年版，第 25 页。

要注意的是，在当事人未事先订立仲裁契约的情况下，当事人必须先订立仲裁协议才能进行仲裁委托。

（三）选任仲裁员

选任仲裁人是仲裁程序中最重要的事项之一，直接决定了仲裁的质量和仲裁机关的信誉。在机构仲裁中通常都会对仲裁人的选定作出规定，而且还会准备仲裁人的候选名单，仲裁员都是事先遴选出来，经过严格的程序加以确认的。仲裁员人选的确定按照类型的不同，基本要求主要包括：资格、经验、能力、道德威望、个人品德等。选择仲裁人的人数亦会由仲裁机构的规则作出规定。通常可以由双方当事人各选一名或几名，再共同选择一名。一些国家还规定可以由法官指定仲裁员。仲裁人经当事人选定，即在双方当事人之间取得了契约上的地位，被称为"仲裁人契约"。

（四）开庭审理

为了能够以较严格的程序保证查明事实，使当事人获得平等和充分的举证和辩论机会，仲裁的审理程序在多数情况下接近法院的开庭审理程序。在开庭审理前，还可以根据情况设立审前准备阶段，向仲裁庭提交有关书面材料，组织当事人进行文件和证据交换等。但也有一些国家，如日本，并未对仲裁的审理程序作出明确规定，或是规定极为简单，大部分都交给当事人自治或仲裁人裁量。

（五）调解和裁决

当代的仲裁同法院审判一样，都非常注重调解。而由于仲裁本身属于自治性纠纷解决程序，尤其注重促成当事人的和解，因此，在许多仲裁程序中，调解成为一种必经阶段。通过调解处理纠纷，彼此较为友善，有利于双方日后的继续合作，也有利于双方在社会、商界等领域的声誉。[①] 如果当事人能够达成和解，则有两种方式可选：一种将和解内容制作为仲裁裁决；一种直接达成和解协议。相反调解不成，则径行作出仲裁裁决，而裁决内容有时仍然可能是折中性的意见。而对于仲裁裁决所依据的法律，各国学界则存在的不同的观点，

---

① 郑文辉：《中国程序法》，中山大学出版社 2004 年版，第 635 页。

有的认为仲裁裁决应与法院裁判一样，严格依照相关法律规范作出法律性的判断。另一种规定则认为，仲裁裁决可以离开严格的法律判断，而基于"善良与公平"进行判断。

（六）终结程序

在多数情况下，仲裁裁决送达当事人后，即产生终局效力。但在某些国家和某些特定类型的仲裁中，允许当事人在规定期限内另行起诉或就仲裁裁决上诉。规定期限过后，仲裁裁决则生效。仲裁裁决的履行主要依靠当事人的自觉，如一方拒不履行，由于仲裁机关自身无权采取强制执行措施，所以对方当事人可以向法院申请强制执行，被申请人可对此向法院提出执行抗辩。法院可以对仲裁裁决执行进行审查，进而作出包括撤销仲裁裁决、不予执行仲裁裁决和通知重新仲裁的处理。

第四节　特定纠纷类型的解决机制

当代非讼化纠纷解决机制对各类特定纠纷处理呈现处理专门化的特点，根据这些纠纷的特殊性，设立专门的纠纷处理机关，根据特定的法律规范和行业惯例，吸纳该领域的专家主持纠纷解决。在世界各国这种机制的具体形式各有不同，大体有三种模式：首先，有些国家采用建立专门法院的方式，如建立劳动法院、家事法院、商事法院等，这些专门法院中的法官主要是从专家或普通公民中选任的，而不是职业法官。其次，建立一种 ADR 与诉讼程序相互衔接的纠纷处理机制，把特定的 ADR 作为纠纷解决的常规方式和第一审程序，同时，允许当事人就纠纷处理结果到法院上诉，以司法审查权保证当事人的权益。最后，完全由专门建立的 ADR 机构处理，法院仅在个别情况下对个案进行审查。[①] 本节将主要针对几种比较有代表性的纠纷类型进行介绍。

---

　　① 范愉：《非诉讼纠纷解决机制研究》，中国人民大学出版社 2000 年版，第 201~202 页。

一、劳动争议

劳动争议是指涉及劳动雇佣关系而引起的纠纷，主要是雇佣者与被雇佣者，即劳资双方，涉及劳动报酬、劳动条件、雇佣与解雇，以及其他有关问题的纠纷。劳动争议曾是困扰自由资本主义社会的最严重的痼疾。

（一）劳动争议非讼化处理机制的起源

由于劳资纠纷具有频繁多发、突发，涉及当事人为数众多，原因负责，影响面大，后果严重等特点，不适用通过复杂和冗长的诉讼程序解决，因此，先行的司法制度对此几乎是无能为力。[①] 西方国家最初多由治安法官负责处理劳动争议。从 19 世纪开始，西方社会开始重视通过国家干预解决劳动争议。

劳动争议处理制度起源于英国的工业革命，在其漫长的历史发展中逐步趋于完善。如今，几乎所有的工业化国家都建立了此项制度。完备并有效的劳动争议处理制度，能使劳动双方之间产生的矛盾与冲突得到及时化解或缓解，这是各国政府考虑并发展劳动争议处理制度之基本出发点与目的。劳动争议处理制度中一个最重要的机制就是劳动争议非诉解决机制。

考察现代 ADR 制度产生的过程，不难发现 ADR 制度与劳动争议有着历史的渊源。美国现代 ADR 的正式应用即始于 20 世纪 30 年代的劳动争议调解。[②]当时美国工业发展速度较，劳动场所工作条件较差，故劳动争议案件急剧增多。雇员们为了保障自己的利益，纷纷开始组织工会，不断进行罢工运动，严重地影响了美国的经济发展，由于劳动纠纷与一般的民事纠纷不同，劳资双方之间的冲突直接导致社会关系的不稳定，国家不得不对劳资关系进行干预，希望能够通过快速的途径解决劳资争议随之 ADR 开始产生并用于解决劳动争议。后来，ADR 才广泛适用于民事纠纷的解决。

美国通过 ADR 解决劳动争议的形式分为有法律效力的 ADR 和没有法律效

---

① ［日］T. 哈纳米、［比］R. 布兰佩因主编：《市场经济国家解决劳资冲突的对策》，佘云霞等译，中国方正出版社 1997 年版，第 198 页。

② 范愉：《非诉讼程序（ADR）教程》，中国人民大学出版社 2002 年版，第 71 页。

力的 ADR。有法律效力的 ADR 包括：1. 由特殊的法官审判。将案件交给退休的或者是区法院、上诉法院的法官审判没有陪审团的介入。2. 有效的中立评估。即通过会议或者简易的审判程序解决纠纷。没有法律效力的 ADR 形式分为：1. 和解。和解是一个中立的非正式的形式鼓励双方之间互相沟通。2. 微型审判（mini-trail）。当事人向中立的第三方评估者或者争议方的代表陈述案情，评估者通常都是双方的上层人物。这种形式会给予上层决策者"一个震动过程"，让他们会听取每一方的优势和不足。3. 温和的解决会议。鼓励双方当事人达成早期的解决方案。4. 简易陪审团审判（summary jury trail）。这是唯一的利用类似陪审团的形式来判断当事人立场的 ADR，给当事人提供了一个如果他们的案件经过陪审团可能会得到的裁决。5. 没有效力的仲裁。由中立的第三方或者小组听取双方一个简短陈述后，作出一个责任分配或者赔偿或者两者都有的的裁决。如果当事人事先同意裁决有效，裁决就具有效力。否则，该裁决仅是建议性的。另外，在企业还建立了其他富有个性的劳动争议 ADR。例如早期的中立评估、开门政策、巡视员等制度。"早期中立评估"是由独立的第三方对争议做一个最初的评估，鼓励双方通过协商解决争议。"开门政策"是在出现劳动争议时，雇员可以直接找上一级行政主管或者更上级的管理人员进行协商。"巡视员"制度是通过企业外巡视员作用的发挥在雇员和雇主之间进行沟通。① 由此可见，从最初处理劳动争议开始采用 ADR 到现在形成了丰富且灵活多样的 ADR，ADR 在解决劳动争议方面起到了重要作用并呈现出了独特的魅力和优越性。

20 世纪以来，建立特殊的劳动争议解决机制已成为现代国家普遍通行的做法，对于市场经济条件下的社会主义国家同样行之有效。

（二）劳动争议的特点

1. 劳动争议的社会性决定其适宜使用法社会学理论进行研究一是劳动争议影响社会秩序。劳动争议的一方当事人是数量庞大的劳动者，另一方是掌握

---

① Laura J. Cooper, Dennis R. Nolan, Richard A. Balew：ADR IN THE WORKPLACE, ST. PAUL, MINNN, 2000, p. 659.

国家经济命脉的企业主，双方的冲突必然影响社会秩序的和谐。

2. 劳动争议一般涉及当事人的基本生产和生活。劳动是人们谋生的手段，故劳动争议事项关系到劳动者的日常生活和切身利益。对于企业而言，也涉及到其日常生产经营管理的正当性和管理秩序的变化。一起劳动争议案件的处理可能会影响企业以后的日常管理制度。

3. 是劳动争议通常具有群体性的特征。劳动合同的格式化和劳动基准的普遍推行，使得企业的违法行为往往涉及本单位的众多利害关系人。这类问题的争议在劳动争议中占据较大比重，明显具有群体性或团体性特征。此外，劳动争议表面是发生在企业劳资双方之间，但实则关系到整个社会的公共利益。劳资矛盾如不能及时妥善得到解决，可能导致大规模的社会冲突，最终危及社会自身。

4. 劳动争议案件面广量大。通常的劳动争议特别是权利争议，其争议标的额较其他民事争议小，但劳动关系涉及面极广，在我国劳动标准普遍较高的情况下，企业触犯劳动基准这条"红线"的比比皆是。

5. 处理劳动争议的公私法的融合。劳动关系的特点是平等性兼隶属性、人身性兼财产性。劳动关系一方面有类似于民事纠纷的特点，另一方面有关劳动关系的平等性和劳动者的待遇又多有法律强行性规定，故又有类似于行政争议的特点。因此，对一部分劳动争议适用私法解决方法，另一部分适用公法解决方法。

（三）劳动争议解决的基本模式

1. 国家设立专门的劳动争议处理机构。

劳动法院是这一模式中较为典型的形式，其以调解作为处理劳动争议的主要方式。如德国于1926年成立劳动法院，以处理劳动争议诉讼。德国劳动法院管辖的不仅仅是关于劳动关系的争议，而且包括其他和劳动关系有关的争议，例如劳动者因共同劳动而生的民事权利争议以及与此相关的侵权行为也属于劳动法院管辖。劳动法院独立存在，分为三个审级，其审判组织由职业法官和劳动者一方代表以及雇主一方代表共同组成，在院长任命、机构监管和业务监督方面，司法机关和劳动与社会部共同负责。在劳动法院调解劳动争议的程序中，调解和和解没有区别，审判官分为两种倾向：一种是所谓"中立主义者"，主张仅为当事人提供意见交换的机会；另一种则是所谓"干涉主义者"，主张可以为当事人提供解决方案。① 当前，在法国、英国、意大利、瑞典、芬兰等国家都建立了劳动法庭或法院。劳动法院的在不同的国家有属于行政法院系统和司法系统两种不同的性质。

2. 主管行政机关组建的非政府性质的劳动争议处理机构。

这类机构在不同的国家可能由不同的行政机关出面组建。英国在 1896 年制定的《调解法》，由贸易部组建了行政性的调解机构，把劳资双方当事人创造谈判交涉的机会，以求达成和解。该机构后来成为英国劳动部的前身。1974年在劳动部的主持下，成立了独立的专门机构作为中立调解人——咨询、调解和仲裁局（Advisory Conciliation and Arbitration Service，ADRACAS），该机构负责解决个人和团体的劳动争议，并且向当事人提供咨询建议。其成员均为专职调解人，具有公务员的地位，通常从劳动部选任。所使用的纠纷解决方式包括和解、调解和仲裁三种。在纠纷解决中强调当事人从参与程序都到和解达成都遵循自愿原则。② 日本针对集体劳动争议，制定了工会法、劳动关系调整法等法律，形成了由劳动委员会、劳动局、仲裁委员会以及内阁总理大臣为处理主体，通过斡旋、调解、仲裁和经济调整等手段的解决机制。我国的劳动争议仲裁委员会由劳动行政部门代表、同级工会代表、用人单位方面的代表组成。劳动争议仲裁委员会主任由劳动行政部门代表担任。

3. 以劳资双方代表为主建立的民间性劳动争议处理机构。

欧洲 19 世纪后期建立的雇主与工人委员会或劳资委员会就属于这一类。但 20 世纪后，这类组织也逐渐被政府渗透，使其性质上发生了改变。美国的民间性仲裁在解决劳动争议中的作用正在日益提高。美国联邦最高法院曾指

---

① ［日］石川明编著：《比较裁判外纷争解决制度》，日本庆应义塾大学出版社 1997年版，第 224~227 页。

② ［日］石川明编著：《比较裁判外纷争解决制度》，日本庆应义塾大学出版社 1997年版，第 219~223 页。

出，如果商业仲裁是诉讼的替代品，则劳动仲裁即是劳资抗争的替代品。①
"美国最高法院已观察到当商业仲裁可代替诉讼时，使用仲裁的比例正在上升，
这强烈地表明了在劳资关系中一种较高程度的成熟。例如在一项研究中分析了
1717份主要的集体协议，其中94%的集体协议规定了劳资双方的申诉不满仲
裁。目前，成千上万的争议通过自愿仲裁程序而解决了，这些争议的解决并没
有凭借经济压力或诉诸公众的同情"；此外，"仲裁的其他优点包括节省时间、
费用，而且麻烦少。仲裁允许由劳资双方自动调节，因为它是一种民间的而非
政府的程序"。②

二、家事纠纷

家事纠纷是指涉及婚姻家庭，包括离婚、亲子关系、继承、家庭财产等方
面关系的纠纷。

（一）家事纠纷非讼化解决机制的起源

美国是世界上第一个意识到家事纠纷的特殊性和探索家事纠纷非诉讼诉机
制的国家，而且也是首个设立专门家事纠纷的法院的国家。在美国审理家事案
件时，特别注重诉调对接，针对家事案件的调解，美国专门制定了《家事与离
婚调解制度规范标准》。英国在很长一段时间内都是采取的在普通法院中设置
家事审判机构，只是在审判案件时将案件再细分为公法或私法案件，一般涉及
家事纠纷没有其他公共利益时，都是交由郡法院处理。英国的 1973 年《婚姻
诉讼法》和 1984 年《婚姻和家事诉讼法》为婚姻诉讼程序上赋予了法律保
障，随着家事纠纷的改革发展，2014 年英国也设立了专门的家事法院。日本
的家事法院继承了美国家事法院中最先进的理念知识，并且在本国的家事审判
制度中引入了新的要素，是世界上第一个将家事程序法单独制定颁布的国家。
日本在 1898 年就颁布了《人事诉讼程序法》，2004 年废止，1947 年制定《家

---

① 黄越钦：《劳动法新论》，中国政法大学出版社 2003 年版，第 334 页。

② ［日］T. 哈纳米、［比］R. 布兰佩因主编：《市场经济国家解决劳资冲突的对策》，
佘云霞等译，中国方正出版社 1997 年版，第 198 页。

事审判法》，在 2011 年修订了《家事事件程序法》，此法律贯彻了调停前置主义。

（二）家事纠纷的特点

家事纠纷相较普通民事纠纷有其特殊，家事纠纷中的当事人之间不仅存在法律上的权利义务关系，还存在道德上和感情上的一些权利义务，这就使得对家事纠纷的处理应与解决普通民事纠纷有所区别。家事纠纷的解决不是单纯地保护当事人之间的权益，而是旨在保护和缓解当事人之间感情的基础上，能通过其他方式化解当事人之间的矛盾，从而维护家庭的稳定。家事纠纷具有以下特点：

1. 伦理性。

家事纠纷与婚姻和血缘密切相关。婚姻是一个家庭建立的纽带，家事纠纷发生在以婚姻关系为轴承的环周内，多是因婚姻关系的变更、解除衍生的一系列纠纷，如夫妻双方离婚后的财产纠纷、子女抚养权纠纷等。还有一部分是因继承发生的父母子女或兄弟姐妹之间关于遗产之间的分配问题产生的纠纷。从家事法律关系的主体看，家事法律关系主体范围仅限定在家庭成员，排除了非家庭成员之间的法律关系主体。把家事纠纷放在整个社会中可以看出，基于血缘、爱情、亲情而建立的家事法律关系都体现了家事法律关系主体的伦理性。同时，中国自古是礼仪之邦，注重道德礼制，家庭作为社会稳定的重要核心，具有婚姻关系的家庭成员之间必须要遵守道德习惯和伦理的约束。同时，婚姻家庭关系的伦理性导致调整相关规范也具有伦理性的特征。[①]

2. 公益性。

有家才有国，一个家庭是一个社会的基本的构成要素，只有家庭关系稳定，才能保障社会的安定。家事纠纷中的权益不仅包含当事人之间有关的利益，同时也可能涉及第三人以及更多的人的利益，但是这些权益是产生在具有身份关系的特定主体之间，且一个人与其他人之间产生的身份构成了一个国家

---

① 何俊萍：《论婚姻家庭领域道德调整与法律调整的关系》，载《政法论坛》2000 年第 3 期。

和一个社会秩序的身份或血缘关系，所以家事纠纷争讼标的具有公益性。正因为家事纠纷当事人之间存在特殊的身份或血缘关系，争议的内容不仅仅是法律上的权利义务关系，而且还涉及更深层次的感情、心理等复杂因素，故而家事纠纷解决的目的并非裁断当事人的是非曲直，而是用"温情"融化当事人内心的"积雪"，尽量在不伤害彼此感情的前提下解决双方的矛盾。

3. 私密性。

家事纠纷的双方是生活在一起的家庭生活成员，对彼此的隐私颇为了解，故而家事纠纷常涉及当事人感情上、生活上的隐私。当双方对簿公堂时，双方当事人都顾忌各自的隐私泄露，或一些不想让大家知道的隐私公布于众，所以在家事审判过程中会隐瞒一些真实情况，从而增加了诉讼难度。我国《民事诉讼法》规定，除有法律规定的特殊情况外，一律进行公开审理。从司法实践中看，对于普通民事纠纷的审判，一般都是提倡进行公开审理为主，但是由于家事纠纷的主体一般都是家庭成员，务必会涉及到个人隐私及家庭情况，当事人之间都不希望法庭公开审理。基于家事纠纷当事人的强烈要求，立法机关、司法机关也会将此考虑其中，这就导致每次涉及家事纠纷时，当事人申请不公开也造成了司法程序的复杂性和多余性。离婚案件作为家事纠纷最多的一种纠纷类型，在诉讼过程中，因个人隐私不想泄露，可以申请不公开审理，这充分说明了家事 纠纷有别于普通民事纠纷的私密性。

4. 亲缘性。

家事纠纷多是发生在夫妻、父母子女、兄弟姐妹之间，家事法律关系的主体身份较一般普通民事纠纷具有特殊性，都是围绕家庭这个基本单位之间的家庭成员之间发生的纠纷。身份关系的本源性是家事纠纷最重要的特征之一，由于当事人之间都具有血缘关系，当解决这类纠纷时，不仅是要以解决纠纷为主，更注重的应该是家庭关系和家庭成员之间感情的恢复。正是因为家事纠纷当事人之间身份关系的特殊，才导致家事案件不能按照普通民事案件同等处理。

(三) 家事纠纷解决的基本模式

鉴于家事纠纷的特殊性，我们必须要建立区别于一般民事纠纷的解决机制。

1. 和解机制。

高效、合理、科学地解决家事纠纷，灵活应用调解机制，能够促使当事人在法律范围内达成协议，合理解决纠纷。当事人之间的和解是解决家事纠纷问题的利器，协调好双方当事人的关系，是现阶段解决家事纠纷最为普遍、常用的方式，但其在运用过程中仍然存在一定的局限性。首先，双方当事人在发生纠纷过程中受到非理性因素的影响十分明显，在协调双方关系时，当事人情绪较为激动。一旦一方不愿和解，和解机制就完全无法发挥其功能。同时，双方的决定容易出现反复，往往需要进行多次交涉才能达成协议。其次，由于和解是无第三方介入，完全由双方当事人自行解决，因此外部的监督很难发挥效用，因此，和解过程中，容易出现，双方当事人因自身实力不够、个性差异等因素，显示公平，造成和解协议合法性、公平性受到侵害等问题。最后，即使双方当事人达成合意，但该合意并不具有强执执行力，是否履行协议内容，完全凭借双方当事人的主观意愿。因此即使达成了科学、公平的协议，一方当事人不履行协议内容，守约方仍需通过诉讼程序来实现。[①] 为弥补和解的这些不足，德国在 2000 年 1 月 1 日《法院外争议解决促进法》正式生效，在发明专利、著作权使用费、不正当竞争、机动车事故补偿、小额案件和邻里纠纷、家事纠纷等部分案件中引入法院外的强制诉前调停程序，强制诉前法院外调停在和解所进行。这是首次以立法的形式鼓励民众选择非诉讼程序解决纠纷。这个强制诉前调解机制在家事纠纷领域运用得十分广泛。

2. 调解机制。

家事纠纷的解决，不能单纯地以权威性的裁判来分辨是非，而必须把促成当事人之间情感恢复，消除对立，实现和解作为纠纷解决的根本目标和价值取向。因此，家事调解机制的优势明显。根据调解机构的不同，家事调解有诉讼内和诉讼外调解两种方式。诉讼内调解又包括诉前、诉中、家事回访等，非诉讼调解包括行政调解、民间调解等。诉前调解需要当事人自主向法院提出调解

---

① 陈晓静：《家事纠纷多元化解机制研究》，载《人民司法（应用）》2018 第 16 期。

申请，如果调解不成，则进入诉讼程序。诉前调解专门委员会的建立，一般由退休法官、人民陪审员、心理咨询和家庭咨询师组成，诉前调解同样具备化解家事纠纷的能力。家事回访则针对判决不准离婚的家庭，以及调解和好的家庭进行回访了解。民间调解一般由人民调解委员会、妇联等相关组织进行调解。行政调解则是在司法和行政机关的组织下，根据当事人的意愿进行调解，一般发生在离婚登记、财产公证等场合。家事纠纷调解机制的构建，能够有效的建立和谐的家庭关系，帮助更高效的解决家事纠纷。欧洲一些国家在这方面还设立专业咨询和辅导机构，如德国建立的程序辅佐人制度。在家事纠纷领域吸纳社区心理咨询、调解、少年管理、社会学、法律学、心理学等领域的专业人员，根据家事事件及非讼事件程序法的规定，保护子女利益。程序辅佐人应对子女利益进行确认并在诉讼程序中加以执行，还可以与其父母、亲属、学校老师、青少年管理局等进行沟通。程序辅佐人有权阅卷申请鉴定搜集与案件有关的有利于维护子女利益的信息，有权提起上诉。为了确保法院能够选任具有专业知识的程序辅佐人，德国一些社会团体承担招募培养程序辅佐人的任务。社团通过招聘方式从社会上聘请具有法学心理学、社会学、教育学背景的专业人员担任程序辅佐人，大部分为兼职，大多数来自于律师教师医生心理师等行业。除此以外，德国还建立家事调解员的资格认证制度与培训制度。《德国调解法》规定调解员是指引双方当事人进行调解的独立、中立且不拥有裁判权限的人员。德国联邦家事调解协会专门制定了调解员行为指引 作为全国性家事调解标准，并为调解员设置了专门的职业培训课程。2006 年德国成立了调解论坛，其目标是建立与欧洲标准一致的全国统一适用的调解标准来培训德国的调解人员。[①] 人民调解是我国特有的制度，从古至今，在解决民间纠纷中发挥着其独特的优势，人民调解一般由民间基层工作组织自发而成，在当事人之间发生纠纷时，基于当事人自愿的情况下，人民调解员对当事人进行劝导、调处，共同商讨解决方案。人民调解员也会主动帮助当事人进行调解。

---

① 张泽涛、肖振国：《德国〈调解法〉》评述及其启示》，载《法学评论》2013 年第 1 期。

3. 诉讼程序。

人民法院通过设立专门的家事诉讼程序解决纠纷。由于家事纠纷具有明显的伦理性、隐私性，传统的审判理念并不适用于家事案件，因此需要建设针对性的家事诉讼规则，区别于普通民商事案件，从情理法三个维度，更合理、科学的处理家事纠纷。首先，要明确家事案件处理的审理范围，其案件类型包括离婚、子女抚养、离婚后财产纠纷和同居期间财产纠纷、婚姻效力、继承纠纷等。要坚持调解为主、当判则判的方式，切实保障未成年人、妇女和老人的合法权益。当事人到庭、不公开审理。要构建起专业的家事审判团队，专业法官专门处理婚姻家事案件。要积极的引进先进人才，整合社会力量资源，更高效的处理婚姻家事问题。一般家事纠纷化解辅助团队成员包括调查员、调解员、回访员、心理疏导员等，重视对当事人的情绪支持和情绪安抚。专业人员可以在当事人的允许下参与庭审，对出现情绪激动的当事人给予情绪安抚。安抚人员应当提前做好对人物性格特征的剖析，把握好当事人的情绪变化，后续得以及时的提供心理支持。从而帮助当事人和未成年人缓解压力，调整自身的情绪。要建立完善的家事调查、调解、回访制度，同时设置清晰的操作规程，按照统一、科学的标准，做好后续工作报告，以便于更高效、便捷的处理家事案件[①]。要进一步探索和完善离婚时财产申报制度、离婚生效说明书制度、冷静期制度等，坚持以维护婚姻家庭关系为目标，在冷静期做好家事回访，设置科学的婚姻修复方案。不同意离婚的当事人负责参与设置修复计划方案，积极的采取相应的行动。借助法院的帮助和支持，挽救可挽回的婚姻。

德国等欧洲国家已经在此领域有所成就。德国在 1976 年的《第一号改革法律》正式确立了家事法庭制度明确在法院内部设立专门家事法庭（Family Court）审理家事案件。家事法庭是指一种独立的法庭，通常隶属于民事审判。一般来说，家事法庭审理的案件仅限于离婚、子女监护与抚养、领养、以及其他与家庭关系相关的事项，如家庭暴力案件中的禁止令的下达。德国的家事法

---

① 吕春娟：《多元化解决婚姻家事纠纷之方略探析》，载《陕西理工学院学报（社会科学版）》2016 年第 34（3）期。

庭分为三级：州地方法院家事法庭和州地区法院家事法庭、州高等法院家事法庭和联邦最高法院家事法庭。2008 年 12 月德国修订的德国家事事件及非讼事件程序法，规定从 2000 年 9 月 1 日起家庭事件不再由民事诉讼法调整，而是与非讼事件合成新的法律。该法与民事诉讼法最大的区别是采取了职权调查主义，民事诉讼的当事人主义不再占据主导地位，而赋予法官较大的依职权调查的权力。该法明确了家庭事件的类别包括同居分居及离婚配偶的法律关系，还包括登记生活伴侣以及父母子女关系，明确了保护未成年人利益第三人以及特定的法律程序。2001 年德国《民事诉讼改革法》在民事诉讼中引入了强制审前和解。审前和解辩论在法庭言词辩论之前进行，旨在持续实现和平节省费用和减轻司法负担。我国的家事法庭建设，自从 2016 年最高人民法院宣布改革，各地开始试点，目前全国共有一百家试点法院。

三、消费者纠纷

消费者纠纷，是指消费者为满足生活需要而购买、使用商品或接受服务的过程中，因经营者提供的商品质量、数量存在瑕疵或服务不符合约定等原因而在消费者与经营者之间发生的涉及消费者权益的争议。[1] 消费者权益保护成为一个重大的社会和政策课题由来已久，19 世纪末，消费者运动从西方开始兴起，20 世纪后半期以来发展为燎原之势，谷口安平曾说，"无论实体法上如何就保护消费者作出规定，只要欠缺能有效地解决消费者纠纷的机构以至诉讼制度，你们这些规定就不具有任何意义"。[2] 因此世界各国都非常重视通过立法或行政手段保护消费者权益。在如今消费者纠纷日趋增多的情况下，消费者纠纷非诉讼解决机制由于具有灵活、便利、有效 等优势，能够缓解司法解决消费者纠纷的压力。

（一）消费者纠纷的特点

1. 纠纷双方当事人地位上的特殊性。

---

① 范愉：《ADR 原理与实务》，厦门大学出版社 2002 年版，第 663 页。

② ［日］谷口安平：《程序的正义与诉讼》，王亚新、刘荣军译，中国政法大学出版社 2002 年版，第 289 页。

消费者纠纷中一方通常为公民个人，另一方则一般为企业或商家。按照法律规定，在消费者与商家的合同法律关系中，双方应居于平等的地位，但事实上，这种法律赋予的平等，由于双方市场地位的差异，在诉讼中难以实现。首先，纠纷双方在经济实力上不平等。作为经营者的企业和商家，凭借其强大的经济实力，可以控制商品的供给、抬高或降低商品价格，纠纷发生后，亦可投入大量财力、物力、人力来应对消费者纠纷，而作为消费者的市民大多以个体形式存在，在经济上显然处于弱势地位，难以与经营者相抗衡。其次，纠纷双方在信息上不对称。由于经营者是商品或服务的提供者，其在有关商品或服务的质量、价格、功用等方面的信息，较消费者显然更易获得和熟知，在纠纷解决中，企业拥有各种专门人才，其在了解相关法律政策、搜集证据、掌握信息等力面的能力较消费者显然更强。最后，商家生产和经营的社会化、专业化以及流通环节的增加和销售形式的多样化，常使消费者难以靠自己的力量去寻找和追究侵害消费者权利的责任人。①

2. 消费者纠纷属于公益范畴。

首先，消费者群体通常人数众多，涉及面广，一旦处理不当，影响的不仅仅是单个个体的权益，其结果带有复制性，会产生极坏的社会影响，最终破坏消费者对企业和市场的信心。其次，消费者纠纷如果久拖不决或影响不断扩大，还会使企业名誉扫地，从而影响市场正常的健康运行。因此，消费者纠纷解决机制的目标应当是既要有效保护消费者的合法权益，又要积极促进产品和服务质量的提高。

3. 消费者纠纷所涉争议标的额一般较小。

消费者日常消费一般是为满足个人或家庭的生活所需，而像房子、汽车等大宗的生活消费毕竟为少数，若发生纠纷，消费者所遭受的损害，往往数额不大。但通常纠纷的解决却需花费大量时间、金钱，到最后支出有时要大大高于所得，使消费者得不偿失，这就使得消费者一般不会轻易诉诸法律手段来解决纠纷。

---

① 孙江主编：《21 世纪法律热点问题研究》，中国检察出版社 2001 年版，第 230 页。

4. 消费者纠纷具有广泛性和复杂性的明显特征。

消费活动渗透于日常生活的每一个方面，因而消费者纠纷的范围也涵盖各个领域，从一般的买卖纠纷、产品质量纠纷、服务质量纠纷到售后服务纠纷，甚至到医疗、保险等领域的纠纷，事实上，每个人都有可能成为纠纷的当事人。同时，纠纷的原因多种多样，有单纯的消费质量差引起的纠纷，又有因为特定的客观原因、甚至包括消费者方面的原因导致的纠纷。而纠纷所涉及的具体权益，可能是一般的财产权益，也可能是消费者在消费活动中受到侵害的诸如人身和名誉等人身权益，亦或是两种权益均有涉及。从纠纷的性质看，既包括合同纠纷，又包括侵权纠纷。因此，消费者纠纷具有广泛性和复杂性的明显特征。

（二）解决消费者纠纷的机制及形式

诉讼程序仍然是解决消费者纠纷最重要的形式，但从耗费时间和金钱等方面来看，现行的民事诉讼制度并不适合于解决消费者纠纷。而且由于法院也不单是解决消费者纠纷的机构，法官的知识及经验都有限，要补充专门知识还必须高价聘请鉴定人。再者，法官必须遵守依法进行审判的原则，而消费者纠纷属于正在形成和发展中的法律领域，存在着无适当的实体法可遵循的问题。[①]因此，消费者纠纷同样需要多元化的纠纷解决机制。目前从处理消费者纠纷的机制上按照其处理机关的性质的不同，主要包括民间机制、行政机制、司法机制三种。

1. 民间机制。

民间机制主要是依靠当事人的自治和经营者的行业自律，寻求便利、低廉和有效的替代性纠纷解决方式。具体包括在行政主管机关指导和支持下常设的公益性专门机构，如消费者协会；综合性纠纷解决机构中的专门机制，如美国仲裁协会下设的全国纠纷解决中心的消费者纠纷调解和仲裁；行业协会、企业

---

① ［日］谷口安平：《程序的正义与诉讼》，王亚新、刘荣军译中，中国政法大学出版社 2002 年版，第 299 页。

或商业团体组建的中立性纠纷机构，如美国的上市改善机构等。①

2. 行政机制。

行政机制是由行政机关及由其支持的常设行专门机构处理消费者投诉和纠纷。这种机制的优势在于行政机关可以通过处理纠纷，及时进行经验总结，发现管理中的问题，为行政管理政策的调整提供依据。这类机制中比较典型的的是日本的生活消费中心以及国民生活中心。在 20 世纪 90 年代，日本这两个机构每年处理的来自一般消费者的咨询案件数就超过 57 万件。

3. 司法机制。

司法机制主要是各国通过小额法院（法庭）以及专门的消费者纠纷法院（法庭）解决消费者纠纷。这种机制与其说是诉讼，不如说是一种强制调解或仲裁，法官在这种程序中所充当的更像是调解人或仲裁员的角色。② 法院附设调解或仲裁作为诉讼前的程序设置，当事人可以选择法院推荐的中立调解人或仲裁人解决纠纷，所达成的和解或作出的仲裁裁决经法院审核确认后，具有法律效力。这种机制下，纠纷一方面进入了法院，使其纠纷处理结果具有了法律效力，但同时又通过这些程序的非讼原理，实现了对诉讼本身局限性的弥补。美国的小额法院在这种机制中十分典型，它一年所受理的消费者提诉案件达 7 万件，其中 8% 是由非法官的仲裁人解决的。

上述三种机制通过不同的程序和渠道共同发挥解决消费者纠纷的功能，具体形式主要有以下几种：

1. 协商和解。消费者与经营者在发生争议后，在自愿、互谅基础上，通过直接对话，摆事实、讲道理，分清责任，达成和解协议，使纠纷得以解决。这种快速、简便的争议解决方式，无论是对消费者还是对经营者来说都是理想的途径。

2. 斡旋、调停。对于通过企业和消费者当面交涉河南解决的纠纷，消费者或企业中任何一方可以向有关机构提出申述，该机构在取得另一方当事人同

---

① 范愉：《非诉讼程序（ADR）教程》，中国人民大学出版社 2020 年版，第 261 页。
② 范愉：《非诉讼纠纷解决机制研究》，中国人民大学出版社 2000 年版，第 215 页。

意的基础上进行纠纷处理。

3. 提请仲裁。双方当事人达成协议,自愿将争议提交仲裁机构调解并作出判断或裁决。仲裁具有当事人程序简便、一裁终局、专家仲裁、费用较低、保守机密、相互感情影响小等特征。仲裁费用原则上由败诉的当事人承担。

四、交通事故纠纷

交通事故主要是指机动车交通事故,即机动车辆在公共道路上运行过程中,因有关人员违反道路交通法规,造成他人人身伤亡财产损失的事故。交通事故因其涉及问题的专业性,因此其处理属于一种专门性机制,包括主管机关的交通事故认定和处理,涉及刑事、行政程序以及保险理赔及民事赔偿等环节。当代社会,随着机动车的高速发展和普及,交通事故纠纷成为一类生活中较为常见的民事纠纷。因此,世界各国都建立了专门的处理机制以应对。

(一) 交通事故纠纷的特点

1. 交通事故纠纷中的主体通常存在争议。

交通事故发生后,在处理事故纠纷的过程中,由于主体不够明确,使得处理工作进展缓慢,由于当事人不了解办案的程序、过程,容易产生急躁对立的情绪。因此,在处理交通事故过程中,应首先由有关机构针对交通事故纠纷中的主体,包括责任人、受害人和其他的利害关系人等调查清楚。责任人包括事故车辆的实际所有人(机动车登记证书上的机动车所有人)、事故车辆的使用人、借车、租车人员、事故车辆经营人以及窃取或抢劫车辆后非法的占有人等;受害人为因事故受伤、死亡的人员、受到财产损失的人员等;而利害关系人可能包括受害人的家属、朋友、单位同事,保险公司等第三方人员等。

2. 交通事故纠纷当事人的诉求差距大。

交通事故中的责任一方和受害一方的争议主要集中在事故责任认定,财产损失赔偿等方面。

(1) 交通事故双方当事人对事故责任通常会产生分歧,所以交通事故责任需要严格按照有关规定认定双方责任,制定事故认定书,但是事故责任认定的效力受到一定的限制,比如在交通事故纠纷诉讼中,相关认定结论有可能被法院推翻或不予采用，责任一方和受害一方很可能对事故的责任及赔偿不能达成一致，存在严重的分歧。很多情况下，即便已经对事故责任作出确定，但事故双方的诉求还是未得到满足。

（2）在事故财产赔偿方面，由于事故双方当事人对责任认定存在争议，使得责任一方和受害一方的矛盾很可能会加剧。尤其是发生人员受伤甚至死亡的交通事故纠纷当中，受害一方的情绪变化不稳定，增加纠纷解决的难度。同时交通事故有突发、高危、严重等特点，往往会给人们的财产安全及生命带来损害，所造成的伤害程度也很可能会非常严重，在重特大的交通事故当中，当事人各方对于费用的计算往往争议比较大，进而使得交通事故纠纷的解决困难重重。

3. 交通事故责任一方所需承担的责任较为复杂。一般在承担民事责任外，同时根据实际的情况还会承担相应的行政责任或刑事责任。相较于其他民事纠纷，交通事故纠纷责任一方需要承担相应的民事责任，给予受害方一定的经济赔偿。另外一方面，有些责任方根据其在交通事故中的过错情况，还会受到因违反道路交通管理法规而带来的行政处罚，甚至是因违反刑事法律而导致的刑事处罚。

（二）交通事故纠纷处理机制

如今的城市交通，伴随着私人小汽车的飞速增长，正逐渐趋向于饱和，直接的表现就是逐年增长的各类交通事故和与日剧烈的交通拥堵。这其中，70%～80%为仅造成车物损失或人员受轻微伤的事故。① 进入 20 世纪后，随着机动车强制保险不断普及，交通事故的处理已趋于规范化。有关纠纷处理的法律规范、责任认定标准及赔偿标准、计算方法等十分明确，争议和交易的空间都相对有限。交通事故纠纷处理难度大，矛盾突出；相当部分事故当事人缺乏足够的诚信，导致大量适用简易程序处理的交通事故难以及时结案，悬而不决；一些当事人诉求难以满足，以致信访量上升，有的甚至采取引发群体性事

---

① 新浪汽车，《北京交管局谈交通事故简处规定》，http：//auto. sina. com. cn/news/2005-09-20/ 0934141039. shtml. 2005-9。

件的极端手段。发生交通事故后，当事人在交警部门认定责任，再到保险公司理赔；构成人员伤残的，还要进行鉴定；调解不成的，还要向法院提起诉讼。当事人在交警、保险、法院等部门之间来回跑，一起事故处理至少几个月，多则几年，弄得疲惫不堪。因此，建立迅速、简便、经济的处理机制对于交通事故纠纷的解决显得十分必要和迫切。一般来讲，交通事故纠纷可以通过自行和解、调解、诉讼等多种方式进行处理解决，其中，行政调解是最为主要的方式之一。

1. 和解。

包括我国在内的很多国家，最初不允许当事人通过"私了"解决交通事故纠纷。但随着交通事故的激增，以及交通法规的日益明确和赔偿标准的精确化，在发生轻微交通事故时，和解方式的优势日渐突显。这种方式在处理轻微交通事故中，不仅有利于交通迅速疏通，减少事故导致的损失，减轻交管部门的工作负担，同时有利于当事人快速解决纠纷，减少双方在纠纷中的人力、物力支出。如我国《道路交通安全法》第70条规定，"在道路上发生交通事故，未造成人身伤亡，当事人对事实及成因无争议的，可以即行撤离现场，恢复交通，自行协商处理损害赔偿事宜……"，鼓励当事人在轻微交通事故中，按照交通法规分清权责的基础上，通过协商和解解决纠纷赔偿问题。

2. 行政调解。

大多数国家都规定，交通事故发生后，当事人可以请求交管部门调解。调解的程序主要有以下几个阶段。

（1）启动。启动调解必须双方当事人共同提出申请。调解在解决交通事故纠纷中同样遵循自愿原则，即如果仅一方当事人提出申请，而另一方当事人拒绝调解的，调解无法启动。

（2）开始调解。对于交通事故中造成不同损害结果的，调解的开始日期有所不同。以我国为例，对交通事故致死的，调解从办理丧葬事宜结束之日起开始；对交通事故致伤的，调解从治疗终结或者定残之日起开始；对交通事故造成财产损失的，调解从确定损失之日起开始。调解的期限，各国亦有所不同。我国规定的公安机关交通管理部门调解交通事故损害赔偿争议的期限为

10天。

（3）调解终结。调解达成协议的，交管部门应制作调解书送达各方当事人，调解书经各方当事人签字后生效；调解未达成协议的，交管部门应制作调解终结书送交各方当事人。对于达成的调解协议，并无强制效力，因此当事人可以针对纠纷向人民法院提起民事诉讼。

当前，为更好适应交通事故纠纷的特点，方便当事人简便、快速地解决纠纷，我国在处理交通事故纠纷过程中，不断探索和尝试新的模式。例如，"交事故调处中心"的设立。调处中心集合了事故责任认定、车辆检验、伤残鉴定、法律咨询、保险核损、人民调解、行业调解、司法调解、司法确认等功能，整合了公安交警、司法行政、法院、保险公司等各部门的力量，推行各职能部门联合办公的模式。这一模式克服了交通事故各阶段处理中各部门单兵作战、重复浪费社会资源的现状。调处中心的成立，为事故双方纠纷处理提供了除公安机关调解，人民法院诉讼外新的纠纷处理方式实现了调解与诉讼、调处与理赔、调处与执行的无缝衔接。"便捷式""一条龙""一站式"服务俨然已成了调处中心的代名词。道路交通事故调解处理一体化机制融合了法院、交警、司法、保险等多部门的合作，取得的成效使当事人和有关处理机关均有所受益。对于交管部门而言，在交通事故处理中也难免会遇到调解难、理赔难等问题，尤其是碰到死亡事故，受害人家属情绪激动，容易发生抬尸闹事等不稳定因素和群体性事件。在道路交通事故调解处理一体化机制实施后，经过整合各方资源联合调解，不少问题都迎刃而解，没有发生一起信访事件。对法院而言，道路交通事故调解处理一体化机制从总体上促使案件数量增长幅度趋缓，案件处理时间缩短，效率提升，更缓解了案多人少的矛盾。

结合当前信息网络时代的特点，我国一些地方还建立了警保医快速处理平台。该平台以警务、保险、医疗三方平台为中心，以交通事故人伤救治为核心，做到车伤病人零垫付保险先行担保医院先行救治，是破解交通医疗纠纷，拓宽公共服务内涵的新探索。警、保、医、当事人四方信息的及时交换对于提升案件处理效率至关重要。该系统的应用极大提高公民对公安机关和保险公司服务的满意程度，解决当事人医疗费用筹集的困难，规范各部门工作流程，缓解因交通事故引起的交通拥堵，提高交管部门信息化水平。此外，大量事故数据的汇聚将会为未来交通事故处理提供极大的便利，为未来交通设施的建设提供有力的数据支撑。以山东淄博为例，该平台使用过程中得到用户一致认可与赞同，交警队及保险公司案件处理效率大幅提升，极大节约了警力资源。

五、医疗纠纷

每个人的在一生中必定会与医疗机构发生联系，医患关系与广大群众的切实利益息息相关。近年来，医疗纠纷成为社会关注的焦点。医疗纠纷的概念有狭义与广义之分。"狭义的医疗纠纷是指医患双方对医疗后果及其原因认识不一致而发生的争议。常见的是病人或家属对患者诊疗护理过程不满意，认为医务人员在该过程中存在过失，对病人造成伤残、死亡以及在诊疗互动中加重了病人的痛苦等情况，患者向医方、卫生行政部门或者司法机关提出请求要求追究医方法律责任或者要求赔偿损失的事件。"[1] 广义上的医疗纠纷是指医患双方之间发生的一切纠葛，并不局限于民法等私法领域。

（一）医疗纠纷的特点

1. 专业性。

医疗行为本身专业性极强，且其操作与医疗人员的自主性、环境的特殊性密不可分，因此对可能产生的不利后果及该后果与医疗行为间的因果关系都必须依靠专业人员进行判断。

2. 复杂性。

由于每个病例的个体差异，即使在存在医疗过错的情况下，对造成损害后果责任的认定也非常复杂，确定个体因素与医疗过错的比例，医疗行为过失与不可抗力的关系等都存在很大的难度和裁量空间。

3. 医患之间矛盾尖锐。

医疗纠纷成因错综复杂，而引发纠纷的往往都是患者身体健康遭受严重侵害甚至死亡的病例，发生争议后患者对抗情绪强烈。加之患者对医疗机构及医

---

① 林文学：《医疗纠纷解决机制研究》，法律出版社 2008 年版，第 7 页。

务人员普遍缺乏信任，协商、调解工作难以有效、及时展开，最终进入司法审判程序的医疗纠纷案件往往容易成为舆情关注的热点，不及时处理或处理不当，容易导致事态升级。

4. 鉴定程序繁锁。

医疗纠纷的高度专业性决定了，对于医疗行为是否有过错，医疗过失行为与损害后果之间是否有因果关系，以及医疗过失行为在损害后果中的参与度等问题，一般都有赖于专业鉴定机构根据相应诊疗规范作出判断。医疗损害鉴定的困境突出表现在鉴定机构的选择上，一般社会鉴定机构因为临床医学鉴定人员的欠缺而难以得到医疗机构的认可，而医学会鉴定专家身份的特殊性又往往令患者普遍产生不信任感等，使得患者一方对鉴定意见异议较多。

5. 影响恶劣。

医疗纠纷无论是对于医院还是对于患者都会造成极坏的影响。对医院而言，这种影响主要体现在两方面：其一是影响医院的形象和口碑。在市场经济大环境中，医院作为公共医疗的重要服务机构，其发展需要口碑来提升自己的市场竞争力。医疗纠纷的发生会影响到医院在民众心目中的形象，这对于医院的品牌构建十分不利。其二是医疗纠纷会影响医院的正常活动。一般来讲，处于医疗纠纷中的医护人员，其能力等会被质疑，而这些医护人员是医院的重要服务力量，部分患者及家属的医闹行为会影响到医护人员的安全，所以出于安全考虑，相关人员会被医院保护，这会造成医院医疗资源配置上的缺少，进而影响正常的医疗活动开展。对于患者而言，患者的恢复需要有良好的心态，而医疗纠纷的产生会影响到患者的心态。在心态不平静的情况下，情绪激动会严重影响疾病的恢复效果，这会给患者带来更大的精神压力和财务压力。

（二）医疗纠纷的处理机制

医疗纠纷的妥善处理，对于缓解医患关系紧张、维护社会和谐、捍卫法律严肃性起着重要作用。近年来，非诉讼纠纷解决机制在解决医疗纠纷过程中所表现出来的优点引人注目的：灵活、高效的解决方式使得纠纷得以尽快平息；快速、低廉的解决程序减少了当事人时间与金钱的付出；对个人隐私保护的注重以及量身定做的程序满足了当事人的不同需求等。因此，许多国家和地区在改革传统医疗纠纷解决机制的基础上，都大力发展医疗纠纷 ADR。

1. 协商。

和解是历史最为悠久的纠纷解决方式。和解最大的特点在于解决纠纷无须借助第三方并且具有最高的自治性。和解是一种旨在相互说服的交流与对话过程，这种过程实质上是纠纷当事方之间的一种交易活动。通过当事人之间的和解来解决医疗纠纷无疑是一条便捷、经济的途径，值得鼓励和提倡的①。调查显示，我国 85% 以上的医疗纠纷是通过和解途径得到解决的。

医疗纠纷中的"协商"是指双方当事人在自愿、公平、公正、平等基础上就医疗争议事宜达成一致意见的纠纷解决方式。② 协商可以让医患双方在较为隐秘的环境下和平解决纠纷，并具有节约时间成本、人力资源成本及金钱物质成本，处理方式机动多变，程序简单方便等特点，往往是在医疗纠纷发生之后双方首选的解决机制。医方和患方出于自由意志自行磋商解决纠纷，相比其他借助外力的解决方式，协商更加容易被双方所认可和接受，能够较好地从形式到实质解决纠纷，化解矛盾，消除医患双方的对立情绪。但协商作为纠纷解决方式的短板在处理医疗纠纷中也无法避免。首先，医患双方的信息不对称造成和解困难，导致协商结果的合理性和公正性受到质疑；其次，协商方式主观随意性较大，协商协议不具有法律强制力，协商结果易出现反复，因此，在鼓励当事人通过和解解决纠纷的同时，应让当事人通过公证或担保等形式加强协议的法律效力，并协调好和解与其他纠纷解决方式的衔接；最后，协商的方式不利于卫生行政部门对医疗机构的监督和管理，尤其在医疗事故纠纷的和解中，可能排斥本应介入的公权力机关对相关责任人的追究。所以，对可以通过和解解决的医疗纠纷划定相应的适用范围，限定不能进行和解的事项。

2. 调解。

实践证明，调解是妥善处理医疗纠纷快速、有效的方法。据统计，在我国

① 范愉主编：《ADR 原理与实务》，厦门大学出版社 2002 年版，第 572 页。
② 张镝：《完善我国多元医疗纠纷解决机制的思考》，载《东北农业大学学报（社会科学版）》2016 年第 3 期。

经调解处理的医疗纠纷占总纠纷的14.1%，其中37.5%的重大纠纷是联合调处解决的。按照调解主持者的不同，调解可以分为行政调解、民间调解和法院附设的诉讼前调解等。

（1）卫生行政调解

所谓行政调解，是行政机关依据法律规定，在行政职权的范围内，以当事人自愿为原则对特定的民事、经济纠纷、一般违法行为及轻微刑事案件居中调停，促使当事人协商解决纠纷。医疗纠纷发生后，卫生行政部门经医患双方共同申请可以介入，依据法律及行政法规的规定对医疗纠纷进行调解，鼓励医疗纠纷当事人进行沟通，促进双方达成和解协议，从而达到定纷止争的目的。

以我国为例，卫生行政调解以其及时性、高效性和权威性等优势，曾经在计划经济时期和改革开放初期这一段时期内对医疗纠纷的解决发挥重要作用。但随着时间的推移，卫生行政调解在医疗纠纷的解决中所发挥的作用越来越少，甚至渐渐被人"遗忘"。其主要原因是，首先，卫生行政部门作为公立医院的上级监管部门，因涉及行业利益和部门保护等问题，致使其中立性、公信力和公正性明显不足；其次，卫生行政调解程序只有在医患双方达成合意、共同提出申请的情况下才能被动启动，缺乏主动启动程序；再次，调解范围比较狭窄，仅限于医疗事故纠纷，不利于卫生行政部门对医疗纠纷的有效管理，也不利于患者的行政救济；最后，多数卫生行政部门对于医疗纠纷调解工作持消极懈怠态度，各层级之间相互推诿，逃避调处医方和患方矛盾所要承担的压力，加之调解人员的专业性不强，开展调解工作感觉力不从心，卫生行政调解缺乏内在动因，故致医疗纠纷常得不到有效解决。

（2）民间调解

民间调解是当前很多国家普遍适用的医疗纠纷解决机制。如德国，因德国目前已经实行了全民医疗健康保险，向仲裁和调解机构申请处理医疗纠纷的时候无需支付费用，因此德国很大一部分医疗纠纷是通过调解和仲裁机构解决的。医患双方在和解处理机制失败之后，可以向仲裁和调解机构进行求助。1975年以后，德国各州分别设立了医疗鉴定委员会或者医疗调解所，"这类机构由法律界人士和医生组成，其职责是从调解民事纠纷的角度来处理医疗事故以判断医疗事故中医生有无责任、责任大小以及赔偿数额"。① 但由于调解和仲裁机构自身属性的原因，该机构做出的处理通知书不具备法律约束力。如果对调解仲裁机构的处理决定不能信服，当事人还可以通过诉讼的途径来解决。日本设立了赔偿医学会，内部又设有调查委员会与鉴定委员会，对医疗纠纷案件进行调查和鉴定。委员会的成员由资深的医学方面或者法律方面的人才组成，这些医学专家和律师的选用有严格规定，能够较好的保证调查和鉴定的公正独立性，使医疗纠纷的处理让人信服。我国的人民调解机制亦属此类。人民调解为尖锐的医患矛盾铺设了一个缓冲地带，以温和的方式解决医疗纠纷，在很大程度上消除了医疗机构的安全隐患，也使患方的权益得到了及时和有效的维护。近些年来，政府、社会将目光投向保险领域，希望能够通过转移风险的方式，减少医疗纠纷、化解矛盾。在各地的实践中，不约而同地将医疗责任保险和人民调解机制相结合，巧妙地运用了保险制度能够有效分担风险的特征与作用，很好地解决了医疗纠纷赔偿（补偿）费用承担的问题。

（3）诉前调解

"诉前调解"是指法院在民事诉讼程序开始前对双方当事人之间的纠纷进行的调解。如果先行调解成功，即可以代替诉讼，人民法院根据当事人所提出的请求制定民事调解书；如果失败，再进入正常的诉讼程序审理。有效的诉前调解可以大大提高法院处理医疗纠纷案件的效率，使纠纷得到快速解决并节约司法资源，防止案件过多造成积压，缓解法院的工作压力。在我国现阶段的医疗纠纷处理实践中，出现了人民调解和诉前调解的交叉。医患双方经人民调解无果，向法院提起诉讼。法院一般不会组织诉前调解，因为这将使得医疗纠纷在调解程序往复循环，造成时间及其他诉讼成本的浪费。相反，在现实案例中，对于一些已经通过人民调解得以成功解决，当事人并没有因对调解结果有异议或不满而提起诉讼的医疗纠纷，某些地方法院却乐于进行"司法确认"，出具"民事裁定书"，此举常常被理解为"等同于诉前调解的效力"。因为医

① 刘泉、杨天潼、刘良：《德国医疗纠纷处理办法及相关问题》，载《中国卫生事业管理》2008 年第 4 期。

疗纠纷诉讼案件更加专业和复杂，结案时间往往是普通诉讼案件的一到两倍，工作成绩和结案率无法体现，因此法院的这一做法实际上是有"为调解而调解"，"单纯追求结案率"的政绩工程嫌疑，对于实际解决纠纷、节省诉讼或者调解成本的意义不大。我国《民事诉讼法》第 122 条规定："当事人起诉到人民法院的民事纠纷，适宜调解的，先行调解，但当事人拒绝调解的除外。"

随着民众自我权利保护意识的增强，以及医疗事故惩罚性的判决，美国出现了医疗诉讼"井喷"的现象，造成了司法体系严重受创的现象。为了节约司法资源，降低运行成本，美国专门建立了医疗纠纷处理机构。该机构整个机构由医学专家组成，以减少医疗纠纷诉讼为目的。该机构的具体作用如下，当提起医疗诉讼时，该机构会介入到诉讼中来，通过对整个案件的审查和鉴定，向法院出具一份报告书，该报告书主要是探讨分析该纠纷是否有必要由法院处理，并且对法院的审判决过进行预测，它的主要作用在于"防止当事人滥用诉讼权利造成不应有的损害后果，可以减轻社会因处理医疗纠纷所耗费的司法资源，法院对其处理的意见和收集的资料，若认为有实际使用价值，则可以在审理时直接加以适用，从而节省诉讼时间与费用，能极大提高处理医疗纠纷的效率"。

3. 仲裁。

仲裁因其"一裁终局"制，使得医患双方在自愿的基础上、在保密的环境下，纠纷得到及时快速的终局性解决，不仅让双方的隐私得到保护，而且有力维护了双方的权益，推动了和谐医患关系的建立。此外，在仲裁机关里可以吸收专门的医学人才，解决了诉讼中法院方面缺乏专业人才的困境。美国在医疗纠纷处理机制中引入了仲裁处理的机制。仲裁人员主要是由具备丰富经验的退休法官和医生组成，他们有着长期从事专业领域的经验，可以为仲裁提供良好的支持，推进仲裁高效的运行，保证仲裁结果的公正与科学。仲裁制度作为在解决医疗纠纷过程中的积极尝试，在实际运行过程中仍出现了较多问题和不足。仲裁的"一裁终局"性，同时意味着医患双方对于仲裁结果是否存在异议和不满都必须接受的，这在某种程度上是与有效、公平处理医疗纠纷的初衷是背离的。同时，仲裁的规则和程序较为复杂和繁琐，且仲裁机构自身存在设计缺陷，需要支付较高的费用，加之其独立性因缺乏法院的支持而得不到保障等，种种原因导致在发生医疗纠纷时医患双方选择此种方式解决争议的较少。

4. 先进的医疗鉴定模式。

无论采用上述何种方式解决医疗纠纷，医疗鉴定都是帮助纠纷解决非常关键的环节。国外在医疗纠纷鉴定方面都建立较为完善和先进的制度。如德国，发生医疗纠纷的时候，患方可以向医协会申请进行医疗鉴定，如果对于结果表示质疑，可以向法院提起诉讼。法院在审理医疗纠纷案件的时候，如果采纳医协会的鉴定，采用"个人负责制"原则，即对该鉴定结论，医协会要有一位专家进行签字，表示个人对该鉴定结论负责。鉴定的"个人负责制"让鉴定环节更加公正，确保了鉴定结论的质量。美国鉴定制度最大的亮点在于采用专家证人制度。美国对专家证人有着严格的规定和选用标准，确保整个专家团队的科学权威。进行医疗鉴定的时候，当事人对专家证人有自由选择的权利，确保双方的权利。这样的规定，可以趋利避害，当事人可以获取对自己一方有利的证据，从而减少鉴定环节不公正的现象。日本的鉴定环节主要由赔偿委员会下设的鉴定委员会主持。鉴定委员会成员由医学和法学两方面人才组成，例如资深律师和大学教授等。鉴定委员会在吸收成员的时候，会对成员进行调查和考核，确保专业水平和社会声望，让鉴定结论更加独立和公正。

六、环境纠纷

生态环境纠纷是指因开发、利用生态环境所引发的利益冲突，生态环境纠纷解决就是消解因生态环境问题引发冲突的活动。相较一般的民事、行政等领域的纠纷，生态环境纠纷具有特殊性。能否合理的解决环境争议，不仅影响到公民合法环境权益的保护，而且还关系到现代社会的和谐稳定。

（一）环境纠纷的特点

首先，生态环境纠纷的产生原因复杂，损害的成因往往难以判断。其次，生态环境纠纷的内容多样，既有人身或财产损害，也包括对生态环境本身的损害。再次，生态环境纠纷涉及主体广泛，既包括公民、法人，也包括以生态环境部门、自然资源部门等为代表的国家机关。最后，生态环境纠纷的解决方法和过程也较为复杂。

1. 环境纠纷主体地位的不对等性。

《民法典》第 4 条规定，"民事主体在民事活动中的法律地位一律平等"。主体地位平等是法律地位平等的重要体现。传统民事纠纷中，强调当事人双方地位的平等性，双方的阶层地位与经济实力以及在诉讼中的地位总体上处于一个比较平衡的状态。但随着社会飞速发展，在环境纠纷当中，加害主体逐渐呈现为大公司化或企业集团化。这些大公司和企业集团凭借自身优势使其诉讼能力和风险规避能力大幅提高，在大幅度的生产过程中，故意或过失的导致工业油污泄漏、土壤污染、固废污染和细尘污染等多重环境侵权事件，其带来的后果由原先小范围主体之间的损害转变成大范围甚至是对整个社会的侵害，最终发展成为全人类都要共同面对的风险。相比之下，环境纠纷受害人则往往是普通居民，相对污染源而言，是弱势群体①，自身法律意识的缺乏、高额的诉讼费用以及各方面的调查取证都让这些小市民对遭受到的环境纠纷苦不堪言，往往听之任之或维权了但仍然得不到应有的救济。

2. 环境纠纷中的侵权行为具有间接性。

侵权行为有直接侵权行为和间接侵权的区分。一般来说，大部分侵权行为属于直接侵权行为，即侵权行为直接作用于侵权对象，因而其对侵权对象的人身或财产造成的损害一般是可见的。但是，环境纠纷行为的致害机理并非如此。首先，大都通过人类的环境污染或是生态破坏行为，先作用于现实环境，然后通过环境这一载体侵害到依附环境生存生产的人或其他生物，从而体现出环境纠纷行为具有一定的间接性。此外，由于人类自身存在的生理限制，潜伏在环境中的污染物大都不可视，除了通过空气或水这个介质，这些污染物可顺利作用于受害人之外，还可通过破坏生态系统而使得人类深受其害。并且，在化工业如此发达的新时代，许多环境损害的形成并非是单一的原因，而是多个

---

① 范愉主编：《ADR 原理与实务》，厦门大学出版社 2002 年版，第 692 页。

加害行为积累汇聚才能导致最终的损害结果，在实践中这种环境纠纷行为的认定是非常复杂困难的。

3. 环境纠纷侵权过程的长期性。

普通的纠纷行为，如噪音污染、光照危害等侵害都具有随时出现、随时停止的特点。而在环境纠纷中，其侵权行为会通过污染环境、破坏生态平衡的方式来对人和其他物种发生作用，许多环境污染就是要在多种化学、物理因素共同作用下才会显现出来。因此，其造成的损害具有持续性，不会像普通纠纷那样随时能够停止危害，其过程长期的、缓慢的，大部分损害都是在很长时间后产生结果，并且即使加害人的侵权行为已然停止，但环境污染带来的影响依旧会持续存在很长时间。环境污染和生态破坏过程的缓慢性导致其给人类带来的许多疾病也具有潜伏性的特点。受各人体质的影响，发生病变的时间先后也会有所不同，有的需要经过十几年甚至几十年的时间才显现出来。在日本，1956年熊本县水俣湾的有机汞导致的水污染、1960—1972 年四日市哮喘病，以及1910 年代—1970 年代前半段富山县神通川流域的痛痛病等，刚开始出现问题时，没有人想到是环境污染而导致的病变，导致病毒一直在人体内存在。经过了十多年的时间后造成了大量的死亡案件，付出了惨痛的代价。即使多年之后，该侵害带来的影响依旧存在，很多人仍然向法院起诉来寻求救济。

4. 环境纠纷损害后果具有"私害性"与"公害性"的双重属性。

普通民事纠纷通常涉及的主体多为特定的加害人与受害人，"私害性"较为明显，大多能够得到较好的法律救济。环境纠纷中的侵害客体一般具有私权和公权的双重属性。其中，在私权层面，多表现为污染物对一定地区的不特定多数人造成侵害，其不仅损害直接被侵害者，还可能威胁到后代健康，侵犯其环境权益。而前述情况下，通常很难认定或者根本无法认定加害人与受害人，更有甚至在加害人与受害人是同一主体时，解纷程序如何进行也是一个难题；而在公权层面，其侵害主要表现为空气污染、水污染、土地污染以及与此相关的各种自然风险效应。环境纠纷行为的侵害对象还可能损害子孙后代的权益，而这种损害难以评估并难以消除。所以，环境纠纷具有"私害性"与"公害性"的双重属性。在这些情况下，加害人、受害人和因果关系等难以确定；适用单一的补偿性赔偿方式也不能有效弥补双重属性权益所遭受的损害，这给环境侵权救济和处罚增加了难度。因此，立法与实践中均应在维护个人利益与生态环境利益之间寻找平衡点。

5. 环境纠纷的产生原因复杂，认定难度大。

环境纠纷因其原因物质或个人的身体素质不同而具有不同的损害程度，许多病变的发生机理也复杂多样，实践中受到科学技术的发展限制，很难证明人类体内的疾病或动植物的病变与加害人进行的环境污染行为存在关联。污染物可能破坏人体免疫系统，其潜伏期可长达数年甚至数十年。如日本四日市发生的哮喘案件，周边居民深受其害，长年累月下来，身体各方面的机能都受到损害。其中呼吸器官的衰竭尤为严重，许多人都患上了支气管炎、哮喘等呼吸系统病症①，不少人因病死去或者不堪忍受折磨而选择自杀。此次事件的引起者在法庭上进行了反驳，指出原告的的家族史上就有呼吸系统疾病的历史，而且原告的日常行为如吸烟也可以引发哮喘病。本案的环境纠纷特点表明了其致害原因的多样性与复杂性，比如空气污染、水流污染、噪声污染和能源污染等肉眼看不见的污染致害；人体健康侵害、财力物力减少等看得见的损害与源源不断的干扰妨害；以大气污染为代表的长距离污染损害与以噪声污染为代表的的短距离污染损害。一种污染物质能够造成数种生物的侵害，而同一物种也会遭受来自多种污染物质的侵害，表现为一因多果、多因一果以及多因多果。因此，环境纠纷的特殊性需要多学科多角度的解决，专业性极强。而诉讼中的调查取证、因果关系证明也对较强的专业技术来予以解决提出了要求。

（二）环境纠纷的解决机制

为了解决日益增多的环境纠纷问题，各国都从本国的实际情况出发，针对环境纠纷呈现出的特殊性而不断扩大非讼解纷机制的内容，形成了富有本国特色的解纷机制。综合前期对各国的考察来看，环境纠纷非讼解决机制在国外应用广泛，其中以美国与日本的解纷机制最具代表性。环境纠纷非讼解决机制最早在美国产生，种类多样且内容完整，是发展较为成熟的一个机制。日本则是

---

① 张庸：《日本四日市哮喘事件》，载《环境导报》2003 年第 22 期。

环境纠纷问题较为突出的国家，为应对公害事件给民众的生存环境、生命健康及财产带来的损害，日本政府不得不出台了一套从上至下的法律法规来解决纠纷，非讼解决机制也因此得以迅速发展。我国与日本同属东亚国家，在各种文化传统包括法律传统等方面都存在相似之处。

环境纠纷多元化解决机制将调解、仲裁、鉴定和诉讼等多种纠纷解决机制有机结合，充分调动法院、第三方机构、社会组织和公众等多元主体参与，在实现国家治理现代化和环境善治进程中发挥着重要且不可替代的运用。

1. 协商机制。

环境纠纷协商机制是指当事人双方本着平等自愿的原则进行协商而形成合意。这种纠纷处理方式的优势就在于可以提高解纷效率与降低解纷成本。其保密性与平和性的特征对当事人彻底化解矛盾，维持社会的秩序具有重要意义。因此该种方式通常为当事人在纠纷发生后纠纷解决方式的首选。对于当事人自行协商这一方式，我国法律采用了原则性的规定，《民事诉讼法》中仅规定，纠纷发生后"由当事人协商解决"。实践中多数当事人在发生环境纠纷后，第一时间就是先进行协商，要求赔偿、停止各类污染，在协商不成的情况下再寻求其他的解纷方式。

2. 民间调解机制。

环境纠纷民间调解机制是指由第三方（往往不是司法或行政主体）居中调解。该方式往往建立在对第三方的信赖关系上，因而具有介入早，方式和谐的特点，能将矛盾消除在萌芽状态，促进社会安定。日本在 1970 年颁布《污染纠纷处理法》并建立公害调解委员会，聘请专家学者以通过调解、斡旋、仲裁和裁定等解决环境纠纷。其中调解需要遵循当事人自愿原则，由第三机构居中调解以达成合意。在我国司法实践中，环境纠纷民间调解机制包括人民群众自行调解、人民调解委员会与律师主持的调解等。因我国目前对民间调解的法律规定主要是针对人民调解委员会的调解规定，其他方式的调解因为缺乏专门立法，在实践中运用解决环境纠纷较少。民间调解因其方式选择灵活与维护社会稳定秩序的效果好等优势而一度为民众所推崇。但随着环境纠纷案件激增，污染原因复杂、损害结果的长期性等特点，使得当事人期望将环境纠纷交给更加专业的机构来解决，而一些民间机构也因其自身的专业水平、人员队伍等方面的限制而无法发挥出该有的作用。

3. 行政处理机制。

环境纠纷行政处理机制是指行政主体根据法律相关规定，依职权主动进行或应行政相对人及相关人申请，通过调解、裁决、仲裁等方式解决环境纠纷的行政行为。环境纠纷行政处理机制具有诸多优势。首先，通过行政部门对本行政区域的环境管理职能优势，使其能够得到环境纠纷的第一手信息；其次，民众对政府普遍都具有依赖与信任感，纠纷处理结果也较容易为当事人所接受；最后，专门化的行政部门拥有较多专业人才与环境监测技术，在解纷时具有专业性。美国19世纪70年代的"史诺夸密河整治案"是美国最早的环境调解案例。纠纷发生后引起了剧烈的争议，最后政府出面以调解的方式解决了冲突。结果令争议的双方都很满意，这一协议促进调解者和环境调解在美国国内的日益兴起，环境调解的案例开始增长。而后著名的"暴风王山河哈得森河纠纷"也在争议17年后以环境调解的方式得以成功解决，成为环境调解的一个经典案例。这两个案例开启了美国环境纠纷非讼解决史上的先河。在我国实践中，处理环境纠纷的行政机制主要包括以下几种：第一，行政调解，即环境保护管理职能部门居中协调，促成环境纠纷当事人双方协商并形成合意的活动；第二，行政裁决，即行政主体在查清客观事实与了解双方争端的基础上居中处理环境民事纠纷；第三，行政仲裁，即当事人在达成仲裁协议后，双方自愿提交环境行政仲裁机构依法作出裁判。关于行政调解在我国的实践中运用的较多，立法上也相应出台了对环境保护领域中行政机关调解权相关的法律法规，如《环境保护法》第41条第2款规定的，"环境污染损害赔偿责任和赔偿金额的纠纷，可以根据当事人的请求，由环境保护行政主管部门或者其他依照法律规定行使环境监督管理权的部门处理；当事人对处理决定不服的，可以向人民法院起诉。当事人也可以直接向人民法院起诉"。后经过修改，该法在保持环境保护主管部门对环境纠纷的行政调解权基础上也作出了一些变通，即将环境纠纷调解的适用范围主要针对跨区域的环境污染和环境破坏这两种纠纷。由此，环境行政调解的法律效力在法律系统得以明确，对调解协议的进行、发挥其制度优势都有很大的促进作用。环境行政裁决是环境行政机关依照法律规定，利用自身具有的专业技术和设备优势，居中处理裁决当事人之间的环境民事纠纷的活动。该机制与其他纠纷解决机制共同组成了我国的环境纠纷解决机制。

4. 环境纠纷仲裁机制。

仲裁指的是在纠纷发生之前或者之后，当事人达成合意并将环境纠纷交给独立的非司法性质的仲裁机构居中作出对当事人都具有约束力的裁决的一种解纷方式。仲裁具有保密性强，而且灵活、便利、经济，能够有效避免诉讼中的缠讼现象，及时地解决纠纷等优势。民间仲裁在国际与西方世界发展迅速。如美国环保局主要采用民间调解、民间仲裁、中立专家等方式处理环境纠纷。日本公害调解委员会处理环境纠纷的方式亦有仲裁，其所作裁决书具有强制力。在我国《中国海事仲裁委员会仲裁规则》中对少数领域的环境纠纷适用仲裁方式解决予以了明确。除此之外，一般的环境纠纷未有实体法的涉及。

5. 环境纠纷信访机制。

环境纠纷信访机制是指公民、法人或其他组织采用电子邮件、电话、书信、传真、走访等形式，将环境问题反映给有关部门，提出投诉或请求，并依法由有关部门对所反映的问题进行解决的活动。环境信访具有传递环境问题、为制定环境政策提供依据、检举和揭发行政机关和行政机关人员的违法失职行为以及维护当事人环境权益等一系列功能，在许多国家都得到重视，其作用无法取代。环境信访立法规制较少，主要包括 1997 年《国家环境保护局环境信访办法》《国家环境保护局环境信访规则》、2005 年《信访条例》、2006 年《环境信访办法》。这些法规对环境信访进行了更进一步的界定、明确了环境信访的渠道、适用的原则以及环境信访的工作机理及工作人员的职权。通过对我国 1989—2016 年的环境公报进行探究可知，环境信访深受普通民众的支持，一度成为其维护自身合法环境权益的最终选择，对社会秩序的稳定也有好处。

建立环境纠纷多元化解决机制与情、理、法之间的关系，非诉机制的直接目的是化解纠纷，本质目的是追求人际关系的文明和谐。环境纠纷是整个社会纠纷的一个组成部分，又具有技术性强、损害后果严重、损害潜伏期较长等特点，更不能仅仅依靠法院的司法处理，更加需要运用多元化解决机制妥善解决，以实现环境保护的善治。中国生态文明研究与促进会法治分会会长、环境纠纷多元化解决机制专委会主任委员、天津大学法学院院长孙佑海教授认为，环境保护领域的善治是指与环境保护相关的社会利益相关方，追求并实现政府与公民对环境保护事务的合作治理，包括在相关矛盾纠纷发生后运用调解、和解等方式加以处理。完善社会纠纷多元化解决机制是实现全社会善治的重要政策法律工具。

第四章　我国民事纠纷非讼化解决机制

第一节　我国民事纠纷非讼化解决机制历史沿革

ADR 的概念在美国和西方国家虽然只产生数十年时间，但非讼化纠纷解决机制的存在早已在世界各国发迹，并有着悠久的历史。调解被称为中国传统文化的重要资源，不但在民间是各类血缘或地缘组织解决内部纠纷的主要手段，同时在官方的"公堂"上，也是地方官解决民事纠纷的主要手段，以至于许多法制史学家把中国古代的民事审判称之为"教喻式的调解"。① 调解传统上应称作"调处"，追根溯源，中国古代早在西周的铜器铭文中已有调处的记载。② 现实生活中，纠纷无法避免，调解则是息讼最为普遍和有效的方式。在汉代时调解已十分发达，两宋时期，随着民事纠纷的增多，调解日趋制度化，到明清时期臻于完备。但接下来，我国的法制现代化进程却并不顺利。清末的法制改革仅仅完成了对大陆法系法典的模仿。之后国民政府确立了以《六法全书》为基本框架的法律规范体系，但却无配套的司法系统，从一开始就注定了其"伪法统"的性质。直至中华人民共和国成立，宣布废除六法全书和改造旧司法机关开始，我国的法制现代化开始迈上正途。

---

① 王亚新、梁治平：《明清时期的民事审判与民间契约》，法律出版社 1998 年版，第21 页。

② 张晋藩：《中国法律的传统与近代转型》，法律出版社 2009 年版，第 283 页。

一、中华人民共和国成立后民事纠纷解决机制模式

中华人民共和国成立初期，由于刚刚经历巨大社会变革，百废待兴，为保证社会秩序稳定，人民政府把在解放区孕育产生且行之有效的纠纷解决机制及其经验推广运用于全国。1950 年 11 月 3 日，中央人民政府政务院在《关于加强人民司法工作的指示》中明确，"人民司法工作必须处理人民间的纠纷，对这类民事案件亦须予以足够的重视，应尽量采取群众调解的办法以减少人民讼争"。1953 年 4 月，第二届全国司法会议决定在全国范围内有领导、有步骤地建立健全农村人民调解委员会。1954 年 3 月 22 日，中央人民政府政务院颁布了《人民调解委员会组织条例》，正式以法律形式确立了人民调解委员会的性质、任务、组织、活动原则、工作方法和工作制度。全国很多省市还根据新区的情况，发布关于人民调解的规程或指示。

1950 年，最高人民法院制定《中华人民共和国诉讼程序试行通则（试行）》，明确"实行便利人民的、简易迅速的、实事求是的诉讼程序"。逐渐形成了以法院调解的重要作用为特征的中国民事审判模式。由此构成了诉讼制度与人民调解共存的现代中国民事纠纷多元化解决机制。"调解"更因此获得了"东方经验"的美称。

中华人民共和国成立后，苏联以及东欧社会主义国家的模式，也对我国成长中的法制和纠纷解决机制产生重要影响。如苏联的同志审判会，它是苏联在国内采用的一种预防违法犯罪的形式。由企业、机关、团体、高等学校和中等专业学校中的职工、学生决定建立并选举产生预防违法犯罪行为的公众机关。通过说服与公众影响的办法施行教育。

二、改革开放前我国的民事纠纷解决机制

这一时期纠纷解决机制已形成司法、行政和民间三种基本体制并存，相互互补的格局。人民法院负责处理一般性的民事纠纷；主管行政机关负责处理其管辖权限下的纠纷，如交通事故纠纷、治安案件处理、医疗事故纠纷等，同时各级政府也有解决民事纠纷的责任；劳动纠纷及企业内部的劳动争议等则由单

位内部的工会等自治性组织或行政机构解决；农村及城镇居民日常邻里纠纷、家庭纠纷等则一般由人民调解组织负责解决。

改革开放前，我国的民事纠纷非讼化解决方式并未形成当今多元化的格局。60 年代，虽然建立了解决企业之间经济合同纠纷的行政解决性质的仲裁制度，但调解仍然几乎成为我国 20 世纪 80 年代民事纠纷非讼化解决方式的代名词。

这一时期，在计划经济体制下，社会关系相对简单，纠纷类型较为单一，争议标的额一般不大，对抗性不高。因此纠纷解决方式处于一种规范性较低的形态，司法的功能无法很好发挥。正是在这样的社会背景下，调解为主导的非讼化纠纷解决机制发挥了不可替代的作用。正如刘少奇主席曾经说过，在当时，"人民调解委员会是政法工作的第一道防线"。遍及城乡的调解组织具有重要的组织力量，通过其组织和道德影响力，在纠纷解决之外，还可以起到预防犯罪、防止纠纷升级以及促进教育的作用。调解过程，在当时法律规范极其匮乏的情况下，在协商解决中寻求符合实际的解决途径，并在许多无规范可循的领域，积累经验，形成规则和秩序。同时，在司法资源极度匮乏的时代，调解为减少社会讼累，提供了最经济和快捷的解决途径。当时，我国《民事诉讼法》还未颁布实施，当事人若通过诉讼解决纠纷，无须负担任何举证责任，法院为查明案件事实而花费大量时间、精力和金钱去调查取证，因此，调解极大节约了诉讼成本。

调解在我国这一时期的价值体现有目共睹、毋庸置疑。但由于时代原因造成的对调解在解决民事纠纷机制中的地位认知偏差同样要引起我们的关注。由于当时正式的审判机制功能遭到偏废，使得本应作为替代地位的非讼化纠纷解决机制喧宾夺主、成为主角。调解作为一种重要的纠纷解决机制，其功能不可抹杀，但也绝不应当走入滥用的误区和极端化。

三、转型期我国的民事纠纷解决机制

20 世纪 80 年代后，我国进入改革开放和社会转型期。最初，国家延续了司法、行政、民间构成的多元化纠纷机制。90 年代后，随着各种社会矛盾和冲突的变化，纠纷解决机制也发生深刻变化。市场经济体制逐步建立取代传统计划经济，经济活动日益频繁，多数民事和经济关系尚未形成稳定的秩序，主体的行为缺乏规范，使得民事纠纷的数量和类型与日俱增，纠纷的起因和性质呈现多样性和多发性的变化。如环境问题、消费者权益问题引发的纠纷、集团诉讼的频频出现、精神损害赔偿诉求的日渐普遍等。同时，纠纷主体的地位也从计划经济下的多种身份"关系"趋向于平等关系。社会成员的收入差距增大，导致一部分人心理失衡，纠纷和冲突对抗性强且容易激化。

随着改革开放的不断深入，法治化进程的不断推进，公民的权利意识和法律意识有了很大的提高。这个时代被称之为"走向权利的时代"，法律在公民意识中已经成为生活中不可或缺的一部分，诉讼成为人们实现权利的重要手段，在很大程度上发挥了定争止纷的功能，维护了社会的稳定。因此，政府和行政机关开始对通过司法途径解决纠纷给予高度重视。

市场经济体制的建立，还带来了社会结构和社会组织体制的转型。随着城市化进程的不断深入，熟人社会、单位人开始向陌生社会和个体人转变，共同体凝聚力降低和道德失范，原有的治理方式逐渐失效；国家对司法的作用期待过高，对非诉化程序的重视和资源投入不足；法院在追求司法现代化和程序公正的过程中对公众与当事人的需求关照不够，导致诉讼成本与风险日益攀升，纠纷解决效果不佳。司法腐败现象和追求实质公正的传统，使当事人往往对法院和诉讼程序缺乏信任，甚至在判决生效后继续通过上访等寻求救济。①这些都是社会转型期中较为典型的过渡现象。为了顺利完成社会转型，保证社会的安定，适应社会的发展和需要，促进共同道德和社会凝聚力的形成，重构多元化纠纷解决机制迫在眉睫。

四、多元化民事纠纷解决机制的重构和完善

21 世纪后，国家为应对社会纠纷解决的实际需求和严峻局面，在社会治

---

① 范愉：《非诉讼程序（ADR）教程》，中国人民大学出版社 2020 年版，第 181~182 页。

理方面展开了一系列的政策调整。将传统执政方式与现代法治理念融合，开展社会综合治理，调动各种国家权力和社会力量参与纠纷的预防和解决。法院作为纠纷解决的重要主体，开始积极反思原有的司法政策。最高人民法院、司法部颁布《关于审理涉及人民调解协议的民事案件的若干规定》《人民调解工作若干规定》《关于人民法院民事调解工作若干问题的规定》等一系列司法解释。2006 年中共中央通过《关于构建社会主义和谐社会若干重大问题的决定》，明确提出统筹协调各方面利益关系，妥善处理社会矛盾，勾画出我国民事纠纷多元化纠纷解决机制的蓝图。也促使法院、司法行政机关、各级政府及社会团体积极参与多元化纠纷解决机制的重构。

新时期，原有的非讼化纠纷解决机制已严重滞后。虽然仲裁制度以及诸如劳动仲裁、交通事故处理等部分准行政性纠纷解决机制进行了改革和重构，但在一些新型纠纷领域，如土地纠纷、建筑质量纠纷、医疗事故纠纷等，存在法律规范陈旧、程序不合理、纠纷处理人员素质不高和与诉讼衔接不合理等问题，亟待完善。

十八届四中全会发布了中共中央《关于全面推进依法治国若干重大问题的决定》，首次以中央文件的形式明确了多元化纠纷解决机制的概念。决定提出，健全社会矛盾纠纷预防化解机制，完善调解、仲裁、行政裁决、行政复议、诉讼等有机衔接、相互协调的多元化纠纷解决机制。加强行业性、专业性人民调解组织建设，完善人民调解、行政调解、司法调解联动工作体系。完善仲裁制度，提高仲裁公信力。健全行政裁决制度，强化行政机关解决同行政管理活动密切相关的民事纠纷功能。

2015 年 10 月，中央全面深化改革领导小组第十七次会议审议通过《关于完善矛盾纠纷多元化解机制的意见》提出，完善矛盾纠纷多元化解机制，对于保障群众合法权益、促进社会公平正义具有重要意义。要坚持党委领导、政府主导、综治协调，充分发挥各部门职能作用，引导社会各方面力量积极参与矛盾纠纷化解；坚持源头治理、预防为主，将预防矛盾纠纷贯穿重大决策、行政执法、司法诉讼等全过程；坚持人民调解、行政调解、司法调解联动，鼓励通过先行调解等方式解决问题；坚持依法治理，运用法治思维和法治方式化解各类矛盾纠纷。要着力完善制度、健全机制、搭建平台、强化保障，推动各种矛盾纠纷化解方式的衔接配合，建立健全有机衔接、协调联动、高效便捷的矛盾纠纷多元化解机制。

2018 年，以纪念毛泽东同志批示学习推广"枫桥经验"55 周年暨习近平同志指示坚持发展"枫桥经验"15 周年为契机，总结提升"枫桥经验"在新时代的价值、理念和创新发展，将"枫桥经验"的"党政动手，各负其责，依靠群众，化解矛盾，维护稳定，促进发展"以及"小事不出村，大事不出镇，矛盾不上交"提升为自治、法治、德治融合的城乡治理体系。作为国家治理体系中基础性的环节，完善多元化纠纷解决机制也备受重视。

2019 年，中央政法工作会议上，习近平总书记提出，要"坚持把非诉讼纠纷解决机制挺在前面"。同年 10 月中国共产党第十九届四中全会通过中共中央《关于坚持和完善中国特色社会主义制度、推进国家治理体系和治理能力现代化若干重大问题的决定》，提出要完善正确处理新形式下人民内部矛盾有效机制，建设人人有责、人人尽责、人人享有的社会治理共同体和充满活力的基础群众自治制度。

国家出台的各项政策方针，为我国民事纠纷非讼化纠纷解决机制的改革和重构指明了方向，当下和今后我们都将着力于这一任务的完成。

第二节　我国现行民事纠纷非讼化解决机制的类型

一、调解

（一）调解的概念

关于调解的概念，在我国主要有以下几种观点：

《辞海》将调解定义为，"通过说服教育和劝导协商，在查明事实、分清是非和双方自愿的基础上达成协议，解决纠纷。在我国是处理民事案件、部分行政那就和轻微刑事案件的一种重要方法。"①

《中国大百科全书》（法学卷）对辞海的解释是，"双方或多方当事人之间发生民事权益纠纷，由当事人申请，或者人民法院、群众组织认为有和好的可能时，为了减少讼累，经法庭或者群众组织从中排解疏导、说服教育，使当事人互相谅解，争端得以解决，是谓调解。"②

江伟教授对调解的定义是，"在第三方主持下，以国家法律、法规、规章和政策以及社会公德为依据，对纠纷双方进行斡旋、劝说，促使他们互相谅解，进行协商，自愿达成协议，消除纠纷的活动"。③

范愉教授对调解的定义是，"在第三方协助下，以当事人自主协商协商为主的纠纷解决活动"。④

以上对调解的定义均包含"第三方介入""自主协商"之意，这也是调解区别于和解、仲裁和审判等纠纷解决方式的关键因素。

（二）调解的特征

关于调解的特征，各国并无实质区别，因此已在本书第三章有所阐释，在此不再

赘述。

（三）我国调解的类型

中国当代的调解制度是指人民政权的调解制度，分为诉讼内调解和诉讼外调解两

种，具体包括：人民调解、仲裁调解、行政调解、律师调解、法院调解等。前四种为诉讼外调解，法院调解则为诉讼内调解。其中行政调解又分为两种：一是基层人民政府，即乡、镇人民政府对一般民间纠纷的调解；二是国家行政机关依照法律规定对某些特定民事纠纷、经济纠纷或劳动纠纷等进行的调解。

---

① 《辞海》（缩印本），上海辞书出版社1990年版，第453页。
② 《中国大百科全书》（法学卷），中国大百科全书出版社1984年版，第589页。
③ 江伟、杨荣新主编：《人民调解学概论》，法律出版社1994年版，第147页。
④ 范愉：《非诉讼程序（ADR）教程》，中国人民大学出版社2020年版，第114页。

1. 人民调解。

人民调解是指人民调解委员会通过说服、疏导等方法，促使当事人在平等协商基础上自愿达成调解协议，解决民间纠纷的活动。人民调解作为一种诉讼外的调解形式，为我国法律所确认，是我国的一项伟大创举，也是我国一项具有特色的法律制度。它有自己独特的组织形式，完整的工作原则、制度、程序，严格的工作纪律，方便灵活、形式多样的工作方法。因此许多国家把人民调解誉为"东方经验"。人民调解工作与千家万户的切身利益息息相关，直接影响社会的安定团结，认真开展人民调解工作，能够缓解社会矛盾，促进社会安定团结；能够促进社会主义精神文明建设；能够预防犯罪，减少犯罪；可以积极推动社会生产力的发展；人民群众可以直接参加管理国家和社会公共事务；同时，还能够起到党和政府以及审判机关的助手作用。

2010 年 8 月 28 日中华人民共和国第十一届全国人民代表大会常务委员会第十六次会议通过《中华人民共和国人民调解法》（以下简称《人民调解法》）。《人民调解法》规定人民调解委员会调解的民间纠纷，包括发生在公民与公民之间、公民与法人、其他社会组织之间涉及民事权利义务争议的各种纠纷。同时，《人民调解工作若干规定》第 22 条规定，"人民调解委员会不得受理调解下列纠纷：（一）法律、法规规定只能由专门机关管辖处理的，或者法律、法规禁止采用民间调解方式解决的；（二）人民法院、公安机关或者其他行政机关已经受理或者解决的"。人民调解委员会采用的调解方式有单独调解、共同调解、直接调解、间接调解、公开调解、非公开调解、联合调解等。

人民调解的程序主要包括以下几个方面：

第一，纠纷的受理。既由当事人提出调解申请，当事人没有提出申请的，调委会也可主动调解。实行统一立案报告制、统一承办；

第二，进行必要的调查。收集相关证据，查明纠纷的事实经过，拟定调解纠纷的实施方案；

第三，主持调解。调解达成协议的，制作书面调解协议书，当事人、承办人签字，并加盖"人民调解委员会"印章；

第四，对久调不决的纠纷，及时申报人民调解工作领导小组，避免纠纷激化；

第五，调解结束。分为两种情况：一是达成协议而结束的调解。二是没有达成协议的调解。调解达成协议后，人民调解委员会有责任帮助、检查、督促、教育双方当事人自觉履行协议。由于此时的调解协议仅具有契约性质，没有法律强制力。因此，《人民调解法》规定，调解达成调解协议后，双方当事人认为有必要的，可以自调解协议生效之日起三十日内共同向人民法院申请司法确认，人民法院应当及时对调解协议进行审查，依法确认调解协议的效力。人民法院依法确认调解协议有效，一方当事人拒绝履行或者未全部履行的，对方当事人可以向人民法院申请强制执行。对于没达成调解协议的，为防止纠纷激化，应告知纠纷当事人可以通过申诉、仲裁、诉讼等其他程序进行解决。

2. 仲裁调解。

仲裁调解是仲裁程序中，由仲裁机构的仲裁员主持进行的调解，是中国仲裁程序的一个突出特点。我国《仲裁法》规定，仲裁机构受理案件后，不论是仲裁庭开庭之前，还是开庭审理过程中，仲裁员都要多做调解工作，尽量促使双方当事人通过协商解决争议。根据仲裁实践，仲裁调解必须遵守双方当事人自愿、查明事实、分清是非、调解协议合法三项原则；在涉外仲裁调解中还应当遵循独立自主、平等互利、参照国际习惯三项特殊原则。经过调解，如当事人之间能够达成协议，并经仲裁机构审查批准后，应当制作仲裁调解书。该仲裁调解书与生效的仲裁裁决书具有同等的法律效力。对于调解无效或者达成调解协议后当事人又翻悔的案件，仲裁庭也应当依法作出裁决，而不能久调不决。

3. 行政调解。

行政调解是指由我国行政机关主持，通过说服教育的方式，民事纠纷或轻微刑事案件当事人自愿达成协议，解决纠纷的一种调解制度，通常称为政府调解。① 我国行政机关的职能主要体现行政管理与行政执法两大职能上，行政调解就是国家行政机关对经济活动和社会生活执行管理和监督的一种方式。行政

---

① 左卫民：《中国司法制度》，中国政法大学出版社 2012 年版，第 262 页。

调解对保护公民、法人和其它组织的合法利益不受侵犯，为调整经济关系和社会关系，维护社会稳定，推动社会主义经济建设起了重要作用。行政调解在三个维度上实现了和谐，即当事人之间以及行政机关与相对人之间的和谐；遵守法律本身实现的和谐和监督法律实施实现的和谐；社会冲突解决机制体系内在的和谐。

行政调解也应同法院调解和人民调解一样，遵守合法和自愿原则，在查明事实、分清是非、明确责任的基础上，说服当事人互谅互让，依照法律、法规及有关政策的规定，让双方当事人自愿达成协议解决争端。行政调解所达成的协议亦属契约性质，不具有法律上的强制效力，当事人对所达成的协议，应当自觉履行。

行政机关在行使行政管理职能过程中，所遇到的纠纷，基本上都可以进行调解。但常见的行政调解主要有以下几类：

（1）基层人民政府的调解。调解民事纠纷和轻微刑事案件一直是中国基层人民政府的一项职责，这项工作主要是由乡镇人民政府和街道办事处的司法助理员负责进行。

（2）国家合同管理机关的调解。我国《合同法》规定，当事人对合同发生争议时，可以约定仲裁，也可以向人民法院起诉。国家规定的合同管理机关，是国家工商行政管理局和地方各级工商行政管理局。法人之间和个体工商户，公民和法人之间的经济纠纷，都可以向工商行政管理机关申请调解。

（3）公安机关的调解。《中华人民共和国治安管理处罚法》规定，对于因民间纠纷引起的打架斗殴或者损毁他人财物等违反治安管理的行为，情节轻微的，公安机关可以调解处理。我国《道路交通安全法》规定，公安机关处理交通事故，应当在查明交通事故原因、认定交通事故责任、确定交通事故造成的损失情况后，组织当事人和有关人员对损害赔偿进行调解。这是法律法规授予公安机关调解的权利，有利于妥善解决纠纷，增进当事人之间的团结。

（4）婚姻登记机关的调解。我国《婚姻法》规定，男、女一方提出离婚，可由有关部门进行调解或直接向人民法院提出离婚诉讼。同时规定，男、女双方自愿离婚的，应同时到婚姻登记机关申请。因此，婚姻登记机关也可以对婚姻双方当事人进行调解，这样有利于婚姻家庭的正常发展。

不同行政机关的调解在程序上有所区别，归纳行政调解的一般流程如下图所示：

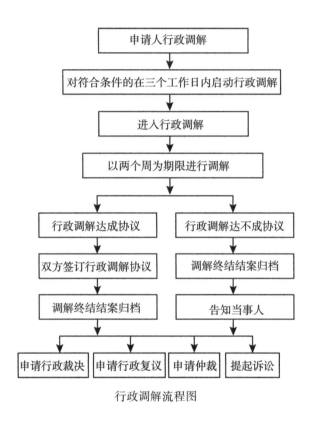

行政调解流程图

4. 律师调解试点。

2017 年最高人民法院、司法部联合印发了《关于开展律师调解试点工作的意见》（以下简称《意见》），对开展律师调解试点工作作出部署。律师调解是由律师、依法成立的律师调解工作室或者律师调解中心作为中立第三方主持调解，协助纠纷各方当事人通过自愿协商达成协议解决争议的活动。开展律师调解是完善我国诉讼制度的创新性举措，有利于及时化解民商事纠纷，有效缓解法院"案多人少"的矛盾，节约司法资源和诉讼成本，推动形成中国特色多元化纠纷解决体系。同时，作为深化律师制度改革的重要成果，开展律师调解是对律师业务领域的重要拓展，实现了律师专业法律服务与调解这一中国特色替代性纠纷解决机制相结合，对于进一步发挥律师在全面依法治国中的职能作用具有重要意义。

（1）律师调解遵循的基本原则

第一，坚持依法调解。律师调解工作应当依法进行，不得违反法律法规的禁止性规定，不得损害国家利益、社会公共利益和当事人及其他利害关系人的合法权益。

第二，坚持平等自愿。律师开展调解工作，应当充分尊重各方当事人的意愿，尊重当事人对解决纠纷程序的选择权，保障其诉讼权利。

第三，坚持调解中立。律师调解应当保持中立，不得有偏向任何一方当事人的言行，维护调解结果的客观性、公正性和可接受性。

第四，坚持调解保密。除当事人一致同意或法律另有规定的外，调解事项、调解过程、调解协议内容等一律不公开，不得泄露当事人的个人隐私或商业秘密。

第五，坚持便捷高效。律师运用专业知识开展调解工作，应当注重工作效率，根据纠纷的实际情况，灵活确定调解方式方法和程序，建立便捷高效的工作机制。

第六，坚持有效对接。加强律师调解与人民调解、行政调解、行业调解、商事调解、诉讼调解等有机衔接，充分发挥各自特点和优势，形成程序衔接、优势互补、协作配合的纠纷解决机制。

（2）律师调解的模式

一是在人民法院诉讼服务中心、诉调对接中心或具备条件的人民法庭设立律师调解工作室，配备必要的工作设施和工作场所。二是在试点地区的县级公共法律服务中心、乡镇公共法律服务站设立专门的律师调解工作室，由公共法律服务中心（站）指派律师调解员提供公益性调解服务。三是在律师协会设立律师调解中心，在律师协会的指导下，组织律师作为调解员，接受当事人申请或人民法院移送，参与矛盾化解和纠纷调解。四是鼓励和支持有条件的律师事务所设立调解工作室，可以将接受当事人申请调解作为一项律师业务开展，同时可以承接人民法院、行政机关移送的调解案件。

（3）律师调解工作机制

《意见》规定，律师调解可以受理各类民商事纠纷，包括刑事附带民事纠纷的民事部分，但是婚姻关系、身份关系确认案件以及其他依案件性质不能进行调解的除外。

《意见》要求建立健全律师调解工作资质管理制度。试点地区省级司法行政机关、律师协会会同人民法院研究制定管理办法，明确承办律师调解工作的律师事务所和律师资质条件。司法行政机关、律师协会会同人民法院建立承办律师调解工作的律师事务所和律师调解员名册。

《意见》完善了律师调解与诉讼对接机制。首先，经律师调解达成的和解协议、调解协议中，具有金钱或者有价证券给付内容的，债权人依据民事诉讼法及其司法解释的规定，向有管辖权的基层人民法院申请支付令的，人民法院应当依法发出支付令；债务人未在法定期限内提出书面异议且逾期不履行支付令的，人民法院可以强制执行。其次，经律师调解工作室或律师调解中心调解达成的具有民事合同性质的协议，当事人可以向律师调解工作室或律师调解中心所在地基层人民法院或者人民法庭申请确认其效力，人民法院应当依法确认调解协议效力。最后，当事人达成和解协议申请撤诉的，人民法院免收诉讼费；诉讼中经调解当事人达成调解协议的，人民法院可以减半收取诉讼费用。

（4）律师调解的程序

《意见》规定，律师调解一般由一名调解员主持。对于重大、疑难、复杂或者当事人要求由两名以上调解员共同调解的案件，可以由两名以上调解员调解，并由律师调解工作室或律师调解中心指定一名调解员主持。当事人具有正当理由的，可以申请更换律师调解员。律师调解员根据调解程序依法开展调解工作，律师调解的期限为30日，双方当事人同意延长调解期限的，不受此限。经调解达成协议的，出具调解协议书；期限届满无法达成调解协议，当事人不同意继续调解的，终止调解。

律师调解员组织调解，应当用书面形式记录争议事项和调解情况，并经双方当事人签字确认。律师调解工作室或律师调解中心应当建立完整的电子及纸质书面调解档案,供当事人查询。调解程序终结时,当事人未达成调解协议的,律师调解员在征得各方当事人同意后,可以用书面形式记载调解过程中双方没有争议的事实,并由当事人签字确认。在诉讼程序中,除涉及国家利益、社会公共利益和他人合法权益的外,当事人无须对调解过程中已确认的无争议事实举证。

5. 法院调解。

法院调解是我国特有的诉讼纠纷解决制度,属于民事诉讼程序的一部分,是人民法院处理民事案件的结案方式之一,而非诉讼外纠纷解决方式。我国的法院调解是在法官的主持下,以中立的调解人身份,在当事人自愿的基础上,促使当事人互谅互让、解决纠纷、达成协议的一种诉讼活动。

我国的法院调解与很多国家存在的法院附设调解存在明显区别。第一,性质不同。在法院附设调解中,尽管法院对于调解过程有一定的指导作用,但从本质上说,法院附设调解仍是通过当事人的合意解决纠纷的方式,是诉讼外纠纷解决方式。第二,开始的时间不同。我国的法院调解是在法院受理案件之后的诉讼中进行的,是诉讼中调解,并和判决结合在同一诉讼程序中的调审合一。而法院附设调解一般是由专门的机关适用专门的法律进行的,调解程序与民事诉讼程序是分开的,属于诉讼外调解。第三,适用阶段不同。我国的法院调解贯穿于诉讼的全过程,包括一审、二审以及审判监督程序。法院附设调解并非是在任何阶段都可以适用的,它作为一个独立程序,只在特定的阶段实施,不会与诉讼程序的进行同步。第四,法官在程序中的功能不同。我国的法院调解是在双方当事人自愿参加的情况下,在法院审判人员的主持下,依照民事诉讼法规定的程序进行的诉讼活动,审判人员在调解中处于主导地位,调解活动进行指挥、主持和监督,是人民法院行使审判权的具体体现。而法院附设调解的进行,不是由法官来主导和指挥的,法官有时甚至并不参加到调解程序中去,法官不会过多地介入案件的实体问题的处理,只是对程序进行大体地把握。第五,达成的协议效力不同。在我国的法院调解制度中,调解协议即使是双方当事人自愿达成的真实意思表示,也必须经法院审查确认,否则调解协议不能发生法律效力。而经过法院附设调解在当事人之间达成的调解书，其效力是无须经过法院审查确认的，调解协议经当事人合意即告成立，与诉讼上的和解具有相同的法律效力。

按照我国《民事诉讼法》和最高人民法院《关于人民法院民事调解工作若干问题的规定》（以下简称《民事调解规定》）的规定，法院调解的程序主要有下面几个阶段：

第一，调解的开始。《民事调解规定》第2条规定：对于有可能通过调解解决的民事案件，人民法院应当调解。但适用特别程序、督促程序、公示催告程序、破产还债程序的案件，婚姻关系、身份关系确认案件以及其他依案件性质不能进行调解的民事案件，人民法院不予调解。

根据民事诉讼法的规定，法院调解在诉讼的各阶段、各审级中均可进行。具体来讲，法院在案件受理之后开庭之前可以进行调解，在庭审过程中可以进行调解，在二审中乃至在再审中也都可以进行调解。根据《民事调解规定》，调解可以在答辩期满后裁判作出之前进行，在征得当事人各方同意后，法院可以在答辩期满前进行调解。庭审中的调解，通常情况下是在法庭辩论结束后进行。根据司法实践，调解可以当庭进行，也可以在休庭之后另定日期进行。调解的开始，一般由当事人提出申请，法院也可以依职权主动提出建议，在征得当事人同意后开始调解。

第二，调解的进行。法院的调解在审判人员的主持下进行。调解工作既可以由合议庭共同主持，也可以由合议庭中的一个审判员主持；调解可以在法庭上进行，也可以在当事人所在地进行。法院进行调解，可以邀请有关单位和个人协助。被邀请的单位和个人，应当协助人民法院进行调解。这里所说的有关的单位和个人，主要是指当事人所在的单位或对案件事实有所了解的单位以及当事人的亲友，由他们来协助调解，有利于缓解诉讼的紧张气氛，解除当事人思想上的一些疑虑，促成调解协议的形成。

法院调解应当在当事人的参加下进行，原则上要采取面对面的形式。根据《民事调解规定》，法院根据一些案件的具体情况，也可以对当事人分别做调解工作，即背靠背调解方式。调解的进行，当事人可以亲自参加，也可以委托诉讼代理人代为进行调解。无诉讼行为能力的当事人进行调解，应当有其法定代理人代为进行。离婚案件原则上应由当事人亲自参加调解，确有困难无法亲自参加调解的，当事人应就离与不离问题出具书面意见。

调解协议通常是在调解方案的基础上形成的。调解方案原则上应当由当事人自己提出，双方当事人都可以提出调解方案。根据《民事调解规定》，主持调解的人员也可以提出调解方案供当事人协商时参考，双方当事人经过调解，达成调解协议，法院应当将调解协议做记录，并由当事人或经授权的代理人签名。根据民事诉讼法的有关规定，调解协议违背法院调解有关原则，具有下列情形之一的，人民法院不予确认：（1）侵害国家利益、社会公共利益的；（2）侵害案外人利益的；（3）违背当事人真实意思的；（4）违反法律、行政法规禁止性规定的。

第三，调解结束。调解因当事人拒绝继续调解或双方达成协议而结束。当事人拒绝继续调解而未达成调解协议的，人民法院应当对案件继续审理，并及时作出判决；调解达成协议的应要求双方当事人在调解协议上签字，并根据情况决定是否制作调解书。制作调解书的案件，调解书送达双方当事人签收后生效，与判决具有同等法律效力，一方当事人不自觉履行的，另一方当事人可以申请人民法院强制执行。

鉴于法院调解的结果相较于诉讼法调解的优势，《民事调解规定》第1条对诉讼外调解方式与法院诉讼调解的衔接给予了明确，"根据民事诉讼法第九十五条的规定，人民法院可以邀请与当事人有特定关系或者与案件有一定联系的企业事业单位、社会团体或者其他组织，和具有专门知识、特定社会经验、与当事人有特定关系并有利于促成调解的个人协助调解工作。经各方当事人同意，人民法院可以委托前款规定的单位或者个人对案件进行调解，达成调解协议后，人民法院应当依法予以确认"。

二、仲裁

（一）仲裁的概念

此处所述仲裁仅指我国的民商事仲裁制度，不涉及涉外仲裁和劳动争议仲裁。民商事仲裁是指民商事争议的双方当事人达成协议，自愿将争议提交选定的第三者，根据一定程序规则和公正原则作出裁决，并有义务履行裁决的一种法律制度。

我国在 20 世纪初建立了仲裁制度，其中国内仲裁制度主要是指经济合同仲裁，过往的国内仲裁在实质上是一种行政仲裁，因为其主要是由政府行政部门设立仲裁机构来行使仲裁的裁决权，严重阻碍了我国仲裁制度的健康发展。1994 年《仲裁法》的颁布实施，结束了我国以往仲裁制度较为混乱的局面，以法律的形式统一了除劳动争议仲裁与行政争议仲裁之外的民商事仲裁，并使得仲裁机构从国家行政机关的束缚之下得以脱离，明确了仲裁的民间性以及仲裁机构的地位和性质，至此开辟了我国仲裁制度的新纪元。

据统计，到 2015 年，全国仲裁机构累计受理案件数突破 100 万件，案件标的额超过 15000 亿元。仲裁在国家民商事纠纷化解机制中，角色日益重要，地位显著提升。①

（二）仲裁的优势

仲裁制度作为一种被广泛应用的替代性纠纷解决制度，以其独特的优势弥补诉讼的局限性。这主要体现在以下几点：

1. 仲裁制度可以为诉讼案件分流起到一定的帮助作用。

随着社会经济的不断发展，纠纷案件不断增多，与此同时"法治"事业的发展也就越来越得到重视。公民的权利意识不断加强，诉讼成为人们维护自身权益的主要方式的同时，致使大量的案件流入人民法院，使得法院的办案质量与效率收到了极大影响。法院及其相关部门通过"员额制改革"与内部案件分流制度等来缓解"案多人少"的问题，但这仅仅是稍有裨益，并不能从根本上解决问题。以"仲裁"为代表的多元化诉讼外纠纷解决机制在为诉讼案件分流方面大有助益。

2. 仲裁具有自愿性与灵活性。

---

① 张维：《全国仲裁机构受案数有望突破百万件》，载《法制日报》2015 年 11 月 20 日，第 7 版。

仲裁的自愿性首先体现在有效的仲裁协议上，当事人对发生矛盾纠纷后是否提交仲裁裁决以及对仲裁机构的选择、对仲裁庭的组成人员的选择等方面。其次体现在双方当事人对于仲裁员的选择，既体现了当事人自己的意愿又保障了仲裁庭审理的公正性。仲裁面向市场被当事人挑选作为解决纠纷的一种方式，当事人之所以选择仲裁，是因为仲裁凸显了与诉讼所不同的比较优势，这种优势就是仲裁的契约性和因契约性所带来的灵活性。

3. 仲裁具有专业性。

我国《仲裁法》第 13 条不仅规定了胜任仲裁员的"身份"资格，还规定了仲裁员应当具有的专业水平，并按照所学专业分设仲裁员的名册，这有利于当事人在选择仲裁员时选择符合自己心意并且专业的仲裁员。

4. 仲裁具有高效、保密性。

市场经济不断发展，使得追求效益的目的已经融入人们的观念，当然这也是现代立法的理念之一。高效的纠纷解决方式能够为国家减少司法资源的浪费，并且当事人也不愿长期处于诉累的状态之下。选择仲裁就意味着对其他纠纷解决方式的放弃，除去当事人对仲裁公正性、灵活性的认可之外，还对仲裁的高效性与保密性有较高的期望。仲裁的"一裁终局"制与诉讼的"两审终审"相区别，并且仲裁的审限短于诉讼的审限，使得当事人之间的纠纷能在保证公正的前提下得到快速的解决。我国《仲裁法》也明确规定仲裁不公开进行，仲裁权的不公开行使是国际社会通行的做法，也是与诉讼中审判权行使的区别之一。在仲裁程序的进行中，不仅仅是审理、调解、对证据的认定等不公开进行，甚至是仲裁庭所作出的仲裁裁决也不会进行公开宣告，这样做的目的是为了保守当事人之间的商业秘密并维护当事人的商业信誉。

（三）仲裁的适用范围

我国《仲裁法》第 2 条规定，"平等主体的公民、法人和其他组织之间发生的合同纠纷和其他财产权益纠纷，可以仲裁。"同时，《仲裁法》第 3 条从反面对仲裁范围加以规定，不能仲裁的两类纠纷包括：（1）婚姻、收养、监护、扶养、继承纠纷；（2）依法应当由行政机关处理的行政争议。第 77 条规定："劳动争议和农业集体经济组织内部的农业承包合同纠纷的仲裁，

另行规定 。"

(四) 仲裁的基本原则

1. 自愿原则。

当事人采用仲裁方式解决纠纷,应当双方自愿,达成仲裁协议,没有仲裁协议一方申请仲裁的,仲裁委员会不予受理。

2. 独立原则。

仲裁依法独立进行,不受行政机关,社会团体和个人的干涉,具体表现在:

(1) 仲裁机构不属于行政机关;

(2) 仲裁机构的设置以按地域设置为原则,相互独立,没有上下级之分,没有隶属关系。

(3) 仲裁委员会、仲裁协会与仲裁庭三者之间相互独立,仲裁庭依法对案件进行审理,不受仲裁协会,仲裁委员会的干预;

(4) 法院必须依法对仲裁活动行使监督权,仲裁并不附属于审判,仲裁机构也不附属于法院。

3. 合法、公平原则。

《仲裁法》规定,仲裁应当根据事实、符合法律规定,公平合理地解决纠纷。

(五) 仲裁的程序

1. 申请和受理。

《仲裁法》第21条规定,当事人申请仲裁应当符合下列条件:(1) 有仲裁协议;(2) 有具体的仲裁请求和事实、理由;(3) 属于仲裁委员会的受理范围。

当事人申请仲裁,应当向仲裁委员会递交仲裁协议、仲裁申请书及副本。仲裁委员会收到仲裁申请书之日起五日内,认为符合受理条件的,应当受理,并通知当事人;认为不符合受理条件的,应当书面通知当事人不予受理,并说明理由。仲裁委员会受理仲裁申请后,应当在仲裁规则规定的期限内将仲裁规则和仲裁员名册送达申请人,并将仲裁申请书副本和仲裁规则、仲裁员名册送达被申请人。

2. 组成仲裁庭。

仲裁庭可以由三名仲裁员或者一名仲裁员组成。由三名仲裁员组成的，设首席仲裁员。当事人约定由三名仲裁员组成仲裁庭的，应当各自选定或者各自委托仲裁委员会主任指定一名仲裁员，第三名仲裁员由当事人共同选定或者共同委托仲裁委员会主任指定。第三名仲裁员是首席仲裁员。当事人约定由一名仲裁员成立仲裁庭的，应当由当事人共同选定或者共同委托仲裁委员会主任指定仲裁员。当事人没有在仲裁规则规定的期限内约定仲裁庭的组成方式或者选定仲裁员的，由仲裁委员会主任指定。仲裁庭组成后，仲裁委员会应当将仲裁庭的组成情况书面通知当事人。

3. 开庭。

仲裁应当开庭进行。当事人协议不开庭的，仲裁庭可以根据仲裁申请书、答辩书以及其他材料作出裁决。仲裁不公开进行。当事人协议公开的，可以公开进行，但涉及国家秘密的除外。仲裁委员会应当在仲裁规则规定的期限内将开庭日期通知双方当事人。庭审中，当事人应当对自己的主张提供证据。仲裁庭认为有必要收集的证据，可以自行收集。证据应当在开庭时出示，当事人可以质证。当事人在仲裁过程中有权进行辩论。辩论终结时，首席仲裁员或者独任仲裁员应当征询当事人的最后意见。仲裁庭应当将开庭情况记入笔录。当事人和其他仲裁参与人认为对自己陈述的记录有遗漏或者差错的，有权申请补正。笔录由仲裁员、记录人员、当事人和其他仲裁参与人签名或者盖章。

当事人申请仲裁后，可以自行和解。达成和解协议的，可以请求仲裁庭根据和解协议作出裁决书，也可以撤回仲裁申请。仲裁庭在作出裁决前，可以先行调解。当事人自愿调解的，仲裁庭应当调解。调解不成的，应当及时作出裁决。(关于仲裁调解前文已有阐述，此处不再赘述。)

4. 裁决。

仲裁裁决按照多数仲裁员的意见作出，少数仲裁员的不同意见可以记入笔录。仲裁庭不能形成多数意见时，裁决应当按照首席仲裁员的意见作出。裁决书由仲裁员签名，加盖仲裁委员会印章。对裁决持不同意见的仲裁员，可以签名，也可以不签名。仲裁庭仲裁纠纷时，其中一部分事实已经清楚，可以就该部分先行裁决。裁决书自作出之日起发生法律效力。

（六）仲裁与诉讼的衔接

1. 诉讼对民商事仲裁的支持。

按照《仲裁法》的规定，仲裁委员会由人民政府组织有关部门和商会统一组建，其性质属于民间性机构。仲裁庭在仲裁程序中没有实施任何强制性措施的权力。因此，为保障仲裁权的顺利实现，只能让国家司法权介入，以国家强制力为后盾为其保驾护航。

（1）法院对仲裁协议效力进行确认。

仲裁协议是仲裁程序产生的基础，也是仲裁权产生的基础。确认仲裁协议的有效性对于仲裁程序的启动至关重要。有效的仲裁协议直接决定了仲裁权取得和行使的合法性。我国《仲裁法》第 20 条规定，"当事人对仲裁协议的效力有异议的，可以请求仲裁委员会作出决定或者请求人民法院作出裁定。一方请求仲裁委员会作出决定，另一方请求人民法院作出裁定的，由人民法院裁定。"这明确规定了人民法院在确认仲裁协议效力时的优先性。在确认仲裁协议是否有效时，一般从仲裁协议的实质要件和形式要件两个方面进行审查。实质要件一般包括签约主体是否适格、主体是否有行为能力、当事人意思表示是否真实、提交仲裁的事项是否具有可仲裁性、仲裁协议内容是否合法等。形式要件则要求仲裁协议的书面形式和双方当事人确立的合意可证明性原则。在社会日益步入网络社会的今天，国际上已经开始放宽对仲裁协议书面形式的限制。2005 年最高人民法院《关于适用〈中华人民共和国仲裁法〉若干问题的解释》（以下简称《仲裁法司法解释》）第 1 条规定，"仲裁法第十六条规定的'其他书面形式'的仲裁协议，包括以合同书、信件和数据电文（包括电报、电传、传真、电子数据交换和电子邮件）等形式达成的请求仲裁的协议。"对我国仲裁协议的书面形式要件要求予以了放宽。

（2）法院支持仲裁的财产保全。

我国《仲裁法》第 28 条规定，"一方当事人因另一方当事人的行为或者其他原因，可能使裁决不能执行或者难以执行的，可以申请财产保全。当事人申请财产保全的，仲裁委员会应当将当事人的申请依照民事诉讼法的有关规定提交人民法院"。这是关于仲裁财产保全的规定。该规定明确了如果当事人向仲裁委员会申请财产保全，仲裁委员会应当将该申请提交人民法院。我国《民事诉讼法》第101条不仅做出了仲裁诉前保全的规定，弥补了《仲裁法》规定的缺陷，还规定了仲裁财产保全的担保制度，这样将更加有利于仲裁财产保全制度的有效实施，有利于保护当事人权利的实现。

（3）法院支持仲裁的证据保全。

证据对于无论诉讼程序还是仲裁程序，都是纠纷得以公平、公正解决的核心所在。《仲裁法》第46条规定，"在证据可能灭失或者以后难以取得的情况下，当事人可以申请证据保全。当事人申请证据保全的，仲裁委员会应当将当事人的申请提交证据所在地的基层人民法院"。明确了仲裁程序可以采取证据保全措施，而该措施的采取应提交给法院处理。以此来保证了仲裁程序的顺利进行。

（4）法院对执行仲裁裁决的支持。

《仲裁法》第62条规定："当事人应当履行裁决。一方当事人不履行的，另一方当事人可以依照民事诉讼法的有关规定向人民法院申请执行。受申请的人民法院应当执行。"该条明确了仲裁裁决作出后，仲裁裁决的执行由人民法院完成。

2. 诉讼对民商事仲裁的司法监督。

在各国仲裁理论的发展和仲裁实践过程中，仲裁不仅仅需要得到司法的支持，还同样需要司法权的介入与审查。正是基于仲裁权具有民间属性，国家立法又赋予了仲裁裁决与司法判决具有同样的法律效力，对纠纷当事人会产生约束力的同时还实行"一裁终局"的制度，若裁决出现错误，当事人即不能起诉又无法申请再次重新仲裁，断绝了当事人对仲裁庭所作出的仲裁裁决去进行其他形式的申诉途径和救济途径，在这样的制度之下，只有对仲裁进行司法监督才能尽量减少由于仲裁员主客观因素或者其他因素所导致的错误、不公正的仲裁裁决，也只有完善健全对仲裁的监督机制才能保证仲裁的公正性。因此对仲裁进行司法监督是极为必要的，并且对仲裁的司法监督也是各国仲裁理论与实践发展不可或缺的重要组成部分。诉讼对民商事仲裁的司法监督表现为以下两个方面：

（1）法院对仲裁管辖权的监督

仲裁管辖权是指根据当事人之间的仲裁协议授权以及法律的授权所享有的对当事人之间的争议进行审理并作出裁决的权力。法院对仲裁管辖权的监督可以分两个阶段：第一个阶段是在仲裁庭受理仲裁申请时，若当事人对仲裁协议的效力有异议，或者双方当事人同时对仲裁协议的效力分别向法院和仲裁委提出异议，因为仲裁管辖权和法院管辖权不能同时对同一案件进行审判，所以若存在有效的仲裁协议则仲裁庭取得管辖权，而仲裁协议效力确认的最终的决定权在法院。《仲裁法》第 5 条是对仲裁协议排除司法管辖的规定，《民事诉法讼》第 124 条第 2 项和第 215 条也作出了相同的规定。第二个阶段是在仲裁裁决作出之后，当事人再以仲裁协议无效为理由还可以申请撤销仲裁裁决或者不予执行仲裁裁决，但是法院要依法对该申请进行审查监督。

（2）法院对仲裁裁决的监督

仲裁庭所作出的仲裁裁决具有终局性，对双方当事人都具有约束力，仲裁裁决一经作出，若存在错误，双方当事人就没有其他的申诉和救济渠道。但是仲裁裁决终局性的原则是世界各国和国际条约普遍承认的原则，因此各国法律也都在一定领域内对尝试对仲裁进行必要的监督和控制。法院可以撤销仲裁裁决或者不予执行仲裁裁决，这也是世界上几乎所有国家仲裁立法或者仲裁规则的共同规定，可见司法监督为仲裁公正的过程及公平的结果提供了保障。根据我国法律的规定，法院对国内仲裁裁决的审查包括三种形式，分别是撤销仲裁裁决、不予执行仲裁裁决和重新仲裁。我国《仲裁法》第 58 条规定，"当事人提出证据证明裁决有下列情形之一的，可以向仲裁委员会所在地的中级人民法院申请撤销裁决：（一）没有仲裁协议的；（二）裁决的事项不属于仲裁协议的范围或者仲裁委员会无权仲裁的；（三）仲裁庭的组成或者仲裁的程序违反法定程序的；（四）裁决所根据的证据是伪造的；（五）对方当事人隐瞒了足以影响公正裁决的证据的；（六）仲裁员在仲裁该案时有索贿受贿，徇私舞弊，枉法裁决行为的"。《民事诉讼法》第 237 条规定了对国内仲裁裁决不予执行的情形，与《仲裁法》规定的情形一致。同时《仲裁法》第 63 条规定，"被申请人提出证据证明裁决有民事诉讼法第二百四十三条第二款规定的情形之一的，经人民法院组成合议庭审查核实，裁定不予执行"。司法对仲裁裁决的监督是通过以下三个角度来进行的：其一是对仲裁程序进行监督。违反正当程序就违反了仲裁权行使的公正性，因此若违反法定程序组成仲裁庭或者违反了仲裁合法的程序进行就可以成为撤销仲裁裁决或不予执行仲裁裁决的理由。其二是对实体问题进行监督。实体问题一般是指依据伪造的证据作出仲裁裁决或者当事人隐瞒了相关证据，而这份证据却可以影响仲裁庭作出公正裁决的情况。其三是对仲裁员本身的监督。如果仲裁员在仲裁案件过程中存在贪污受贿、徇私舞弊、枉法裁决的行为，法院就可以以此为由撤销或者不予执行仲裁裁决。

三、劳动争议纠纷处理机制

据《劳动和社会保障事业发展统计公报》，1995 年我国全国的劳动争议案件只有 3 万多件，到 2006 年则超过 31 万件，之后更是一直保持了上升的趋势，2007 年突破了 35 万件。值得一提的是于 2008 年颁布实施的新《劳动合同法》，其中首次明确了无固定期限的劳动合同、劳动者单方解约以及企业开除员工的条件等内容，不仅规范了劳动关系双方的诸多权利义务，使得劳动合同的签订率有了大幅提升，而且增强了劳动者的维权意识。2008 年是法院处理劳动争议案件数量井喷的一年，据最高法院的统计数字，2008 年全国审结劳动争议案件 28 万余件，同比上升 93.93%，立案受理劳动争议案件更是达到了 68.4 万件。①

与此同时，随着经济体制改革的进一步深化，伴随着一系列劳动法律法规的颁布实施以及我国劳动者法制观念维权意识的增强，我国劳动争议纠纷案件也呈现出不同于以往的新特点：第一，绝对数量上的增加。以河北省为例，

---

① 数据来源：《2009 年度人力资源和社会保障事业发展统计公报》，http://w1. mohrss. gov. cn/gb/zwxx/2010-05/21/content_382330. htm

2010年仅上半年劳动争议案件达8260起，涉及13394人。第二，劳动争议纠纷案件种类的增多。也就是由原来以追讨欠薪为主的单一类型，向着欠薪、工伤、劳动权益保障的多种类型发展。第三，劳动争议纠纷案件复杂程度的加深。主要体现在：争议案件的集体性、群众性，对抗性的增强以及调解难度的加大。其中一些较为极端的案件造成了极坏的社会影响。

以上的劳动争议纠纷案件的新特点不能不引起我们的重视以及警醒，同时也为我们构建新型的劳动争议纠纷解决机制提出了新的要求。

（一）协商

劳资双方发生纠纷难以避免，"解铃还须系铃人"，关键是当事双方能否以诚实信用、互谅互让、以和为贵的态度，共同磋商积极化解矛盾，找出制约双方达成共识的问题点。劳动争议协商是处理劳动争议纠纷的一种最基本方式，但并非必经程序，其最大程度地体现了当事人意思自治，此时矛盾问题还未到不可调和之境地，如能使劳动争议案件解决在萌芽初始状态，其结果会是解决效率快，成本低，效果最好的。

劳动争议纠纷协商制度是指劳动者与用人单位在发生劳动争议纠纷之后，在平等的基础之上就争议事项进行商量，协调，以消除矛盾，解决争议的一种方式。协商处理劳动争议纠纷时需要关注五个因素。其一，"团队"因素，即由谁来和员工协商的问题。协商应当基于信任，这种信任可能是专业的信任、人品的信任、道德的信任等。因此，最佳人选谁就应当是和员工之间存在信任关系，或者容易建立信任关系的。其二，"时间"因素，包括协商的次数、每次协商的时间。沟通、磋商的过程也是了解员工诉求、主张、彼此分歧的过程，若没有办法就分歧达成一致，则很难推动协商的达成。其三，"员工"因素，即员工的学历、年龄、性格、职业背景、家庭经济情况、再就业能力等，这些有利于拟定协商的方案，制定沟通、磋商的策略等。其四，"安全"元素，在协商处理劳动争议纠纷中，工作人员、员工本人、公司财物、公司同事等人身、财物安全都是需要全盘考虑的，并且要提前做好应对突发情况的措施。其五，"方案"因素。一套完善的方案是谈判的基础，这需要谈判团队预先有全盘考虑以及制定相应的应急预案，否则最终只能是徒劳而返。

（二）调解

在我国，劳动争议调解同样不是解决劳动争议的必经程序。劳动争议的调解有广狭之分。广义的调解，贯穿于劳动争议处理的全过程，包括劳动争议调解制度、劳动争议仲裁制度以及法院的诉讼制度中的调解。狭义的调解仅仅是指发生劳动争议的双方当事人在自愿的基础之上，在劳动争议调解委员会的主持之下达成协议解决争议的过程①。2007 年《中华人民共和国劳动争议调解仲裁法》（以下简称《调解仲裁法》）公布。《调解仲裁法》明确规定，企业劳动争议调解委员会；依法设立的基层人民调解组织；在乡镇、街道设立的具有劳动争议调解职能的组织以及劳动争议仲裁委员会、各级人民法院等均可作为第三方承担调解的职能，且都愿意双方通过调解化解矛盾、纠纷，这是从根源上解决问题的方式之一。各级人民法院、劳动争议仲裁委员会、劳动争议调解组织主导的调解中，各级人民法院、劳动争议仲裁委员会、劳动争议调解组织作为第三方从中进行协调，促成双方就争议纠纷达成一致，同样，这些机构可以出具调解协议，而且这些调解协议具有法律上的约束力。工会、企业内部调解组织促成的调解，最终通过企业和员工双方签署协议来落地。接下来，本部分的论述主要针对狭义的调解进行。

为了妥善处理企业劳动争议，保障企业和职工的合法权益，维护正常的生产经营秩序，发展良好的劳动关系，促进改革开放的顺利发展，我国早在1993 年制定了《中华人民共和国企业劳动争议处理条例》，明确规定企业可以设立劳动争议调解委员会（以下简称调解委员会），负责调解本企业发生的劳动争议。调解委员会由职工代表、企业代表、企业工会代表组成。同年，劳动部根据《中华人民共和国企业劳动争议处理条例》，制定了《企业劳动争议调解委员会组织及工作规则》（以下简称该《规则》），进一步明确了调解委员会的职责和工作原则，并对调解委员会调解劳动争议纠纷的程序规则做出了具体规定。按照《调解仲裁法》和该《规则》的规定，劳动争议调解的基本程序是：（1）发生劳动争议，当事人双方均可向所在单位的调解委员会申请调

---

① 孙德强：《中国劳动争议处理制度研究》，中国法制出版社 2005 年版，第 3 页。

解。当事人申请调解，应当自知道或应当知道其权利被侵害之日起三十日内，以口头或书面形式向调解委员会提出申请，并填写《劳动争议调解申请书》。（2）调解委员会接到调解申请后，应征询对方当事人的意见，对方当事人不愿调解的，应作好记录，在三日内以书面形式通知申请人。（3）调解委员会应当进行调查研究，查阅有关材料和凭证，听取当事人双方的意见，向当事人双方宣传有关法律、法规、规章和政策，促使争议问题尽快协商解决。（4）在查清事实，分清是非的基础上，召开调解会议进行调解。调解会议应作记录。经调解委员会调解达成协议的，应记录在案，并制作调解书。调解书对双方当事人具有约束力。（5）调解委员会调解劳动争议，应当自当事人申请调解之日起三十日内结束。到期未结束的，视为调解不成。（6）自劳动争议调解组织收到调解申请之日起十五日内未达成调解协议的，当事人可以依法申请仲裁。（7）达成调解协议后，一方当事人在协议约定期限内不履行调解协议的，另一方当事人可以依法申请仲裁。（8）因支付拖欠劳动报酬、工伤医疗费、经济补偿或者赔偿金事项达成调解协议，用人单位在协议约定期限内不履行的，劳动者可以持调解协议书依法向人民法院申请支付令。人民法院应当依法发出支付令。

从实践的角度来看，企业和员工之间存在争议纠纷时，引入第三方进行居中调解，更容易促进问题的解决，但是从效果来看，由于劳动争议调解委员会往往是设置在企业内部，虽然与劳动争议协商相比引入了第三方参与的机制，贯彻"三方原则"（所谓"三方原则"是指由三种独立利益的代表，共同协商处理其利益关系，是构成和协调劳动关系的基础①），但由于其调解人员都是来自企业内部在处理纠纷的是时候难免因为一些不言自明的原因有所顾忌，或是屡遭掣肘，即使是引入现代工会制度也只是将"三方"变成了"两方"，很难发挥"三方原则"共同参与决定、相互影响、相互促进、相互制衡的科学性，必然使得调解制度流于形式，难以为广大劳动者所信服。这就提醒企业应当关注员工的诉求，建立畅通的沟通渠道，引导员工反馈工作中遇到的各类问

---

① 张磊：《我国劳动争议处理机制的反思与完善》，吉林大学 2006 年硕士学位论文。

题，及时进行化解处理，真正起到预防管控劳动争议纠纷的作用。

（三）劳动争议仲裁

劳动争议纠纷发生之后，企业和劳动者双方无法协商一致，或者无法通过调解解决问题时，可以向企业注册地或者劳动合同实际履行的劳动人事争议委员会申请劳动争议仲裁，由劳动人事争议仲裁委员会就争议事项作出裁决。劳动争议仲裁是我国解决劳动争议纠纷的重要方式之一，同时也是解决劳动争议纠纷的必经程序，即只有在不服劳动争议仲裁委员会仲裁的前提下才可以就所争议的劳动争议纠纷向人民法院提起诉讼。

劳动争议仲裁委员会由劳动行政部门代表、工会代表和企业方面代表组成，设仲裁员名册。

1. 适用范围。

《调解仲裁法》明确规定，因确认劳动关系发生争议；因订立、履行、变更、解除和终止劳动合同发生争议；因除名、辞退和辞职、离职发生争议；因工作时间、休息休假、社会保险、福利、培训及劳动保护发生争议；因劳动报酬、工伤医疗费、经济补偿金或赔偿金等发生争议的可直接申请劳动争议仲裁。这里需要注意的是，社会保险费未缴纳、漏缴、缴费基数不足额要求补缴社会保险费用的，不属于劳动争议仲裁委员会受案的范围（劳动者可以随时向社会保险征缴机构投诉要求补缴），但是因为企业未缴纳、少缴纳、漏缴纳、未足额缴纳社会保险费用导致员工无法享受社会保险待遇的，员工向企业主张赔偿，则属于劳动争议的范围。

2. 管辖。

《调解仲裁法》第21条规定："劳动争议仲裁委员会负责管辖本区域内发生的劳动争议。劳动争议由劳动合同履行地或者用人单位所在地的劳动争议仲裁委员会管辖。双方当事人分别向劳动合同履行地和用人单位所在地的劳动争议仲裁委员会申请仲裁的，由劳动合同履行地的劳动争议仲裁委员会管辖。"

3. 仲裁程序。

（1）申请和受理

劳动争议申请仲裁的时效期间为一年。仲裁时效期间从当事人知道或者应当知道其权利被侵害之日起计算。劳动关系存续期间因拖欠劳动报酬发生争议的，劳动者申请仲裁不受上述仲裁时效期间的限制；但是，劳动关系终止的，应当自劳动关系终止之日起一年内提出。

申请人申请仲裁应当提交书面仲裁申请，并按照被申请人人数提交副本。书写仲裁申请确有困难的，可以口头申请，由劳动争议仲裁委员会记入笔录，并告知对方当事人。

劳动争议仲裁委员会收到仲裁申请之日起五日内，认为符合受理条件的，应当受理，并通知申请人；认为不符合受理条件的，应当书面通知申请人不予受理，并说明理由。对劳动争议仲裁委员会不予受理或者逾期未作出决定的，申请人可以就该劳动争议事项向人民法院提起诉讼。

劳动争议仲裁委员会受理仲裁申请后，应当在五日内将仲裁申请书副本送达被申请人。被申请人收到仲裁申请书副本后，应当在十日内向劳动争议仲裁委员会提交答辩书。劳动争议仲裁委员会收到答辩书后，应当在五日内将答辩书副本送达申请人。被申请人未提交答辩书的，不影响仲裁程序的进行。

（2）开庭

劳动争议仲裁委员会裁决劳动争议案件实行仲裁庭制。仲裁庭由三名仲裁员组成，设首席仲裁员。简单劳动争议案件可以由一名仲裁员独任仲裁。

劳动争议仲裁委员会应当在受理仲裁申请之日起五日内将仲裁庭的组成情况书面通知当事人。仲裁员有法定应当回避的情形的，当事人有权以口头或者书面方式提出回避申请。

仲裁庭应当在开庭五日前，将开庭日期、地点书面通知双方当事人。当事人有正当理由的，可以在开庭三日前请求延期开庭。是否延期，由劳动争议仲裁委员会决定。

仲裁庭对专门性问题认为需要鉴定的，可以交由当事人约定的鉴定机构鉴定；当事人没有约定或者无法达成约定的，由仲裁庭指定的鉴定机构鉴定。

当事人在仲裁过程中有权进行质证和辩论。质证和辩论终结时，首席仲裁员或者独任仲裁员应当征询当事人的最后意见。

当事人申请劳动争议仲裁后，可以自行和解。达成和解协议的，可以撤回仲裁申请。仲裁庭在作出裁决前，应当先行调解。调解达成协议的，仲裁庭应当制作调解书。调解不成或者调解书送达前，一方当事人反悔的，仲裁庭应当及时作出裁决。

（3）裁决

仲裁庭裁决劳动争议案件，应当自劳动争议仲裁委员会受理仲裁申请之日起四十五日内结束。案情复杂需要延期的，经劳动争议仲裁委员会主任批准，可以延期并书面通知当事人，但是延长期限不得超过十五日。逾期未作出仲裁裁决的，当事人可以就该劳动争议事项向人民法院提起诉讼。

《调解仲裁法》对部分劳动争议设置了"一裁终局"制度，裁决书自作出之日起发生法律效力①。

劳动者对上述仲裁裁决不服的，可以自收到仲裁裁决书之日起十五日内向人民法院提起诉讼。当事人对上述裁定以外的其他劳动争议案件的仲裁裁决不服的，可以自收到仲裁裁决书之日起十五日内向人民法院提起诉讼；期满不起诉的，裁决书发生法律效力。

《调解仲裁法》第49条还规定，用人单位有证据证明上述仲裁裁决有法定违法情形之一的，可以自收到仲裁裁决书之日起三十日内向劳动争议仲裁委员会所在地的中级人民法院申请撤销裁决。仲裁裁决被人民法院裁定撤销的，当事人可以自收到裁定书之日起十五日内就该劳动争议事项向人民法院提起诉讼。

当事人对发生法律效力的调解书、裁决书，应当依照规定的期限履行。一方当事人逾期不履行的，另一方当事人可以依照民事诉讼法的有关规定向人民法院申请执行。受理申请的人民法院应当依法执行。

（四）劳动行政部门投诉

2004年，国务院出台《劳动保障监察条例》（以下简称该《条例》）。该

---

① 《调解仲裁法》对部分劳动争议设置了"一裁终局"制度，裁决书自作出之日起发生法律效力：（1）追索劳动报酬、工伤医疗费、经济补偿或者赔偿金，不超过当地月最低工资标准十二个月金额的争议；（2）因执行国家的劳动标准在工作时间、休息休假、社会保险等方面发生的争议。

《条例》明确规定，"劳动者认为用人单位侵犯其劳动保障合法权益的，有权向劳动保障行政部门投诉"。"国务院劳动保障行政部门主管全国的劳动保障监察工作。县级以上地方各级人民政府劳动保障行政部门主管本行政区域内的劳动保障监察工作。"实践中，企业和劳动者发生争议纠纷时，劳动者可以进行投诉，常见的投诉情形有以下几种：

1. 向政府部门进行投诉。比如，拨打市民热线等，这类投诉一般都会转交劳动监察部门处理。

2. 向劳动监察大队投诉。实践中，劳动监察大队会选择通知企业前往说明情况，或向企业发出书面通知，要求针对投诉事项准备相关的资料。由于劳动监察部门属于劳动行政部门，所作出的通知具有行政强制力，企业拒绝按照通知操作，可能会导致罚款，情节严重的，还可能追究企业或法定代表人的法律责任。

3. 向社会保险经办机构投诉。这里主要针对未缴纳、漏缴纳、未足额缴纳社保的情形。实践中，针对这类投诉，社会保险经办机构通常会选择让企业和劳动者双方进行协商处理；双方无法达成协商的，会依法通过企业进行补缴纳，企业拒绝补缴的，可能会引起社会保险经办机构对企业社保缴纳问题的审计、稽查，届时企业若在社保方面存在问题，则要补缴、交纳滞纳金等。

（五）民事诉讼

劳动争议诉讼，是指劳动争议当事人不服劳动争议仲裁委员会的裁决，在规定的期限内向人民法院起诉，人民法院依法受理后，依法对劳动争议案件进行审理的活动。此外，劳动争议的诉讼，还包括当事人一方不履行仲裁委员会已发生法律效力的裁决书或调解书，另一方当事人申请人民法院强制执行的活动。

劳动争议诉讼，是我国解决劳动争议的最终程序，从根本上将劳动争议处理工作纳入了法制轨道，以法的强制性保证了劳动争议的彻底解决。同时，这一制度也初步形成了对劳动争议仲裁委员会的司法监督机制，有利于提高仲裁质量。此外，还较好地保护了当事人的诉讼权，给予不服仲裁裁决的当事人以司法救济的可能。

如前所述，《调解仲裁法》已明确规定，若属于一裁终局的裁决结果，用人单位只能到中级人民法院申请撤销裁决。而实践中，一裁终局被法院撤销的概率非常小。对于非一裁终局的裁决，当事双方则可以在规定的时效之内，15天或者30天之内向基层法院提起诉讼。进入诉讼程序后，劳动争议纠纷在审级上与普通民事纠纷一致，即对于一审判决不服的，亦可向上一级法院申请二审；对于二审不服的，可以申请再审。

我国劳动争议纠纷解决中，仲裁是诉讼的前置程序，但由于主客观的原因，部分劳动仲裁机构办理案件时像走过场，没能发挥纠纷分流的实质作用。劳动争议仲裁程序和诉讼程序中多有重复环节和冲突环节，具体表现在：裁判对象、事实认定、举证质证、争议裁判、案卷建立均有重复；裁判依据、案件管辖、仲裁请求与诉讼请求时有冲突。因此，如何更好地发挥劳动仲裁的功能，同时优化劳动仲裁与诉讼程序的衔接，成为我国当下迫在眉睫的需求。

2001年到2012年，最高人民法院先后出台四部《关于审理劳动争议案件适用法律若干问题的解释》，2020年，又出台《关于审理劳动争议案件适用法律问题的解释（一）》（以下简称该《解释》），对劳动争议的解决路径以及劳动争议经仲裁后与诉讼的衔接等问题做出了更为详尽的规定。

1. 适用范围。

该《解释》第1条明确规定了劳动者与用人单位之间发生的劳动争议，当事人不服劳动争议仲裁机构作出的裁决，依法可以提起诉讼的范围。具体包括：（1）劳动者与用人单位在履行劳动合同过程中发生的纠纷；（2）劳动者与用人单位之间没有订立书面劳动合同，但已形成劳动关系后发生的纠纷；（3）劳动者与用人单位因劳动关系是否已经解除或者终止，以及应否支付解除或者终止劳动关系经济补偿金发生的纠纷；（4）劳动者与用人单位解除或者终止劳动关系后，请求用人单位返还其收取的劳动合同定金、保证金、抵押金、抵押物发生的纠纷，或者办理劳动者的人事档案、社会保险关系等移转手续发生的纠纷；（5）劳动者以用人单位未为其办理社会保险手续，且社会保险经办机构不能补办导致其无法享受社会保险待遇为由，要求用人单位赔偿损失发生的纠纷；（6）劳动者退休后，与尚未参加社会保险统筹的原用人单位因追索养老金、医疗费、工伤保险待遇和其他社会保险待遇而发生的纠纷；（7）劳动者因为工伤、职业病，请求用人单位依法给予工伤保险待遇发生的纠纷；（8）劳动者依据劳动合同法第八十五条规定，要求用人单位支付加付赔偿金发生的纠纷；（9）因企业自主进行改制发生的纠纷。

该《解释》第2条同时还对不属于劳动争议纠纷的情况作出了限定，具体包括：（1）劳动者请求社会保险经办机构发放社会保险金的纠纷；（2）劳动者与用人单位因住房制度改革产生的公有住房转让纠纷；（3）劳动者对劳动能力鉴定委员会的伤残等级鉴定结论或者对职业病诊断鉴定委员会的职业病诊断鉴定结论的异议纠纷；（4）家庭或者个人与家政服务人员之间的纠纷；（5）个体工匠与帮工、学徒之间的纠纷；（6）农村承包经营户与受雇人之间的纠纷。

2. 管辖。

劳动争议案件由用人单位所在地或者劳动合同履行地的基层人民法院管辖。劳动合同履行地不明确的，由用人单位所在地的基层人民法院管辖。

3. 受理。

该《解释》第5~22条对劳动争议经劳动仲裁后，当事人向法院提起诉讼的，法院应否受理或作何处理的不同情形作了详细的规定。

4. 审理。

中级人民法院审理用人单位申请撤销终局裁决的案件，应当组成合议庭开庭审理。经过阅卷、调查和询问当事人，对没有新的事实、证据或者理由，合议庭认为不需要开庭审理的，可以不开庭审理。

中级人民法院可以组织双方当事人调解。达成调解协议的，可以制作调解书。一方当事人逾期不履行调解协议的，另一方可以申请人民法院强制执行。

当事人申请人民法院执行劳动争议仲裁机构作出的发生法律效力的裁决书、调解书，被申请人提出证据证明劳动争议仲裁裁决书、调解书有下列情形之一，并经审查核实的，人民法院可以根据《民事诉讼法》第237条的规定，裁定不予执行：（1）裁决的事项不属于劳动争议仲裁范围，或者劳动争议仲裁机构无权仲裁的；（2）适用法律、法规确有错误的；（3）违反法定程序的；

（4）裁决所根据的证据是伪造的；（5）对方当事人隐瞒了足以影响公正裁决的证据的；（6）仲裁员在仲裁该案时有索贿受贿、徇私舞弊、枉法裁决行为的；（7）人民法院认定执行该劳动争议仲裁裁决违背社会公共利益的。人民法院在不予执行的裁定书中，应当告知当事人在收到裁定书之次日起三十日内，可以就该劳动争议事项向人民法院提起诉讼。

劳动争议仲裁机构作出终局裁决，劳动者向人民法院申请执行，用人单位向劳动争议仲裁机构所在地的中级人民法院申请撤销的，人民法院应当裁定中止执行。

当事人在《调解仲裁法》第 10 条规定的调解组织主持下达成的具有劳动权利义务内容的调解协议，具有劳动合同的约束力，可以作为人民法院裁判的根据。当事人在人民调解委员会主持下仅就给付义务达成的调解协议，双方认为有必要的，可以共同向人民调解委员会所在地的基层人民法院申请司法确认。

5. 举证责任。

因用人单位作出的开除、除名、辞退、解除劳动合同、减少劳动报酬、计算劳动

者工作年限等决定而发生的劳动争议，用人单位负举证责任。

在最高人民法院出台上述解释后，我国地方各级法院为更好落实相关规定内容，纷纷出台具体的措施。如重庆高院出台的《关于进一步健全处理劳动争议案件诉讼与非诉讼衔接机制的意见》。该《意见》要求，劳动争议案件年收案数达到 800 件或占民事案件总数（不含商事和知识产权案件）20%以上的中、基层法院，在 2012 年 9 月以前，要设立专门的劳动争议审判庭或者劳动争议合议庭，负责审理各类劳动争议民事案件。其他法院也要相对固定审判人员，承办各类劳动争议民事案件。同时，基层法院要统一建立劳动争议调解员名册。在一审法院收到起诉状或者上诉状之后，对依法可以调解的劳动争议，立案庭可以先登记起诉、上诉，引导当事人在劳动争议调解员名册中协商选择调解员进行诉前调解。诉前调解不成的，依法决定立案。江苏省宿迁市法院与工会、仲裁等部门成立了劳动争议调解中心，加强该类案件的仲裁与审判对

接，促进了案件质量提升。江苏无锡中院在江苏法院系统率先成立了第一家劳动争议审判庭，专业化审理使法官具备了娴熟的职业素养，树立了围绕劳动争议发挥能动司法的理念，有效解决了应对不专业、不及时，措施不全面、不细致的问题。

实践中，解决劳动争议纠纷的各种方式并不是非此即彼、彼此孤立的，可能一种或者几种同时存在。有些企业与员工之间发生劳动争议纠纷之后，在双方协商沟通期间，员工会通过投诉给企业施加压力，亦存在一边和企业协商或者寻求第三方调解，一边不放弃申请劳动争议仲裁或诉讼。

四、消费者纠纷处理机制

消费经济时代，作为社会经济生活的重要主体，消费者的权利正面临着各种各样无法预见的风险。现代社会中出现了大量的、人为制造出来的不确定性，事故频发，损害众多。[1] 规模化生产下受侵害消费者人数众多，范围广泛，权利的救济不再仅仅是"一对一"的问题，这就对法律制度的设计提出了新的要求。本书在前述章节中已就该类纠纷的特点和世界各国解决这类纠纷的基本方式有过阐述。

1993 年，为保护消费者的合法权益，维护社会经济秩序，促进社会主义市场经济健康发展，我国出台了《中华人民共和国消费者权益保护法》（以下简称《消法》）。除此之外，还有包括《中华人民共和国产品质量法》《中华人民共和国药品管理法》《中华人民共和国食品安全法》等在内的，超过 200 部国家层面和超过 200 部地方层面的法律法规和管理办法，主要或者补充性地致力于消费者保护。[2]

《消法》第 39 条明确规定："消费者和经营者发生消费者权益争议的，可以通过下列途径解决：（一）与经营者协商和解；（二）请求消费者协会或者

---

① 钱玉文：《消费者权利变迁的实证研究》，法律出版社 2011 年版，第 134 页。
② 王悦：《中国的消费者保护法.正义和消费者权利》，载《联合国保护消费者准则》国际论坛征文集，武汉大学出版社 2015 年版，第 170~190 页。

依法成立的其他调解组织调解；（三）向有关行政部门申诉；（四）根据与经营者达成的仲裁协议提请仲裁机构仲裁；（五）向人民法院提起诉讼。"

（一）协商和解

消费者与经营者在发生争议后，在自愿、互谅基础上，通过直接对话，摆事实、讲道理，分清责任，达成和解协议，使纠纷得以解决。和解具有快速、简便、成本低优点，但只有当双方协商一致自愿达成和解才可以进行。由于在消费者纠纷中，消费者处于弱势地位，适用中应注意防范经营者侵占消费者利益的风险。

通过协商和解解决消费者纠纷应遵循以下基本原则：

第一，自愿原则。自愿原则是保证纠纷公平合理解决的基础，包括程序和实体两个方面。程序上，协商的方式应是出于当事人自愿选择的结果；实体上，能否达成和解以及和解协议的内容应出于当事人自愿，无论程序和实体方面都没有胁迫或强制的手段。和解达成协议后，由于该协议没有强制力，所以协议的履行也要靠当事人自觉履行，如当事人对协议反悔的，可以再行选择其他纠纷解决方式解决纠纷。

第二，处分原则。当事人通过协商解决的事项应属于法律赋予其处分权的范畴，对于涉及社会公共利益或有关刑事责任承担等问题当事人则无权通过"私了"的方式进行处分。

第三，合法原则。合法原则同样包括程序和实体两方面的要求。程序上，我国法律虽然没有对和解程序进行严格规制，但和解的进行应遵循基本公序良俗的要求；实体上，和解协议的内容不得损害国家、社会公共利益及第三人的合法利益，否则达成的和解协议无效，同时还要对由此造成的第三方的损失承担相应的法律责任。

（二）消费者协会等消费者组织调解

按照《消法》第36、37条的规定，消费者协会和其他消费者组织是依法成立的对商品和服务进行社会监督的保护消费者合法权益的社会组织。消费者协会履行下列公益性职责：（1）向消费者提供消费信息和咨询服务，提高消费者维护自身合法权益的能力，引导文明、健康、节约资源和保护环境的消费方式；（2）参与制定有关消费者权益的法律、法规、规章和强制性标准；（3）参与有关行政部门对商品和服务的监督、检查；（4）就有关消费者合法权益的问题，向有关部门反映、查询，提出建议；（5）受理消费者的投诉，并对投诉事项进行调查、调解；（6）投诉事项涉及商品和服务质量问题的，可以委托具备资格的鉴定人鉴定，鉴定人应当告知鉴定意见；（7）就损害消费者合法权益的行为，支持受损害的消费者提起诉讼或者依照本法提起诉讼；（8）对损害消费者合法权益的行为，通过大众传播媒介予以揭露、批评。

按照《消法》的规定，各地制定了的消费者协会受理消费者投诉的规则。根据这些规则，消费者协会受理的投诉范围一般包括：（1）消费者因《消法》和本地消费者权益保护法规规定的权利受到损害的投诉；（2）消费者对经营者未履行《消法》和本地消费者权益保护法规规定的义务的投诉；（3）农民购买、使用直接用于农业生产的生产资料，其合法权益受到损害的投诉等。消费者协会不予受理的投诉有：（1）不是为生活消费需要购买、使用商品或者接受服务的；（2）没有明确的诉求或者没有真实准确的被投诉方的；（3）经营者之间因购销活动产生纠纷的；（4）因投资、经营、技术转让、再生产等以营利为目的活动引发争议的；（5）公民个人之间私下交易或通过非法渠道购买商品或者接受服务的；（6）消费者对投诉商品或者服务的瑕疵在购买或者接受之前已经知道的；（7）消费者不能提供必要证据的；（8）消费者未按产品使用说明安装、使用、保管、自行拆动而导致产品损坏或人身、财产损害的；（9）争议双方曾在消费者协会调解下达成调解协议并已履行，且无新情况、新理由、新证据的；（10）法院、仲裁机构或有关行政部门已经受理的；（11）法律、法规或政策明确规定应由指定部门处理的；（12）消费者知道或者应该知道自己的权益受到侵害超过六个月的；（13）因不可抗力造成损害的等。

我国的消费者协会是具有半官方性质的群众性社会团体。中国消费者协会和地方各级消费协会，是由同级人民政府批准，经过民政部门核准登记而设立。因此在发生消费者纠纷后，消费者协会的调解是最规范、最具权威和有效的一种 ADR①。在遭到消费者投诉后，经营者对消费者协会主持的调解一般会比较配合。另外，消费者协会的调解人员多数是相关领域的专家，对行业惯例、行业标准等专门知识较为熟悉，利于纠纷事实的查明和解决方案的提出。《消法》第 47 条还规定，对侵害众多消费者合法权益的行为，中国消费者协会以及在省、自治区、直辖市设立的消费者协会，可以向人民法院提起诉讼。这就赋予了消费者协会作为民事诉讼当事人，帮助消费者主动维权的可能，同时也起到了维护正常市场秩序的作用。

基于消费者协会社会团体的性质，其所主持的调解同样属于非讼化纠纷解决机制，并不具有司法或准司法功能。在调解中应当遵守以下基本原则：

其一，自愿原则。从调解的启动到达成和解以及和解的内容，均应由当事人决定，消费者协会的调解人员可以基于其专业性给予双方一定的建议，不得强迫当事人接受调解内容。调解协议的履行，同样需要靠当事人自觉履行，消费者协会可以起督促作用，但不得强制其履行。

其二，调解与诉讼并行原则。按照我国现有法律规定，消费者纠纷解决机制中消费者协会的调解并非诉讼的必经程序。调解与诉讼对当事人是并列的纠纷解决方式，是否接受调解，调解后是否反悔，反悔了是否选择诉讼完全出于当事人的意愿，消费者协会无权进行干预。

其三，依法调解原则。消费者协会对于属于其受理范围的投诉应当及时受理。其调解工作要以事实为根据，在分清是非的基础上，正确地适用实体法来确定双方当事人的权利和义务，调解协议的内容不得与民事法律中的禁止性规定相冲突，不得侵害国家利益、社会公共利益，不得违反公序良俗或损害第三人的合法权益。

（三）行政申诉

行政申诉是指公民或法人认为自己的合法权益受到损害而向行政机关提出的要求获得救济或保护的请求。消费者和经营者发生权益争议后，可请求有关行政部门解决争议，它具有高效、快捷、力度强等特点。在我国，这些部门包

① 范愉：《非诉讼纠纷解决机制研究》，中国人民大学出版社 2000 年版，第 527 页。

括工商行政管理、技术监督、价格管理、环境保护、卫生、防疫、产品质量、进出口商品检验等部门，并且消费者还可以拨打"12315"热线电话进行投诉。

行政申诉相较协商和消费者协会等消费组织的调解，有着特殊的优势：首先，行政申诉经消费者投诉，经营者一方必须参加，不得拒绝；其次，行政机关拥有法律法规赋予的对经营者违法行为的调查权及行政处罚权；最后，行政机关在纠纷处理中，可以为日常管理活动积累经验，及时进行有关政策上的调整。

在我国，工商行政部门负有对一般商品、服务进行综合管理的职责。因此，一般性的消费者纠纷，当事人可向工商行政部门进行投诉。接下来，作者将以工商行政部门为例，具体阐述有关行政申诉的相关规定。2014 年，为规范工商行政管理部门处理消费者投诉程序，及时处理消费者与经营者之间发生的消费者权益争议，保护消费者的合法权益，工商行政管理总局发布《工商行政管理部门处理消费者投诉办法》（以下简称该《办法》），对工商行政机关处理消费者投诉的程序做了具体规定。

1. 管辖

消费者投诉由经营者所在地或者经营行为发生地的县（市）、区工商行政管理部门管辖。消费者因网络交易发生消费者权益争议的，可以向经营者所在地工商行政管理部门投诉，也可以向第三方交易平台所在地工商行政管理部门投诉。

县（市）、区工商行政管理部门负责处理本辖区内的消费者投诉。

省、自治区、直辖市工商行政管理部门或者市（地、州）工商行政管理部门及其设立的 12315 消费者投诉举报中心，应当对收到的消费者投诉进行记录，并及时将投诉分送有管辖权的工商行政管理部门处理，同时告知消费者分送情况。告知记录应当留存备查。

工商行政管理部门及其派出机构发现消费者投诉不属于工商行政管理部门职责范围内的，应当及时告知消费者向有关行政管理部门投诉。

2. 投诉条件

消费者投诉应当符合下列条件：

（1）有明确的被投诉人；

（2）有具体的投诉请求、事实和理由；

（3）属于工商行政管理部门职责范围。

3. 不予受理或终止受理的事项

（1）不属于工商行政管理部门职责范围的；

（2）购买后商品超过保质期，被投诉人已不再负有违约责任的；

（3）已经工商行政管理部门组织调解的；

（4）消费者协会或者人民调解组织等其他组织已经调解或者正在处理的；

（5）法院、仲裁机构或者其他行政部门已经受理或者处理的；

（6）消费者知道或者应该知道自己的权益受到侵害超过一年的，或者消费者无法证实自己权益受到侵害的；

（7）不符合国家法律、法规及规章规定的。

4. 调解

工商行政管理部门受理消费者投诉后，当事人同意调解的，工商行政管理部门应当组织调解，并告知当事人调解的时间、地点、调解人员等事项。调解由工商行政管理部门工作人员主持。经当事人同意，工商行政管理部门可以邀请有关社会组织以及专业人员参与调解。

工商行政管理部门实施调解，可以要求消费者权益争议当事人提供证据，必要时可以根据有关法律、法规和规章的规定，进行调查取证。调解过程中需要进行鉴定或者检测的，经当事人协商一致，可以交由具备资格的鉴定人或者检测人进行鉴定、检测。工商行政管理部门在调解过程中，应当充分听取消费者权益争议当事人的陈述，查清事实，依据有关法律、法规，针对不同情况提出争议解决意见。在当事人平等协商基础上，引导当事人自愿达成调解协议。调解达成协议的，应当制作调解书。当事人认为无需制作调解书的，经当事人同意，调解协议可以采取口头形式，工商行政管理部门调解人员应当予以记录备查。经调解达成协议后，当事人认为有必要的，可以按照有关规定共同向人民法院申请司法确认。

工商行政管理部门应当在受理消费者投诉之日起六十日内终结调解；调解不成的应当终止调解。终止调解的情形还包括：

（1）消费者撤回投诉的；

（2）当事人拒绝调解或者无正当理由不参加调解的；

（3）消费者在调解过程中就同一纠纷申请仲裁、提起诉讼的；

（4）双方当事人自行和解的；

（5）其他应当终止的。

行政保护虽然是维护消费者权益的重要途径，但也有着自身的不足之处。主要是两方面的问题。一是行政申诉要求消费者向"有关职能部门"进行，但目前我国尚无一套完整规范的程序供行政机关解决消费纠纷，各职能部门之间管理权限的划分并不完全科学合理。可能消费者在申诉时并不能完全搞清楚应当向哪个部门进行，而实践中仍然会有多个职能部门处理同一案件时相互推诿的现象。二是行政处理的地位和效力尚不明确仁。行政部门处理消费者纠纷的方法只能是通过行政调解的方式，而调解的结果也是不具有强制执行力的，如果经营者拒不履行调解协议，消费者也不能向法院申请强制执行。即使是该行政机关，也无权采取强制执行的措施。这导致实践中大量的行政调解结果得不到执行，消费者得到了公正的调解结果，受损的权益却无法从中得以恢复。上述工商行政部门处理消费者纠纷的《办法》中规定的司法确认制度，对这一不足有所弥补，但仍无法彻底解决。

（四）提请仲裁

发生消费争议后，双方当事人达成协议，自愿将争议提交仲裁机构调解并作出判断或裁决。通过仲裁解决消费者纠纷的优势有：一是这是一种符合市场经济要求的好方式，充分反映当事人的意志，有很强的灵活性。仲裁不同于法院实行的级别和地域管辖，完全取决于当事人的协议选择。二是仲裁结果具有强制性，仲裁办事处的裁决书和法院的裁决书同样具有法律效力。三是省时、经济。实行一裁终局制度，裁决书一经作出立即发生法律效力，当事人可以迅速摆脱讼累。四是仲裁可不公开审理，严守秘密和维护社会声誉。开庭所在地可由双方当事人协商选择地点。五是仲裁机构自律性强，仲裁实行协议管辖，公正廉洁地维护双方当事人的合法权益。

我国目前还没有全国性的专门法律、法规对消费争议仲裁制度作出相应的规定，但从 1998 年起，浙江、辽宁、山东、河南的一些消费者协会与仲裁委员会，对于完善消费者争议仲裁做了有益的探索①，有不少省市通过地方性的立法肯定了这一制度，比如《山东省消费纠纷仲裁办法》《安徽省消费纠纷仲裁办法》《河南省消费纠纷仲裁办法》等都对此做了规定。② 针对实践中的情形，有关部门组织讨论了设立消费争议仲裁专门机构的问题，并提出了三种模式③：（1）各仲裁委在相应的消委会内设立消费争议仲裁机构，授权消委会组织仲裁；（2）直接授权消委会负责受理案件；（3）由消委会组织独立于仲裁委之外的消费争议仲裁委员会。

1998 年 7 月 28 日，石家庄市仲裁委员会消费者纠纷仲裁中心成立。其职责是宣传仲裁法、推荐仲裁条款、规范合同文本、引导当事人选择仲裁解决纠纷，提供法律咨询，为石家庄市仲裁委提供案源，但该中心不能直接进行仲裁。2003 年，上海仲裁委员会在上海市消费者协会的协助下，成立了"上海仲裁委员会小额争议仲裁中心"，主要受理有书面仲裁协议、涉案金额在万元以下的小额消费争议案件。2005 年 5 月，上海仲裁委员会汽车消费争议仲裁中心在上海汽车配件流通行业协会成立，其任务主要是宣传仲裁法制、提供仲裁咨询、受理汽车消费争议仲裁申请、以及根据上海仲裁委员会的授权依法组织仲裁庭审理和裁决双方争议。2003 年 11 月，广东省消保委与广州市仲裁委员会联合发布了《消费争议的特别规定》，该规定明确消费者在与经营者发生争议申请仲裁时，争议金额在 5 万元以下的可以当天提出，当天仲裁。2009年浙江省杭州市设立首个消费争议仲裁庭。只要消费者和商家双方自愿，就可以到消费争议仲裁庭申请仲裁。如果消费者提供的材料齐全，一般当天受理，

① 刘俊海：《仲裁制度待完善》，载《中国质量万里行》2005 年第 3 期。

② 邵协：《各地消费争议仲裁中心成立》，载《中国消费者报》2000 年 11 月 2 日，第 3 版。

③ 沈炳海：《浅谈建立消费争议仲裁组织的必要性》，载《中国消费者报》，2000 年 11 月 28 日，第 3 版。

当天结案，有效降低了消费者的维权成本。

当前我国消费争议仲裁机构的模式主要有以下几种：第一，仲裁委员会在消费者协会内部设立消费争议仲裁办事机构，负责受理消费争议仲裁案件，如河北、辽宁、山东、河南、浙江、江苏等省采用此种模式。该模式下，消费者协会设立的消费争议仲裁机构为地方仲裁委员会的办事机构或分支机构，本身不具备法人资格，在地方仲裁委员会授权下开展工作，主要是受理小额消费纠纷案件。其仲裁员主要由消费者协会的工作人员担任，个别地方有律师、学者、专家参与。第二，由消费者协会在仲裁委员会之外设立消费争议仲裁机构，如福建省就在《消费争议仲裁办法》中规定，县级以上消费者委员会可以设立仲裁机构，受理消费争议仲裁案件。第三，仲裁委员会在行业协会设立专门的消费争议仲裁中心，受理特定行业内的消费纠纷仲裁案件，如上海仲裁委员会汽车消费争议仲裁中心设立于上海汽车配件流通行业协会，根据上海仲裁委员会的授权、依据法律规定和上海仲裁委员会的仲裁规则，受理汽车配件消费纠纷案件，并组织仲裁庭进行审理和裁决。第四，经营者行业内部设立专门案件仲裁的机构和制度，如我国已经建立证券案件专门仲裁制度，安徽省还设立了人身保险合同小额理赔纠纷裁决委员会。第五，网络交易平台内部纠纷仲裁机制，如我国最大的网络交易平台淘宝网推出的仲裁服务，当网上交易双方不能协商解决纠纷时，可以书面提交仲裁申请，淘宝网决定是否受理，并对纠纷做出判断。此种仲裁属于非约束性仲裁。

无论是哪一种模式的仲裁机构，一般来讲，消费者希望采用仲裁的方式解决争议，应当符合以下三个方面的基本要求：

（1）双方订定仲裁条款或者事后达成仲裁协议。

仲裁条款和仲协议是仲裁机构受理仲裁案件的前提，如果消费者与经营者之间没有订定仲裁条款或者事后达成仲裁协议，则仲裁机构不会受理仲裁申请。

（2）消费者应当向有管辖权的仲裁机构申请仲裁。

消费纠纷通常由销售地或服务地的县（市、区）消费纠纷仲裁委员会管辖。上级消费纠纷仲裁委员会有权办理下级消费纠纷仲裁委员会管辖的案件，也可以把自己受理的案件交下级消费纠纷仲裁委员会处理。下级消费纠纷仲裁委员会受理的疑难、重大案件，认为需要提交上级消费纠纷仲裁委员会处理的，可以报请上级消费纠纷仲裁委员会处理。

（3）当事人应当在法定的期限内向有管辖权的仲裁机构提交申请书。

申请书应当写明申诉人和被诉人的姓名、单位名称、地址；申请的理由和要求；证据、证人姓名和住址等事项。

消费者争议仲裁实行一裁终局制。通常要求现行调解，调解不成的仲裁机构才能进行裁决。当事人对仲裁不服的，可以在接到仲裁决定书之日起十五日内直接向人民法院起诉；期满不起诉的，仲裁决定书即发生法律效力。当事人对已送达的调解书和发生法律效力的仲裁决定书，应当在规定的期限内自动履行。一方逾期不履行的，另一方可向有管辖权的人民法院申请强制执行。

（五）提起诉讼

诉讼是解决消费者纠纷的司法手段，也是最终解决方式，如果前面的救济方式都无法解决，消费者纠纷最终就会落到诉讼程序上加以救济。2014 年《消法》最新修订后，消费者协会的地位有所提升，由原来的支持诉讼，增加了可以向人民法院提起诉讼，结合 2012 年新修订的《民事诉讼法》第 55 条的规定，在解决群体性消费者纠纷时，市及市以上的消费者协会可依法提起公益诉讼。

1. 诉讼的形式。

我国现行消费者纠纷诉讼的形式主要有三种：第一种，是普通的单人的民事诉讼制度，即公民个人在发生消费争议后，可以依法向有管辖权的人民法院起诉。第二种是代表人诉讼制度，当作为消费者一方的当事人人数众多时，可以由当事人推选代表人进行诉讼。代表人的诉讼行为对其所代表的当事人发生效力。第三种就是民事公益诉讼，即对污染环境、侵害众多消费者合法权益等损害社会公共利益的行为，法律规定的机关和有关组织可以向人民法院提起诉讼。其中第二种和第三种形式之间并不排斥。按照最高人民法院关于适用《中华人民共和国民事诉讼法》的解释第 286 条的规定，"人民法院受理公益诉讼案件，不影响同一侵权行为的受害人根据民事诉讼法第一百二十二条规定提起诉讼"。

2016 年最高人民法院出台《最高人民法院关于审理消费民事公益诉讼案件适用法律若干问题的解释》（以下简称《解释》）。该《解释》第 2 条对属于消费民事公益诉讼的案件范围作出了明确界定：（1）提供的商品或者服务存在缺陷，侵害众多不特定消费者合法权益的；（2）提供的商品或者服务可能危及消费者人身、财产安全，未作出真实的说明和明确的警示，未标明正确使用商品或者接受服务的方法以及防止危害发生方法的；对提供的商品或者服务质量、性能、用途、有效期限等信息作虚假或引人误解宣传的；（3）宾馆、商场、餐馆、银行、机场、车站、港口、影剧院、景区、娱乐场所等经营场所存在危及消费者人身、财产安全危险的；（4）以格式条款、通知、声明、店堂告示等方式，作出排除或者限制消费者权利、减轻或者免除经营者责任、加重消费者责任等对消费者不公平、不合理规定的；（5）其他侵害众多不特定消费者合法权益或者具有危及消费者人身、财产安全危险等损害社会公共利益的行为。

2. 诉讼解决消费者纠纷的优势。

诉讼方式解决消费纠纷有着明显的优越性：第一，通过法官、律师等法律专业人的介入和裁判，提高了运用法律知识解决纠纷的可能性；第二，法院的中立性地位使得裁决结果相对公平和公正；第三，消费诉讼的结果以国家强制力保障其履行，使得争议的解决更具权威性和保障性。这些优越性很大程度上鼓励权益受损的消费者将较为复杂的纠纷诉诸法院，寻求救济。

3. 我国现行诉讼制度解决消费者纠纷的困境。

"保护弱者"是我国《消法》体系中对消费者保护的一项重要宗旨，如消费者权益保护法单方面地彰显消费者的权利但未明确其义务，单方面地重申经营者的义务但未明确其权利，法律责任也主要从经营者违反法定或约定义务时所应承担的消极法律后果来设定。但是我们的民事诉讼制度本身并未贯彻对消费者的倾斜性保护。现行的消费争议诉讼程序适用传统的民事诉讼程序，存在很多不足之处。第一，现行的消费诉讼的私益诉讼中，只能是在特定消费者的权益已经到受实际损害的情况下提起，无法对于经营者侵害消费者权益的违法行为进行事前的防范和预防。这与消费诉讼的性质不相适应"消费诉讼具有二元性"，有些情况下消费诉讼是维护私权的民事诉讼，但在有些情况下又属于以维护公共利益为目的的公益诉讼。第二，民事诉讼的证据规则使得消费者在消费诉讼中难以取胜。根据我们的民事诉讼法，消费诉讼中仍然适用一般的民事诉讼证据规则，即"谁主张，谁举证"。而消费活动本身通常是口头的、非正式的，发生纠纷后，消费者很难提供消费过程中足够的证据。在日益复杂的消费市场上，消费者与经营者之间消费争议仲裁的理论分析信息严重不对称，消费者对于消费和相关消费品的知识知之甚少，更是进一步加重了消费者的举证成本负担和举证难度，使其更不愿意走上艰难的消费诉讼维权之路。

4. 我国消费者纠纷小额速裁程序的构建。

2012 年，第十一届全国人民代表大会常务委员会第二十八次会议通过了《关于修改〈中华人民共和国民事诉讼法〉的决定》，第一次设立了我国民事诉讼中的小额诉讼程序。经过几年的运行，小额诉讼程序作为我国民事诉讼简易程序的特殊形式，在我国法院民事诉讼程序繁简分流改革中发挥了积极的作用。但近两年的一些数据反馈中也暴露了我国现行小额诉讼程序存在的不足，导致实践中运用的情况没有达到立法预期。（详见下表）

2019 年 H 省部分基层法院民事案件情况表

	新收民事案件数（审结）	普通程序审结案件数	简易程序审结案件数	小额诉讼程序审结案件数	小额诉讼程序使用率(%)
H 市 X 区法院	15954	2372	12870	2869	22.29
H 市 B 区法院	1769	411	1358	23	1.69
K 市 S 区法院	2816	508	2308	240	10.40
D 市 D 区法院	1939	263	1636	0	0
J 市 H 区法院	2563	665	1898	14	0.74

因此，为更好契合消费者纠纷的特点，发挥小额诉讼程序的审判优势，本书在此仅就构建我国消费者纠纷小额速裁程序进行阐述。

第一，在起诉方式方面，可以在民事诉讼法中把小额诉讼速裁程序作为一个独立的民事诉讼程序，而不是简易程序的一种特殊措施，这样才能以满足审判实践的需要，与立法初衷相一致。其特别之处表现在起诉程式的表格化，借鉴美国等国家和我国台湾地区、香港特别行政区采用"表格化"诉状的做法，按小额诉讼各类案件的需要，拟制格式诉状，由人民法院统一印制，供当事人起诉时填写。

第二，在审理形式上，随着网络信息化的普及，对小额诉讼尽可能采用线上开庭形式，节约当事人的时间和精力，充分体现快速、低廉。

第三，完善审制。可以将小额诉讼案件进行进一步划分，将涉案的标的额按阶梯状划分，大于一定金额后可以采用上诉等方式进行救济，以此来扩大当事人对案件处理结果的可接受度。对不同的标的额可以采用不同的救济方式，尽可能多地去丰富救济的途径，可以成立专门的小额速裁程序审判后的救济部门，对案件进行相应的更加专业的专门化的救济。

第四，建立独立的小额诉讼监督程序。小额诉讼案件的增多，且部分案件以调解结案，与普通的庭审案件经历的过程和程序不同，因此，应该为小额诉讼建立独立的监督程序和独立的监督部门，专门审查监督小额诉讼程序的进展。将适用小额诉讼程序审理的案件在结案后，把该案件相应的档案单独管理。并且明确记载审理的法官、参与办理的人员姓名，使案件做到件件有着落，能够找到相应的经办人，明确审理案件的责任划分。

第五，使法律走向群众，走进群众，加强宣传，提高群众对小额速裁程序的认识。小额速裁程序虽然在适用上存在着一定的问题，但同时也不能否认其在解决囤积案件，提高案件解决的效率，加快解决纠纷上起到了很大的作用，群众对小额诉讼的质疑一部分是来自对这个程序的不了解。因此，为了获得良好的群众基础，得到群众的充分了解和支持，要走向群众，走进群众，法律不是高高在上的维权利剑，而是从民众中来到民众中去的坚实维权后盾，因此，需要加大宣传。

第六，完善相应的政策，制定相应有关小额速裁程序相关的保护救济政策。例如在小额速裁的执行效率上，通过行政部门的配合，加快解决。

五、交通事故纠纷处理机制

近年来，随着经济快速发展，机动车、驾驶员的数量急剧增加，人、车、路矛盾日益突出，交通事故进入高发期。我国目前处理交通事故纠纷的机制主要有以下几种：

（一）协商处理

道路交通事故自行协商处理机制（以下简称自行协商处理机制），也称"私了"，是指交通事故当事人自己商定责任和损害赔偿事宜，解决交通事故纠纷的一种方式。我国《中华人民共和国道路交通安全法》（以下简称《道交法》）第70条第2款规定，"在道路上发生交通事故，未造成人身伤亡，当事人对事实及成因无争议的，可以即行撤离现场，恢复交通，自行协商处理损害赔偿事宜……"第3款同时规定，"在道路上发生交通事故，仅造成轻微财产损失，并且基本事实清楚的，当事人应当先撤离现场再进行协商处理"。该条款正式将自行协商作为交通事故纠纷的一种法定解决机制。

自行协商处理机制的类型主要有两种：一种是财产损失较小或者一方或双方未保险，自行协商后直接现金赔付；第二种是双方自行协商后共同到保险公司理赔。《道交法》颁布后，多个省市相继出台了交通事故自行协商快速处理办法。事实证明，道路上发生的交通事故有90%是轻微事故，通过自行协商机制解决大量的交通事故纠纷对于化解社会矛盾，构建和谐社会具有重大意义。

2018年修订的《道路交通事故处理程序规定》对交通事故发生后，当事人的自行协商程序做了进一步的细化，其中第20条规定，"发生可以自行协商处理的财产损失事故，当事人可以通过互联网在线自行协商处理；当事人对事实及成因有争议的，可以通过互联网共同申请公安机关交通管理部门在线确定当事人的责任"。"当事人报警的，交通警察、警务辅助人员可以指导当事人自行协商处理……"第21条规定，"当事人自行协商达成协议的，制作道路交通事故自行协商协议书，并共同签名。道路交通事故自行协商协议书应当载明事故发生的时间、地点、天气、当事人姓名、驾驶证号或者身份证号、联系方式、机动车种类和号牌号码、保险公司、保险凭证号、事故形态、碰撞部位、当事人的责任等内容"。

尽管自行协商处理机制在处理交通事故纠纷中有很多优势，但在实际适用时，由于协商处理机制适用条件规定的不明确、宣传不到位、保险公司履行赔付义务不积极等问题，导致自行协商机制屡遭冷遇尴尬。在许多地区，发生交通事故后，绝大多数事故当事人无论交通事故轻重，依然采取报警，宁愿牺牲自己的时间，坐视道路堵塞，仍然坚持等待交通警察出现场处理。因此，接下来我国对自行协商处理机制还需进一步完善，以更好适应交通事故纠纷处理的实际需求。

（二）调解

调解机制在解决交通事故纠纷中占有极高的比例。根据《道路交通事故处理程序规定》第84条的规定，"当事人可以采取以下方式解决道路交通事故损害赔偿争议：（1）申请人民调解委员会调解；（2）申请公安机关交通管理部门调解；（3）向人民法院提起民事诉讼"。我国当前处理交通事故的调解机制包括行政调解、人民调解、司法调解三种类型。

1. 行政调解。

根据《道路交通事故处理程序规定》第91条的规定："交通警察调解道路交通事故损害赔偿，按照下列程序实施：（一）告知道路交通事故各方当事人的权利、义务；（二）听取当事人各方的请求及理由；（三）根据道路交通事故认定书认定的事实以及《中华人民共和国道路交通安全法》第七十六条的规定，确定当事人承担的损害赔偿责任；（四）计算损害赔偿的数额，确定各方当事人各自承担的比例，人身损害赔偿的标准按照《最高人民法院关于审理人身损害赔偿案件适用法律若干问题的解释》规定执行，财产损失的修复费用、折价赔偿费用按照实际价值或者评估机构的评估结论计算；（五）确定赔偿履行方式及期限。"

相对于一直在高位徘徊的交通事故总量，交通事故处理实践中，我国长期采用单一的行政调解模式，导致交通事故处理效率低下引发群众的不满。其弊端主要表现在：（1）调解方式单一。以往交通事故发生后，事故当事人除了选择行政调解外，只能通过法院诉讼解决，而司法诉讼程序复杂、办案周期长、经济成本高，当事人要耗费大量的时间、精力、财力在事故处理上，造成当事人不满。（2）行政强制力有限。法律规定，在交警部门下达交通事故责任认定后，当事双方必须在十天之内提交调解书面申请，才能进入行政调解程序，而且只调解一次，一旦当事人反悔，形成二次纠纷，必须进入诉讼程序，行政调解次数和法律强制力有限。（3）调解成功率不高。交通事故矛盾纠纷难调解，核心在于事故双方当事人难以在交通事故赔偿标准、医疗费用等问题上达成一致，尤其是涉及巨额医疗费用的交通事故，肇事方往往无力赔偿，仅凭交警部门的行政调解很难使双方形成调解共识，往往成为久调不决、久拖不决的复杂疑难案件，造成当事人上访缠访。地方政府和相关部门每年要花大量人力、财力处理涉稳交通事故。因此，如何扬长避短，真正发挥行政调解在处理交通事故纠纷中的作用，是我国当前急需解决的问题。

2. 人民调解。

《道路交通事故处理程序规定》第 22 条第 2 款规定："当事人自行协商达成协议后未履行的，可以申请人民调解委员会调解或者向人民法院提起民事诉讼。"

我国的交通事故纠纷处理机制中虽然明确了人民调解的方式，但并没有进一步细化的规定。我国一些地方结合当地的具体情况，进行了积极地探索和尝试。以浙江省台州市为例，台州市公安局路桥区分局引入人民调解新机制化解交通事故矛盾纠纷取得了良好的成效，完善了交通事故矛盾纠纷调处机制；促进了社会矛盾纠纷的源头化解；提高了群众满意度，节约了行政司法成本；提高了事故处理办案质量和事故处理效率。

台州市设立的人民调解组织性质为隶属于司法局从事交通赔偿纠纷调解的专门组织机构。按照"调解优先"的原则，在做好公安行政调解的基础上，整合资源、发挥优势，会同法院、司法等部门构建联调联动机制，细化联调程序，推动大调解工作规范运行。

具体流程如下：

一是受理审查。接到事故当事人双方申请后，组织审查，符合受理条件的，在 2 个工作日内受理；不符合受理条件的，告知不受理的原因和理由。当发生重大交通事故时，应交警部门要求，可以赶赴现场进行实地勘察。

二是调查核实。受理后的 7 个工作日内，约见双方当事人，听取双方陈述，向交警大队调取事故责任认定书并进行取证，必要时组织专家分析会诊，然后集体合议，进行过失认定和定损计赔，并拟定调解方法。

三是宣传告知。调解前向当事人双方宣传交通事故有关法律法规政策，口头或书面告知人民调解的性质、原则、效力和当事人双方的权利和义务。调解不成时，告知当事人双方通过其他途径解决。

四是纠纷调解。调解工作遵循事故当事人双方自愿原则，在平等的基础上，严格按照人民调解规定的程序进行，并依据国家相关法律法规和政策规定计算赔偿数额。调解自受理之日起 1 个月内调结，到期还未调结的视为调解不成，双方当事人同意延期的除外。

五是协议签订。调解成功后，严格按照相关规定规范制作调解协议书（一式四份），认真做好调解笔录，确认双方当事人的合法身份后，依法签订调解协议。

六是回访督办。对调解终结的交通事故损害赔偿，适时组织回访，了解调解协议的执行情况，征求当事人双方对调解工作的建议和意见。发现有未履行协议的情况，做好未履行方的教育说服工作，督促履行协议。

七是反馈报告。交通事故赔偿纠纷调解完毕后，收集、整理造成道路交通事故的相关信息，向交通行政部门报告并提出减少道路交通事故的意见建议。

八是结案归档。交通事故损害赔偿纠纷调解终结后，及时完成登记、统计和归档工作。定期对交通事故损害赔偿处理总结，分析问题原因，总结经验教训。

《道路交通事故处理程序规定》第 85 条的规定，"当事人申请人民调解委员会调解，达成调解协议后，双方当事人认为有必要的，可以根据《中华人民共和国人民调解法》共同向人民法院申请司法确认"。这一规定增强了人民调解的效力稳定性，对促进人民调解方式在交通事故纠纷解决中的适用起到了积极的作用。

3. 司法调解。

进过人民调解或行政调解，交通事故纠纷当事人未达成协议的，均可向人民法院提起民事诉讼。基于交通事故纠纷的特点，为提高道路交通事故处理效能，更好化解当事人之间的矛盾，我国很多法院做了大量积极的探索和实践。如绍兴市各基层法院自1999年以来，从设立"交通巡回法庭"到"常驻式交通事故法庭"，走出了一条以调解结案为主要方式、法院法律服务前移为特征的快速调解、快速救济的道路交通事故损害赔偿纠纷解决之道，取得了明显成效。2006—2010年，绍兴市各基层法院交通事故法庭（交通审判站、点）共审结交通事故纠纷案件31197件，分别占一审交通事故纠纷案件的65.23%及一审民事诉讼案件的32.77%。

三种调解机制在不同的领域，各自发挥处理交通事故纠纷的功能。因此，分清行政调解、人民调解和司法调解范围，杜绝责任不清、互相推诿和久调不决等现象，积极探索建立公调对接、调保结合、诉调对接等调解对接联动机制。

（三）诉讼

在我国，诉讼同样是交通事故纠纷的最终解决机制。最高人民法院2012年颁布《最高人民法院关于审理道路交通事故损害赔偿案件适用法律若干问题的解释》，从主体责任认定、赔偿范围认定、责任承担认定以及诉讼程序规定等四个方面，为人民法院正确审理交通事故损害赔偿案件提供了明确的指引。

六、我国医疗事故赔偿纠纷处理机制

近年来医疗事故纠纷在我国出现上升和激化现象。如果不及时进行有效的处理或者处理不当极易激化医患双方的矛盾，酿成严重的后果。[1] 2002年正式生效的《医疗事故争议处理条例》是一部涉及所有医疗机构以及医护人员和广大患者切身利益的行政法规。这部行政法规的出台对于有效解决医疗事故纠纷、缓和并消除医患之间的矛盾具有重要意义。《医疗事故处理条例》第46

---

[1]　蔡小雪：《关于医疗事故纠纷处理模式的选择》，载《中国卫生法制》2000年第3期。

条规定："发生医疗事故的赔偿等民事责任争议，医患双方可以协商解决；不愿意协商或者协商不成的，当事人可以向卫生行政部门提出调解申请，也可以直接向人民法院提起民事诉讼。"该规定清楚地阐释了，我国处理医疗事故赔偿纠纷的三种机制。但在具体实践中，采取司法、行政"双轨制"的模式在处理医疗事故纠纷时具有较大的优势，也妥善的解决了大多数医疗事故纠纷。①

（一）协商

《医疗事故处理条例》第47条规定："双方当事人协商解决医疗事故的赔偿等民事责任争议的，应当制作协议书。协议书应当载明双方当事人的基本情况和医疗事故的原因、双方当事人共同认定的医疗事故等级以及协商确定的赔偿数额等，并由双方当事人在协议书上签名。"通常来讲，医疗事故发生之后，不管是医疗机构还是患者在选择处理方式时首先选择的便是共同协商解决的途径，也只有在该途径遇阻时，双方当事人才会被迫选择其他的救济方式。这种处理模式具有效率高、成本低的特点，还可以维持并改善医患关系，对于缓解矛盾促进社会和谐具有重要作用。但是它也有约束力不强、不具备强制性等缺点。这样不利于保护受损一方的利益，给医疗事故纠纷的彻底解决留下了隐患。

（二）行政调解

《医疗事故处理条例》第48条规定："已确定为医疗事故的，卫生行政部门应医疗事故争议双方当事人请求，可以进行医疗事故赔偿调解。调解时，应当遵循当事人双方自愿原则，并应当依据本条例的规定计算赔偿数额。经调解，双方当事人就赔偿数额达成协议的，制作调解书，双方当事人应当履行；调解不成或者经调解达成协议后一方反悔的，卫生行政部门不再调解。"卫生行政部门的调解，实质上是行政性调解，其调解的进行以当事人自愿为基础。通过行政机关来处理医疗事故纠纷具有方便、快捷的特点，大大提高了解决纠

---

① 田侃：《试论医疗事故纠纷的处理方式》，载《南京医科大学学报社会科学版》2002年第2期。

纷的效率，摆脱了走司法程序耗时过长、效率低下的弊端。另外，由于医疗事故纠纷涉及的内容专业性很强，卫生行政部门不仅熟悉医疗技术专业规范，同时具备及时、准确的处理医疗事故纠纷的条件和能力。

在调解的过程中，首先由卫生行政部门交由医学会作医疗事故鉴定，作为卫生行政部门调解依据《医疗事故处理条例》规定，"不属于医疗事故的，医疗机构不承担赔偿责任"，使其调解的纠纷范围大为缩小。

（三）诉讼

对于医疗事故纠纷的当事人而言，诉讼仍然是法律赋予的最终解决途径。但通过司法程序解决医疗事故纠纷，周期较长，极大降低了解决纠纷的效率，不利于及时控制事态，医患矛盾一旦激化，后果不堪设想。根据有关资料统计，在发生了医疗事故纠纷后，有大约70%的案件选择了非诉讼的解决方式，只有大约30%的案件选择了诉讼的解决方式。[①] 其原因在于，医疗事故诉讼有着严格的程序规则，诉讼成本高昂；医疗事故纠纷的专业性和多发性的特点致使法院难以及时、妥善地解决这类纠纷，由此不可避免地造成诉讼的迟延耗日持久；公开的审判程序将当事人的隐私暴露于众，使得许多当事人往往难以接受。

司法、行政"双轨"处理模式采取司法、行政相结合的处理模式来解决医疗事故纠纷具有以上三种模式无法比拟的优势。不仅提高了解决问题的效率，而且还确保了整个事件解决过程中的公正性。采用这种模式来解决纠纷，在理论和实践两个方面都是具有合理性的，主要理由如下：第一，医疗事故纠纷本来就存在民事和行政这两种法律关系。出台《医疗事故处理条例》的目的不仅仅是为了解决医疗事故纠纷，其根本目的是为了减少医疗事故的发生。发生医疗事故之后除了要给予患者及其家属相应的赔偿之外，还要追究相关医疗机构以及医护人员的行政责任，这样才能真正减少或者避免医疗事故的发生。民事赔偿由人民法院来进行处理是理所应当的，而行政处罚只能由卫生行政机关来进行处理。因此采用双轨处理模式是符合实际需要

---

① 周茂亭：《医疗事故争议如何解决》，载《大众医学》2003 年第 3 期。

的。第二，卫生行政机关参与调解处理医疗事故纠纷的赔偿问题符合法理。虽然在法律上没有明确授权卫生行政机关裁决医疗事故纠纷赔偿，但是卫生行政机关可以利用其熟悉相关法律和医疗技术规范的优势对赔偿问题进行调解，这样可以减轻法院的压力，也没有干预司法，是符合法治原则的。第三，人民法院可以充分发挥其司法监督的作用，保障医患双方的合法权益。卫生行政机关对医疗事故纠纷的调解处理主要有以下程序首先确认其是否属于医疗事故。其次，如果属于医疗事故在调解民事赔偿问题的同时还要对医疗机构、医护人员给予一定的行政处罚。医患双方如果不服调解，可以向人民法院提起诉讼。这样一来无论卫生行政机关是否有偏袒行为都可以通过司法途径来保障各自的合法权益。第四，随着医疗体制改革的进一步深化卫生行政部门在处理医疗事故纠纷时也日趋公正，也不再有偏袒的必要。以前卫生行政部门确实存在因为与医疗机构存在着隶属关系，在处理医患纠纷时或多或少一些偏袒行为。① 随着机构改革的进一步深化，这种隶属关系也不复存在，同时司法监督的力度也在不断加大，卫生行政机关在处理医疗事故纠纷时的偏袒行为将会大大减少。

七、信访制度

信访制度是中国国情下的特有制度。严格说信访制度并不是一种特定的纠纷解决程序，然而，从实践中的作用和效果来看，信访制度却在我国的纠纷解决系统中具有不可替代的重要地位。② 信访可以解释为"人民来信来访"，是指人民群众向各级党委、人大、政府、检察院、法院、人民政协、人民团体、新闻机构等以各种方式反映问题，提出意见、建议、要求和申诉、控告或检举的活动"。③

---

① 何昌龄：《我国医疗事故纠纷处理面临的问题及对策》，载《中国卫生法制》1997年第10期。

② 范愉：《非诉讼纠纷解决机制研究》，中国人民大学出版社2000年版，第561页。

③ 张丽霞：《民事涉诉信访制度研究——政治学与法学交叉的视角》，法律出版社2010年版，第22~23页。

（一）我国信访制度的历史沿革

我国信访制度最早可以追溯到我党成立初期，设立之初是作为党和政府同人民大众之间，下情上达，上情下达的窗口。1951 年 6 月政务院颁发了《关于处理人民来信和接见人民工作的决定》，是第一部关于信访工作的行政法规，确定了我国信访机构的基本性质、任务和作用。1957 年召开了第一次全国信访工作会议。会议通过了中共中央办公厅起草的《中国共产党各级党委机关处理人民来信、接待群众来访工作暂行办法（草案）》和国务院起草的《关于加强处理人民来信和接待人民来访工作的知识（草案）》，至此，我国信访制度基本形成。在网络普及的社会发展新时期，基层信访的数量和复杂程度日渐攀升，基层社会矛盾信访化解的方式方法需要与时俱进，基层信访制度与流程需要进一步完善，基层群众的上访理念需要进一步引导和转变。

按照十八届四中全会的要求，要把信访工作融入法制的轨道，以法律和制度为依据，通过规范化的程序，使合理的申诉得以合理、合法地处理。十八届四中全会精神明确了信访的关键所在是依法治理，这为新时期下信访工作顺利开展提供了重要依据，也为信访改革指明了方向。1995 年第四次全国信访工作会议召开，《信访条例》正式颁布。从此，信访工作进一步步入了法制化、规范化的道路。2021 年 4 月，中共中央国务院提出了加强基层治理体系和治理能力现代化建设的意见，要求用 5 年时间，建立健全新的基层管理体制，即加强党的领导，各方组织积极配合，广泛参与。同时也要构建一个服务精准化、信息支撑化、管理网格化、服务共享化的开放服务平台。社会治理的新发展和新要求为基层信访化解能力的提升和基层信访工作的开展提供了新思路和新方向。

2022 年 2 月，中共中央、国务院印发《信访工作条例》，指出要以习近平新时代中国特色社会主义思想为指导，不断加强和改进人民信访工作。《信访工作条例》对基层信访工作的开展具有十分重要的指导意义，指出了党对信访工作开展全面领导，从信访工作制度和处理程序入手，加强制度规范和程序优化，打造优质的信访干部队伍，通过完善信访工作监督体系，加大对各级信访干部的监督与考核。

（二）信访制度的理论基础

1. 叶片理论和木桶第二理论。

叶片理论和木桶第二理论是精细化信访稳定工作的理论基础。"叶片理论"是指，透过一枚叶片，可以寻找、诊断一颗大树的生长、发育、营养和管理情况，继而了解和掌握一片森林的土壤和所处的气候、环境。木桶第二理论是指，在木桶各个拼板长短一致时，那么储水量取决于各木板的配合紧密性，配合的越天衣无缝越紧密，那么储水量将越多。叶片理论点出了在信访工作中，基层干部寻找解决矛盾的突破口要具备敏锐的观察能力和判断力，随时关注群众的心理变化和思想动向，深入了解并掌握第一手材料，这样才能挖掘诉求人的真正诉求和问题症结所在，进而对症下药，实现更多的改进，促使信访工作不断向更高水平发展。叶片理论强调精细管理中的检查、诊断和改进。"木桶第二理论"则强调的是团队的紧密协作。也就是群众信访问题不仅仅是信访部门和基层政府的工作，各个职能部门作为木桶的各个板块需要在信访部门的综合协调下，充分履行主体责任，发挥部门职能，紧密配合。

2. 社公共危机管理理论。

公共危机管理遵循真诚性、主动性、全面性、协同性、及时性的基本原则。信访工作中的群访时间、缠访闹访等非访事件也属于社会危机。公共危机管理原则，适用于信访工作开展应当遵循的原则。首先是真诚性，基层政府层面应当及时公示政策法规和政务信息，保障大众知情权，基层干部方面则应当用真诚态度对待群众诉求；主动性，要求基层干部转变作风，下沉一线，主动挖掘群众诉求，积极寻找解决办法，主动担当作为；全面性，基层政府层面应当全面掌握社会发展形式，发现社会风险点，提醒群众避免遭受利益损失，基层信访干部方面则要做到素质全面，能力全面，素质综合；协同性，要求处理基层信访工作要基层党委统筹，各部门协同作战，共同化解复杂信访问题；及时性，体现的是基层政府发现问题要及时，接待群众诉求反应要迅速，处理群众困难要及时。

（三）信访制度的功能①

信访的功能主要包含以下四个方面：

1. 权利救济功能

即人民群众在自身合法权益受到侵害，无法获得保障时，通过信访工作机制进行申诉，从而获得自身受损的合法权益的救济。

2. 化解矛盾功能

即各种社会矛盾在信访工作机制中显露出来，再通过信访工作机制的协调，从而使得这些矛盾在信访工作机制中得以调解和解决。《信访工作条例》第 27 条规定："各级机关、单位及其工作人员应当根据各自职责和有关规定，按照诉求合理的解决问题到位、诉求无理的思想教育到位、生活困难的帮扶救助到位、行为违法的依法处理的要求，依法按政策及时就地解决群众合法合理诉求，维护正常信访秩序。"在这个意义上可以说，信访由于其所具有的独特的纠纷解决功能，可以将其列入一种特殊的 ADR 机制的范畴。②

3. 责任监督功能

即指人民群众通过信访工作机制反应当地领导干部的勤政、廉政情况，为上级领导部门发现下级部门存在的违法乱纪行为，乃至犯罪行为提供线索，从而起到监督行政机关违法行政行为、纠正冤假错案等作用。《信访工作条例》第 28 条第 2 款规定："各级机关、单位应当按照诉讼与信访分离制度要求，将涉及民事、行政、刑事等诉讼权利救济的信访事项从普通信访体制中分离出来，由有关政法部门依法处理。"这就充分体现了信访对司法诉讼活动的监督功能。

4. 意见建议功能

即人民群众对党和政府的具体政策决策进行反应，从而使得党和政府及时的了解到施政情况，进而对工作、政策等及时作出调整。《信访工作条例》第 29 条规定："对信访人反映的情况、提出的建议意见类事项，有权处理的机

---

① 邓少君、简世华：《论依法治国视域下信访机制重构》，载《法治社会》2017 年第 2 期。

② 范愉：《非诉讼纠纷解决机制研究》，中国人民大学出版社 2000 年版，第 567 页。

关、单位应当认真研究论证。对科学合理、具有现实可行性的，应当采纳或者部分采纳，并予以回复。信访人反映的情况、提出的建议意见，对国民经济和社会发展或者对改进工作以及保护社会公共利益有贡献的，应当按照有关规定给予奖励。各级党委和政府应当健全人民建议征集制度，对涉及国计民生的重要工作，主动听取群众的建议意见。"

（四）信访制度的基本程序

1. 信访请求的提出。

按照《信访工作条例》第 17 条的规定，"公民、法人或者其他组织可以采用信息网络、书信、电话、传真、走访等形式，向各级机关、单位反映情况，提出建议、意见或者投诉请求，有关机关、单位应当依规依法处理"。该条规定充分说明了信访人提出信访请求方式的多样性。实践中，一般提倡采用书面形式。书面材料中应载明信访人姓名（名称）、住址和请求、事实、理由。对采用口头形式提出的信访事项，有关机关、单位应当如实记录。信访人采用走访形式提出信访事项的，应当到有权处理的本级或者上一级机关、单位设立或者指定的接待场所提出。多人采用走访形式提出共同的信访事项的，应当推选代表，代表人数不得超过 5 人。

2. 信访事项的受理。

按照《信访工作条例》第 22 条的规定，各级党委和政府信访部门收到信访事项，应当予以登记，并区分情况，在 15 日内分别按照下列方式处理：（1）对依照职责属于本级机关、单位或者其工作部门处理决定的，应当转送有权处理的机关、单位；情况重大、紧急的，应当及时提出建议，报请本级党委和政府决定。（2）涉及下级机关、单位或者其工作人员的，按照"属地管理、分级负责，谁主管、谁负责"的原则，转送有权处理的机关、单位。（3）对转送信访事项中的重要情况需要反馈办理结果的，可以交由有权处理的机关、单位办理，要求其在指定办理期限内反馈结果，提交办结报告。除此以外，各级党委和政府信访部门对收到的涉法涉诉信件，应当转送同级政法部门依法处理；对走访反映涉诉问题的信访人，应当释法明理，引导其向有关政法部门反映问题。对属于纪检监察机关受理的检举控告类信访事项，应当按照管理权限转送有关纪检监察机关依规依纪依法处理。

《信访工作条例》第 23 条同时规定，党委和政府信访部门以外的其他机关、单位收到信访人直接提出的信访事项，应当予以登记；对属于本机关、单位职权范围的，应当告知信访人接收情况以及处理途径和程序；对属于本系统下级机关、单位职权范围的，应当转送、交办有权处理的机关、单位，并告知信访人转送、交办去向；对不属于本机关、单位或者本系统职权范围的，应当告知信访人向有权处理的机关、单位提出。

《信访工作条例》第 24、25 条还规定了，涉及两个或者两个以上机关、单位的信访事项，由所涉的机关、单位协商受理；受理有争议的，由其共同的上一级机关、单位决定受理机关；受理有争议且没有共同的上一级机关、单位的，由共同的信访工作联席会议协调处理。应当对信访事项作出处理的机关、单位分立、合并、撤销的，由继续行使其职权的机关、单位受理；职责不清的，由本级党委和政府或者其指定的机关、单位受理。

3. 对信访人的要求。

根据《信访工作条例》第 26 条的规定，信访人在信访过程中应当遵守法律、法规，不得损害国家、社会、集体的利益和其他公民的合法权利，自觉维护社会公共秩序和信访秩序，不得有下列行为：（1）在机关、单位办公场所周围、公共场所非法聚集，围堵、冲击机关、单位，拦截公务车辆，或者堵塞、阻断交通；（2）携带危险物品、管制器具；（3）侮辱、殴打、威胁机关、单位工作人员，非法限制他人人身自由，或者毁坏财物；（4）在信访接待场所滞留、滋事，或者将生活不能自理的人弃留在信访接待场所；（5）煽动、串联、胁迫、以财物诱使、幕后操纵他人信访，或者以信访为名借机敛财；（6）其他扰乱公共秩序、妨害国家和公共安全的行为。

4. 信访事项的办理。

各级机关、单位及其工作人员办理信访事项，应当恪尽职守、秉公办事、查明事实、分清责任，加强教育疏导，及时妥善处理，不得推诿、敷衍、拖延。《信访工作条例》根据信访事项的不同类型，对其办理分别作了规定：（1）涉法涉诉类事项。各级机关、单位应当按照诉讼与信访分离制度要求，将涉及民事、行政、刑事等诉讼权利救济的信访事项从普通信访体制中分离出来，由有关政法部门依法处理。（2）建议意见类事项。对信访人反映的情况、提出的建议意见类事项，有权处理的机关、单位应当认真研究论证。对科学合理、具有现实可行性的，应当采纳或者部分采纳，并予以回复。信访人反映的情况、提出的建议意见，对国民经济和社会发展或者对改进工作以及保护社会公共利益有贡献的，应当按照有关规定给予奖励。各级党委和政府应当健全人民建议征集制度，对涉及国计民生的重要工作，主动听取群众的建议。（3）检举控告类事项。纪检监察机关或者有权处理的机关、单位应当依规依纪依法接收、受理、办理和反馈。党委和政府信访部门应当按照干部管理权限向组织（人事）部门通报反映干部问题的信访情况，重大情况向党委主要负责同志和分管组织（人事）工作的负责同志报送。组织（人事）部门应当按照干部选拔任用监督的有关规定进行办理。不得将信访人的检举、揭发材料以及有关情况透露或者转给被检举、揭发的人员或者单位。（4）申诉求决类事项。有权处理的机关、单位应当区分情况，分别按照下列方式办理：第一，应当通过审判机关诉讼程序或者复议程序、检察机关刑事立案程序或者法律监督程序、公安机关法律程序处理的，涉法涉诉信访事项未依法终结的，按照法律法规规定的程序处理。第二，应当通过仲裁解决的，导入相应程序处理。第三，可以通过党员申诉、申请复审等解决的，导入相应程序处理。第四，可以通过行政复议、行政裁决、行政确认、行政许可、行政处罚等行政程序解决的，导入相应程序处理。第五，属于申请查处违法行为、履行保护人身权或者财产权等合法权益职责的，依法履行或者答复。第六，不属于以上情形的，应当听取信访人陈述事实和理由，并调查核实，出具信访处理意见书。对重大、复杂、疑难的信访事项，可以举行听证。

5. 信访事项的办结、复查、复核程序。

《信访工作条例》规定，各级行政机关直接受理的信访事项应当自受理之日起 60 日内办结；情况复杂的，经本机关、单位负责人批准，可以适当延长办理期限，但延长期限不得超过 30 日，并告知信访人延期理由。

信访人对信访处理意见不服的，可以自收到书面答复之日起 30 日内请求原办理机关、单位的上一级机关、单位复查。收到复查请求的机关、单位应当自收到复查请求之日起 30 日内提出复查意见，并予以书面答复。

信访人对复查意见不服的，可以自收到书面答复之日起 30 日内向复查机关、单位的上一级机关、单位请求复核。收到复核请求的机关、单位应当自收到复核请求之日起 30 日内提出复核意见。

信访人对复核意见不服，仍然以同一事实和理由提出投诉请求的，各级党委和政府信访部门和其他机关、单位不再受理。

《信访工作条例》通过上述程序规定，对信访工作进一步进行了规范，让信访制度真正在法治化的指引下运行。同时，《信访工作条例》明确指出，各级机关、单位在信访工作中应当坚持社会矛盾纠纷多元预防调处化解，人民调解、行政调解、司法调解联动，综合运用法律、政策、经济、行政等手段和教育、协商、疏导等办法，多措并举化解矛盾纠纷。这彰显了信访制度作为我国纠纷解决机制的重要地位及其在纠纷解决中发挥的重要作用。

第三节　我国法院调解与非讼化解决机制的衔接

一、我国法院调解制度

法院调解是我国人民法院诉讼解决民事纠纷的结案方式之一，因此，其并非民事纠纷的非讼化解决机制。但由于我国的法院调解与诉讼外纠纷解决方式存在着密切的联系，所以我们有必要在此对其进行探讨。

（一）我国法院调解制度的历史沿革

在我国古代社会，官府主导的调解称为调处。据考证，调处制度最早可以追溯到西周时期。《周礼·地官·调人》有载"调人掌司万民之难而谐和之"[①]，说明当时在官制中有"调人"一职专司调处事务。到了汉唐时期，司

---

① 经本植、罗宪华、严廷德、张永言、杜仲陵、向熹：《简明古汉语词典》，四川人民出版社 1986 年版，第 472 页。

法官对于民事案件，尤其是家庭财产纠纷案件，主要以教化的方式，现身说法，调处解决，达到息事宁人的目的。① 宋朝的官府审理民事案件也非常重视调处结案，官府调处案件被称为"和对"，它的积极意义在于"可以避免当事人因卷入诉讼而必须付出额外的费用和耽误农业生产"②，调解制度由此逐渐成为民事诉讼中的一项重要制度。到了明清时期，诉讼调解已经成为解决纠纷常用的一种手段，明代更是将调解作为民事诉讼的前置程序，而清律虽然并没有规定调解是诉讼的必经程序，但在实践中，"纠纷的解决还是通常由社区中有影响的人物、诉讼当事人的邻居或官府成员主持的调解来加以裁决，甚至在纠纷已呈官府衙门后也是如此"。③

我国古代的诉讼调解带有一定的强制性，公权力色彩较重，不以当事人自愿为调解的前提，这也是我国长期封建体制发展的必然结果。

近代，我国法院调解发端并成型于根据地时代。当时"我国民事诉讼中的调解，在各项民事诉讼法的规范中，已经有了明确的规定。……据不完全统计，这一时期颁布施行的民事诉讼法律、法令、条例、指示达三十多种，在这些法律规范中，明确规定民事案件应尽量采取调解方式。并且肯定这种方式是解决纠纷、减少诉讼，改进司法工作的最好方式"。④

新中国成立后，随着我国法制和经济的发展，我国的法院调解制度也在相应地发生着变革。建国初期，我国并未立即制定民事诉讼法，但在各地的审判程序规定中，均有关于调解的内容。1950 年召开全国司法工作会议，主要内容就是要求各级法院"始终注重调解工作"，并将诉讼调解作为我国审判制度的一个组成部分，规定进了《中华人民共和国民事诉讼程序通则草案》，称"人民法院进行调解，不论在申请时、审判时或执行时，院内或院外，均得为

---

① 张晋藩主编：《中国民事诉讼制度史》，成都巴蜀书社 1999 年版，第 42 页。

② 张晋藩主编：《中国民事诉讼制度史》，成都巴蜀书社 1999 年版，第 79 页。

③ 强世功编：《调解、法制与现代性：中国调解制度研究》，中国法制出版社 2001 年版，第 97 页。

④ 李荣棣、唐德华：《试论我国民事诉讼中的调解》，载《法学研究》1981 年第 5 期。

之。同类案件较多者，如法院认为适当时，亦得进行集体调解"。因此，当时调解结案率高达80%。1972年，最高人民法院制定实施了《人民法院审判民事案件程序制度的规定试行》，其中一项主要内容就是"处理民事案件应坚持调解为主。凡可以调解解决的就不用判决，需要判决的一般要先经过调解，处理离婚案件，必须经过调解"。使得调解上升为民事审判的主要原则和方式。1982年《民事诉讼法试行》开始施行，到1991年被《民事诉讼法》取代，实施了近十年时间。该法正式确立了"着重调解"原则，取代了之前的"调解为主"原则，明确了"能调则调、当判即判"的调判关系。但是在这一时期，尽管我国法院调解始终强调以自愿、合法为基本原则，但由于对"着重调解"原则在理解和实操上的偏差，进而导致强制调解、久调不决等现象非常严重，极大影响了法院的形象，与立法本意相悖。

进入90年代，我国经济进入发展快车道，各种民事、经济纠纷层出不穷，诉讼案件数量日益庞大，法院审判工作面临着巨大的压力。1991年《民事诉讼法》颁布施行，提出了法院调解的合法原则，从而将"着重调解"改为根据自愿和合法原则进行调解。同时规定，调解不成的，应当及时判决。至此，"自愿、合法原则"在法院调解过程中日益得到强化，很大程度上扭转了强制调解、久调不决的情况。

（二）我国现行法院调解制度

《民事诉讼法》颁布施行后，为进一步规范法院调解的运行，保证人民法院正确调解民事案件，及时解决纠纷，最高人民法院先后颁布一系列司法解释和意见，包括2004年颁布的《关于人民法院民事调解工作若干问题的规定》（以下简称《民事调解规定》）（该规定分别于2008年、2020年先后两次对该规定进行了修订）、2007年颁布的《关于进一步发挥诉讼调解在构建社会主义和谐社会中积极作用的若干意见》、2009年颁布的《关于建立健全诉讼与非诉讼相衔接的矛盾纠纷解决机制的若干意见》、2010年颁布的《关于进一步贯彻"调解优先、调判结合"工作原则的若干意见》等。这些规定，一方面完善了法院调解制度，另一方面对于各级人民法院在审判实践中，尤其是在调解作为化解矛盾纠纷的高效的争议解决方式，在司法实践中越来越受重用的现实背景下，准确把握调审关系有很强的指导意义。

按照《民事诉讼法》和《民事调解规定》的内容，我国法院调解制度主要内容是：

1. 法院调解的基本原则。

（1）自愿原则

自愿原则，是指人民法院必须在双方当事人自愿的基础上进行调解。当事人自愿，包括程序上的自愿和实体上的自愿。程序上的自愿，指以调解的方式来解决争议必须征求当事人的同意，当事人拒绝调解或不同意以调解的方式结案的，人民法院不能强迫当事人接受调解。实体上的自愿，是指达成调解协议必须双方自愿，调解协议必须是双方当事人互谅互让，自愿达成的。

（2）查明事实、分清是非原则

调解作为法院审理民事案件的结案方式，与判决一样，应当查明事实，分清是非。这一原则要求人民法院应当在查明事实，分清是非的基础上进行调解。

（3）合法原则

合法原则，包括两个方面，程序上合法与实体上合法。程序上合法，是指人民法院主持的调解活动必须合法，必须符合民事诉讼法关于调解的程序规定。实体上合法，是指调解协议的内容合法，即双方达成的调解协议不得违反法律的规定，不得损害国家、集体和他人的合法权益。

2. 法院调解的程序。

按照《民事诉讼法》的规定，人民法院对受理的第一审、第二审和再审民事案件，可以在答辩期满后裁判作出前进行调解。在征得当事人各方同意后，人民法院可以在答辩期满前进行调解。随着我国法院审判方式改革的不断深入，2016年最高人民法院颁布的《最高人民法院关于人民法院特邀调解的规定》中还规定，人民法院最早可以在立案前或立案后进行委派调解或委托调解。

调解可依当事人申请而开始，也可由人民法院根据案件的具体情况依职权主动进行。人民法院依职权开始调解的，应征询双方当事人的意见，当事人不同意进行调解的，不能强迫进行。

调解在审判人员的主持下，人民法院可以邀请与当事人有特定关系或者与案件有一定联系的企业事业单位、社会团体或者其他组织，和具有专门知识、特定社会经验、与当事人有特定关系并有利于促成调解的个人协助调解工作（《民事调解规定》第1条）。人民法院应当在调解前告知当事人主持调解人员和书记员姓名以及是否申请回避等有关诉讼权利和诉讼义务（《民事调解规定》第3条）。

在答辩期满前人民法院对案件进行调解，适用普通程序的案件在当事人同意调解之日起15天内，适用简易程序的案件在当事人同意调解之日起7天内未达成调解协议的，经各方当事人同意，可以继续调解。延长的调解期间不计入审限（《民事调解规定》第4条）。调解过程当事人申请不公开进行的，法院应当准许。

根据个案当事人的不同情况，为更好促成调解，在调解形式上设立了"面对面"调解和"背靠背"调解两种模式。即调解既可以在当事人各方在场时进行，也可以根据需要分别对当事人分别进行调解工作（《民事调解规定》第5条）。当事人各方可以自己提出调解方案，主持调解的人员也可以提出调解方案供当事人参考（《民事调解规定》第6条）。调解协议中可以约定一方不履行协议应当承担民事责任，但不能约定一方不履行协议，另一方可以请求人民法院对案件作出裁判的条款（《民事调解规定》第8条）。同时调解协议中不得有侵害国家利益、社会公共利益的、侵害案外人利益的、违背当事人真实意思的、违反法律、行政法规禁止性规定的内容（《民事调解规定》第10条）。

3. 调解书及其效力。

根据《民事诉讼法》的规定，调解达成协议，人民法院应当制作调解书。调解书应当写明诉讼请求、案件的事实和调解结果。调解书由审判人员、书记员署名，加盖人民法院印章，送达双方当事人。调解书经双方当事人签收后，即具有法律效力。对于调解和好的离婚案件、调解维持收养关系的案件、能够即时履行的案件等调解达成协议，人民法院可以不制作调解书。对不需要制作调解书的协议，应当记入笔录，由双方当事人、审判人员、书记员签名或者盖章后，即具有法律效力。二审中，当事人调解达成协议的，法院应当制作调解书，由审判人员、书记员署名，加盖人民法院印章。调解书送达后，原审人民法院的判决即视为撤销。

《民事调解规定》还规定，当事人就部分诉讼请求达成调解协议的，人民法院可以就此先行确认并制作调解书。当事人就主要诉讼请求达成调解协议，请求人民法院对未达成协议的诉讼请求提出处理意见并表示接受该处理结果的，人民法院的处理意见是调解协议的一部分内容，制作调解书时记入调解书（《民事调解规定》第 14 条）。

经调解，双方当事人未达成调解协议或者调解书送达前一方反悔的，人民法院应及时判决，不能久调不决。

发生法律效力的调解书与判决书具有同等法律效力，当事人必须执行。一方拒不履行的，对方当事人可以依法申请人民法院强制执行。

二、法院调解的社会化发展趋势——与非讼化解决机制的有机衔接

我国在构建社会主义和谐社会的基础上，进一步提出建设社会主义法治社会的目标。受此理念引导，探索多元化纠纷解决机制以及规范多元化纠纷解决机制，成为法院司法改革的重要工作，各地法院在已有的诉讼调解的纠纷解决经验的基础上，更加关注司法 ADR 机制，并不断在严格的诉讼程序之外，寻求法院内的多元的纠纷解决路径，探求诉讼制度与非诉讼制度的有机衔接，进而呈现出法院诉讼调解社会化发展、诉讼调解与非诉讼调解一体化发展的局面。

（一）制度沿革

《民事诉讼法》第 98 条规定，"人民法院进行调解，可以邀请有关单位和个人协助。被邀请的单位和个人，应当协助人民法院进行调解"。为进一步落实和细化这一规定，最高人民法院先后出台了一系列司法解释。2004 年制定的《民事调解规定》进一步明确了法院可以邀请协助或委托调解的主体，加强了

实践中的可操作性。同时创设了委托调解制度，使我国在司法 ADR 程序领域有了零的突破，对我国的法院调解社会化进程具有里程碑意义。2007 年印发《关于进一步发挥诉讼调解在构建社会主义和谐社会中积极作用的若干意见》，进一步强调建立和完善引入社会力量进行调解的工作机制，并鼓励基层群众自治组织、工会、妇联、人大代表、政协委员等参与到法院调解工作中来。2009年出台《关于建立健全诉讼与非诉讼香衔接的矛盾纠纷解决机制的若干意见》（以下简称《若干意见》），要求人民法院完善诉讼与仲裁、行政调处、人民调解、商事调解、行业调解以及其他非诉讼纠纷解决方式之间的衔接机制，并立足司法调解，提出了加强司法调解、人民调解、行政调解、商事调解、行业调解有机结合的意见。《若干意见》有力推动了中国特色社会主义调解制度的完善。2010 年下发《进一步贯彻"调解优先、调判结合"工作原则的若干意见》，要求各级人民法院深刻认识新时期加强人民法院调解工作的重要性，提出要将调解覆盖到立案、审判和执行的各个环节，贯穿于诉讼程序的全过程；牢固树立"调解优先"理念，进一步肯定诉前调解的重要地位，强调力争将矛盾化解在诉前；进一步增强贯彻"调解优先、调判结合"工作原则的自觉性，并再次提出建设人民调解、行政调解、司法调解"三位一体"的大调解体系的指导意见，鼓励法院争取多元化社会主体参与到法院调解中来；完善委托调解的程序和保障机制。2012 年印发《关于扩大诉讼与非诉讼相衔接的矛盾纠纷解决机制改革试点总体方案》（以下简称《总体方案》），继续扩大试点范围，明确试点法院应设立诉调对接中心，配备专职人员；建立特邀调解组织、调解员名册；进一步创新制度，建立民商事纠纷中立评估机制、无异议调解方案认可机制、无争议事实记载机制。2016 年为健全多元化纠纷解决机制，加强诉讼与非诉讼纠纷解决方式的有效衔接，出台《关于人民法院特邀调解的规定》，明确特邀调解的概念、原则及具体程序。2020 年为贯彻落实党的十九届四中全会精神，推进国家治理体系和治理能力现代化，深化司法体制综合配套改革，进一步加强和规范委派调解工作，制定《关于进一步完善委派调解机制的指导意见》，对委派调解的具体程序进行了进一步细化。

　　近几年来，我国司法界持续推进"建立健全诉讼与非诉讼相衔接的矛盾纠纷解决机制改革"。根据"党委领导、政府支持、多方参与、司法推动"的要求，对立案前有关非诉讼调解与诉讼的衔接、仲裁与诉讼的衔接及立案后有关非诉讼调解与诉讼的衔接进行了规范，发挥人民调解组织、社会团体、律师、专家、仲裁机构的作用，通过在法院设立人民调解工作室等做法，引导当事人就地、就近选择非诉方式解决纠纷，推动建立人民调解、行政调解、司法调解相结合的"大调解"工作体系，加强三者之间在程序对接、效力确认、法律指导等方面的协调配合，共同化解社会矛盾，促进社会和谐稳定。

（二）实践中的成效

实践中，2003 年上海长宁法院的"人民调解窗口"的设立，开创了我国法院调解社会化工作的先河。[①] 2007 年，上海市高级人民法院以浦东法院的诉前调解模式和长宁法院的"人民调解窗口"的经验为先导，提出所有基层法院有条件的都要设立"人民调解窗口"，将事实清楚、法律关系明确的案件优先委托调解，调解人员则借鉴了"特邀人民调解员模式"，对技术性、专业性较强或所涉的社会关系复杂的案件，由专业人士及基层干部担任特邀协调员。2009 年上海市高级人民法院印发《上海法院推进诉调对接多元纠纷解决机制建设的若干意见》，提出了构建、完善以诉调对接中心为平台的诉调对接工作机制。

北京市朝阳区人民法院增设了特邀调解员参与调解，探索形成了特邀调解员调解、律师调解和法官助理庭前调解三种"庭外和解"新模式，并相应制定了《特邀调解员工作规定》、《律师和解工作规定》和《法官助理在庭前准备阶段进行调解工作的规定》进行制度规范。

云南省一些地方法院探索建立立案阶段多元调解工作机制。2017 年，云南省马关县，在人民法院设立《速裁纠纷调解室》，与法院立案部门进行有效对接。湖北省孝昌县人民法院内外联动开展诉前速裁。人民法庭充分发挥贴近群众的便利条件，结合人民调解衔接机制积极开展直接立案案件的诉前调解工

---

① 常法研：《强化法院指导功能增加定纷止争渠道——长宁率先设立人民调解窗口》，载《人民法院报》2003 年 6 月 7 日，第 2 版。

作；巡回法庭在理顺行政调解与司法调解办案流程情况下，实现大部分交通事故损害赔偿案件即调即立即结。四川省成都市高新技术产业开发区法院将司法确认"一小时办结"快速通道广泛推广应用，对经依法设立的调解组织或人民调解组织调解达成调解协议提供"一站申请、分级办理、一窗确认"的高效服务；积极推动"和合智解"e调解平台与人民法院调解平台集成融合，推进人民调解平台工作，充分释放智慧法院的叠加效应，促使法院、当事人及特邀调解力量合理应用平台，集约集成解纷力量。

（三）当前我国法院调解社会化的主要措施

当前，我国非诉讼纠纷解决机制与法院调解的对接，主要表现在诉讼外调解与法院调解的对接上。2011年，中央社会治安综合治理委员会、最高人民法院、最高人民检察院、国务院法制办、公安部、司法部、人力资源和社会保障部、卫生部、国土资源部、住房和城乡建设部、民政部、国家工商行政管理总局、国家信访局、全国总工会、全国妇联、共青团中央等16部门联合印发《关于深入推进矛盾纠纷大调解工作的指导意见》，该意见中明确指出了我国诉讼外"大调解"的范畴，具体包括：（1）政府法制机构会同有关部门，加强行政调解法律及制度建设，进一步明确行政调解范围，规范行政调解程序。（2）公安机关110报警服务台对接报的可以进行调解的纠纷，及时通过大调解组织分流到相关责任单位进行处理。公安派出所参与乡镇（街道）综治工作中心矛盾纠纷调处工作，并可设立驻所人民调解室，邀请人民调解员参与矛盾纠纷联合调解工作。（3）司法行政机关与人民法院密切配合，指导、推动人民调解委员会的规范化建设和人民调解工作网络化建设。（4）人力资源和社会保障部门会同工会、企业代表组织，通过大调解工作平台，推动乡镇（街道）特别是劳动保障服务所（站）劳动争议调解组织建设，将调解重心向企业相对集中的村（社区）延伸。（5）卫生行政部门积极协调、配合司法行政及保险监督等部门，推广建立规范的医疗纠纷人民调解委员会，推动建立健全医疗纠纷人民调解工作保障机制，推进医疗责任保险，规范专业鉴定机构，统一医疗损害、医疗事故的鉴定程序和标准，加强对医疗纠纷的化解和处理。（6）国土资源部门通过大调解工作平台设立土地纠纷调解工作小组，在人民调解员队伍中培养乡村土地纠纷调解员，因势利导，就近受理及时调解涉及土地权属、征地补偿安置等引发的矛盾纠纷。（7）工商行政管理部门通过大调解工作平台，加强工商行政执法体系建设，发挥消费者协会作用，推进消费维权网络建设。依托乡镇（街道）综治工作中心建立消费者协会分会，在村（居）设立消费者投诉站，方便广大城乡消费者就近申（投）诉、解决消费纠纷。（8）民政部门充分运用调解办法处理民政行政纠纷和与民政行政管理相关的民事纠纷，加快和谐社区建设，加强村（居）民委员会建设、社区管理、养老服务和专职社会工作者队伍建设，建立延伸到社区、村组的调解组织网络。（9）住房和城乡建设部门通过大调解工作平台，建立日常工作联系网络和联络员制度，加快制定完善本部门行政调解的程序性规定，会同相关部门，实行联席会议制度，重点调解因城市房屋拆迁、建筑施工等引发的矛盾纠纷。（10）信访部门在办理人民群众来信、接待人民群众来访和协调处理重要信访事项、督促检查信访事项时，进一步健全与大调解工作平台衔接的工作机制，组织协调和大力推动用调解的方式解决信访人的诉求。（11）工会、妇联和共青团组织发挥自身优势，积极参与大调解工作。

结合 2009 年《若干意见》和 2012 年《总体方案》的规定，我国目前在法院调解与诉讼外纠纷解决机制的衔接方面，主要采取了下列举措：

1. 制度方面的举措。

（1）经《中华人民共和国劳动争议调解仲裁法》规定的调解组织调解达成的劳动争议调解协议，由双方当事人签名或者盖章，经调解员签名并加盖调解组织印章后生效，对双方当事人具有合同约束力，当事人应当履行。双方当事人可以不经仲裁程序，根据本意见关于司法确认的规定直接向人民法院申请确认调解协议效力。

（2）对属于人民法院受理民事诉讼的范围和受诉人民法院管辖的案件，人民法院在收到起诉状或者口头起诉之后、正式立案之前，可以依职权或者经当事人申请后，委派行政机关、人民调解组织、商事调解组织、行业调解组织或者其他具有调解职能的组织进行调解。

关于委派调解的方式，最初理论和实务界都有着不同的意见，一种观点认为委派调解是法院把案件往外推，是法院在推卸责任，容易引起当事人的抵触情绪；另一种观点则认为委派调解是根据不同纠纷的特点来进行评判的，并非一刀切，相反更符合当事人利益。从运行的实际情况看，虽然一些当事人在法院委派调解时可能存在一定的抵触情绪，但经过调解员耐心细致的调解工作，大量的案件在法院正式立案前得到了妥善解决，当事人也感到满意。[①]

为了进一步理顺人民法院和调解组织的工作衔接关系，2020年最高人民法院出台了《关于进一步完善委派调解机制的指导意见》。明确对于涉及民生利益的纠纷，除依法不适宜调解的，人民法院可以委派特邀调解组织或者特邀调解员开展调解。对于专业性较强的纠纷，人民法院应当加强与相关部门的对接，充分发挥行政机关在行政调解、行政裁决机制上的优势，发挥行业性、专业性调解组织的专业优势，发挥公证、鉴定机构和相关领域专家咨询意见的作用，为纠纷化解提供专业支持，提升委派调解专业化水平。程序上，设立委派调解引导告知程序、明确委派调解案件管辖、探索诉前鉴定评估、完善调解与诉讼材料对接机制、明确调解期限、协议履行等问题，为委派调解的运行实施提供了强有力的制度保障。另外，中明确规定，"委派调解达成的调解协议，当事人可以依照民事诉讼法、人民调解法等法律申请司法确认"。这一规定排除了当事人在委派调解方式选择上的最大顾虑，即协议的效力问题，同时为解决纠纷的非诉方式与诉讼方式的顺畅衔接提供了明确的指引。

（3）经双方当事人同意，或者人民法院认为确有必要的，人民法院可以在立案后将民事案件委托行政机关、人民调解组织、商事调解组织、行业调解组织或者其他具有调解职能的组织协助进行调解。调解结束后，有关机关或者组织应当将调解结果告知人民法院。

委托调解与委派调解的最大区别在于时间节点上的法院立案前后，委派调解是在当事人起诉后、法院立案前，委托调解则是在法院立案之后。法院将案

[①] 蒋惠岭、李邦友、向国慧：《进一步完善人民法院调解工作机制——解读〈最高人民法院关于建立健全诉讼与非诉讼相衔接的矛盾纠纷解决机制的若干意见〉》，载《中国审判》2009年第9期。

件委托有关机关或组织调解后，无论调解是否成功，都对诉讼程序产生影响，法院都应当依法作出相应的处理。按照最高人民法院《关于人民法院特邀调解的规定》的规定，"委托调解达成调解协议，特邀调解员应当向人民法院提交调解协议，由人民法院审查并制作调解书结案。达成调解协议后，当事人申请撤诉的，人民法院应当依法作出裁定……委托调解未达成调解协议的，转入审判程序审理"。

实践中为了避免反复多次调解造成诉讼拖延，通常如果在立案前人民法院已经委派过有关机关或组织调解，但调解不成进入诉讼的，人民法院不宜再将案件委托有关机关或组织调解。但这一做法并非完全否定诉讼中进行调解的可能，诉讼中能否再次进行调解，仍然取决于当事人的意愿，或人民法院认为有调解可能和必要的，可以开展调解。

（4）对于已经立案的民事案件，人民法院可以按照有关规定邀请符合条件的组织或者人员与审判组织共同进行调解。

邀请协助调解同委托调解一样，是人民法院邀请有关单位或个人协助人民法院进行调解的重要方式。这一方式可以发挥法官调解、行政机关调解、社会组织调解及其他有利于调解的个人的特点、形成优势互补。人民调解员、村委会、居委会干部具有熟悉社情民意的特点，在调解传统民事案件和婚姻家庭纠纷、邻里纠纷时具有优势；专家、行业人士参与调解涉及医疗、建筑、装修等专业性较强的纠纷时，可以弥补法官相关专业知识的不足；法官则可以充分发挥熟悉法律、熟悉案件裁判尺度的优势，从法律角度提供意见。[1] 另外加之当事人对司法权威性的更高信任，有法院和其他调解人员共同参与主持的调解有利于提高调解的成功率，从而彻底化解矛盾、解决纠纷。

（5）经行政机关、人民调解组织、商事调解组织、行业调解组织或者其他具有调解职能的组织调解达成的具有民事合同性质的协议，经调解组织和调

---

[1] 蒋惠岭、李邦友、向国慧：《进一步完善人民法院调解工作机制——解读〈最高人民法院关于建立健全诉讼与非诉讼相衔接的矛盾纠纷解决机制的若干意见〉》，载《中国审判》2009 年第 9 期。

解员签字盖章后，当事人可以申请有管辖权的人民法院确认其效力。

2. 保障机制方面的举措。

（1）构建诉调对接工作平台。具体包括建立诉调对接中心，作为诉讼外调解机制依托在法院的工作平台；建立特邀调解组织名册制度；建立特邀调解员名册制度；建立法院专职调解员队伍；与有关行政机关建立相对固定的诉调对接关系；与具有调解职能的组织建立相对固定的诉调对接关系；推动建立律师调解员制度。

（2）建立民商事纠纷中立评估机制，对判决结果进行预测。

（四）我国法院调解社会化的实践价值

1. 有利于提升调解质量，促进司法民主。

法院调解社会化一方面引入社会力量参与调解，将道德情理、村规民约、行业规范等多元化的规范运用到纠纷的处理过程中，可以在法律框架下，缩小制定法和习惯、常识的差距。专家调解人的参与则可以有效弥补法官在专业知识方面的局限，取得良好的社会效果。另一方面，随着法治社会的深入推进，人民的法律意识日益增强，要求调解人在具备专业知识和社会经验的基础上，还必须具备一定的法律知识。法院通过对调解人的培训、指导和监督，切实提高调解人的法律素养，法律的作用将综合作用于整个调解的过程，大大提升了社会调解的质量。

在法院调解社会化的理念下，法院邀请有关组织或个人独立主持调解或协助法官调解，使更多普通民众可以实际参与到诉讼活动中来，体现了司法民主。"民众参与司法审判，在法律语境中张扬政治民主，反对话语专制，实际上是政治民主在法律语境中的一个逻辑延伸。"[①] 与同样作为我国人民参与司法审判重要途径的人民陪审制相比，委派调解和委托调解中，调解人均独立主持调解，促成调解协议达成，对定争止纷发挥了直接的作用。

2. 有利于促进审调分离。

---

① 江国华、余建：《人民陪审制度的发展和完善》，载《河南省政法管理干部学院学报》2010 年第 6 期。

　　我国的法院调解制度没有自己独立的程序，而是与审判程序合为一体，贯穿于整个审判过程中。法官可以在审理的过程中伺机促成双方当事人调解。因此，主持调解的法官和对案件进行审判的法官为同一审判组织。这与域外类似制度中，促成双方当事人和解（调解）的法官与审判的法官分离的做法截然不同。"在美国的'和解会议'中，主持和解的法官一般不是对此案进行审判的法官；德国、日本则都有受命法官和受托法官的规定，通常主审法官可以询问、鼓励当事人和解，但要涉及实质问题的劝说和协商，则要把案件移交给受命法官或受托法官。"① 这样的做法主要是为了避免主持调解的法官对案件有先入为主的判定。在这一问题上，我国当前对庭前进行的调解已做出了相应调整，《关于建立健全诉讼与非诉讼香衔接的矛盾纠纷解决机制的若干意见》中明确规定，在协助调解中"开庭前从事调解的法官原则上不参与同一案件的开庭审理，当事人同意的除外"。2016 年《关于人民法院特邀调解的规定》第16 条规定"特邀调解员不得在后续的诉讼程序中担任该案的人民陪审员、诉讼代理人、证人、鉴定人以及翻译人员等"。即基本确立了"调审分离"的原则。但是对于庭审开始之后再进行的调解则尚未调整。

　　3. 有利于促进法院与社会解纷资源的合作，助力法治社会建设。

　　我国当前的社会调解种类繁多，机构数量基数大。人民调解委员会设在居（村）委会，最贴近人民群众，对维护邻里和睦，化解人民内部矛盾纠纷发挥着最基础的作用。行政调解如工商行政管理局对消费者纠纷，公安机关对治安案件和道路交通事故纠纷等案件依法在职权范围内进行调解。仲裁机构在征得双方当事人同意的情况下可以在仲裁前对双方先行调解。此外还有特定行业的行业调解、商业调解等。

　　2016 年最高人民法院《关于进一步推进案件繁简分流优化司法资源配置的若干意见》第 20 条规定，"完善多元化纠纷解决机制。推动综治组织、行政机关、人民调解组织、商事调解组织、行业调解组织、仲裁机构、公证机构等各类治理主体发挥预防与化解矛盾纠纷的作用，完善诉调对接工作平台建

---

　　① 江伟主编：《民事诉讼法（第三版）》，高等教育出版社 2015 年版，第 223 页。

设，加强诉讼与非诉纠纷解决方式的有机衔接，促进纠纷的诉前分流。完善刑事诉讼中的和解、调解。促进行政调解、行政和解，积极支持行政机关依法裁决同行政管理活动密切相关的民事纠纷"。在法院调解社会化的理念下，社会的各种解纷资源被整合协调起来。社区、街道、人民调解组织、司法所、行政机关、企事业单位以及专家学者等各种社会力量被组织起来，发挥网络化、规模化的效应。如"长宁区法院附设的区联调委人民调解窗口，其组成人员包括了区公安、检察、工、青、妇、信访、劳动、民政、房地、法援中心等部门从事维权工作的干部，消协调委会主任，各街乡调委会主任以及部分法律自愿者"。① 法院负责协调的工作人员将案件进行诉前分流，委派或委托合适的调解机构处理纠纷，同时加强各调解机构间的横向联动，优化司法资源配置，通过对当事人的诉讼心理、认知层面、期望值等方面的了解来引导双方，最大限度地促成诉前解决纠纷，形成高效、多样的纠纷解决机制，同时加强了法院对社会解纷力量的支配力度。另外，法院承担起了对调解人员培训、指导的责任，切实提高调解人员化解纠纷的技术水平，使社会调解方式日渐规范。法院调解社会化充分发挥司法调解和社会调解各自的优势，形成合力，共同致力于实现定纷止争的目的，为建设社会主义法治社会助力。

在我国当前的法治社会建设中，多元化纠纷解决机制对司法制度的补偏救弊作用不容忽视。既可以弥补诉讼制度的固有缺陷，又可以给法治带来更强大的活力。现代法治社会离不开多元化解纷机制的发展与壮大。法治与社会自治齐头并进才能更好地满足社会的解纷需求，促进社会和谐健康发展。

---

① 王长瑞：《法院调解社会化问题研究》，中国政法大学 2011 年硕士学位论文。

第五章　我国民事纠纷非讼化
解决机制的完善

第一节　现阶段我国民事纠纷非讼化解决机制存在的问题

当前，我国民事纠纷的非讼化解决机制较建立之初已经有了飞速的发展，体系上已初具雏形。但由于受到观念以及现实中各种因素的干扰，其在走向成熟和完善的道路上仍然荆棘密布，困难重重。

一、观念上的束缚

在我国，非讼化纠纷解决方式有着悠久的历史传统，并在社会文化中存在着对它的价值认同。但在处理其与法治建设这一总体要求的关系上，很多人则出现了认知上的偏差。这些观念片面地把非讼化方式作为法治的对立物，倡导法律至上、大力提倡通过法律和诉讼实现权利，计划以大力增加法院和律师来解决日益增长的纠纷。[①] 甚至有一些极端的观点认为，"调解的本质特征即在于当事人部分地放弃自己的合法权利，这种解决方式违背了权利是受国家强制力保护的利益的本质，调解的结果虽然使争议解决，但付出的代价确是牺牲当事人的合法权利，这违背了法制的一般要求。为了全面贯彻公民和法人合法的民事权益不受侵犯原则，我国应大力破除一些陈腐的文化观念，增强公民的权利意识以及权利的诉讼保护意识，提倡诉讼，不折不扣地保护每一项民事权

---

① 范愉：《非诉讼纠纷解决机制研究》，中国人民大学出版社 2000 年版，第 610 页。

利，减少调解的比例"。① "我们的调解传统在本质上包含着诉讼观念的淡薄和对法治的漠视……在现阶段，中国社会的首要任务应是高扬法的权威，树立民众对法的信仰；过多地强调调解，不利于法律制度的完善，不利于社会观念（尤其是法的观念）的转变，从根本上讲，不利于当前社会主义法治的健康发展。"② 因此，很长一段时间，我国司法实践中的现状是，各种现代非讼化纠纷解决方式已为社会所承认和广泛应用，但作为一种纠纷解决体系、一种价值取向和理念，则在整体上没有得到我国法律界和社会主体的充分认识和接受。纠纷发生后，当事人更多地还是对司法诉讼充满期待，而对非讼化解决方式则疑虑重重。

另外一种对建立我国民事纠纷非讼化解决机制的观念束缚表现为，一些人认为，非讼化纠纷解决机制之所以在西方国家得到极好的发展，是与西方国家社会高度法制化、社会主体的自律能力较强的条件相匹配的，而我国普通公民的权利意识和自律能力目前相对较低，因此这种条件下提倡非讼化解决纠纷对权利的实现和法治的发展会产生副作用。

党的十九大把法治社会基本建成确立为到 2035 年基本实现社会主义现代化的重要目标之一。《法治社会建设实施纲要（2020—2025 年）》第 21 条明确提出："依法有效化解社会矛盾纠纷。坚持和发展新时代'枫桥经验'，畅通和规范群众诉求表达、利益协调、权益保障通道，加强矛盾排查和风险研判，完善社会矛盾纠纷多元预防调处化解综合机制，努力将矛盾纠纷化解在基层。"

随着建成"法治社会"目标的提出，近年来，我国公民的权利意识、法律意识显著增强。所以，在新时代的背景下，如何正确把握非讼化纠纷解决方式与建设"法治社会"的关系，如何让非讼化纠纷解决方式在"法治"的指引下，更好地发挥其作用和功能，是我们急需解决的新课题。而摆脱错误观念

---

① 徐国栋：《民法基本原理解释——成文法局限性之克服》，中国政法大学出版社1996 年版，第 123~124 页。

② 胡旭晟：《法学：理想与批判》，湖南人民出版社 1999 年版，第 379 页。

的束缚则是重中之重的首要任务。

二、多元化纠纷解决机制立法尚不完善

目前，我国尚未制定多元化纠纷解决的法律法规，相关规定散见于人民调解法、仲裁法、民事诉讼法等法律规范中。统一立法的缺失，一方面使得立法研究匮乏，没有立法样本作为研究对象；另一方面由于上位法的缺失，因此在考虑地方立法标准时无法明确。党的十八届四中全会《关于推进依法治国若干重大问题的决定》提出，要健全社会矛盾纠纷预防化解机制，完善调解、仲裁、行政裁决、行政复议、诉讼等有机衔接、相互协调的多元化纠纷解决机制，为矛盾纠纷多元化解作出了顶层设计。2015 年厦门率先出台《厦门经济特区多元化纠纷解决机制促进条例》，开启了新时代矛盾纠纷多元化解地方立法的先河。从全国层面看，目前全国部分省、自治区、直辖市也都在抓紧制定多元化纠纷解决条例，例如山东省第十二届人大常委会第二十二次会议于2016 年审议通过第一部省级层面地方性法规《山东省多元化解纠纷促进条例》，福建省于 2017 年通过了《福建省多元化解纠纷条例》。尽管各地在多元化解纠纷的立法方面都在积极探索尝试，但目前我国多元纠纷解决机制的立法仍存在一些问题。

为进一步深化推进矛盾纠纷多元化解机制，有必要以全国经济社会发展为基础和背景，从国家顶层设计层面，加快矛盾纠纷多元化解机制的国家立法进程，依法明确社会矛盾纠纷各类解决主体的地位、作用及职责任务，规范其纠纷化解行为，以有效统一整合各种资源，提高包括个人、团体、组织等社会各界在内的积极性和创造性，构建体系完备、权责清楚、措施明晰、协调顺畅、保障有力、问责明确的矛盾纠纷多元化解机制，将矛盾纠纷多元化解机制改革升级为国家治理体系和治理能力现代化的整体战略行动，推动全社会多层面多领域依法治理，提升社会治理法治化、精细化、智能化、社会化、开放化水平。

三、实质性彻底解决纠纷的原则不明晰

纠纷是社会交往过程中的必然产物，对社会发展有着复杂的影响。美国社会学家波普尔指出，"没有冲突的社会是一个无生机、沉闷乏味的社会"①。因此，面对纠纷我们应当积极应对，而非一味回避。我国在民事纠纷解决过程中，虽然一直以来以"调解"作为诉讼的基本原则，但这一原则的贯彻实施在实践中更多地被曲解为在程序上对纠纷解决结果的追求，而非真正为了实现从实质上彻底化解矛盾。因此无论在程序上亦或实体上均埋下了巨大的隐患。最高人民法院于 2009 年 6 月印发的《关于当前形势下做好行政审判工作的若干意见》首次出现"争议的实质性解决"。其后在次年举行的全国法院行政审判基层基础工作座谈会、全国法院行政审判工作座谈会中，"争议的实质性解决"进一步阐释为，"我们所追求的目标应当是法治而不是律制，是纠纷的实质性解决而不是程序性结案"。这一原则同样适用于民事纠纷的解决。在矛盾纠纷多元化解语境下，注重争议的实质性解决，应避免流于形式的简单处理或程序空转，避免"迫于形势"的任意协调，而应是围绕纠纷产生的基础事实和当事人真实的目的，通过依法裁判、调解和协调化解等多元方式相结合并辅以其他机制的灵活运用，对矛盾纠纷进行整体性、彻底性的一揽式解决，实现对公民、法人和其他组织正当诉求的切实有效保护。②

四、多元化解纷主体间协同性不强

第一，在多元化解决纠纷意识下，纠纷的化解决不单单是法院的任务，国家有关职能部门和社会组织需不断增强大局意识和协同治理意识，修正分段治理的惯性思维，形成多元化解纠纷的主体共识。第二，相关职能部门之间存在

---

① ［美］戴维·波普诺：《社会学》，李强等译，中国人民大学出版社 1999 年版，第133 页。

② 章志远：《行政争议实质性解决的法理解读》，载《中国法学》2020 年第 6 期。

各自为战、推卸责任的现象。根据统计，法院受理的实际案件数量远远超过其他调解组织受理的案件数量①。第三，司法确认制度加强了人民调解制度的权威性，但其范围仅限于人民调解，而不包括其他相关行政机关的调解，如工商部门的调解和公安机关的调解等，客观上限制了行政调解的专业作用，堵塞了多元化纠纷解决的渠道。

第二节　我国民事纠纷非讼化解决机制的完善

一、法治社会建设对非讼化纠纷解决机制的需求

随着改革开放的不断深入，公民权利意识和法律意识的不断增强，民事案件数量急骤增多，以年均 10% 的速度增长。以 2020 年为例，全国四级法院共受理各类案件 3000 万件以上，法官年均办案高达 225 件②。自 2015 年 5 月 1 日起，人民法院全面实行登记备案制度后，解决了人民群众立案难的问题，但另一方面法院案件的激增对于有限的司法资源也形成巨大的挑战。

为解决这一困境，《法治社会建设实施纲要（2020—2025 年）》第 21 条提出："县（市、区、旗）探索在矛盾纠纷多发领域建立'一站式'纠纷解决机制。"2019 年起，最高人民法院先后与包括公安部、司法部、全国总工会、人社部等 11 家部门建立了"总对总"在线投诉对接平台，在纠纷最多的领域如劳动争议、金融、保险、知识产权等领域设立调解机构 33000 家，拥有平台调解员 165000 人，在当事人自愿申请调解的基础上，为群众提供互联网式调

---

① 龙湘元：《中国信访制度困境与治理创新探讨》，载《长沙大学学报》2017 第 31（6）期。

② 金歆：《纠纷化解更加"简、快、灵"》，载《人民日报》2021 年 2 月 28 日，第 6 版。

解服务①。自 2018 年 2 月以来用诉前调解处理的民事案件数量逐年递增，分别是 56.8 万件、145.5 万件、424 万件②，其中湖南省 2021 以来，全省法院依托人民法院调解平台调解案件 63 万件，每 3 件纠纷中，就有 1 件通过诉前调解方式化解，调解成功率超过 70%。③ 2022 年，法院与中国传媒集团共同举办了一系列"一站式纠纷解决"现场媒体活动，得到了社会各界的热烈响应。2022 年最高人民法院发布《人民法院一站式多元纠纷解决和诉讼服务体系建设（2019—2021）》（以下简称《报告》）。《报告》显示，截至 2022 年 2 月中旬，全国 95.5%的人民法庭入驻法院调解平台，在线对接基层治理单位超过 4.5 万家，形成"横向到边、纵向到底"基层解纷服务大格局，让大量矛盾纠纷在基层就能得到实质性解决。到 2022 年，最高法"总对总"合作单位增至 11 家，2021 年全国法院对接的调解组织和调解员数量分别是 2018 年的 48 倍和 18 倍，法院诉前调解成功案件 610.68 万件，同比增长 43.86%。大量矛盾纠纷通过多元主体、多元途径、多元方式，在法治轨道上得到及时、高效、一站式化解。

中国特色一站式多元纠纷解决机制和诉讼服务机制，减轻了司法系统的负担，提高了纠纷解决效率，其不断的制度化、规范化，正在越来越多地为民众解决纠纷、化解矛盾提供便利服务，取得良好的社会反响。

二、理念上的构建

（一）提高思想认识和政治站位，强化现代治理新理念

在中央统一部署下，推进各类多元解纷试点工作，形成了"党委领导、政

---

① 《最高人民法院工作报告（摘要）》，载中国政府网，http：// www. gov. cn/ xinwen/2021-03 / 09 / content_5591608. htm，2021 年 10 月 19 日。

② 最高人民法院：《去年人民法院调解平台调解成功率达 65.04%》，https：// baijiahao. baidu. com/ s？ id = 1692190728383308514&wfr = spider&for = pc，2021 年 10 月 9 日。

③ 最高人民法法院："非凡十年看法院"系列直播第七场：《加强诉源治理 推动纠纷化解》，https：//www. court. gov. cn/zixun-xiangqing-374761. html。

府主导、法院引导、社会参与"工作格局,这是我国法治建设和社会治理进程的需求,我们在多元化纠纷解决机制的构建中,必须进一步提高思想认识,提升政治站位。在习近平新时代法治思想的引领下,把促进社会公平与正义融入多元化纠纷解决机制建设的全过程,让民众在每一个案件的处理中都感受到公平与正义。一是需要加强互动交流平台建设,确保解纷资源共享和优势互补。二是提升多元解纷主体参与度,做好阶段性风险评估。鉴于对多元解纷工作的效果缺乏相应的考核标准和方法,建议引入考评机制,对多元解纷工作量及成效进行量化评分,作为社会综合治理的一部分内容。将平台建设及相关硬件等保障内容统一纳入考评范围。三是建立人才选拔与储备机制。坚持特聘调解员名册制度,采取全职与兼职相结合的方式,将法律人才和各行业人才等聘用到调解组织中,缓解在职人员不足、调解队伍不稳定的问题;建立调解员资质认证制度,建立以地方政府财政为主的经费保障体系。对于公益赞助要进行引导和监管,适当扩大公益性资金覆盖面,发挥公益资金在纠纷化解中的帮扶作用,稳定调解员队伍。

(二) 坚持和发展新时代"枫桥经验"

"枫桥经验"诞生于 1963 年,历经半个多世纪的不断丰富与发展,成为我国农村基层社会治理的成功经验,即"以预防和调解解决社会矛盾纠纷为切入点、以社会治安综合治理为主要治理技术、以平安创建打造稳定的社会环境为目标,强化镇党委、政府对于村民自治的领导和监督,树立政府权威,加强镇政府与村的联动,通过加强镇党委的领导,加强村级组织和制度建设,以规范的基层社会治理、村民自治为基础,为村镇经济发展提供稳定良好的平台与环境保障,引导新农村的建设与发展,从而初步实现建设和谐的目标"[①]。

"枫桥经验"中关于多元化纠纷解决方式,具体包含四个方面的内容:其一,调解是化解矛盾纠纷的主导方式,倡导"小事不出村,大事不出镇,矛盾不上交",就地化解矛盾;其二,司法裁判是解决矛盾纠纷的最终方式,在制

---

① 汪世荣主编:《枫桥经验:基层社会治理的实践》,法律出版社 2018 年版,第 8 页。

度设计上，充分发挥陪审员的引导作用，对当事人达不成调解协议或者不履行协议的，法庭依法作出裁判；其三，倡导事先预防而非事后惩戒，强调宣传教育在前、解决纠纷在后，建立信息员制度等预防体系，及时发现并防止纠纷扩大；最后，地方和区域矛盾自我化解，杜绝"踢皮球"或相互推诿，维护基层社会的和谐稳定。坚持和发展新时代"枫桥经验"对做好矛盾纠纷多元化解工作意义重大：一是预防和控制各类犯罪活动，防范和抵御风险隐患，确保人民安居乐业、社会安定有序、国家长治久安；二是为推进四大战略再深化、经济社会健康发展，创造安全和谐文明的社会环境；三是为推进国家治理体系和治理能力现代化提供实践经验与理论基础①。

在新时代背景下，推广"枫桥经验"中"发动群众、依靠群众，坚持矛盾不上交，就地解决"的理念，就是要畅通公众诉求表达、利益协调、权益保障通道，完善各类调解联动工作体系，构建源头防控、排查梳理、纠纷化解、应急处置的社会矛盾综合治理机制，由多主体参与和主持矛盾纠纷化解，努力将矛盾纠纷化解在基层和源头。

（三）坚持以人民为中心的理念

习近平总书记在党的十九大报告中指出："人民是历史的创造者，是决定党和国家前途命运的根本力量，中国共产党人的初心和使命，就是为中国人民谋幸福，为中华民族谋复兴。"坚持人民主体地位是社会主义制度的本质要求，人民群众是推进矛盾纠纷多元化解的永恒胜利之本。充分发挥人民群众在多元化解矛盾纠纷中的主体作用，使其成为矛盾纠纷多元化解的积极参与者、最大受益者和最终评判者。

第一，发挥人民群众在矛盾纠纷多元化解中的参与主体作用。要尊重人民群众的权利和意愿，调动人民群众的智慧和力量，激发人民群众的创造力，促使人民群众主动作为，通过各种方式深入参与，真正成为矛盾纠纷多元化解的顶梁柱。

---

① 周长康：《各级党委和政府要充分认识"枫桥经验"的重大意义》，载朱志华、周长康主编：《"枫桥经验"的时代之音》，浙江工商大学出版社 2019 年版，第 11 页。

第二，发挥人民群众在矛盾纠纷多元化解中的利益主体作用。切实聚焦人民群众本身，大力破解影响人民对矛盾纠纷高质量化解美好追求的各种制约因素，使矛盾纠纷多元化解符合其需求、服务其利益。

第三，发挥人民群众在矛盾纠纷多元化解中的评判主体作用。人民群众是"阅卷人"，"是我们党的工作的最高裁决者和最终评判者"①。人民群众的体验和感受是判断矛盾纠纷多元化解成效的核心标准。矛盾纠纷化解的好坏，要经得起历史的检验、百姓的评判，因此要虚心接受人民群众的监督，实实在在解决问题②。

三、推进全国性多元化纠纷解决机制立法进程

多元化纠纷解决方式作为传统与现代结合的新生事物，必定要经历大家对它审视、观望以及质疑的过程。因此，为树立其法律权威，必须从立法层面进行固定和强化。立法不仅是权力的手段，而且是由权威确立的坚强意志。我国当前关于多元化纠纷解决机制的立法仍然局限于地方立法的层面，所以，在深入总结地方实践经验的基础上，我国当前应聚焦立法理念与原则，积极推动多元化纠纷解决机制国家立法进程，真正实现矛盾纠纷多元化解的顶层设计。

四、制度上的完善

（一）纠纷预防与化解相结合，注重纠纷实质性解决

一方面做好纠纷的预防，防患于未然，使纠纷尽可能不发生或化解在萌芽状态。有研究表明，预防工作贯穿纠纷发展演变的各个阶段，无论萌发时期、交涉或僵持阶段，还是最后的缓和消除或恶化形成阶段，预防工作都必不可

---

① 国务院新闻办公室会同中央文献研究室、中国外文局编：《习近平谈治国理政》，外文出版社 2014 年版，第 28 页。

② 参见上海市党的建设研究会、全国党的建设研究会社区党建专业委员会、上海市习近平新时代中国特色社会主义思想研究中心编：《人民城市人民建 人民城市为人民——党建引领基层治理现代化优秀论文选编》，上海人民出版社 2021 年版，第 164～168 页。

少。一般而言，萌发阶段的预防因利益受损尚未严重因而往往最为有效，此阶段可以采用明确各方权利义务、消除纠纷诱因的方式；交涉或僵持时期，因纠纷已进入冲突阶段而重在防止纠纷进一步激化；最后一阶段一般需要第三方的介入，此时的预防在于通过合理地解决当下纠纷而防止未来的类似的不特定潜在纠纷的发生。①

另一方面，标本兼治，努力从实质上，彻底化解纠纷。建立多元化纠纷解决机制的目的，正是为了更好地解决纠纷，化解矛盾，并非仅仅在程序上、方式上为当事人增加一个选择而已。应充分发挥非讼化纠纷解决机制的优势，并加强非诉与诉讼方式的衔接，在拓宽纠纷解决机制的同时，真正急当事人之所想，从当事人的切身利益出发，将矛盾化解在源头，避免纠纷升级、矛盾激化，同时尽可能避免程序反复。

（二）加强制度机制建设

1. 加强对非讼化纠纷解决机制的宣传力度。

在我国，相较于诉讼，非诉讼纠纷解决方式对于大多数老百姓而言是比较陌生的。纠纷发生后，除了最传统的私人调解或当事人自行和解方式外，老百姓对于人民调解、仲裁等非诉讼纠纷解决方式不甚了解，甚至闻所未闻。比如仲裁，需要当事人预先达成仲裁协议或仲裁条款才能选择适用，当事人如果不懂这些规则，实践中根本无从选择。所以，要让非诉讼纠纷解决方式能更好地发挥其定纷止争的功能，首先必须当事人对这些方式有所了解，并愿意选择这些方式。因此，这就需要我们在实践中通过多渠道加强对我国非诉讼纠纷解决机制的宣传。例如通过社区进行普法宣传。社区是我国与老百姓最为贴近的基层组织，可以利用好这一优势，通过宣传栏、宣传单、法治宣传讲座、普法宣传日活动等灵活多样的方式对非诉讼纠纷解决方式进行宣传。另外，还可以利用好网络媒介，借力广播、电视、微信、微博等对非诉讼纠纷解决机制进行大力宣传。

---

① 刘嘉瑜、张西恒：《新时代矛盾纠纷多元化解地方立法的理念与原则》，载《人大研究》2021 年第 12 期。

2. 扎好非讼化纠纷解决程序规范化发展的框架。①

（1）构建专业化培训保障机制。以上海市长宁区为例，成立"调解员培训中心"，定期开展旁听庭审、模拟调解、案件讨论、远程指导、视频观摩等多样化培训。组建"法官、法官助理、调解员、书记员"专业化团队，提升调解员业务能力和接待水平，提高纠纷化解规范度和化解质效。

（2）构建规范化诉调对接机制。按照最高人民法院《关于建立健全诉讼与非诉讼相衔接的矛盾纠纷解决机制的若干意见》的精神，构建规范化的诉前调解、诉调衔接、纠纷过滤机制，鼓励引导更多纠纷通过非诉讼手段化解。明确诉调案件的受理范围、交接流程、调解时限等内容，确保案件有序流转。细化有关诉讼外调解协议司法确认流程，指定专门审判团队负责及时处理司法确认申请。进一步畅通诉调衔接渠道。

（3）构建标准化平台升级机制。打造功能齐全、便利智能的现代化诉调对接和诉讼服务平台，提升司法服务保障水平。开辟诉调对接中心工作场所，提供调解室、办公场地及其他各类物资支持，积极争取上级党委、高院条线资金支持等。加强现代化信息平台建设，积极探索在线调解方式，依托高院信息平台、微法院建设，逐步推开网上立案、线上解纷、电子卷宗阅览、文书自动生成等多项功能，为当事人、调解员、法官提供便利。

3. 强化非讼化纠纷解决机制的便利性和专业性。

加强学习"枫桥经验"，构建"便利化"纠纷解决机制。充分发挥基层法庭的职能，促进社会矛盾的源头治理。从"随时开门"到"就近服务"当事人可以选择居住地中级及以下人民法院申请跨地区立案。

畅通繁简分流通道。诉前分流具有优化司法资源配置的功能，已成为纠纷解决中广泛采用的重要方式。通过对当事人的诉讼心理、认知层面、期望值等方面的了解来引导双方和解，最大限度地诉前解决纠纷，形成高效、多样的纠

---

① 参见长宁区人民法院课题组、胡安之、周嘉禾、上海市长宁区人民法院党组：《探索多元化纠纷解决机制 推动基层社区矛盾化解》，载《上海法学研究》集刊（2020 年第 4 卷 总第 28 卷）——《中共上海市长宁区委政法委文集》。

纷解决机制。

2019 年初，最高人民法院创造性提出一站式多元解决纠纷的工作模式，整合解纷资源、重塑诉讼格局、服务社会治理。近几年，人民法院设立调解工作站，代表、专员积极参与多渠道调解，多种争端解决机制充发挥作用，不诉诸法律解决争端的现象越来越多。这表明，在建立多元化的一站式纠纷解决机制、多渠道化解矛盾纠纷方面，我国已初见成效。全国各级法院坚持以群众需求为导向，无论是通过"移动微法院"，还是窗口，力争使当事人在一个地方一站式完成诉讼。把纠纷解决功能放在诉讼服务中心的首位，使诉前调解真正地发挥作用。2020 年，各级法院诉讼服务中心共快速审结案件 693.3 万件，这意味着在一审开庭前有 53% 的民商事案件已经化解。[1] 上海市长宁区法院，主动与区司法局、工商局、旅游局、消保委、医调委等部门以及相关行业联动，先后设立"交通事故调解室""劳动人事争议联合调解室""物业纠纷调解室""消费纠纷联合调解工作室""医疗纠纷调解室"等十多个联合调解工作室，开展以协助诉前调解、现场受理、就地开庭调解等工作为内容的"一站式"服务。在消费纠纷调解室的基础上，设立消费纠纷"巡回立案点""巡回法庭"，加大辐射力度。

随着人工智能技术的发展，将智能技术运用于多元化纠纷解决机制建设成为当前社会矛盾纠纷化解的新趋势。[2] 2017 年在杭州设立了互联网法院的试点，体现出互联网科技、人工智能发展对当前社会纠纷化解方式的影响。加强智能法院建设：一是信息硬件建设明显加强，智能化审判服务系统基本建成，实现了远程讯问和远程庭审。二是加强智能手段的应用，提高便捷服务的有效性。受疫情影响，"非接触式"诉讼服务在全国范围内实施，开创了电子诉讼改革新模式。三是深化智能化应用领域，提高纠纷解决透明度指标。新冠肺炎疫情期间，全国法院利用智能平台实现网上庭审，做到在特殊情况下的司法服

---

[1] 《最高人民法院工作报告（摘要）》，载中国政府网，http：//www. gov. cn/xinwen/2021-03 / 09 / content_5591608. htm，2021 年 10 月 9 日。

[2] 龙湘元、刘洋：《我国多元化纠纷解决机制的思考》，载《湖南人文科技学院学报》2021 年第 6 期。

务不停顿，也提高了纠纷解决的透明度和便利性，收到良好的社会效果。今后在线纠纷化解将成为多元化纠纷解决机制改革的重要方向。

对于特定类型的纠纷，增强专业性处置能力。同样以上海市长宁区为例，法院先后与市保险同业公会、银行业纠纷调解中心、金融消费纠纷调解中心、区工商联等多家单位合作，搭建专业性纠纷调解工作室。有效提高了新类型、专业度较高的纠纷前端化解质效。在家事纠纷调解初期委托公证开展全案调查，推进公证参与司法辅助事务合作，提升纠纷诉前化解质效。

4. 大力推进诉讼外调解机制协调发展。

（1）巩固人民调解作为化解矛盾纠纷"第一道防线"的功能

应充分发挥人民调解基础性作用，服务大局、服务群众，扎实开展矛盾纠纷排查化解工作，用法理情守护着千家万户的安宁祥和，推动人民调解这一维护社会和谐稳定的"第一道防线"发挥出应有的作用。

以深圳的成功做法为例，构建以人民调解为基础，人民调解、行政调解、行业性专业性调解、司法调解优势互补、有机衔接、协调联动的大调解工作格局。首先，应当建立并夯实市、区、街道三级人民调解机制，引领社会组织参与人民调解工作有序化、长效化。社区成为化解群众矛盾的先锋队，依托区信访联席会议机制，以群众诉求"为令"，部门"闻令"而动；建立行业性调解委员会，储备专家型智库和专兼职人民调解员；创新开展领导干部"我当调解员"，激发解纷新动能；充分发挥下沉党员服务力量，推动人民调解法治专门队伍正规化；创新矛盾纠纷调解"三前移"工作新模式，实现信息摸排前移、宣传引导前移、多元调解前移，准确把握当前疫情防控和社会稳定新形势新变化，加强事前预防，采取前瞻性、有针对性的走访调查和调解工作，建设矛盾化解前移机制；推出"流动调解室"，更为灵活便捷对接群众诉求。其次，推进"三调联动"非诉纠纷解决机制，促进人民调解与行政调解、司法调解协调联动、衔接互动，为多元纠纷化解机制建设搭建探索桥梁，不断提升调解质效。第三，针对经济高速发展背景下，商事纠纷频繁、纠纷数量常年居于高位的实际，创新和完善商事争议多元化解决机制，为商事纠纷提供高效便捷、亲商友商的非诉讼纠纷解决平台。①

（2）推进律师调解制度细化和落实

党的十八大以来，以习近平同志为核心的党中央对充分发挥律师法律服务在全面依法治国中的重要作用高度关注，作出一系列重大决策部署，将律师工作摆在全面依法治国的重要位置统筹推进。② 习近平总书记多次指出："律师队伍是依法治国的一支重要力量。"《法治中国建设规划（2020—2025 年）》指出"全面开展律师调解工作"，2017 年 9 月，最高人民法院、司法部联合发布《关于开展律师调解试点工作的意见》（以下简称《试点意见》），是律师调解工作发生转变的标志。律师在调解中由过去的参与者转变为主导者，保持中立，不偏向任何一方当事人的言行，力求维护调解结果的客观性、公正性和可接受性，工作目标从帮助己方当事人"单赢"转向帮助纠纷各方"达成调解协议""促进履行协议"，即"多赢"。③

当前，社会纠纷类型化、复杂化趋势愈发明显，单纯依赖传统调解模式和法律服务资源已无法适应客观需求，而律师以其法律专业素养作为调解人进行调解能恰好填补这一需求。正是基于律师调解的专业优势，在西方国家替代性纠纷化解机制建设中律师作为第三方当事人参与矛盾纠纷化解已经成为纠纷化解的重要环节，同时也受到了西方社会的广泛认同。"调解的勃兴虽源于社会转型期纠纷数量不断攀升、法院诉讼压力日渐加重的时代背景，以调解主体多元化为特征的回应时代需求的调解制度的创新与转型才是调解重获新生的主因。"④《试点意见》明确规定了目前我国律师调解工作的四种模式，即人民法

---

① 参见《深圳因地制宜构建大调解格局 "多点开花"探索多元化纠纷解决机制》，载《深圳商报》2021 年 9 月 28 日，第 A05 版。

② 蔡长春、张晨：《深入学习贯彻习近平法治思想 奋力谱写律师事业发展新篇章——党的十八大以来我国律师事业发展综述》，载《法治日报》2021 年 10 月 11 日，第 6 版。

③ 张晓菲：《习近平法治思想指引新时代律师调解工作创新发展》，载《中国司法》2022 年第 9 期。

④ 熊跃敏、张润：《律师调解：多元解纷机制的制度创新》，载《中国司法》2017 年第 11 期。

院设立律师调解工作室，公共法律服务中心（站）设立律师调解工作室，律师协会设立律师调解中心，律师事务所设立调解工作室。按照《法治中国建设规划（2020—2025 年）》中对律师开展调解工作提出的"全面"的要求，我们应在接下来进一步细化和落实律师调解制度，具体包括：第一，扩大律师调解试点范围，覆盖全国。第二，拓展律师调解的服务领域至全社会和全行业，即除了法律明文规定禁止开展律师调解的案件、纠纷，只要矛盾纠纷双方同意的，都可以开展律师调解。第三，延伸律师调解在诉讼、非诉案件和纠纷中的全链条、全过程。第四，强化律师调解与诉讼程序的衔接，提升律师调解的公信力及其法律效力。除此之外，为了更好地调动律师参与调解的积极性，我国可以尝试学习国外律师调解市场化的经验，通过对律师调解确定市场化的收费标准、调解程序等事项进行明确，促进律师调解市场化、规范化运行。律师调解有利于律师发挥专业优势，促成矛盾纠纷解决，通过提供法律服务更好参与社会建设、促进全面依法治国。

（3）联合行政调解发挥行政调解化解民事纠纷的特殊功能

在我国现阶段，行政调解以其高效、及时等特点，在化解群体性、矛盾激化等纠纷上有不可低估的作用。因此，在涉及社会稳定的动拆迁、市政重大工程建设等引发的群体性纠纷中，通过紧密联合行政力量调处，能尽可能在诉前或诉讼中化解纠纷，防止矛盾的升级。以上海为例，2007 年，浦东法院联合相关行政部门进行调解，圆满化解了外高桥镇 110 户农民拆迁安置纠纷；2008 年又与当地政府部门协作，成功化解陈某某等 11 人与上海凌桥房地产有限公司的拆迁安置纠纷 11 起。①

5. 完善以司法审查为重点的审裁衔接工作机制。

仲裁作为诉讼外纠纷解决的重要方式之一，我国《民事诉讼法》以及

---

① 参见长宁区人民法院课题组、胡安之、周嘉禾、上海市长宁区人民法院党组：《探索多元化纠纷解决机制 推动基层社区矛盾化解》，载《上海法学研究》集刊（2020 年第 4 卷 总第 28 卷）——《中共上海市长宁区委政法委文集》。

《仲裁法》都对其进行了具体的规定。但在实践中，仲裁方式的运用情况并不竟如人意。这就需要法院加强与仲裁机构的工作沟通和协调，帮助仲裁机构提高仲裁质量和效率，提高仲裁公信度和权威性，更好的发挥仲裁的积极作用。

（1）加强完善对仲裁裁决的司法审查

要认真贯彻执行《仲裁法》，本着支持与监督并重的原则，大力支持各仲裁机构开展工作，构建完善仲裁效力及申请撤销仲裁裁决和不予执行的依法确认机制。对于各仲裁机构仲裁过程中移交的证据保全和财产保全申请，人民法院应当依法及时审查，符合法律规定的，应快速采取相应保全措施，最大程度促进仲裁机构纠纷解决功能的发挥。对于没有仲裁协议而经由仲裁机构更有利于纠纷化解的当事人，人民法院诉调对接中心应对其积极引导，在双方自愿的前提下，尽量促使双方签订仲裁协议。

（2）加强与仲裁机构的交流沟通

在劳动人事争议处理方面，各法院应认真贯彻执行《中华人民共和国劳动争议调解仲裁法》和相关司法解释的规定，根据劳动、人事争议案件的特点，加强与劳动、人事争议等仲裁机构的沟通和协调，支持和鼓励仲裁机制发挥作用，对有重大影响的案件特别是群体性案件跟踪仲裁过程；共同探讨解决疑难案件，确保案件质量；通过沟通，努力与仲裁机构对法律的理解与执法达成一致意见，共同统一执法尺度，提高执法水平。上海市黄浦法院针对当前经济形势现状，还主动采取了一些突破传统的做法，针对实践中不断发生的劳动者在仲裁阶段申请财产保全的情况，为避免矛盾激化，最大限度维护和实现劳动者的合法权益，黄浦法院秉着审慎的态度，积极探索在仲裁阶段由仲裁机构受理申请，提供财产线索，并移交法院通过专门的快速通道进行财产保全和先予执行，有效化解矛盾。

在农村土地承包经营纠纷仲裁方面，上海法院，尤其是郊区法院通过加强与农村土地承包仲裁机构的沟通和协调，妥善处理农村土地承包纠纷，努力为农村改革发展提供强有力的司法保障和法律服务。如奉贤区法院与区司法局、区农委三方联合，于 2008 年 8 月在农村土地承包仲裁委的办公场所设立涉农纠纷专项受理窗口，成立上海市首家农村土地承包纠纷联合调处中心，创新"调、仲、讼"一门式服务。由区司法局、区法院等相关职能部门成立专项协作小组（包括人民调解委员会、土地承包纠纷调解委员会、司法所、村民委员会、法院相关庭室），由其负责对前来咨询的农民进行解答和法制宣传，并做好"调、仲、讼"解决纠纷的程序释明工作，分析各种解决方案的优劣及其相互关系，引导当事人选择最佳方案。同时定期召开联评工作会议，互通经验，探讨完善解决方案；邀请村民代表、村委会人员参加会议，反映村民们对此类案件的代表性意见、要求及对案件处理结果的满意程度，并对常见涉农案件的"调、仲、讼"流程及大致解决方案作出更为明确的阐释，让村委会解决涉农纠纷时做到心中有底，也让老百姓对纠纷解决有个合理的心理预期。这样不仅大大减轻了法院的诉讼压力，也切实保障了农村土地使用权有序流转、有效化解了农村社会矛盾。①

---

① 参见长宁区人民法院课题组、胡安之、周嘉禾、上海市长宁区人民法院党组：《探索多元化纠纷解决机制 推动基层社区矛盾化解》，载《上海法学研究》集刊（2020 年第 4 卷 总第 28 卷）。

附　录

中华人民共和国民事诉讼法

（1991 年 4 月 9 日第七届全国人民代表大会第四次会议通过　根据 2007 年 10 月 28 日第十届全国人民代表大会常务委员会第三十次会议《关于修改〈中华人民共和国民事诉讼法〉的决定》第一次修正　根据 2012 年 8 月 31 日第十一届全国人民代表大会常务委员会第二十八次会议《关于修改〈中华人民共和国民事诉讼法〉的决定》第二次修正　根据 2017 年 6 月 27 日第十二届全国人民代表大会常务委员会第二十八次会议《关于修改〈中华人民共和国民事诉讼法〉和〈中华人民共和国行政诉讼法〉的决定》第三次修正　根据 2021 年 12 月 24 日第十三届全国人民代表大会常务委员会第三十二次会议《关于修改〈中华人民共和国民事诉讼法〉的决定》第四次修正）

目　录

第一编　总　　则
第一章　任务、适用范围和基本原则

第一条　中华人民共和国民事诉讼法以宪法为根据，结合我国民事审判工作的经验和实际情况制定。

第二条　中华人民共和国民事诉讼法的任务，是保护当事人行使诉讼权利，保证人民法院查明事实，分清是非，正确适用法律，及时审理民事案件，确认民事权利义务关系，制裁民事违法行为，保护当事人的合法权益，教育公民自觉遵守法律，维护社会秩序、经济秩序，保障社会主义建设事业顺利进行。

第三条　人民法院受理公民之间、法人之间、其他组织之间以及他们相互之间因财产关系和人身关系提起的民事诉讼，适用本法的规定。

第四条　凡在中华人民共和国领域内进行民事诉讼，必须遵守本法。

第五条 外国人、无国籍人、外国企业和组织在人民法院起诉、应诉，同中华人民共和国公民、法人和其他组织有同等的诉讼权利义务。

外国法院对中华人民共和国公民、法人和其他组织的民事诉讼权利加以限制的，中华人民共和国人民法院对该国公民、企业和组织的民事诉讼权利，实行对等原则。

第六条 民事案件的审判权由人民法院行使。

人民法院依照法律规定对民事案件独立进行审判，不受行政机关、社会团体和个人的干涉。

第七条 人民法院审理民事案件，必须以事实为根据，以法律为准绳。

第八条 民事诉讼当事人有平等的诉讼权利。人民法院审理民事案件，应当保障和便利当事人行使诉讼权利，对当事人在适用法律上一律平等。

第九条 人民法院审理民事案件，应当根据自愿和合法的原则进行调解；调解不成的，应当及时判决。

第十条 人民法院审理民事案件，依照法律规定实行合议、回避、公开审判和两审终审制度。

第十一条 各民族公民都有用本民族语言、文字进行民事诉讼的权利。

在少数民族聚居或者多民族共同居住的地区，人民法院应当用当地民族通用的语言、文字进行审理和发布法律文书。

人民法院应当对不通晓当地民族通用的语言、文字的诉讼参与人提供翻译。

第十二条 人民法院审理民事案件时，当事人有权进行辩论。

第十三条 民事诉讼应当遵循诚信原则。

当事人有权在法律规定的范围内处分自己的民事权利和诉讼权利。

第十四条 人民检察院有权对民事诉讼实行法律监督。

第十五条 机关、社会团体、企业事业单位对损害国家、集体或者个人民事权益的行为，可以支持受损害的单位或者个人向人民法院起诉。

第十六条 经当事人同意，民事诉讼活动可以通过信息网络平台在线进行。

民事诉讼活动通过信息网络平台在线进行的，与线下诉讼活动具有同等法律效力。

第十七条　民族自治地方的人民代表大会根据宪法和本法的原则，结合当地民族的具体情况，可以制定变通或者补充的规定。自治区的规定，报全国人民代表大会常务委员会批准。自治州、自治县的规定，报省或者自治区的人民代表大会常务委员会批准，并报全国人民代表大会常务委员会备案。

第二章　管　辖

第一节　级别管辖

第十八条　基层人民法院管辖第一审民事案件，但本法另有规定的除外。

第十九条　中级人民法院管辖下列第一审民事案件：

（一）重大涉外案件；

（二）在本辖区有重大影响的案件；

（三）最高人民法院确定由中级人民法院管辖的案件。

第二十条　高级人民法院管辖在本辖区有重大影响的第一审民事案件。

第二十一条　最高人民法院管辖下列第一审民事案件：

（一）在全国有重大影响的案件；

（二）认为应当由本院审理的案件。

第二节　地域管辖

第二十二条　对公民提起的民事诉讼，由被告住所地人民法院管辖；被告住所地与经常居住地不一致的，由经常居住地人民法院管辖。

对法人或者其他组织提起的民事诉讼，由被告住所地人民法院管辖。

同一诉讼的几个被告住所地、经常居住地在两个以上人民法院辖区的，各该人民法院都有管辖权。

第二十三条　下列民事诉讼，由原告住所地人民法院管辖；原告住所地与经常居住地不一致的，由原告经常居住地人民法院管辖：

（一）对不在中华人民共和国领域内居住的人提起的有关身份关系的诉讼；

（二）对下落不明或者宣告失踪的人提起的有关身份关系的诉讼；

（三）对被采取强制性教育措施的人提起的诉讼；

（四）对被监禁的人提起的诉讼。

第二十四条 因合同纠纷提起的诉讼，由被告住所地或者合同履行地人民法院管辖。

第二十五条 因保险合同纠纷提起的诉讼，由被告住所地或者保险标的物所在地人民法院管辖。

第二十六条 因票据纠纷提起的诉讼，由票据支付地或者被告住所地人民法院管辖。

第二十七条 因公司设立、确认股东资格、分配利润、解散等纠纷提起的诉讼，由公司住所地人民法院管辖。

第二十八条 因铁路、公路、水上、航空运输和联合运输合同纠纷提起的诉讼，由运输始发地、目的地或者被告住所地人民法院管辖。

第二十九条 因侵权行为提起的诉讼，由侵权行为地或者被告住所地人民法院管辖。

第三十条 因铁路、公路、水上和航空事故请求损害赔偿提起的诉讼，由事故发生地或者车辆、船舶最先到达地、航空器最先降落地或者被告住所地人民法院管辖。

第三十一条 因船舶碰撞或者其他海事损害事故请求损害赔偿提起的诉讼，由碰撞发生地、碰撞船舶最先到达地、加害船舶被扣留地或者被告住所地人民法院管辖。

第三十二条 因海难救助费用提起的诉讼，由救助地或者被救助船舶最先到达地人民法院管辖。

第三十三条 因共同海损提起的诉讼，由船舶最先到达地、共同海损理算地或者航程终止地的人民法院管辖。

第三十四条 下列案件，由本条规定的人民法院专属管辖：

（一）因不动产纠纷提起的诉讼，由不动产所在地人民法院管辖；

（二）因港口作业中发生纠纷提起的诉讼，由港口所在地人民法院管辖；

（三）因继承遗产纠纷提起的诉讼，由被继承人死亡时住所地或者主要遗产所在地人民法院管辖。

第三十五条　合同或者其他财产权益纠纷的当事人可以书面协议选择被告住所地、合同履行地、合同签订地、原告住所地、标的物所在地等与争议有实际联系的地点的人民法院管辖，但不得违反本法对级别管辖和专属管辖的规定。

第三十六条　两个以上人民法院都有管辖权的诉讼，原告可以向其中一个人民法院起诉；原告向两个以上有管辖权的人民法院起诉的，由最先立案的人民法院管辖。

第三节　移送管辖和指定管辖

第三十七条　人民法院发现受理的案件不属于本院管辖的，应当移送有管辖权的人民法院，受移送的人民法院应当受理。受移送的人民法院认为受移送的案件依照规定不属于本院管辖的，应当报请上级人民法院指定管辖，不得再自行移送。

第三十八条　有管辖权的人民法院由于特殊原因，不能行使管辖权的，由上级人民法院指定管辖。

人民法院之间因管辖权发生争议，由争议双方协商解决；协商解决不了的，报请它们的共同上级人民法院指定管辖。

第三十九条　上级人民法院有权审理下级人民法院管辖的第一审民事案件；确有必要将本院管辖的第一审民事案件交下级人民法院审理的，应当报请其上级人民法院批准。

下级人民法院对它所管辖的第一审民事案件，认为需要由上级人民法院审理的，可以报请上级人民法院审理。

第三章　审　判　组　织

第四十条　人民法院审理第一审民事案件，由审判员、陪审员共同组成合议庭或者由审判员组成合议庭。合议庭的成员人数，必须是单数。

适用简易程序审理的民事案件，由审判员一人独任审理。基层人民法院审理的基本事实清楚、权利义务关系明确的第一审民事案件，可以由审判员一人适用普通程序独任审理。

陪审员在执行陪审职务时，与审判员有同等的权利义务。

第四十一条 人民法院审理第二审民事案件，由审判员组成合议庭。合议庭的成员人数，必须是单数。

中级人民法院对第一审适用简易程序审结或者不服裁定提起上诉的第二审民事案件，事实清楚、权利义务关系明确的，经双方当事人同意，可以由审判员一人独任审理。

发回重审的案件，原审人民法院应当按照第一审程序另行组成合议庭。

审理再审案件，原来是第一审的，按照第一审程序另行组成合议庭；原来是第二审的或者是上级人民法院提审的，按照第二审程序另行组成合议庭。

第四十二条 人民法院审理下列民事案件，不得由审判员一人独任审理：

（一）涉及国家利益、社会公共利益的案件；

（二）涉及群体性纠纷，可能影响社会稳定的案件；

（三）人民群众广泛关注或者其他社会影响较大的案件；

（四）属于新类型或者疑难复杂的案件；

（五）法律规定应当组成合议庭审理的案件；

（六）其他不宜由审判员一人独任审理的案件。

第四十三条 人民法院在审理过程中，发现案件不宜由审判员一人独任审理的，应当裁定转由合议庭审理。

当事人认为案件由审判员一人独任审理违反法律规定的，可以向人民法院提出异议。人民法院对当事人提出的异议应当审查，异议成立的，裁定转由合议庭审理；异议不成立的，裁定驳回。

第四十四条 合议庭的审判长由院长或者庭长指定审判员一人担任；院长或者庭长参加审判的，由院长或者庭长担任。

第四十五条 合议庭评议案件，实行少数服从多数的原则。评议应当制作笔录，由合议庭成员签名。评议中的不同意见，必须如实记入笔录。

第四十六条　审判人员应当依法秉公办案。

审判人员不得接受当事人及其诉讼代理人请客送礼。

审判人员有贪污受贿，徇私舞弊，枉法裁判行为的，应当追究法律责任；构成犯罪的，依法追究刑事责任。

第四章　回　　避

第四十七条　审判人员有下列情形之一的，应当自行回避，当事人有权用口头或者书面方式申请他们回避：

（一）是本案当事人或者当事人、诉讼代理人近亲属的；

（二）与本案有利害关系的；

（三）与本案当事人、诉讼代理人有其他关系，可能影响对案件公正审理的。

审判人员接受当事人、诉讼代理人请客送礼，或者违反规定会见当事人、诉讼代理人的，当事人有权要求他们回避。

审判人员有前款规定的行为的，应当依法追究法律责任。

前三款规定，适用于书记员、翻译人员、鉴定人、勘验人。

第四十八条　当事人提出回避申请，应当说明理由，在案件开始审理时提出；回避事由在案件开始审理后知道的，也可以在法庭辩论终结前提出。

被申请回避的人员在人民法院作出是否回避的决定前，应当暂停参与本案的工作，但案件需要采取紧急措施的除外。

第四十九条　院长担任审判长或者独任审判员时的回避，由审判委员会决定；审判人员的回避，由院长决定；其他人员的回避，由审判长或者独任审判员决定。

第五十条　人民法院对当事人提出的回避申请，应当在申请提出的三日内，以口头或者书面形式作出决定。申请人对决定不服的，可以在接到决定时申请复议一次。复议期间，被申请回避的人员，不停止参与本案的工作。人民法院对复议申请，应当在三日内作出复议决定，并通知复议申请人。

第五章　诉讼参加人

第一节　当　事　人

第五十一条　公民、法人和其他组织可以作为民事诉讼的当事人。

法人由其法定代表人进行诉讼。其他组织由其主要负责人进行诉讼。

第五十二条　当事人有权委托代理人，提出回避申请，收集、提供证据，进行辩论，请求调解，提起上诉，申请执行。

当事人可以查阅本案有关材料，并可以复制本案有关材料和法律文书。查阅、复制本案有关材料的范围和办法由最高人民法院规定。

当事人必须依法行使诉讼权利，遵守诉讼秩序，履行发生法律效力的判决书、裁定书和调解书。

第五十三条　双方当事人可以自行和解。

第五十四条　原告可以放弃或者变更诉讼请求。被告可以承认或者反驳诉讼请求，有权提起反诉。

第五十五条　当事人一方或者双方为二人以上，其诉讼标的是共同的，或者诉讼标的是同一种类、人民法院认为可以合并审理并经当事人同意的，为共同诉讼。

共同诉讼的一方当事人对诉讼标的有共同权利义务的，其中一人的诉讼行为经其他共同诉讼人承认，对其他共同诉讼人发生效力；对诉讼标的没有共同权利义务的，其中一人的诉讼行为对其他共同诉讼人不发生效力。

第五十六条　当事人一方人数众多的共同诉讼，可以由当事人推选代表人进行诉讼。代表人的诉讼行为对其所代表的当事人发生效力，但代表人变更、放弃诉讼请求或者承认对方当事人的诉讼请求，进行和解，必须经被代表的当事人同意。

第五十七条　诉讼标的是同一种类、当事人一方人数众多在起诉时人数尚未确定的，人民法院可以发出公告，说明案件情况和诉讼请求，通知权利人在一定期间向人民法院登记。

向人民法院登记的权利人可以推选代表人进行诉讼；推选不出代表人的，

人民法院可以与参加登记的权利人商定代表人。

代表人的诉讼行为对其所代表的当事人发生效力，但代表人变更、放弃诉讼请求或者承认对方当事人的诉讼请求，进行和解，必须经被代表的当事人同意。

人民法院作出的判决、裁定，对参加登记的全体权利人发生效力。未参加登记的权利人在诉讼时效期间提起诉讼的，适用该判决、裁定。

第五十八条　对污染环境、侵害众多消费者合法权益等损害社会公共利益的行为，法律规定的机关和有关组织可以向人民法院提起诉讼。

人民检察院在履行职责中发现破坏生态环境和资源保护、食品药品安全领域侵害众多消费者合法权益等损害社会公共利益的行为，在没有前款规定的机关和组织或者前款规定的机关和组织不提起诉讼的情况下，可以向人民法院提起诉讼。前款规定的机关或者组织提起诉讼的，人民检察院可以支持起诉。

第五十九条　对当事人双方的诉讼标的，第三人认为有独立请求权的，有权提起诉讼。

对当事人双方的诉讼标的，第三人虽然没有独立请求权，但案件处理结果同他有法律上的利害关系的，可以申请参加诉讼，或者由人民法院通知他参加诉讼。人民法院判决承担民事责任的第三人，有当事人的诉讼权利义务。

前两款规定的第三人，因不能归责于本人的事由未参加诉讼，但有证据证明发生法律效力的判决、裁定、调解书的部分或者全部内容错误，损害其民事权益的，可以自知道或者应当知道其民事权益受到损害之日起六个月内，向作出该判决、裁定、调解书的人民法院提起诉讼。人民法院经审理，诉讼请求成立的，应当改变或者撤销原判决、裁定、调解书；诉讼请求不成立的，驳回诉讼请求。

第二节　诉讼代理人

第六十条　无诉讼行为能力人由他的监护人作为法定代理人代为诉讼。法定代理人之间互相推诿代理责任的，由人民法院指定其中一人代为诉讼。

第六十一条　当事人、法定代理人可以委托一至二人作为诉讼代理人。

下列人员可以被委托为诉讼代理人：

（一）律师、基层法律服务工作者；

（二）当事人的近亲属或者工作人员；

（三）当事人所在社区、单位以及有关社会团体推荐的公民。

第六十二条 委托他人代为诉讼，必须向人民法院提交由委托人签名或者盖章的授权委托书。

授权委托书必须记明委托事项和权限。诉讼代理人代为承认、放弃、变更诉讼请求，进行和解，提起反诉或者上诉，必须有委托人的特别授权。

侨居在国外的中华人民共和国公民从国外寄交或者托交的授权委托书，必须经中华人民共和国驻该国的使领馆证明；没有使领馆的，由与中华人民共和国有外交关系的第三国驻该国的使领馆证明，再转由中华人民共和国驻该第三国使领馆证明，或者由当地的爱国华侨团体证明。

第六十三条 诉讼代理人的权限如果变更或者解除，当事人应当书面告知人民法院，并由人民法院通知对方当事人。

第六十四条 代理诉讼的律师和其他诉讼代理人有权调查收集证据，可以查阅本案有关材料。查阅本案有关材料的范围和办法由最高人民法院规定。

第六十五条 离婚案件有诉讼代理人的，本人除不能表达意思的以外，仍应出庭；确因特殊情况无法出庭的，必须向人民法院提交书面意见。

第六章 证 据

第六十六条 证据包括：

（一）当事人的陈述；

（二）书证；

（三）物证；

（四）视听资料；

（五）电子数据；

（六）证人证言；

（七）鉴定意见；

（八）勘验笔录。

证据必须查证属实，才能作为认定事实的根据。

第六十七条　当事人对自己提出的主张，有责任提供证据。

当事人及其诉讼代理人因客观原因不能自行收集的证据，或者人民法院认为审理案件需要的证据，人民法院应当调查收集。

人民法院应当按照法定程序，全面地、客观地审查核实证据。

第六十八条　当事人对自己提出的主张应当及时提供证据。

人民法院根据当事人的主张和案件审理情况，确定当事人应当提供的证据及其期限。当事人在该期限内提供证据确有困难的，可以向人民法院申请延长期限，人民法院根据当事人的申请适当延长。当事人逾期提供证据的，人民法院应当责令其说明理由；拒不说明理由或者理由不成立的，人民法院根据不同情形可以不予采纳该证据，或者采纳该证据但予以训诫、罚款。

第六十九条　人民法院收到当事人提交的证据材料，应当出具收据，写明证据名称、页数、份数、原件或者复印件以及收到时间等，并由经办人员签名或者盖章。

第七十条　人民法院有权向有关单位和个人调查取证，有关单位和个人不得拒绝。

人民法院对有关单位和个人提出的证明文书，应当辨别真伪，审查确定其效力。

第七十一条　证据应当在法庭上出示，并由当事人互相质证。对涉及国家秘密、商业秘密和个人隐私的证据应当保密，需要在法庭出示的，不得在公开开庭时出示。

第七十二条　经过法定程序公证证明的法律事实和文书，人民法院应当作为认定事实的根据，但有相反证据足以推翻公证证明的除外。

第七十三条　书证应当提交原件。物证应当提交原物。提交原件或者原物确有困难的，可以提交复制品、照片、副本、节录本。

提交外文书证，必须附有中文译本。

第七十四条　人民法院对视听资料，应当辨别真伪，并结合本案的其他证据，审查确定能否作为认定事实的根据。

第七十五条 凡是知道案件情况的单位和个人，都有义务出庭作证。有关单位的负责人应当支持证人作证。

不能正确表达意思的人，不能作证。

第七十六条 经人民法院通知，证人应当出庭作证。有下列情形之一的，经人民法院许可，可以通过书面证言、视听传输技术或者视听资料等方式作证：

（一）因健康原因不能出庭的；

（二）因路途遥远，交通不便不能出庭的；

（三）因自然灾害等不可抗力不能出庭的；

（四）其他有正当理由不能出庭的。

第七十七条 证人因履行出庭作证义务而支出的交通、住宿、就餐等必要费用以及误工损失，由败诉一方当事人负担。当事人申请证人作证的，由该当事人先行垫付；当事人没有申请，人民法院通知证人作证的，由人民法院先行垫付。

第七十八条 人民法院对当事人的陈述，应当结合本案的其他证据，审查确定能否作为认定事实的根据。

当事人拒绝陈述的，不影响人民法院根据证据认定案件事实。

第七十九条 当事人可以就查明事实的专门性问题向人民法院申请鉴定。当事人申请鉴定的，由双方当事人协商确定具备资格的鉴定人；协商不成的，由人民法院指定。

当事人未申请鉴定，人民法院对专门性问题认为需要鉴定的，应当委托具备资格的鉴定人进行鉴定。

第八十条 鉴定人有权了解进行鉴定所需要的案件材料，必要时可以询问当事人、证人。

鉴定人应当提出书面鉴定意见，在鉴定书上签名或者盖章。

第八十一条 当事人对鉴定意见有异议或者人民法院认为鉴定人有必要出庭的，鉴定人应当出庭作证。经人民法院通知，鉴定人拒不出庭作证的，鉴定意见不得作为认定事实的根据；支付鉴定费用的当事人可以要求返还鉴定费用。

第八十二条 当事人可以申请人民法院通知有专门知识的人出庭，就鉴定人作出的鉴定意见或者专业问题提出意见。

第八十三条 勘验物证或者现场，勘验人必须出示人民法院的证件，并邀请当地基层组织或者当事人所在单位派人参加。当事人或者当事人的成年家属应当到场，拒不到场的，不影响勘验的进行。

有关单位和个人根据人民法院的通知，有义务保护现场，协助勘验工作。

勘验人应当将勘验情况和结果制作笔录，由勘验人、当事人和被邀参加人签名或者盖章。

第八十四条 在证据可能灭失或者以后难以取得的情况下，当事人可以在诉讼过程中向人民法院申请保全证据，人民法院也可以主动采取保全措施。

因情况紧急，在证据可能灭失或者以后难以取得的情况下，利害关系人可以在提起诉讼或者申请仲裁前向证据所在地、被申请人住所地或者对案件有管辖权的人民法院申请保全证据。

证据保全的其他程序，参照适用本法第九章保全的有关规定。

第七章　期间、送达

第一节　期　间

第八十五条 期间包括法定期间和人民法院指定的期间。

期间以时、日、月、年计算。期间开始的时和日，不计算在期间内。

期间届满的最后一日是法定休假日的，以法定休假日后的第一日为期间届满的日期。

期间不包括在途时间，诉讼文书在期满前交邮的，不算过期。

第八十六条 当事人因不可抗拒的事由或者其他正当理由耽误期限的，在障碍消除后的十日内，可以申请顺延期限，是否准许，由人民法院决定。

第二节　送　达

第八十七条 送达诉讼文书必须有送达回证，由受送达人在送达回证上记明收到日期，签名或者盖章。

受送达人在送达回证上的签收日期为送达日期。

第八十八条 送达诉讼文书，应当直接送交受送达人。受送达人是公民的，本人不在交他的同住成年家属签收；受送达人是法人或者其他组织的，应当由法人的法定代表人、其他组织的主要负责人或者该法人、组织负责收件的人签收；受送达人有诉讼代理人的，可以送交其代理人签收；受送达人已向人民法院指定代收人的，送交代收人签收。

受送达人的同住成年家属，法人或者其他组织的负责收件的人，诉讼代理人或者代收人在送达回证上签收的日期为送达日期。

第八十九条 受送达人或者他的同住成年家属拒绝接收诉讼文书的，送达人可以邀请有关基层组织或者所在单位的代表到场，说明情况，在送达回证上记明拒收事由和日期，由送达人、见证人签名或者盖章，把诉讼文书留在受送达人的住所；也可以把诉讼文书留在受送达人的住所，并采用拍照、录像等方式记录送达过程，即视为送达。

第九十条 经受送达人同意，人民法院可以采用能够确认其收悉的电子方式送达诉讼文书。通过电子方式送达的判决书、裁定书、调解书，受送达人提出需要纸质文书的，人民法院应当提供。

采用前款方式送达的，以送达信息到达受送达人特定系统的日期为送达日期。

第九十一条 直接送达诉讼文书有困难的，可以委托其他人民法院代为送达，或者邮寄送达。邮寄送达的，以回执上注明的收件日期为送达日期。

第九十二条 受送达人是军人的，通过其所在部队团以上单位的政治机关转交。

第九十三条 受送达人被监禁的，通过其所在监所转交。

受送达人被采取强制性教育措施的，通过其所在强制性教育机构转交。

第九十四条 代为转交的机关、单位收到诉讼文书后，必须立即交受送达人签收，以在送达回证上的签收日期，为送达日期。

第九十五条 受送达人下落不明，或者用本节规定的其他方式无法送达的，公告送达。自发出公告之日起，经过三十日，即视为送达。

公告送达，应当在案卷中记明原因和经过。

第八章　调　　解

第九十六条　人民法院审理民事案件，根据当事人自愿的原则，在事实清楚的基础上，分清是非，进行调解。

第九十七条　人民法院进行调解，可以由审判员一人主持，也可以由合议庭主持，并尽可能就地进行。

人民法院进行调解，可以用简便方式通知当事人、证人到庭。

第九十八条　人民法院进行调解，可以邀请有关单位和个人协助。被邀请的单位和个人，应当协助人民法院进行调解。

第九十九条　调解达成协议，必须双方自愿，不得强迫。调解协议的内容不得违反法律规定。

第一百条　调解达成协议，人民法院应当制作调解书。调解书应当写明诉讼请求、案件的事实和调解结果。

调解书由审判人员、书记员署名，加盖人民法院印章，送达双方当事人。

调解书经双方当事人签收后，即具有法律效力。

第一百零一条　下列案件调解达成协议，人民法院可以不制作调解书：

（一）调解和好的离婚案件；

（二）调解维持收养关系的案件；

（三）能够即时履行的案件；

（四）其他不需要制作调解书的案件。

对不需要制作调解书的协议，应当记入笔录，由双方当事人、审判人员、书记员签名或者盖章后，即具有法律效力。

第一百零二条　调解未达成协议或者调解书送达前一方反悔的，人民法院应当及时判决。

第九章　保全和先予执行

第一百零三条　人民法院对于可能因当事人一方的行为或者其他原因，使判决难以执行或者造成当事人其他损害的案件，根据对方当事人的申请，可以裁定对其财产进行保全、责令其作出一定行为或者禁止其作出一定行为；当事人没有提出申请的，人民法院在必要时也可以裁定采取保全措施。

人民法院采取保全措施，可以责令申请人提供担保，申请人不提供担保的，裁定驳回申请。

人民法院接受申请后，对情况紧急的，必须在四十八小时内作出裁定；裁定采取保全措施的，应当立即开始执行。

第一百零四条　利害关系人因情况紧急，不立即申请保全将会使其合法权益受到难以弥补的损害的，可以在提起诉讼或者申请仲裁前向被保全财产所在地、被申请人住所地或者对案件有管辖权的人民法院申请采取保全措施。申请人应当提供担保，不提供担保的，裁定驳回申请。

人民法院接受申请后，必须在四十八小时内作出裁定；裁定采取保全措施的，应当立即开始执行。

申请人在人民法院采取保全措施后三十日内不依法提起诉讼或者申请仲裁的，人民法院应当解除保全。

第一百零五条　保全限于请求的范围，或者与本案有关的财物。

第一百零六条　财产保全采取查封、扣押、冻结或者法律规定的其他方法。人民法院保全财产后，应当立即通知被保全财产的人。

财产已被查封、冻结的，不得重复查封、冻结。

第一百零七条　财产纠纷案件，被申请人提供担保的，人民法院应当裁定解除保全。

第一百零八条　申请有错误的，申请人应当赔偿被申请人因保全所遭受的损失。

第一百零九条　人民法院对下列案件，根据当事人的申请，可以裁定先予执行：

（一）追索赡养费、扶养费、抚养费、抚恤金、医疗费用的；

（二）追索劳动报酬的；

（三）因情况紧急需要先予执行的。

第一百一十条　人民法院裁定先予执行的，应当符合下列条件：

（一）当事人之间权利义务关系明确，不先予执行将严重影响申请人的生活或者生产经营的；

（二）被申请人有履行能力。

人民法院可以责令申请人提供担保，申请人不提供担保的，驳回申请。申请人败诉的，应当赔偿被申请人因先予执行遭受的财产损失。

第一百一十一条　当事人对保全或者先予执行的裁定不服的，可以申请复议一次。复议期间不停止裁定的执行。

<h2 style="text-align:center">第十章　对妨害民事诉讼的强制措施</h2>

第一百一十二条　人民法院对必须到庭的被告，经两次传票传唤，无正当理由拒不到庭的，可以拘传。

第一百一十三条　诉讼参与人和其他人应当遵守法庭规则。

人民法院对违反法庭规则的人，可以予以训诫，责令退出法庭或者予以罚款、拘留。

人民法院对哄闹、冲击法庭，侮辱、诽谤、威胁、殴打审判人员，严重扰乱法庭秩序的人，依法追究刑事责任；情节较轻的，予以罚款、拘留。

第一百一十四条　诉讼参与人或者其他人有下列行为之一的，人民法院可以根据情节轻重予以罚款、拘留；构成犯罪的，依法追究刑事责任：

（一）伪造、毁灭重要证据，妨碍人民法院审理案件的；

（二）以暴力、威胁、贿买方法阻止证人作证或者指使、贿买、胁迫他人作伪证的；

（三）隐藏、转移、变卖、毁损已被查封、扣押的财产，或者已被清点并责令其保管的财产，转移已被冻结的财产的；

（四）对司法工作人员、诉讼参加人、证人、翻译人员、鉴定人、勘验人、协助执行的人，进行侮辱、诽谤、诬陷、殴打或者打击报复的；

（五）以暴力、威胁或者其他方法阻碍司法工作人员执行职务的；

（六）拒不履行人民法院已经发生法律效力的判决、裁定的。

人民法院对有前款规定的行为之一的单位，可以对其主要负责人或者直接责任人员予以罚款、拘留；构成犯罪的，依法追究刑事责任。

第一百一十五条 当事人之间恶意串通，企图通过诉讼、调解等方式侵害他人合法权益的，人民法院应当驳回其请求，并根据情节轻重予以罚款、拘留；构成犯罪的，依法追究刑事责任。

第一百一十六条 被执行人与他人恶意串通，通过诉讼、仲裁、调解等方式逃避履行法律文书确定的义务的，人民法院应当根据情节轻重予以罚款、拘留；构成犯罪的，依法追究刑事责任。

第一百一十七条 有义务协助调查、执行的单位有下列行为之一的，人民法院除责令其履行协助义务外，并可以予以罚款：

（一）有关单位拒绝或者妨碍人民法院调查取证的；

（二）有关单位接到人民法院协助执行通知书后，拒不协助查询、扣押、冻结、划拨、变价财产的；

（三）有关单位接到人民法院协助执行通知书后，拒不协助扣留被执行人的收入、办理有关财产权证照转移手续、转交有关票证、证照或者其他财产的；

（四）其他拒绝协助执行的。

人民法院对有前款规定的行为之一的单位，可以对其主要负责人或者直接责任人员予以罚款；对仍不履行协助义务的，可以予以拘留；并可以向监察机关或者有关机关提出予以纪律处分的司法建议。

第一百一十八条 对个人的罚款金额，为人民币十万元以下。对单位的罚款金额，为人民币五万元以上一百万元以下。

拘留的期限，为十五日以下。

被拘留的人，由人民法院交公安机关看管。在拘留期间，被拘留人承认并改正错误的，人民法院可以决定提前解除拘留。

第一百一十九条 拘传、罚款、拘留必须经院长批准。

拘传应当发拘传票。

罚款、拘留应当用决定书。对决定不服的，可以向上一级人民法院申请复议一次。复议期间不停止执行。

第一百二十条 采取对妨害民事诉讼的强制措施必须由人民法院决定。任何单位和个人采取非法拘禁他人或者非法私自扣押他人财产追索债务的，应当依法追究刑事责任，或者予以拘留、罚款。

第十一章 诉讼费用

第一百二十一条 当事人进行民事诉讼，应当按照规定交纳案件受理费。财产案件除交纳案件受理费外，并按照规定交纳其他诉讼费用。

当事人交纳诉讼费用确有困难的，可以按照规定向人民法院申请缓交、减交或者免交。

收取诉讼费用的办法另行制定。

第二编 审判程序
第十二章 第一审普通程序

第一节 起诉和受理

第一百二十二条 起诉必须符合下列条件：

（一）原告是与本案有直接利害关系的公民、法人和其他组织；

（二）有明确的被告；

（三）有具体的诉讼请求和事实、理由；

（四）属于人民法院受理民事诉讼的范围和受诉人民法院管辖。

第一百二十三条 起诉应当向人民法院递交起诉状，并按照被告人数提出副本。

书写起诉状确有困难的，可以口头起诉，由人民法院记入笔录，并告知对方当事人。

第一百二十四条 起诉状应当记明下列事项：

（一）原告的姓名、性别、年龄、民族、职业、工作单位、住所、联系方式，法人或者其他组织的名称、住所和法定代表人或者主要负责人的姓名、职务、联系方式；

（二）被告的姓名、性别、工作单位、住所等信息，法人或者其他组织的名称、住所等信息；

（三）诉讼请求和所根据的事实与理由；

（四）证据和证据来源，证人姓名和住所。

第一百二十五条 当事人起诉到人民法院的民事纠纷，适宜调解的，先行调解，但当事人拒绝调解的除外。

第一百二十六条 人民法院应当保障当事人依照法律规定享有的起诉权利。对符合本法第一百二十二条的起诉，必须受理。符合起诉条件的，应当在七日内立案，并通知当事人；不符合起诉条件的，应当在七日内作出裁定书，不予受理；原告对裁定不服的，可以提起上诉。

第一百二十七条 人民法院对下列起诉，分别情形，予以处理：

（一）依照行政诉讼法的规定，属于行政诉讼受案范围的，告知原告提起行政诉讼；

（二）依照法律规定，双方当事人达成书面仲裁协议申请仲裁、不得向人民法院起诉的，告知原告向仲裁机构申请仲裁；

（三）依照法律规定，应当由其他机关处理的争议，告知原告向有关机关申请解决；

（四）对不属于本院管辖的案件，告知原告向有管辖权的人民法院起诉；

（五）对判决、裁定、调解书已经发生法律效力的案件，当事人又起诉的，告知原告申请再审，但人民法院准许撤诉的裁定除外；

（六）依照法律规定，在一定期限内不得起诉的案件，在不得起诉的期限内起诉的，不予受理；

（七）判决不准离婚和调解和好的离婚案件，判决、调解维持收养关系的案件，没有新情况、新理由，原告在六个月内又起诉的，不予受理。

第二节 审理前的准备

第一百二十八条 人民法院应当在立案之日起五日内将起诉状副本发送被告，被告应当在收到之日起十五日内提出答辩状。答辩状应当记明被告的姓名、性别、年龄、民族、职业、工作单位、住所、联系方式；法人或者其他组织的名称、住所和法定代表人或者主要负责人的姓名、职务、联系方式。人民法院应当在收到答辩状之日起五日内将答辩状副本发送原告。

被告不提出答辩状的，不影响人民法院审理。

第一百二十九条　人民法院对决定受理的案件，应当在受理案件通知书和应诉通知书中向当事人告知有关的诉讼权利义务，或者口头告知。

第一百三十条　人民法院受理案件后，当事人对管辖权有异议的，应当在提交答辩状期间提出。人民法院对当事人提出的异议，应当审查。异议成立的，裁定将案件移送有管辖权的人民法院；异议不成立的，裁定驳回。

当事人未提出管辖异议，并应诉答辩的，视为受诉人民法院有管辖权，但违反级别管辖和专属管辖规定的除外。

第一百三十一条　审判人员确定后，应当在三日内告知当事人。

第一百三十二条　审判人员必须认真审核诉讼材料，调查收集必要的证据。

第一百三十三条　人民法院派出人员进行调查时，应当向被调查人出示证件。

调查笔录经被调查人校阅后，由被调查人、调查人签名或者盖章。

第一百三十四条　人民法院在必要时可以委托外地人民法院调查。

委托调查，必须提出明确的项目和要求。受委托人民法院可以主动补充调查。

受委托人民法院收到委托书后，应当在三十日内完成调查。因故不能完成的，应当在上述期限内函告委托人民法院。

第一百三十五条　必须共同进行诉讼的当事人没有参加诉讼的，人民法院应当通知其参加诉讼。

第一百三十六条　人民法院对受理的案件，分别情形，予以处理：

（一）当事人没有争议，符合督促程序规定条件的，可以转入督促程序；

（二）开庭前可以调解的，采取调解方式及时解决纠纷；

（三）根据案件情况，确定适用简易程序或者普通程序；

（四）需要开庭审理的，通过要求当事人交换证据等方式，明确争议焦点。

第三节　开 庭 审 理

第一百三十七条　人民法院审理民事案件，除涉及国家秘密、个人隐私或者法律另有规定的以外，应当公开进行。

离婚案件，涉及商业秘密的案件，当事人申请不公开审理的，可以不公开审理。

第一百三十八条　人民法院审理民事案件，根据需要进行巡回审理，就地办案。

第一百三十九条　人民法院审理民事案件，应当在开庭三日前通知当事人和其他诉讼参与人。公开审理的，应当公告当事人姓名、案由和开庭的时间、地点。

第一百四十条　开庭审理前，书记员应当查明当事人和其他诉讼参与人是否到庭，宣布法庭纪律。

开庭审理时，由审判长或者独任审判员核对当事人，宣布案由，宣布审判人员、书记员名单，告知当事人有关的诉讼权利义务，询问当事人是否提出回避申请。

第一百四十一条　法庭调查按照下列顺序进行：

（一）当事人陈述；

（二）告知证人的权利义务，证人作证，宣读未到庭的证人证言；

（三）出示书证、物证、视听资料和电子数据；

（四）宣读鉴定意见；

（五）宣读勘验笔录。

第一百四十二条　当事人在法庭上可以提出新的证据。

当事人经法庭许可，可以向证人、鉴定人、勘验人发问。

当事人要求重新进行调查、鉴定或者勘验的，是否准许，由人民法院决定。

第一百四十三条　原告增加诉讼请求，被告提出反诉，第三人提出与本案有关的诉讼请求，可以合并审理。

第一百四十四条　法庭辩论按照下列顺序进行：

（一）原告及其诉讼代理人发言；

（二）被告及其诉讼代理人答辩；

（三）第三人及其诉讼代理人发言或者答辩；

（四）互相辩论。

法庭辩论终结，由审判长或者独任审判员按照原告、被告、第三人的先后顺序征询各方最后意见。

第一百四十五条　法庭辩论终结，应当依法作出判决。判决前能够调解的，还可以进行调解，调解不成的，应当及时判决。

第一百四十六条　原告经传票传唤，无正当理由拒不到庭的，或者未经法庭许可中途退庭的，可以按撤诉处理；被告反诉的，可以缺席判决。

第一百四十七条　被告经传票传唤，无正当理由拒不到庭的，或者未经法庭许可中途退庭的，可以缺席判决。

第一百四十八条　宣判前，原告申请撤诉的，是否准许，由人民法院裁定。

人民法院裁定不准许撤诉的，原告经传票传唤，无正当理由拒不到庭的，可以缺席判决。

第一百四十九条　有下列情形之一的，可以延期开庭审理：

（一）必须到庭的当事人和其他诉讼参与人有正当理由没有到庭的；

（二）当事人临时提出回避申请的；

（三）需要通知新的证人到庭，调取新的证据，重新鉴定、勘验，或者需要补充调查的；

（四）其他应当延期的情形。

第一百五十条　书记员应当将法庭审理的全部活动记入笔录，由审判人员和书记员签名。

法庭笔录应当当庭宣读，也可以告知当事人和其他诉讼参与人当庭或者在五日内阅读。当事人和其他诉讼参与人认为对自己的陈述记录有遗漏或者差错的，有权申请补正。如果不予补正，应当将申请记录在案。

法庭笔录由当事人和其他诉讼参与人签名或者盖章。拒绝签名盖章的，记明情况附卷。

第一百五十一条 人民法院对公开审理或者不公开审理的案件，一律公开宣告判决。

当庭宣判的，应当在十日内发送判决书；定期宣判的，宣判后立即发给判决书。

宣告判决时，必须告知当事人上诉权利、上诉期限和上诉的法院。

宣告离婚判决，必须告知当事人在判决发生法律效力前不得另行结婚。

第一百五十二条 人民法院适用普通程序审理的案件，应当在立案之日起六个月内审结。有特殊情况需要延长的，经本院院长批准，可以延长六个月；还需要延长的，报请上级人民法院批准。

第四节 诉讼中止和终结

第一百五十三条 有下列情形之一的，中止诉讼：

（一）一方当事人死亡，需要等待继承人表明是否参加诉讼的；

（二）一方当事人丧失诉讼行为能力，尚未确定法定代理人的；

（三）作为一方当事人的法人或者其他组织终止，尚未确定权利义务承受人的；

（四）一方当事人因不可抗拒的事由，不能参加诉讼的；

（五）本案必须以另一案的审理结果为依据，而另一案尚未审结的；

（六）其他应当中止诉讼的情形。

中止诉讼的原因消除后，恢复诉讼。

第一百五十四条 有下列情形之一的，终结诉讼：

（一）原告死亡，没有继承人，或者继承人放弃诉讼权利的；

（二）被告死亡，没有遗产，也没有应当承担义务的人的；

（三）离婚案件一方当事人死亡的；

（四）追索赡养费、扶养费、抚养费以及解除收养关系案件的一方当事人死亡的。

第五节　判决和裁定

第一百五十五条　判决书应当写明判决结果和作出该判决的理由。判决书内容包括：

（一）案由、诉讼请求、争议的事实和理由；

（二）判决认定的事实和理由、适用的法律和理由；

（三）判决结果和诉讼费用的负担；

（四）上诉期间和上诉的法院。

判决书由审判人员、书记员署名，加盖人民法院印章。

第一百五十六条　人民法院审理案件，其中一部分事实已经清楚，可以就该部分先行判决。

第一百五十七条　裁定适用于下列范围：

（一）不予受理；

（二）对管辖权有异议的；

（三）驳回起诉；

（四）保全和先予执行；

（五）准许或者不准许撤诉；

（六）中止或者终结诉讼；

（七）补正判决书中的笔误；

（八）中止或者终结执行；

（九）撤销或者不予执行仲裁裁决；

（十）不予执行公证机关赋予强制执行效力的债权文书；

（十一）其他需要裁定解决的事项。

对前款第一项至第三项裁定，可以上诉。

裁定书应当写明裁定结果和作出该裁定的理由。裁定书由审判人员、书记员署名，加盖人民法院印章。口头裁定的，记入笔录。

第一百五十八条　最高人民法院的判决、裁定，以及依法不准上诉或者超过上诉期没有上诉的判决、裁定，是发生法律效力的判决、裁定。

第一百五十九条　公众可以查阅发生法律效力的判决书、裁定书，但涉及国家秘密、商业秘密和个人隐私的内容除外。

第十三章　简　易　程　序

第一百六十条　基层人民法院和它派出的法庭审理事实清楚、权利义务关系明确、争议不大的简单的民事案件，适用本章规定。

基层人民法院和它派出的法庭审理前款规定以外的民事案件，当事人双方也可以约定适用简易程序。

第一百六十一条　对简单的民事案件，原告可以口头起诉。

当事人双方可以同时到基层人民法院或者它派出的法庭，请求解决纠纷。基层人民法院或者它派出的法庭可以当即审理，也可以另定日期审理。

第一百六十二条　基层人民法院和它派出的法庭审理简单的民事案件，可以用简便方式传唤当事人和证人、送达诉讼文书、审理案件，但应当保障当事人陈述意见的权利。

第一百六十三条　简单的民事案件由审判员一人独任审理，并不受本法第一百三十九条、第一百四十一条、第一百四十四条规定的限制。

第一百六十四条　人民法院适用简易程序审理案件，应当在立案之日起三个月内审结。有特殊情况需要延长的，经本院院长批准，可以延长一个月。

第一百六十五条　基层人民法院和它派出的法庭审理事实清楚、权利义务关系明确、争议不大的简单金钱给付民事案件，标的额为各省、自治区、直辖市上年度就业人员年平均工资百分之五十以下的，适用小额诉讼的程序审理，实行一审终审。

基层人民法院和它派出的法庭审理前款规定的民事案件，标的额超过各省、自治区、直辖市上年度就业人员年平均工资百分之五十但在二倍以下的，当事人双方也可以约定适用小额诉讼的程序。

第一百六十六条　人民法院审理下列民事案件，不适用小额诉讼的程序：

（一）人身关系、财产确权案件；

（二）涉外案件；

（三）需要评估、鉴定或者对诉前评估、鉴定结果有异议的案件；

（四）一方当事人下落不明的案件；

（五）当事人提出反诉的案件；

（六）其他不宜适用小额诉讼的程序审理的案件。

第一百六十七条　人民法院适用小额诉讼的程序审理案件，可以一次开庭审结并且当庭宣判。

第一百六十八条　人民法院适用小额诉讼的程序审理案件，应当在立案之日起两个月内审结。有特殊情况需要延长的，经本院院长批准，可以延长一个月。

第一百六十九条　人民法院在审理过程中，发现案件不宜适用小额诉讼的程序的，应当适用简易程序的其他规定审理或者裁定转为普通程序。

当事人认为案件适用小额诉讼的程序审理违反法律规定的，可以向人民法院提出异议。人民法院对当事人提出的异议应当审查，异议成立的，应当适用简易程序的其他规定审理或者裁定转为普通程序；异议不成立的，裁定驳回。

第一百七十条　人民法院在审理过程中，发现案件不宜适用简易程序的，裁定转为普通程序。

第十四章　第二审程序

第一百七十一条　当事人不服地方人民法院第一审判决的，有权在判决书送达之日起十五日内向上一级人民法院提起上诉。

当事人不服地方人民法院第一审裁定的，有权在裁定书送达之日起十日内向上一级人民法院提起上诉。

第一百七十二条　上诉应当递交上诉状。上诉状的内容，应当包括当事人的姓名，法人的名称及其法定代表人的姓名或者其他组织的名称及其主要负责人的姓名；原审人民法院名称、案件的编号和案由；上诉的请求和理由。

第一百七十三条　上诉状应当通过原审人民法院提出，并按照对方当事人或者代表人的人数提出副本。

当事人直接向第二审人民法院上诉的，第二审人民法院应当在五日内将上诉状移交原审人民法院。

第一百七十四条 原审人民法院收到上诉状，应当在五日内将上诉状副本送达对方当事人，对方当事人在收到之日起十五日内提出答辩状。人民法院应当在收到答辩状之日起五日内将副本送达上诉人。对方当事人不提出答辩状的，不影响人民法院审理。

原审人民法院收到上诉状、答辩状，应当在五日内连同全部案卷和证据，报送第二审人民法院。

第一百七十五条 第二审人民法院应当对上诉请求的有关事实和适用法律进行审查。

第一百七十六条 第二审人民法院对上诉案件应当开庭审理。经过阅卷、调查和询问当事人，对没有提出新的事实、证据或者理由，人民法院认为不需要开庭审理的，可以不开庭审理。

第二审人民法院审理上诉案件，可以在本院进行，也可以到案件发生地或者原审人民法院所在地进行。

第一百七十七条 第二审人民法院对上诉案件，经过审理，按照下列情形，分别处理：

（一）原判决、裁定认定事实清楚，适用法律正确的，以判决、裁定方式驳回上诉，维持原判决、裁定；

（二）原判决、裁定认定事实错误或者适用法律错误的，以判决、裁定方式依法改判、撤销或者变更；

（三）原判决认定基本事实不清的，裁定撤销原判决，发回原审人民法院重审，或者查清事实后改判；

（四）原判决遗漏当事人或者违法缺席判决等严重违反法定程序的，裁定撤销原判决，发回原审人民法院重审。

原审人民法院对发回重审的案件作出判决后，当事人提起上诉的，第二审人民法院不得再次发回重审。

第一百七十八条 第二审人民法院对不服第一审人民法院裁定的上诉案件的处理，一律使用裁定。

第一百七十九条 第二审人民法院审理上诉案件，可以进行调解。调解达成协议，应当制作调解书，由审判人员、书记员署名，加盖人民法院印章。调解书送达后，原审人民法院的判决即视为撤销。

第一百八十条　第二审人民法院判决宣告前，上诉人申请撤回上诉的，是否准许，由第二审人民法院裁定。

第一百八十一条　第二审人民法院审理上诉案件，除依照本章规定外，适用第一审普通程序。

第一百八十二条　第二审人民法院的判决、裁定，是终审的判决、裁定。

第一百八十三条　人民法院审理对判决的上诉案件，应当在第二审立案之日起三个月内审结。有特殊情况需要延长的，由本院院长批准。

人民法院审理对裁定的上诉案件，应当在第二审立案之日起三十日内作出终审裁定。

第十五章　特　别　程　序

第一节　一　般　规　定

第一百八十四条　人民法院审理选民资格案件、宣告失踪或者宣告死亡案件、认定公民无民事行为能力或者限制民事行为能力案件、认定财产无主案件、确认调解协议案件和实现担保物权案件，适用本章规定。本章没有规定的，适用本法和其他法律的有关规定。

第一百八十五条　依照本章程序审理的案件，实行一审终审。选民资格案件或者重大、疑难的案件，由审判员组成合议庭审理；其他案件由审判员一人独任审理。

第一百八十六条　人民法院在依照本章程序审理案件的过程中，发现本案属于民事权益争议的，应当裁定终结特别程序，并告知利害关系人可以另行起诉。

第一百八十七条　人民法院适用特别程序审理的案件，应当在立案之日起三十日内或者公告期满后三十日内审结。有特殊情况需要延长的，由本院院长批准。但审理选民资格的案件除外。

第二节 选民资格案件

第一百八十八条 公民不服选举委员会对选民资格的申诉所作的处理决定，可以在选举日的五日以前向选区所在地基层人民法院起诉。

第一百八十九条 人民法院受理选民资格案件后，必须在选举日前审结。

审理时，起诉人、选举委员会的代表和有关公民必须参加。

人民法院的判决书，应当在选举日前送达选举委员会和起诉人，并通知有关公民。

第三节 宣告失踪、宣告死亡案件

第一百九十条 公民下落不明满二年，利害关系人申请宣告其失踪的，向下落不明人住所地基层人民法院提出。

申请书应当写明失踪的事实、时间和请求，并附有公安机关或者其他有关机关关于该公民下落不明的书面证明。

第一百九十一条 公民下落不明满四年，或者因意外事件下落不明满二年，或者因意外事件下落不明，经有关机关证明该公民不可能生存，利害关系人申请宣告其死亡的，向下落不明人住所地基层人民法院提出。

申请书应当写明下落不明的事实、时间和请求，并附有公安机关或者其他有关机关关于该公民下落不明的书面证明。

第一百九十二条 人民法院受理宣告失踪、宣告死亡案件后，应当发出寻找下落不明人的公告。宣告失踪的公告期间为三个月，宣告死亡的公告期间为一年。因意外事件下落不明，经有关机关证明该公民不可能生存的，宣告死亡的公告期间为三个月。

公告期间届满，人民法院应当根据被宣告失踪、宣告死亡的事实是否得到确认，作出宣告失踪、宣告死亡的判决或者驳回申请的判决。

第一百九十三条 被宣告失踪、宣告死亡的公民重新出现，经本人或者利害关系人申请，人民法院应当作出新判决，撤销原判决。

第四节 认定公民无民事行为能力、限制民事行为能力案件

第一百九十四条 申请认定公民无民事行为能力或者限制民事行为能力，由利害关系人或者有关组织向该公民住所地基层人民法院提出。

申请书应当写明该公民无民事行为能力或者限制民事行为能力的事实和根据。

第一百九十五条　人民法院受理申请后，必要时应当对被请求认定为无民事行为能力或者限制民事行为能力的公民进行鉴定。申请人已提供鉴定意见的，应当对鉴定意见进行审查。

第一百九十六条　人民法院审理认定公民无民事行为能力或者限制民事行为能力的案件，应当由该公民的近亲属为代理人，但申请人除外。近亲属互相推诿的，由人民法院指定其中一人为代理人。该公民健康情况许可的，还应当询问本人的意见。

人民法院经审理认定申请有事实根据的，判决该公民为无民事行为能力或者限制民事行为能力人；认定申请没有事实根据的，应当判决予以驳回。

第一百九十七条　人民法院根据被认定为无民事行为能力人、限制民事行为能力人本人、利害关系人或者有关组织的申请，证实该公民无民事行为能力或者限制民事行为能力的原因已经消除的，应当作出新判决，撤销原判决。

第五节　认定财产无主案件

第一百九十八条　申请认定财产无主，由公民、法人或者其他组织向财产所在地基层人民法院提出。

申请书应当写明财产的种类、数量以及要求认定财产无主的根据。

第一百九十九条　人民法院受理申请后，经审查核实，应当发出财产认领公告。公告满一年无人认领的，判决认定财产无主，收归国家或者集体所有。

第二百条　判决认定财产无主后，原财产所有人或者继承人出现，在民法典规定的诉讼时效期间可以对财产提出请求，人民法院审查属实后，应当作出新判决，撤销原判决。

第六节　确认调解协议案件

第二百零一条　经依法设立的调解组织调解达成调解协议，申请司法确认的，由双方当事人自调解协议生效之日起三十日内，共同向下列人民法院提出：

（一）人民法院邀请调解组织开展先行调解的，向作出邀请的人民法院提出；

（二）调解组织自行开展调解的，向当事人住所地、标的物所在地、调解组织所在地的基层人民法院提出；调解协议所涉纠纷应当由中级人民法院管辖的，向相应的中级人民法院提出。

第二百零二条 人民法院受理申请后，经审查，符合法律规定的，裁定调解协议有效，一方当事人拒绝履行或者未全部履行的，对方当事人可以向人民法院申请执行；不符合法律规定的，裁定驳回申请，当事人可以通过调解方式变更原调解协议或者达成新的调解协议，也可以向人民法院提起诉讼。

第七节　实现担保物权案件

第二百零三条 申请实现担保物权，由担保物权人以及其他有权请求实现担保物权的人依照民法典等法律，向担保财产所在地或者担保物权登记地基层人民法院提出。

第二百零四条 人民法院受理申请后，经审查，符合法律规定的，裁定拍卖、变卖担保财产，当事人依据该裁定可以向人民法院申请执行；不符合法律规定的，裁定驳回申请，当事人可以向人民法院提起诉讼。

第十六章　审判监督程序

第二百零五条 各级人民法院院长对本院已经发生法律效力的判决、裁定、调解书，发现确有错误，认为需要再审的，应当提交审判委员会讨论决定。

最高人民法院对地方各级人民法院已经发生法律效力的判决、裁定、调解书，上级人民法院对下级人民法院已经发生法律效力的判决、裁定、调解书，发现确有错误的，有权提审或者指令下级人民法院再审。

第二百零六条 当事人对已经发生法律效力的判决、裁定，认为有错误的，可以向上一级人民法院申请再审；当事人一方人数众多或者当事人双方为公民的案件，也可以向原审人民法院申请再审。当事人申请再审的，不停止判决、裁定的执行。

第二百零七条 当事人的申请符合下列情形之一的，人民法院应当再审：

（一）有新的证据，足以推翻原判决、裁定的；

（二）原判决、裁定认定的基本事实缺乏证据证明的；

（三）原判决、裁定认定事实的主要证据是伪造的；

（四）原判决、裁定认定事实的主要证据未经质证的；

（五）对审理案件需要的主要证据，当事人因客观原因不能自行收集，书面申请人民法院调查收集，人民法院未调查收集的；

（六）原判决、裁定适用法律确有错误的；

（七）审判组织的组成不合法或者依法应当回避的审判人员没有回避的；

（八）无诉讼行为能力人未经法定代理人代为诉讼或者应当参加诉讼的当事人，因不能归责于本人或者其诉讼代理人的事由，未参加诉讼的；

（九）违反法律规定，剥夺当事人辩论权利的；

（十）未经传票传唤，缺席判决的；

（十一）原判决、裁定遗漏或者超出诉讼请求的；

（十二）据以作出原判决、裁定的法律文书被撤销或者变更的；

（十三）审判人员审理该案件时有贪污受贿，徇私舞弊，枉法裁判行为的。

第二百零八条　当事人对已经发生法律效力的调解书，提出证据证明调解违反自愿原则或者调解协议的内容违反法律的，可以申请再审。经人民法院审查属实的，应当再审。

第二百零九条　当事人对已经发生法律效力的解除婚姻关系的判决、调解书，不得申请再审。

第二百一十条　当事人申请再审的，应当提交再审申请书等材料。人民法院应当自收到再审申请书之日起五日内将再审申请书副本发送对方当事人。对方当事人应当自收到再审申请书副本之日起十五日内提交书面意见；不提交书面意见的，不影响人民法院审查。人民法院可以要求申请人和对方当事人补充有关材料，询问有关事项。

第二百一十一条　人民法院应当自收到再审申请书之日起三个月内审查，符合本法规定的，裁定再审；不符合本法规定的，裁定驳回申请。有特殊情况需要延长的，由本院院长批准。

因当事人申请裁定再审的案件由中级人民法院以上的人民法院审理，但当事人依照本法第二百零六条的规定选择向基层人民法院申请再审的除外。最高人民法院、高级人民法院裁定再审的案件，由本院再审或者交其他人民法院再审，也可以交原审人民法院再审。

第二百一十二条　当事人申请再审，应当在判决、裁定发生法律效力后六个月内提出；有本法第二百零七条第一项、第三项、第十二项、第十三项规定情形的，自知道或者应当知道之日起六个月内提出。

第二百一十三条　按照审判监督程序决定再审的案件，裁定中止原判决、裁定、调解书的执行，但追索赡养费、扶养费、抚养费、抚恤金、医疗费用、劳动报酬等案件，可以不中止执行。

第二百一十四条　人民法院按照审判监督程序再审的案件，发生法律效力的判决、裁定是由第一审法院作出的，按照第一审程序审理，所作的判决、裁定，当事人可以上诉；发生法律效力的判决、裁定是由第二审法院作出的，按照第二审程序审理，所作的判决、裁定，是发生法律效力的判决、裁定；上级人民法院按照审判监督程序提审的，按照第二审程序审理，所作的判决、裁定是发生法律效力的判决、裁定。

人民法院审理再审案件，应当另行组成合议庭。

第二百一十五条　最高人民检察院对各级人民法院已经发生法律效力的判决、裁定，上级人民检察院对下级人民法院已经发生法律效力的判决、裁定，发现有本法第二百零七条规定情形之一的，或者发现调解书损害国家利益、社会公共利益的，应当提出抗诉。

地方各级人民检察院对同级人民法院已经发生法律效力的判决、裁定，发现有本法第二百零七条规定情形之一的，或者发现调解书损害国家利益、社会公共利益的，可以向同级人民法院提出检察建议，并报上级人民检察院备案；也可以提请上级人民检察院向同级人民法院提出抗诉。

各级人民检察院对审判监督程序以外的其他审判程序中审判人员的违法行为，有权向同级人民法院提出检察建议。

第二百一十六条　有下列情形之一的，当事人可以向人民检察院申请检察建议或者抗诉：

（一）人民法院驳回再审申请的；

（二）人民法院逾期未对再审申请作出裁定的；

（三）再审判决、裁定有明显错误的。

人民检察院对当事人的申请应当在三个月内进行审查，作出提出或者不予提出检察建议或者抗诉的决定。当事人不得再次向人民检察院申请检察建议或者抗诉。

第二百一十七条　人民检察院因履行法律监督职责提出检察建议或者抗诉的需要，可以向当事人或者案外人调查核实有关情况。

第二百一十八条　人民检察院提出抗诉的案件，接受抗诉的人民法院应当自收到抗诉书之日起三十日内作出再审的裁定；有本法第二百零七条第一项至第五项规定情形之一的，可以交下一级人民法院再审，但经该下一级人民法院再审的除外。

第二百一十九条　人民检察院决定对人民法院的判决、裁定、调解书提出抗诉的，应当制作抗诉书。

第二百二十条　人民检察院提出抗诉的案件，人民法院再审时，应当通知人民检察院派员出席法庭。

第十七章　督促程序

第二百二十一条　债权人请求债务人给付金钱、有价证券，符合下列条件的，可以向有管辖权的基层人民法院申请支付令：

（一）债权人与债务人没有其他债务纠纷的；

（二）支付令能够送达债务人的。

申请书应当写明请求给付金钱或者有价证券的数量和所根据的事实、证据。

第二百二十二条　债权人提出申请后，人民法院应当在五日内通知债权人是否受理。

第二百二十三条 人民法院受理申请后，经审查债权人提供的事实、证据，对债权债务关系明确、合法的，应当在受理之日起十五日内向债务人发出支付令；申请不成立的，裁定予以驳回。

债务人应当自收到支付令之日起十五日内清偿债务，或者向人民法院提出书面异议。

债务人在前款规定的期间不提出异议又不履行支付令的，债权人可以向人民法院申请执行。

第二百二十四条 人民法院收到债务人提出的书面异议后，经审查，异议成立的，应当裁定终结督促程序，支付令自行失效。

支付令失效的，转入诉讼程序，但申请支付令的一方当事人不同意提起诉讼的除外。

第十八章　公示催告程序

第二百二十五条 按照规定可以背书转让的票据持有人，因票据被盗、遗失或者灭失，可以向票据支付地的基层人民法院申请公示催告。依照法律规定可以申请公示催告的其他事项，适用本章规定。

申请人应当向人民法院递交申请书，写明票面金额、发票人、持票人、背书人等票据主要内容和申请的理由、事实。

第二百二十六条 人民法院决定受理申请，应当同时通知支付人停止支付，并在三日内发出公告，催促利害关系人申报权利。公示催告的期间，由人民法院根据情况决定，但不得少于六十日。

第二百二十七条 支付人收到人民法院停止支付的通知，应当停止支付，至公示催告程序终结。

公示催告期间，转让票据权利的行为无效。

第二百二十八条 利害关系人应当在公示催告期间向人民法院申报。

人民法院收到利害关系人的申报后，应当裁定终结公示催告程序，并通知申请人和支付人。

申请人或者申报人可以向人民法院起诉。

第二百二十九条　没有人申报的，人民法院应当根据申请人的申请，作出判决，宣告票据无效。判决应当公告，并通知支付人。自判决公告之日起，申请人有权向支付人请求支付。

第二百三十条　利害关系人因正当理由不能在判决前向人民法院申报的，自知道或者应当知道判决公告之日起一年内，可以向作出判决的人民法院起诉。

第三编　执行程序
第十九章　一般规定

第二百三十一条　发生法律效力的民事判决、裁定，以及刑事判决、裁定中的财产部分，由第一审人民法院或者与第一审人民法院同级的被执行的财产所在地人民法院执行。

法律规定由人民法院执行的其他法律文书，由被执行人住所地或者被执行的财产所在地人民法院执行。

第二百三十二条　当事人、利害关系人认为执行行为违反法律规定的，可以向负责执行的人民法院提出书面异议。当事人、利害关系人提出书面异议的，人民法院应当自收到书面异议之日起十五日内审查，理由成立的，裁定撤销或者改正；理由不成立的，裁定驳回。当事人、利害关系人对裁定不服的，可以自裁定送达之日起十日内向上一级人民法院申请复议。

第二百三十三条　人民法院自收到申请执行书之日起超过六个月未执行的，申请执行人可以向上一级人民法院申请执行。上一级人民法院经审查，可以责令原人民法院在一定期限内执行，也可以决定由本院执行或者指令其他人民法院执行。

第二百三十四条　执行过程中，案外人对执行标的提出书面异议的，人民法院应当自收到书面异议之日起十五日内审查，理由成立的，裁定中止对该标的的执行；理由不成立的，裁定驳回。案外人、当事人对裁定不服，认为原判决、裁定错误的，依照审判监督程序办理；与原判决、裁定无关的，可以自裁定送达之日起十五日内向人民法院提起诉讼。

第二百三十五条 执行工作由执行员进行。

采取强制执行措施时，执行员应当出示证件。执行完毕后，应当将执行情况制作笔录，由在场的有关人员签名或者盖章。

人民法院根据需要可以设立执行机构。

第二百三十六条 被执行人或者被执行的财产在外地的，可以委托当地人民法院代为执行。受委托人民法院收到委托函件后，必须在十五日内开始执行，不得拒绝。执行完毕后，应当将执行结果及时函复委托人民法院；在三十日内如果还未执行完毕，也应当将执行情况函告委托人民法院。

受委托人民法院自收到委托函件之日起十五日内不执行的，委托人民法院可以请求受委托人民法院的上级人民法院指令受委托人民法院执行。

第二百三十七条 在执行中，双方当事人自行和解达成协议的，执行员应当将协议内容记入笔录，由双方当事人签名或者盖章。

申请执行人因受欺诈、胁迫与被执行人达成和解协议，或者当事人不履行和解协议的，人民法院可以根据当事人的申请，恢复对原生效法律文书的执行。

第二百三十八条 在执行中，被执行人向人民法院提供担保，并经申请执行人同意的，人民法院可以决定暂缓执行及暂缓执行的期限。被执行人逾期仍不履行的，人民法院有权执行被执行人的担保财产或者担保人的财产。

第二百三十九条 作为被执行人的公民死亡的，以其遗产偿还债务。作为被执行人的法人或者其他组织终止的，由其权利义务承受人履行义务。

第二百四十条 执行完毕后，据以执行的判决、裁定和其他法律文书确有错误，被人民法院撤销的，对已被执行的财产，人民法院应当作出裁定，责令取得财产的人返还；拒不返还的，强制执行。

第二百四十一条 人民法院制作的调解书的执行，适用本编的规定。

第二百四十二条 人民检察院有权对民事执行活动实行法律监督。

第二十章 执行的申请和移送

第二百四十三条 发生法律效力的民事判决、裁定，当事人必须履行。一方拒绝履行的，对方当事人可以向人民法院申请执行，也可以由审判员移送执行员执行。

调解书和其他应当由人民法院执行的法律文书，当事人必须履行。一方拒绝履行的，对方当事人可以向人民法院申请执行。

第二百四十四条　对依法设立的仲裁机构的裁决，一方当事人不履行的，对方当事人可以向有管辖权的人民法院申请执行。受申请的人民法院应当执行。

被申请人提出证据证明仲裁裁决有下列情形之一的，经人民法院组成合议庭审查核实，裁定不予执行：

（一）当事人在合同中没有订有仲裁条款或者事后没有达成书面仲裁协议的；

（二）裁决的事项不属于仲裁协议的范围或者仲裁机构无权仲裁的；

（三）仲裁庭的组成或者仲裁的程序违反法定程序的；

（四）裁决所根据的证据是伪造的；

（五）对方当事人向仲裁机构隐瞒了足以影响公正裁决的证据的；

（六）仲裁员在仲裁该案时有贪污受贿，徇私舞弊，枉法裁决行为的。

人民法院认定执行该裁决违背社会公共利益的，裁定不予执行。

裁定书应当送达双方当事人和仲裁机构。

仲裁裁决被人民法院裁定不予执行的，当事人可以根据双方达成的书面仲裁协议重新申请仲裁，也可以向人民法院起诉。

第二百四十五条　对公证机关依法赋予强制执行效力的债权文书，一方当事人不履行的，对方当事人可以向有管辖权的人民法院申请执行，受申请的人民法院应当执行。

公证债权文书确有错误的，人民法院裁定不予执行，并将裁定书送达双方当事人和公证机关。

第二百四十六条　申请执行的期间为二年。申请执行时效的中止、中断，适用法律有关诉讼时效中止、中断的规定。

前款规定的期间，从法律文书规定履行期间的最后一日起计算；法律文书规定分期履行的，从最后一期履行期限届满之日起计算；法律文书未规定履行期间的，从法律文书生效之日起计算。

第二百四十七条　执行员接到申请执行书或者移交执行书，应当向被执行人发出执行通知，并可以立即采取强制执行措施。

第二十一章　执 行 措 施

第二百四十八条　被执行人未按执行通知履行法律文书确定的义务，应当报告当前以及收到执行通知之日前一年的财产情况。被执行人拒绝报告或者虚假报告的，人民法院可以根据情节轻重对被执行人或者其法定代理人、有关单位的主要负责人或者直接责任人员予以罚款、拘留。

第二百四十九条　被执行人未按执行通知履行法律文书确定的义务，人民法院有权向有关单位查询被执行人的存款、债券、股票、基金份额等财产情况。人民法院有权根据不同情形扣押、冻结、划拨、变价被执行人的财产。人民法院查询、扣押、冻结、划拨、变价的财产不得超出被执行人应当履行义务的范围。

人民法院决定扣押、冻结、划拨、变价财产，应当作出裁定，并发出协助执行通知书，有关单位必须办理。

第二百五十条　被执行人未按执行通知履行法律文书确定的义务，人民法院有权扣留、提取被执行人应当履行义务部分的收入。但应当保留被执行人及其所扶养家属的生活必需费用。

人民法院扣留、提取收入时，应当作出裁定，并发出协助执行通知书，被执行人所在单位、银行、信用合作社和其他有储蓄业务的单位必须办理。

第二百五十一条　被执行人未按执行通知履行法律文书确定的义务，人民法院有权查封、扣押、冻结、拍卖、变卖被执行人应当履行义务部分的财产。但应当保留被执行人及其所扶养家属的生活必需品。

采取前款措施，人民法院应当作出裁定。

第二百五十二条　人民法院查封、扣押财产时，被执行人是公民的，应当通知被执行人或者他的成年家属到场；被执行人是法人或者其他组织的，应当通知其法定代表人或者主要负责人到场。拒不到场的，不影响执行。被执行人是公民的，其工作单位或者财产所在地的基层组织应当派人参加。

对被查封、扣押的财产，执行员必须造具清单，由在场人签名或者盖章后，交被执行人一份。被执行人是公民的，也可以交他的成年家属一份。

第二百五十三条　被查封的财产，执行员可以指定被执行人负责保管。因被执行人的过错造成的损失，由被执行人承担。

第二百五十四条　财产被查封、扣押后，执行员应当责令被执行人在指定期间履行法律文书确定的义务。被执行人逾期不履行的，人民法院应当拍卖被查封、扣押的财产；不适于拍卖或者当事人双方同意不进行拍卖的，人民法院可以委托有关单位变卖或者自行变卖。国家禁止自由买卖的物品，交有关单位按照国家规定的价格收购。

第二百五十五条　被执行人不履行法律文书确定的义务，并隐匿财产的，人民法院有权发出搜查令，对被执行人及其住所或者财产隐匿地进行搜查。

采取前款措施，由院长签发搜查令。

第二百五十六条　法律文书指定交付的财物或者票证，由执行员传唤双方当事人当面交付，或者由执行员转交，并由被交付人签收。

有关单位持有该项财物或者票证的，应当根据人民法院的协助执行通知书转交，并由被交付人签收。

有关公民持有该项财物或者票证的，人民法院通知其交出。拒不交出的，强制执行。

第二百五十七条　强制迁出房屋或者强制退出土地，由院长签发公告，责令被执行人在指定期间履行。被执行人逾期不履行的，由执行员强制执行。

强制执行时，被执行人是公民的，应当通知被执行人或者他的成年家属到场；被执行人是法人或者其他组织的，应当通知其法定代表人或者主要负责人到场。拒不到场的，不影响执行。被执行人是公民的，其工作单位或者房屋、土地所在地的基层组织应当派人参加。执行员应当将强制执行情况记入笔录，由在场人签名或者盖章。

强制迁出房屋被搬出的财物，由人民法院派人运至指定处所，交给被执行人。被执行人是公民的，也可以交给他的成年家属。因拒绝接收而造成的损失，由被执行人承担。

第二百五十八条 在执行中，需要办理有关财产权证照转移手续的，人民法院可以向有关单位发出协助执行通知书，有关单位必须办理。

第二百五十九条 对判决、裁定和其他法律文书指定的行为，被执行人未按执行通知履行的，人民法院可以强制执行或者委托有关单位或者其他人完成，费用由被执行人承担。

第二百六十条 被执行人未按判决、裁定和其他法律文书指定的期间履行给付金钱义务的，应当加倍支付迟延履行期间的债务利息。被执行人未按判决、裁定和其他法律文书指定的期间履行其他义务的，应当支付迟延履行金。

第二百六十一条 人民法院采取本法第二百四十九条、第二百五十条、第二百五十一条规定的执行措施后，被执行人仍不能偿还债务的，应当继续履行义务。债权人发现被执行人有其他财产的，可以随时请求人民法院执行。

第二百六十二条 被执行人不履行法律文书确定的义务的，人民法院可以对其采取或者通知有关单位协助采取限制出境，在征信系统记录、通过媒体公布不履行义务信息以及法律规定的其他措施。

第二十二章 执行中止和终结

第二百六十三条 有下列情形之一的，人民法院应当裁定中止执行：

（一）申请人表示可以延期执行的；

（二）案外人对执行标的提出确有理由的异议的；

（三）作为一方当事人的公民死亡，需要等待继承人继承权利或者承担义务的；

（四）作为一方当事人的法人或者其他组织终止，尚未确定权利义务承受人的；

（五）人民法院认为应当中止执行的其他情形。

中止的情形消失后，恢复执行。

第二百六十四条 有下列情形之一的，人民法院裁定终结执行：

（一）申请人撤销申请的；

（二）据以执行的法律文书被撤销的；

（三）作为被执行人的公民死亡，无遗产可供执行，又无义务承担人的；

（四）追索赡养费、扶养费、抚养费案件的权利人死亡的；

（五）作为被执行人的公民因生活困难无力偿还借款，无收入来源，又丧失劳动能力的；

（六）人民法院认为应当终结执行的其他情形。

第二百六十五条　中止和终结执行的裁定，送达当事人后立即生效。

第四编　涉外民事诉讼程序的特别规定
第二十三章　一　般　原　则

第二百六十六条　在中华人民共和国领域内进行涉外民事诉讼，适用本编规定。本编没有规定的，适用本法其他有关规定。

第二百六十七条　中华人民共和国缔结或者参加的国际条约同本法有不同规定的，适用该国际条约的规定，但中华人民共和国声明保留的条款除外。

第二百六十八条　对享有外交特权与豁免的外国人、外国组织或者国际组织提起的民事诉讼，应当依照中华人民共和国有关法律和中华人民共和国缔结或者参加的国际条约的规定办理。

第二百六十九条　人民法院审理涉外民事案件，应当使用中华人民共和国通用的语言、文字。当事人要求提供翻译的，可以提供，费用由当事人承担。

第二百七十条　外国人、无国籍人、外国企业和组织在人民法院起诉、应诉，需要委托律师代理诉讼的，必须委托中华人民共和国的律师。

第二百七十一条　在中华人民共和国领域内没有住所的外国人、无国籍人、外国企业和组织委托中华人民共和国律师或者其他人代理诉讼，从中华人民共和国领域外寄交或者托交的授权委托书，应当经所在国公证机关证明，并经中华人民共和国驻该国使领馆认证，或者履行中华人民共和国与该所在国订立的有关条约中规定的证明手续后，才具有效力。

第二十四章 管 辖

第二百七十二条 因合同纠纷或者其他财产权益纠纷，对在中华人民共和国领域内没有住所的被告提起的诉讼，如果合同在中华人民共和国领域内签订或者履行，或者诉讼标的物在中华人民共和国领域内，或者被告在中华人民共和国领域内有可供扣押的财产，或者被告在中华人民共和国领域内设有代表机构，可以由合同签订地、合同履行地、诉讼标的物所在地、可供扣押财产所在地、侵权行为地或者代表机构住所地人民法院管辖。

第二百七十三条 因在中华人民共和国履行中外合资经营企业合同、中外合作经营企业合同、中外合作勘探开发自然资源合同发生纠纷提起的诉讼，由中华人民共和国人民法院管辖。

第二十五章 送达、期间

第二百七十四条 人民法院对在中华人民共和国领域内没有住所的当事人送达诉讼文书，可以采用下列方式：

（一）依照受送达人所在国与中华人民共和国缔结或者共同参加的国际条约中规定的方式送达；

（二）通过外交途径送达；

（三）对具有中华人民共和国国籍的受送达人，可以委托中华人民共和国驻受送达人所在国的使领馆代为送达；

（四）向受送达人委托的有权代其接受送达的诉讼代理人送达；

（五）向受送达人在中华人民共和国领域内设立的代表机构或者有权接受送达的分支机构、业务代办人送达；

（六）受送达人所在国的法律允许邮寄送达的，可以邮寄送达，自邮寄之日起满三个月，送达回证没有退回，但根据各种情况足以认定已经送达的，期间届满之日视为送达；

（七）采用传真、电子邮件等能够确认受送达人收悉的方式送达；

（八）不能用上述方式送达的，公告送达，自公告之日起满三个月，即视为送达。

第二百七十五条　被告在中华人民共和国领域内没有住所的，人民法院应当将起诉状副本送达被告，并通知被告在收到起诉状副本后三十日内提出答辩状。被告申请延期的，是否准许，由人民法院决定。

第二百七十六条　在中华人民共和国领域内没有住所的当事人，不服第一审人民法院判决、裁定的，有权在判决书、裁定书送达之日起三十日内提起上诉。被上诉人在收到上诉状副本后，应当在三十日内提出答辩状。当事人不能在法定期间提起上诉或者提出答辩状，申请延期的，是否准许，由人民法院决定。

第二百七十七条　人民法院审理涉外民事案件的期间，不受本法第一百五十二条、第一百八十三条规定的限制。

第二十六章　仲　　裁

第二百七十八条　涉外经济贸易、运输和海事中发生的纠纷，当事人在合同中订有仲裁条款或者事后达成书面仲裁协议，提交中华人民共和国涉外仲裁机构或者其他仲裁机构仲裁的，当事人不得向人民法院起诉。

当事人在合同中没有订有仲裁条款或者事后没有达成书面仲裁协议的，可以向人民法院起诉。

第二百七十九条　当事人申请采取保全的，中华人民共和国的涉外仲裁机构应当将当事人的申请，提交被申请人住所地或者财产所在地的中级人民法院裁定。

第二百八十条　经中华人民共和国涉外仲裁机构裁决的，当事人不得向人民法院起诉。一方当事人不履行仲裁裁决的，对方当事人可以向被申请人住所地或者财产所在地的中级人民法院申请执行。

第二百八十一条　对中华人民共和国涉外仲裁机构作出的裁决，被申请人提出证据证明仲裁裁决有下列情形之一的，经人民法院组成合议庭审查核实，裁定不予执行：

（一）当事人在合同中没有订有仲裁条款或者事后没有达成书面仲裁协议

的；

（二）被申请人没有得到指定仲裁员或者进行仲裁程序的通知，或者由于其他不属于被申请人负责的原因未能陈述意见的；

（三）仲裁庭的组成或者仲裁的程序与仲裁规则不符的；

（四）裁决的事项不属于仲裁协议的范围或者仲裁机构无权仲裁的。

人民法院认定执行该裁决违背社会公共利益的，裁定不予执行。

第二百八十二条　仲裁裁决被人民法院裁定不予执行的，当事人可以根据双方达成的书面仲裁协议重新申请仲裁，也可以向人民法院起诉。

第二十七章　司法协助

第二百八十三条　根据中华人民共和国缔结或者参加的国际条约，或者按照互惠原则，人民法院和外国法院可以相互请求，代为送达文书、调查取证以及进行其他诉讼行为。

外国法院请求协助的事项有损于中华人民共和国的主权、安全或者社会公共利益的，人民法院不予执行。

第二百八十四条　请求和提供司法协助，应当依照中华人民共和国缔结或者参加的国际条约所规定的途径进行；没有条约关系的，通过外交途径进行。

外国驻中华人民共和国的使领馆可以向该国公民送达文书和调查取证，但不得违反中华人民共和国的法律，并不得采取强制措施。

除前款规定的情况外，未经中华人民共和国主管机关准许，任何外国机关或者个人不得在中华人民共和国领域内送达文书、调查取证。

第二百八十五条　外国法院请求人民法院提供司法协助的请求书及其所附文件，应当附有中文译本或者国际条约规定的其他文字文本。

人民法院请求外国法院提供司法协助的请求书及其所附文件，应当附有该国文字译本或者国际条约规定的其他文字文本。

第二百八十六条　人民法院提供司法协助，依照中华人民共和国法律规定的程序进行。外国法院请求采用特殊方式的，也可以按照其请求的特殊方式进行，但请求采用的特殊方式不得违反中华人民共和国法律。

第二百八十七条　人民法院作出的发生法律效力的判决、裁定，如果被执行人或者其财产不在中华人民共和国领域内，当事人请求执行的，可以由当事人直接向有管辖权的外国法院申请承认和执行，也可以由人民法院依照中华人民共和国缔结或者参加的国际条约的规定，或者按照互惠原则，请求外国法院承认和执行。

中华人民共和国涉外仲裁机构作出的发生法律效力的仲裁裁决，当事人请求执行的，如果被执行人或者其财产不在中华人民共和国领域内，应当由当事人直接向有管辖权的外国法院申请承认和执行。

第二百八十八条　外国法院作出的发生法律效力的判决、裁定，需要中华人民共和国人民法院承认和执行的，可以由当事人直接向中华人民共和国有管辖权的中级人民法院申请承认和执行，也可以由外国法院依照该国与中华人民共和国缔结或者参加的国际条约的规定，或者按照互惠原则，请求人民法院承认和执行。

第二百八十九条　人民法院对申请或者请求承认和执行的外国法院作出的发生法律效力的判决、裁定，依照中华人民共和国缔结或者参加的国际条约，或者按照互惠原则进行审查后，认为不违反中华人民共和国法律的基本原则或者国家主权、安全、社会公共利益的，裁定承认其效力，需要执行的，发出执行令，依照本法的有关规定执行。违反中华人民共和国法律的基本原则或者国家主权、安全、社会公共利益的，不予承认和执行。

第二百九十条　国外仲裁机构的裁决，需要中华人民共和国人民法院承认和执行的，应当由当事人直接向被执行人住所地或者其财产所在地的中级人民法院申请，人民法院应当依照中华人民共和国缔结或者参加的国际条约，或者按照互惠原则办理。

第二百九十一条　本法自公布之日起施行，《中华人民共和国民事诉讼法（试行）》同时废止。

最高人民法院
关于适用《中华人民共和国民事诉讼法》的解释

（2014 年 12 月 18 日最高人民法院审判委员会第 1636 次会议通过；根据 2020 年 12 月 23 日最高人民法院审判委员会第 1823 次会议通过的《最高人民法院关于修改〈最高人民法院关于人民法院民事调解工作若干问题的规定〉等十九件民事诉讼类司法解释的决定》第一次修正；根据 2022 年 3 月 22 日最高人民法院审判委员会第 1866 次会议通过的《最高人民法院关于修改〈最高人民法院关于适用《中华人民共和国民事诉讼法》的解释〉的决定》第二次修正，该修正自 2022 年 4 月 10 日起施行）

目　　录

2012 年 8 月 31 日，第十一届全国人民代表大会常务委员会第二十八次会议审议通过了《关于修改〈中华人民共和国民事诉讼法〉的决定》。根据修改后的民事诉讼法，结合人民法院民事审判和执行工作实际，制定本解释。

一、管　　辖

第一条　民事诉讼法第十九条第一项规定的重大涉外案件，包括争议标的额大的案件、案情复杂的案件，或者一方当事人人数众多等具有重大影响的案件。

第二条　专利纠纷案件由知识产权法院、最高人民法院确定的中级人民法院和基层人民法院管辖。

海事、海商案件由海事法院管辖。

第三条　公民的住所地是指公民的户籍所在地，法人或者其他组织的住所地是指法人或者其他组织的主要办事机构所在地。

法人或者其他组织的主要办事机构所在地不能确定的，法人或者其他组织的注册地或者登记地为住所地。

第四条　公民的经常居住地是指公民离开住所地至起诉时已连续居住一年以上的地方，但公民住院就医的地方除外。

第五条　对没有办事机构的个人合伙、合伙型联营体提起的诉讼，由被告注册登记地人民法院管辖。没有注册登记，几个被告又不在同一辖区的，被告住所地的人民法院都有管辖权。

第六条　被告被注销户籍的，依照民事诉讼法第二十三条规定确定管辖；原告、被告均被注销户籍的，由被告居住地人民法院管辖。

第七条　当事人的户籍迁出后尚未落户，有经常居住地的，由该地人民法院管辖；没有经常居住地的，由其原户籍所在地人民法院管辖。

第八条　双方当事人都被监禁或者被采取强制性教育措施的，由被告原住所地人民法院管辖。被告被监禁或者被采取强制性教育措施一年以上的，由被告被监禁地或者被采取强制性教育措施地人民法院管辖。

第九条　追索赡养费、扶养费、抚养费案件的几个被告住所地不在同一辖区的，可以由原告住所地人民法院管辖。

第十条　不服指定监护或者变更监护关系的案件，可以由被监护人住所地人民法院管辖。

第十一条　双方当事人均为军人或者军队单位的民事案件由军事法院管辖。

第十二条　夫妻一方离开住所地超过一年，另一方起诉离婚的案件，可以由原告住所地人民法院管辖。

夫妻双方离开住所地超过一年，一方起诉离婚的案件，由被告经常居住地人民法院管辖；没有经常居住地的，由原告起诉时被告居住地人民法院管辖。

第十三条　在国内结婚并定居国外的华侨，如定居国法院以离婚诉讼须由婚姻缔结地法院管辖为由不予受理，当事人向人民法院提出离婚诉讼的，由婚姻缔结地或者一方在国内的最后居住地人民法院管辖。

第十四条　在国外结婚并定居国外的华侨，如定居国法院以离婚诉讼须由国籍所属国法院管辖为由不予受理，当事人向人民法院提出离婚诉讼的，由一方原住所地或者在国内的最后居住地人民法院管辖。

第十五条　中国公民一方居住在国外，一方居住在国内，不论哪一方向人民法院提起离婚诉讼，国内一方住所地人民法院都有权管辖。国外一方在居住国法院起诉，国内一方向人民法院起诉的，受诉人民法院有权管辖。

第十六条　中国公民双方在国外但未定居，一方向人民法院起诉离婚的，应由原告或者被告原住所地人民法院管辖。

第十七条　已经离婚的中国公民，双方均定居国外，仅就国内财产分割提起诉讼的，由主要财产所在地人民法院管辖。

第十八条　合同约定履行地点的，以约定的履行地点为合同履行地。

合同对履行地点没有约定或者约定不明确，争议标的为给付货币的，接收货币一方所在地为合同履行地；交付不动产的，不动产所在地为合同履行地；其他标的，履行义务一方所在地为合同履行地。即时结清的合同，交易行为地为合同履行地。

合同没有实际履行，当事人双方住所地都不在合同约定的履行地的，由被告住所地人民法院管辖。

第十九条　财产租赁合同、融资租赁合同以租赁物使用地为合同履行地。合同对履行地有约定的，从其约定。

第二十条　以信息网络方式订立的买卖合同，通过信息网络交付标的的，以买受人住所地为合同履行地；通过其他方式交付标的的，收货地为合同履行地。合同对履行地有约定的，从其约定。

第二十一条　因财产保险合同纠纷提起的诉讼，如果保险标的物是运输工具或者运输中的货物，可以由运输工具登记注册地、运输目的地、保险事故发生地人民法院管辖。

因人身保险合同纠纷提起的诉讼，可以由被保险人住所地人民法院管辖。

第二十二条　因股东名册记载、请求变更公司登记、股东知情权、公司决议、公司合并、公司分立、公司减资、公司增资等纠纷提起的诉讼，依照民事诉讼法第二十七条规定确定管辖。

第二十三条　债权人申请支付令，适用民事诉讼法第二十二条规定，由债务人住所地基层人民法院管辖。

第二十四条　民事诉讼法第二十九条规定的侵权行为地，包括侵权行为实施地、侵权结果发生地。

第二十五条　信息网络侵权行为实施地包括实施被诉侵权行为的计算机等信息设备所在地，侵权结果发生地包括被侵权人住所地。

第二十六条　因产品、服务质量不合格造成他人财产、人身损害提起的诉讼，产品制造地、产品销售地、服务提供地、侵权行为地和被告住所地人民法院都有管辖权。

第二十七条 当事人申请诉前保全后没有在法定期间起诉或者申请仲裁，给被申请人、利害关系人造成损失引起的诉讼，由采取保全措施的人民法院管辖。

当事人申请诉前保全后在法定期间内起诉或者申请仲裁，被申请人、利害关系人因保全受到损失提起的诉讼，由受理起诉的人民法院或者采取保全措施的人民法院管辖。

第二十八条 民事诉讼法第三十四条第一项规定的不动产纠纷是指因不动产的权利确认、分割、相邻关系等引起的物权纠纷。

农村土地承包经营合同纠纷、房屋租赁合同纠纷、建设工程施工合同纠纷、政策性房屋买卖合同纠纷，按照不动产纠纷确定管辖。

不动产已登记的，以不动产登记簿记载的所在地为不动产所在地；不动产未登记的，以不动产实际所在地为不动产所在地。

第二十九条 民事诉讼法第三十五条规定的书面协议，包括书面合同中的协议管辖条款或者诉讼前以书面形式达成的选择管辖的协议。

第三十条 根据管辖协议，起诉时能够确定管辖法院的，从其约定；不能确定的，依照民事诉讼法的相关规定确定管辖。

管辖协议约定两个以上与争议有实际联系的地点的人民法院管辖，原告可以向其中一个人民法院起诉。

第三十一条 经营者使用格式条款与消费者订立管辖协议，未采取合理方式提请消费者注意，消费者主张管辖协议无效的，人民法院应予支持。

第三十二条 管辖协议约定由一方当事人住所地人民法院管辖，协议签订后当事人住所地变更的，由签订管辖协议时的住所地人民法院管辖，但当事人另有约定的除外。

第三十三条 合同转让的，合同的管辖协议对合同受让人有效，但转让时受让人不知道有管辖协议，或者转让协议另有约定且原合同相对人同意的除外。

第三十四条　当事人因同居或者在解除婚姻、收养关系后发生财产争议，约定管辖的，可以适用民事诉讼法第三十五条规定确定管辖。

第三十五条　当事人在答辩期间届满后未应诉答辩，人民法院在一审开庭前，发现案件不属于本院管辖的，应当裁定移送有管辖权的人民法院。

第三十六条　两个以上人民法院都有管辖权的诉讼，先立案的人民法院不得将案件移送给另一个有管辖权的人民法院。人民法院在立案前发现其他有管辖权的人民法院已先立案的，不得重复立案；立案后发现其他有管辖权的人民法院已先立案的，裁定将案件移送给先立案的人民法院。

第三十七条　案件受理后，受诉人民法院的管辖权不受当事人住所地、经常居住地变更的影响。

第三十八条　有管辖权的人民法院受理案件后，不得以行政区域变更为由，将案件移送给变更后有管辖权的人民法院。判决后的上诉案件和依审判监督程序提审的案件，由原审人民法院的上级人民法院进行审判；上级人民法院指令再审、发回重审的案件，由原审人民法院再审或者重审。

第三十九条　人民法院对管辖异议审查后确定有管辖权的，不因当事人提起反诉、增加或者变更诉讼请求等改变管辖，但违反级别管辖、专属管辖规定的除外。

人民法院发回重审或者按第一审程序再审的案件，当事人提出管辖异议的，人民法院不予审查。

第四十条　依照民事诉讼法第三十八条第二款规定，发生管辖权争议的两个人民法院因协商不成报请它们的共同上级人民法院指定管辖时，双方为同属一个地、市辖区的基层人民法院的，由该地、市的中级人民法院及时指定管辖；同属一个省、自治区、直辖市的两个人民法院的，由该省、自治区、直辖市的高级人民法院及时指定管辖；双方为跨省、自治区、直辖市的人民法院，高级人民法院协商不成的，由最高人民法院及时指定管辖。

依照前款规定报请上级人民法院指定管辖时，应当逐级进行。

第四十一条　人民法院依照民事诉讼法第三十八条第二款规定指定管辖的，应当作出裁定。

对报请上级人民法院指定管辖的案件，下级人民法院应当中止审理。指定管辖裁定作出前，下级人民法院对案件作出判决、裁定的，上级人民法院应当在裁定指定管辖的同时，一并撤销下级人民法院的判决、裁定。

第四十二条 下列第一审民事案件，人民法院依照民事诉讼法第三十九条第一款规定，可以在开庭前交下级人民法院审理：

（一）破产程序中有关债务人的诉讼案件；

（二）当事人人数众多且不方便诉讼的案件；

（三）最高人民法院确定的其他类型案件。

人民法院交下级人民法院审理前，应当报请其上级人民法院批准。上级人民法院批准后，人民法院应当裁定将案件交下级人民法院审理。

二、回　　避

第四十三条 审判人员有下列情形之一的，应当自行回避，当事人有权申请其回避：

（一）是本案当事人或者当事人近亲属的；

（二）本人或者其近亲属与本案有利害关系的；

（三）担任过本案的证人、鉴定人、辩护人、诉讼代理人、翻译人员的；

（四）是本案诉讼代理人近亲属的；

（五）本人或者其近亲属持有本案非上市公司当事人的股份或者股权的；

（六）与本案当事人或者诉讼代理人有其他利害关系，可能影响公正审理的。

第四十四条 审判人员有下列情形之一的，当事人有权申请其回避：

（一）接受本案当事人及其受托人宴请，或者参加由其支付费用的活动的；

（二）索取、接受本案当事人及其受托人财物或者其他利益的；

（三）违反规定会见本案当事人、诉讼代理人的；

（四）为本案当事人推荐、介绍诉讼代理人，或者为律师、其他人员介绍代理本案的；

（五）向本案当事人及其受托人借用款物的；

（六）有其他不正当行为，可能影响公正审理的。

第四十五条 在一个审判程序中参与过本案审判工作的审判人员，不得再参与该案其他程序的审判。

发回重审的案件，在一审法院作出裁判后又进入第二审程序的，原第二审程序中审判人员不受前款规定的限制。

第四十六条 审判人员有应当回避的情形，没有自行回避，当事人也没有申请其回避的，由院长或者审判委员会决定其回避。

第四十七条 人民法院应当依法告知当事人对合议庭组成人员、独任审判员和书记员等人员有申请回避的权利。

第四十八条 民事诉讼法第四十七条所称的审判人员，包括参与本案审理的人民法院院长、副院长、审判委员会委员、庭长、副庭长、审判员和人民陪审员。

第四十九条 书记员和执行员适用审判人员回避的有关规定。

三、诉讼参加人

第五十条 法人的法定代表人以依法登记的为准，但法律另有规定的除外。依法不需要办理登记的法人，以其正职负责人为法定代表人；没有正职负责人的，以其主持工作的副职负责人为法定代表人。

法定代表人已经变更，但未完成登记，变更后的法定代表人要求代表法人参加诉讼的，人民法院可以准许。

其他组织，以其主要负责人为代表人。

第五十一条 在诉讼中，法人的法定代表人变更的，由新的法定代表人继续进行诉讼，并应向人民法院提交新的法定代表人身份证明书。原法定代表人进行的诉讼行为有效。

前款规定，适用于其他组织参加的诉讼。

第五十二条 民事诉讼法第五十一条规定的其他组织是指合法成立、有一定的组织机构和财产，但又不具备法人资格的组织，包括：

（一）依法登记领取营业执照的个人独资企业；

（二）依法登记领取营业执照的合伙企业；

（三）依法登记领取我国营业执照的中外合作经营企业、外资企业；

（四）依法成立的社会团体的分支机构、代表机构；

（五）依法设立并领取营业执照的法人的分支机构；

（六）依法设立并领取营业执照的商业银行、政策性银行和非银行金融机构的分支机构；

（七）经依法登记领取营业执照的乡镇企业、街道企业；

（八）其他符合本条规定条件的组织。

第五十三条　法人非依法设立的分支机构，或者虽依法设立，但没有领取营业执照的分支机构，以设立该分支机构的法人为当事人。

第五十四条　以挂靠形式从事民事活动，当事人请求由挂靠人和被挂靠人依法承担民事责任的，该挂靠人和被挂靠人为共同诉讼人。

第五十五条　在诉讼中，一方当事人死亡，需要等待继承人表明是否参加诉讼的，裁定中止诉讼。人民法院应当及时通知继承人作为当事人承担诉讼，被继承人已经进行的诉讼行为对承担诉讼的继承人有效。

第五十六条　法人或者其他组织的工作人员执行工作任务造成他人损害的，该法人或者其他组织为当事人。

第五十七条　提供劳务一方因劳务造成他人损害，受害人提起诉讼的，以接受劳务一方为被告。

第五十八条　在劳务派遣期间，被派遣的工作人员因执行工作任务造成他人损害的，以接受劳务派遣的用工单位为当事人。当事人主张劳务派遣单位承担责任的，该劳务派遣单位为共同被告。

第五十九条　在诉讼中，个体工商户以营业执照上登记的经营者为当事人。有字号的，以营业执照上登记的字号为当事人，但应同时注明该字号经营者的基本信息。

营业执照上登记的经营者与实际经营者不一致的，以登记的经营者和实际经营者为共同诉讼人。

第六十条　在诉讼中，未依法登记领取营业执照的个人合伙的全体合伙人为共同诉讼人。个人合伙有依法核准登记的字号的，应在法律文书中注明登记的字号。全体合伙人可以推选代表人；被推选的代表人，应由全体合伙人出具推选书。

第六十一条　当事人之间的纠纷经人民调解委员会或者其他依法设立的调解组织调解达成协议后，一方当事人不履行调解协议，另一方当事人向人民法院提起诉讼的，应以对方当事人为被告。

第六十二条　下列情形，以行为人为当事人：

（一）法人或者其他组织应登记而未登记，行为人即以该法人或者其他组织名义进行民事活动的；

（二）行为人没有代理权、超越代理权或者代理权终止后以被代理人名义进行民事活动的，但相对人有理由相信行为人有代理权的除外；

（三）法人或者其他组织依法终止后，行为人仍以其名义进行民事活动的。

第六十三条　企业法人合并的，因合并前的民事活动发生的纠纷，以合并后的企业为当事人；企业法人分立的，因分立前的民事活动发生的纠纷，以分立后的企业为共同诉讼人。

第六十四条　企业法人解散的，依法清算并注销前，以该企业法人为当事人；未依法清算即被注销的，以该企业法人的股东、发起人或者出资人为当事人。

第六十五条　借用业务介绍信、合同专用章、盖章的空白合同书或者银行账户的，出借单位和借用人为共同诉讼人。

第六十六条　因保证合同纠纷提起的诉讼，债权人向保证人和被保证人一并主张权利的，人民法院应当将保证人和被保证人列为共同被告。保证合同约定为一般保证，债权人仅起诉保证人的，人民法院应当通知被保证人作为共同被告参加诉讼；债权人仅起诉被保证人的，可以只列被保证人为被告。

第六十七条　无民事行为能力人、限制民事行为能力人造成他人损害的，无民事行为能力人、限制民事行为能力人和其监护人为共同被告。

第六十八条 居民委员会、村民委员会或者村民小组与他人发生民事纠纷的，居民委员会、村民委员会或者有独立财产的村民小组为当事人。

第六十九条 对侵害死者遗体、遗骨以及姓名、肖像、名誉、荣誉、隐私等行为提起诉讼的，死者的近亲属为当事人。

第七十条 在继承遗产的诉讼中，部分继承人起诉的，人民法院应通知其他继承人作为共同原告参加诉讼；被通知的继承人不愿意参加诉讼又未明确表示放弃实体权利的，人民法院仍应将其列为共同原告。

第七十一条 原告起诉被代理人和代理人，要求承担连带责任的，被代理人和代理人为共同被告。

原告起诉代理人和相对人，要求承担连带责任的，代理人和相对人为共同被告。

第七十二条 共有财产权受到他人侵害，部分共有权人起诉的，其他共有权人为共同诉讼人。

第七十三条 必须共同进行诉讼的当事人没有参加诉讼的，人民法院应当依照民事诉讼法第一百三十五条的规定，通知其参加；当事人也可以向人民法院申请追加。人民法院对当事人提出的申请，应当进行审查，申请理由不成立的，裁定驳回；申请理由成立的，书面通知被追加的当事人参加诉讼。

第七十四条 人民法院追加共同诉讼的当事人时，应当通知其他当事人。应当追加的原告，已明确表示放弃实体权利的，可不予追加；既不愿意参加诉讼，又不放弃实体权利的，仍应追加为共同原告，其不参加诉讼，不影响人民法院对案件的审理和依法作出判决。

第七十五条 民事诉讼法第五十六条、第五十七条和第二百零六条规定的人数众多，一般指十人以上。

第七十六条 依照民事诉讼法第五十六条规定，当事人一方人数众多在起诉时确定的，可以由全体当事人推选共同的代表人，也可以由部分当事人推选自己的代表人；推选不出代表人的当事人，在必要的共同诉讼中可以自己参加诉讼，在普通的共同诉讼中可以另行起诉。

第七十七条 根据民事诉讼法第五十七条规定，当事人一方人数众多在起诉时不确定的，由当事人推选代表人。当事人推选不出的，可以由人民法院提出人选与当事人协商；协商不成的，也可以由人民法院在起诉的当事人中指定代表人。

第七十八条　民事诉讼法第五十六条和第五十七条规定的代表人为二至五人，每位代表人可以委托一至二人作为诉讼代理人。

第七十九条　依照民事诉讼法第五十七条规定受理的案件，人民法院可以发出公告，通知权利人向人民法院登记。公告期间根据案件的具体情况确定，但不得少于三十日。

第八十条　根据民事诉讼法第五十七条规定向人民法院登记的权利人，应当证明其与对方当事人的法律关系和所受到的损害。证明不了的，不予登记，权利人可以另行起诉。人民法院的裁判在登记的范围内执行。未参加登记的权利人提起诉讼，人民法院认定其请求成立的，裁定适用人民法院已作出的判决、裁定。

第八十一条　根据民事诉讼法第五十九条的规定，有独立请求权的第三人有权向人民法院提出诉讼请求和事实、理由，成为当事人；无独立请求权的第三人，可以申请或者由人民法院通知参加诉讼。

第一审程序中未参加诉讼的第三人，申请参加第二审程序的，人民法院可以准许。

第八十二条　在一审诉讼中，无独立请求权的第三人无权提出管辖异议，无权放弃、变更诉讼请求或者申请撤诉，被判决承担民事责任的，有权提起上诉。

第八十三条　在诉讼中，无民事行为能力人、限制民事行为能力人的监护人是他的法定代理人。事先没有确定监护人的，可以由有监护资格的人协商确定；协商不成的，由人民法院在他们之中指定诉讼中的法定代理人。当事人没有民法典第二十七条、第二十八条规定的监护人的，可以指定民法典第三十二条规定的有关组织担任诉讼中的法定代理人。

第八十四条　无民事行为能力人、限制民事行为能力人以及其他依法不能作为诉讼代理人的，当事人不得委托其作为诉讼代理人。

第八十五条 根据民事诉讼法第六十一条第二款第二项规定，与当事人有夫妻、直系血亲、三代以内旁系血亲、近姻亲关系以及其他有抚养、赡养关系的亲属，可以当事人近亲属的名义作为诉讼代理人。

第八十六条 根据民事诉讼法第六十一条第二款第二项规定，与当事人有合法劳动人事关系的职工，可以当事人工作人员的名义作为诉讼代理人。

第八十七条 根据民事诉讼法第六十一条第二款第三项规定，有关社会团体推荐公民担任诉讼代理人的，应当符合下列条件：

（一）社会团体属于依法登记设立或者依法免予登记设立的非营利性法人组织；

（二）被代理人属于该社会团体的成员，或者当事人一方住所地位于该社会团体的活动地域；

（三）代理事务属于该社会团体章程载明的业务范围；

（四）被推荐的公民是该社会团体的负责人或者与该社会团体有合法劳动人事关系的工作人员。

专利代理人经中华全国专利代理人协会推荐，可以在专利纠纷案件中担任诉讼代理人。

第八十八条 诉讼代理人除根据民事诉讼法第六十二条规定提交授权委托书外，还应当按照下列规定向人民法院提交相关材料：

（一）律师应当提交律师执业证、律师事务所证明材料；

（二）基层法律服务工作者应当提交法律服务工作者执业证、基层法律服务所出具的介绍信以及当事人一方位于本辖区内的证明材料；

（三）当事人的近亲属应当提交身份证件和与委托人有近亲属关系的证明材料；

（四）当事人的工作人员应当提交身份证件和与当事人有合法劳动人事关系的证明材料；

（五）当事人所在社区、单位推荐的公民应当提交身份证件、推荐材料和当事人属于该社区、单位的证明材料；

（六）有关社会团体推荐的公民应当提交身份证件和符合本解释第八十七

条规定条件的证明材料。

第八十九条　当事人向人民法院提交的授权委托书，应当在开庭审理前送交人民法院。授权委托书仅写"全权代理"而无具体授权的，诉讼代理人无权代为承认、放弃、变更诉讼请求，进行和解，提出反诉或者提起上诉。

适用简易程序审理的案件，双方当事人同时到庭并径行开庭审理的，可以当场口头委托诉讼代理人，由人民法院记入笔录。

四、证　　据

第九十条　当事人对自己提出的诉讼请求所依据的事实或者反驳对方诉讼请求所依据的事实，应当提供证据加以证明，但法律另有规定的除外。

在作出判决前，当事人未能提供证据或者证据不足以证明其事实主张的，由负有举证证明责任的当事人承担不利的后果。

第九十一条　人民法院应当依照下列原则确定举证证明责任的承担，但法律另有规定的除外：

（一）主张法律关系存在的当事人，应当对产生该法律关系的基本事实承担举证证明责任；

（二）主张法律关系变更、消灭或者权利受到妨害的当事人，应当对该法律关系变更、消灭或者权利受到妨害的基本事实承担举证证明责任。

第九十二条　一方当事人在法庭审理中，或者在起诉状、答辩状、代理词等书面材料中，对于己不利的事实明确表示承认的，另一方当事人无需举证证明。

对于涉及身份关系、国家利益、社会公共利益等应当由人民法院依职权调查的事实，不适用前款自认的规定。

自认的事实与查明的事实不符的，人民法院不予确认。

第九十三条　下列事实，当事人无须举证证明：

（一）自然规律以及定理、定律；

（二）众所周知的事实；

（三）根据法律规定推定的事实；

（四）根据已知的事实和日常生活经验法则推定出的另一事实；

（五）已为人民法院发生法律效力的裁判所确认的事实；

（六）已为仲裁机构生效裁决所确认的事实；

（七）已为有效公证文书所证明的事实。

前款第二项至第四项规定的事实，当事人有相反证据足以反驳的除外；第五项至第七项规定的事实，当事人有相反证据足以推翻的除外。

第九十四条 民事诉讼法第六十七条第二款规定的当事人及其诉讼代理人因客观原因不能自行收集的证据包括：

（一）证据由国家有关部门保存，当事人及其诉讼代理人无权查阅调取的；

（二）涉及国家秘密、商业秘密或者个人隐私的；

（三）当事人及其诉讼代理人因客观原因不能自行收集的其他证据。

当事人及其诉讼代理人因客观原因不能自行收集的证据，可以在举证期限届满前书面申请人民法院调查收集。

第九十五条 当事人申请调查收集的证据，与待证事实无关联、对证明待证事实无意义或者其他无调查收集必要的，人民法院不予准许。

第九十六条 民事诉讼法第六十七条第二款规定的人民法院认为审理案件需要的证据包括：

（一）涉及可能损害国家利益、社会公共利益的；

（二）涉及身份关系的；

（三）涉及民事诉讼法第五十八条规定诉讼的；

（四）当事人有恶意串通损害他人合法权益可能的；

（五）涉及依职权追加当事人、中止诉讼、终结诉讼、回避等程序性事项的。

除前款规定外，人民法院调查收集证据，应当依照当事人的申请进行。

第九十七条 人民法院调查收集证据，应当由两人以上共同进行。调查材料要由调查人、被调查人、记录人签名、捺印或者盖章。

第九十八条 当事人根据民事诉讼法第八十四条第一款规定申请证据保全

的，可以在举证期限届满前书面提出。

证据保全可能对他人造成损失的，人民法院应当责令申请人提供相应的担保。

第九十九条 人民法院应当在审理前的准备阶段确定当事人的举证期限。举证期限可以由当事人协商，并经人民法院准许。

人民法院确定举证期限，第一审普通程序案件不得少于十五日，当事人提供新的证据的第二审案件不得少于十日。

举证期限届满后，当事人对已经提供的证据，申请提供反驳证据或者对证据来源、形式等方面的瑕疵进行补正的，人民法院可以酌情再次确定举证期限，该期限不受前款规定的限制。

第一百条 当事人申请延长举证期限的，应当在举证期限届满前向人民法院提出书面申请。

申请理由成立的，人民法院应当准许，适当延长举证期限，并通知其他当事人。延长的举证期限适用于其他当事人。

申请理由不成立的，人民法院不予准许，并通知申请人。

第一百零一条 当事人逾期提供证据的，人民法院应当责令其说明理由，必要时可以要求其提供相应的证据。

当事人因客观原因逾期提供证据，或者对方当事人对逾期提供证据未提出异议的，视为未逾期。

第一百零二条 当事人因故意或者重大过失逾期提供的证据，人民法院不予采纳。但该证据与案件基本事实有关的，人民法院应当采纳，并依照民事诉讼法第六十八条、第一百一十八条第一款的规定予以训诫、罚款。

当事人非因故意或者重大过失逾期提供的证据，人民法院应当采纳，并对当事人予以训诫。

当事人一方要求另一方赔偿因逾期提供证据致使其增加的交通、住宿、就餐、误工、证人出庭作证等必要费用的，人民法院可予支持。

第一百零三条 证据应当在法庭上出示，由当事人互相质证。未经当事人质证的证据，不得作为认定案件事实的根据。

当事人在审理前的准备阶段认可的证据，经审判人员在庭审中说明后，视为质证过的证据。

涉及国家秘密、商业秘密、个人隐私或者法律规定应当保密的证据，不得公开质证。

第一百零四条 人民法院应当组织当事人围绕证据的真实性、合法性以及与待证事实的关联性进行质证，并针对证据有无证明力和证明力大小进行说明和辩论。

能够反映案件真实情况、与待证事实相关联、来源和形式符合法律规定的证据，应当作为认定案件事实的根据。

第一百零五条 人民法院应当按照法定程序，全面、客观地审核证据，依照法律规定，运用逻辑推理和日常生活经验法则，对证据有无证明力和证明力大小进行判断，并公开判断的理由和结果。

第一百零六条 对以严重侵害他人合法权益、违反法律禁止性规定或者严重违背公序良俗的方法形成或者获取的证据，不得作为认定案件事实的根据。

第一百零七条 在诉讼中，当事人为达成调解协议或者和解协议作出妥协而认可的事实，不得在后续的诉讼中作为对其不利的根据，但法律另有规定或者当事人均同意的除外。

第一百零八条 对负有举证证明责任的当事人提供的证据，人民法院经审查并结合相关事实，确信待证事实的存在具有高度可能性的，应当认定该事实存在。

对一方当事人为反驳负有举证证明责任的当事人所主张事实而提供的证据，人民法院经审查并结合相关事实，认为待证事实真伪不明的，应当认定该事实不存在。

法律对于待证事实所应达到的证明标准另有规定的，从其规定。

第一百零九条 当事人对欺诈、胁迫、恶意串通事实的证明，以及对口头遗嘱或者赠与事实的证明，人民法院确信该待证事实存在的可能性能够排除合理怀疑的，应当认定该事实存在。

第一百一十条 人民法院认为有必要的，可以要求当事人本人到庭，就案件有关事实接受询问。在询问当事人之前，可以要求其签署保证书。

保证书应当载明据实陈述、如有虚假陈述愿意接受处罚等内容。当事人应当在保证书上签名或者捺印。

负有举证证明责任的当事人拒绝到庭、拒绝接受询问或者拒绝签署保证书，待证事实又欠缺其他证据证明的，人民法院对其主张的事实不予认定。

第一百一十一条　民事诉讼法第七十三条规定的提交书证原件确有困难，包括下列情形：

（一）书证原件遗失、灭失或者毁损的；

（二）原件在对方当事人控制之下，经合法通知提交而拒不提交的；

（三）原件在他人控制之下，而其有权不提交的；

（四）原件因篇幅或者体积过大而不便提交的；

（五）承担举证证明责任的当事人通过申请人民法院调查收集或者其他方式无法获得书证原件的。

前款规定情形，人民法院应当结合其他证据和案件具体情况，审查判断书证复制品等能否作为认定案件事实的根据。

第一百一十二条　书证在对方当事人控制之下的，承担举证证明责任的当事人可以在举证期限届满前书面申请人民法院责令对方当事人提交。

申请理由成立的，人民法院应当责令对方当事人提交，因提交书证所产生的费用，由申请人负担。对方当事人无正当理由拒不提交的，人民法院可以认定申请人所主张的书证内容为真实。

第一百一十三条　持有书证的当事人以妨碍对方当事人使用为目的，毁灭有关书证或者实施其他致使书证不能使用行为的，人民法院可以依照民事诉讼法第一百一十四条规定，对其处以罚款、拘留。

第一百一十四条　国家机关或者其他依法具有社会管理职能的组织，在其职权范围内制作的文书所记载的事项推定为真实，但有相反证据足以推翻的除外。必要时，人民法院可以要求制作文书的机关或者组织对文书的真实性予以说明。

第一百一十五条　单位向人民法院提出的证明材料，应当由单位负责人及制作证明材料的人员签名或者盖章，并加盖单位印章。人民法院就单位出具的证明材料，可以向单位及制作证明材料的人员进行调查核实。必要时，可以要求制作证明材料的人员出庭作证。

单位及制作证明材料的人员拒绝人民法院调查核实，或者制作证明材料的人员无正当理由拒绝出庭作证的，该证明材料不得作为认定案件事实的根据。

第一百一十六条 视听资料包括录音资料和影像资料。

电子数据是指通过电子邮件、电子数据交换、网上聊天记录、博客、微博客、手机短信、电子签名、域名等形成或者存储在电子介质中的信息。

存储在电子介质中的录音资料和影像资料，适用电子数据的规定。

第一百一十七条 当事人申请证人出庭作证的，应当在举证期限届满前提出。

符合本解释第九十六条第一款规定情形的，人民法院可以依职权通知证人出庭作证。

未经人民法院通知，证人不得出庭作证，但双方当事人同意并经人民法院准许的除外。

第一百一十八条 民事诉讼法第七十七条规定的证人因履行出庭作证义务而支出的交通、住宿、就餐等必要费用，按照机关事业单位工作人员差旅费用和补贴标准计算；误工损失按照国家上年度职工日平均工资标准计算。

人民法院准许证人出庭作证申请的，应当通知申请人预缴证人出庭作证费用。

第一百一十九条 人民法院在证人出庭作证前应当告知其如实作证的义务以及作伪证的法律后果，并责令其签署保证书，但无民事行为能力人和限制民事行为能力人除外。

证人签署保证书适用本解释关于当事人签署保证书的规定。

第一百二十条 证人拒绝签署保证书的，不得作证，并自行承担相关费用。

第一百二十一条 当事人申请鉴定，可以在举证期限届满前提出。申请鉴定的事项与待证事实无关联，或者对证明待证事实无意义的，人民法院不予准许。

人民法院准许当事人鉴定申请的，应当组织双方当事人协商确定具备相应资格的鉴定人。当事人协商不成的，由人民法院指定。

符合依职权调查收集证据条件的，人民法院应当依职权委托鉴定，在询问当事人的意见后，指定具备相应资格的鉴定人。

第一百二十二条　当事人可以依照民事诉讼法第八十二条的规定，在举证期限届满前申请一至二名具有专门知识的人出庭，代表当事人对鉴定意见进行质证，或者对案件事实所涉及的专业问题提出意见。

具有专门知识的人在法庭上就专业问题提出的意见，视为当事人的陈述。

人民法院准许当事人申请的，相关费用由提出申请的当事人负担。

第一百二十三条　人民法院可以对出庭的具有专门知识的人进行询问。经法庭准许，当事人可以对出庭的具有专门知识的人进行询问，当事人各自申请的具有专门知识的人可以就案件中的有关问题进行对质。

具有专门知识的人不得参与专业问题之外的法庭审理活动。

第一百二十四条　人民法院认为有必要的，可以根据当事人的申请或者依职权对物证或者现场进行勘验。勘验时应当保护他人的隐私和尊严。

人民法院可以要求鉴定人参与勘验。必要时，可以要求鉴定人在勘验中进行鉴定。

五、期间和送达

第一百二十五条　依照民事诉讼法第八十五条第二款规定，民事诉讼中以时起算的期间从次时起算；以日、月、年计算的期间从次日起算。

第一百二十六条　民事诉讼法第一百二十六条规定的立案期限，因起诉状内容欠缺通知原告补正的，从补正后交人民法院的次日起算。由上级人民法院转交下级人民法院立案的案件，从受诉人民法院收到起诉状的次日起算。

第一百二十七条　民事诉讼法第五十九条第三款、第二百一十二条以及本解释第三百七十二条、第三百八十二条、第三百九十九条、第四百二十条、第四百二十一条规定的六个月，民事诉讼法第二百三十条规定的一年，为不变期间，不适用诉讼时效中止、中断、延长的规定。

第一百二十八条 再审案件按照第一审程序或者第二审程序审理的，适用民事诉讼法第一百五十二条、第一百八十三条规定的审限。审限自再审立案的次日起算。

第一百二十九条 对申请再审案件，人民法院应当自受理之日起三个月内审查完毕，但公告期间、当事人和解期间等不计入审查期限。有特殊情况需要延长的，由本院院长批准。

第一百三十条 向法人或者其他组织送达诉讼文书，应当由法人的法定代表人、该组织的主要负责人或者办公室、收发室、值班室等负责收件的人签收或者盖章，拒绝签收或者盖章的，适用留置送达。

民事诉讼法第八十九条规定的有关基层组织和所在单位的代表，可以是受送达人住所地的居民委员会、村民委员会的工作人员以及受送达人所在单位的工作人员。

第一百三十一条 人民法院直接送达诉讼文书的，可以通知当事人到人民法院领取。当事人到达人民法院，拒绝签署送达回证的，视为送达。审判人员、书记员应当在送达回证上注明送达情况并签名。

人民法院可以在当事人住所地以外向当事人直接送达诉讼文书。当事人拒绝签署送达回证的，采用拍照、录像等方式记录送达过程即视为送达。审判人员、书记员应当在送达回证上注明送达情况并签名。

第一百三十二条 受送达人有诉讼代理人的，人民法院既可以向受送达人送达，也可以向其诉讼代理人送达。受送达人指定诉讼代理人为代收人的，向诉讼代理人送达时，适用留置送达。

第一百三十三条 调解书应当直接送达当事人本人，不适用留置送达。当事人本人因故不能签收的，可由其指定的代收人签收。

第一百三十四条 依照民事诉讼法第九十一条规定，委托其他人民法院代为送达的，委托法院应当出具委托函，并附需要送达的诉讼文书和送达回证，以受送达人在送达回证上签收的日期为送达日期。

委托送达的，受委托人民法院应当自收到委托函及相关诉讼文书之日起十日内代为送达。

第一百三十五条　电子送达可以采用传真、电子邮件、移动通信等即时收悉的特定系统作为送达媒介。

民事诉讼法第九十条第二款规定的到达受送达人特定系统的日期，为人民法院对应系统显示发送成功的日期，但受送达人证明到达其特定系统的日期与人民法院对应系统显示发送成功的日期不一致的，以受送达人证明到达其特定系统的日期为准。

第一百三十六条　受送达人同意采用电子方式送达的，应当在送达地址确认书中予以确认。

第一百三十七条　当事人在提起上诉、申请再审、申请执行时未书面变更送达地址的，其在第一审程序中确认的送达地址可以作为第二审程序、审判监督程序、执行程序的送达地址。

第一百三十八条　公告送达可以在法院的公告栏和受送达人住所地张贴公告，也可以在报纸、信息网络等媒体上刊登公告，发出公告日期以最后张贴或者刊登的日期为准。对公告送达方式有特殊要求的，应当按要求的方式进行。公告期满，即视为送达。

人民法院在受送达人住所地张贴公告的，应当采取拍照、录像等方式记录张贴过程。

第一百三十九条　公告送达应当说明公告送达的原因；公告送达起诉状或者上诉状副本的，应当说明起诉或者上诉要点，受送达人答辩期限及逾期不答辩的法律后果；公告送达传票，应当说明出庭的时间和地点及逾期不出庭的法律后果；公告送达判决书、裁定书的，应当说明裁判主要内容，当事人有权上诉的，还应当说明上诉权利、上诉期限和上诉的人民法院。

第一百四十条　适用简易程序的案件，不适用公告送达。

第一百四十一条 人民法院在定期宣判时，当事人拒不签收判决书、裁定书的，应视为送达，并在宣判笔录中记明。

六、调　　解

第一百四十二条 人民法院受理案件后，经审查，认为法律关系明确、事实清楚，在征得当事人双方同意后，可以径行调解。

第一百四十三条 适用特别程序、督促程序、公示催告程序的案件，婚姻等身份关系确认案件以及其他根据案件性质不能进行调解的案件，不得调解。

第一百四十四条 人民法院审理民事案件，发现当事人之间恶意串通，企图通过和解、调解方式侵害他人合法权益的，应当依照民事诉讼法第一百一十五条的规定处理。

第一百四十五条 人民法院审理民事案件，应当根据自愿、合法的原则进行调解。当事人一方或者双方坚持不愿调解的，应当及时裁判。

人民法院审理离婚案件，应当进行调解，但不应久调不决。

第一百四十六条 人民法院审理民事案件，调解过程不公开，但当事人同意公开的除外。

调解协议内容不公开，但为保护国家利益、社会公共利益、他人合法权益，人民法院认为确有必要公开的除外。

主持调解以及参与调解的人员，对调解过程以及调解过程中获悉的国家秘密、商业秘密、个人隐私和其他不宜公开的信息，应当保守秘密，但为保护国家利益、社会公共利益、他人合法权益的除外。

第一百四十七条 人民法院调解案件时，当事人不能出庭的，经其特别授权，可由其委托代理人参加调解，达成的调解协议，可由委托代理人签名。

离婚案件当事人确因特殊情况无法出庭参加调解的，除本人不能表达意志的以外，应当出具书面意见。

第一百四十八条 当事人自行和解或者调解达成协议后，请求人民法院按照和解协议或者调解协议的内容制作判决书的，人民法院不予准许。

无民事行为能力人的离婚案件，由其法定代理人进行诉讼。法定代理人与对方达成协议要求发给判决书的，可根据协议内容制作判决书。

第一百四十九条　调解书需经当事人签收后才发生法律效力的，应当以最后收到调解书的当事人签收的日期为调解书生效日期。

第一百五十条　人民法院调解民事案件，需由无独立请求权的第三人承担责任的，应当经其同意。该第三人在调解书送达前反悔的，人民法院应当及时裁判。

第一百五十一条　根据民事诉讼法第一百零一条第一款第四项规定，当事人各方同意在调解协议上签名或者盖章后即发生法律效力的，经人民法院审查确认后，应当记入笔录或者将调解协议附卷，并由当事人、审判人员、书记员签名或者盖章后即具有法律效力。

前款规定情形，当事人请求制作调解书的，人民法院审查确认后可以制作调解书送交当事人。当事人拒收调解书的，不影响调解协议的效力。

七、保全和先予执行

第一百五十二条　人民法院依照民事诉讼法第一百零三条、第一百零四条规定，在采取诉前保全、诉讼保全措施时，责令利害关系人或者当事人提供担保的，应当书面通知。

利害关系人申请诉前保全的，应当提供担保。申请诉前财产保全的，应当提供相当于请求保全数额的担保；情况特殊的，人民法院可以酌情处理。申请诉前行为保全的，担保的数额由人民法院根据案件的具体情况决定。

在诉讼中，人民法院依申请或者依职权采取保全措施的，应当根据案件的具体情况，决定当事人是否应当提供担保以及担保的数额。

第一百五十三条　人民法院对季节性商品、鲜活、易腐烂变质以及其他不宜长期保存的物品采取保全措施时，可以责令当事人及时处理，由人民法院保存价款；必要时，人民法院可予以变卖，保存价款。

第一百五十四条　人民法院在财产保全中采取查封、扣押、冻结财产措施时，应当妥善保管被查封、扣押、冻结的财产。不宜由人民法院保管的，人民法院可以指定被保全人负责保管；不宜由被保全人保管的，可以委托他人或者申请保全人保管。

查封、扣押、冻结担保物权人占有的担保财产，一般由担保物权人保管；由人民法院保管的，质权、留置权不因采取保全措施而消灭。

第一百五十五条 由人民法院指定被保全人保管的财产，如果继续使用对该财产的价值无重大影响，可以允许被保全人继续使用；由人民法院保管或者委托他人、申请保全人保管的财产，人民法院和其他保管人不得使用。

第一百五十六条 人民法院采取财产保全的方法和措施，依照执行程序相关规定办理。

第一百五十七条 人民法院对抵押物、质押物、留置物可以采取财产保全措施，但不影响抵押权人、质权人、留置权人的优先受偿权。

第一百五十八条 人民法院对债务人到期应得的收益，可以采取财产保全措施，限制其支取，通知有关单位协助执行。

第一百五十九条 债务人的财产不能满足保全请求，但对他人有到期债权的，人民法院可以依债权人的申请裁定该他人不得对本案债务人清偿。该他人要求偿付的，由人民法院提存财物或者价款。

第一百六十条 当事人向采取诉前保全措施以外的其他有管辖权的人民法院起诉的，采取诉前保全措施的人民法院应当将保全手续移送受理案件的人民法院。诉前保全的裁定视为受移送人民法院作出的裁定。

第一百六十一条 对当事人不服一审判决提起上诉的案件，在第二审人民法院接到报送的案件之前，当事人有转移、隐匿、出卖或者毁损财产等行为，必须采取保全措施的，由第一审人民法院依当事人申请或者依职权采取。第一审人民法院的保全裁定，应当及时报送第二审人民法院。

第一百六十二条 第二审人民法院裁定对第一审人民法院采取的保全措施予以续保或者采取新的保全措施的，可以自行实施，也可以委托第一审人民法院实施。

再审人民法院裁定对原保全措施予以续保或者采取新的保全措施的，可以自行实施，也可以委托原审人民法院或者执行法院实施。

第一百六十三条 法律文书生效后，进入执行程序前，债权人因对方当事人转移财产等紧急情况，不申请保全将可能导致生效法律文书不能执行或者难以执行的，可以向执行法院申请采取保全措施。债权人在法律文书指定的履行期间届满后五日内不申请执行的，人民法院应当解除保全。

第一百六十四条　对申请保全人或者他人提供的担保财产，人民法院应当依法办理查封、扣押、冻结等手续。

第一百六十五条　人民法院裁定采取保全措施后，除作出保全裁定的人民法院自行解除或者其上级人民法院决定解除外，在保全期限内，任何单位不得解除保全措施。

第一百六十六条　裁定采取保全措施后，有下列情形之一的，人民法院应当作出解除保全裁定：

（一）保全错误的；

（二）申请人撤回保全申请的；

（三）申请人的起诉或者诉讼请求被生效裁判驳回的；

（四）人民法院认为应当解除保全的其他情形。

解除以登记方式实施的保全措施的，应当向登记机关发出协助执行通知书。

第一百六十七条　财产保全的被保全人提供其他等值担保财产且有利于执行的，人民法院可以裁定变更保全标的物为被保全人提供的担保财产。

第一百六十八条　保全裁定未经人民法院依法撤销或者解除，进入执行程序后，自动转为执行中的查封、扣押、冻结措施，期限连续计算，执行法院无需重新制作裁定书，但查封、扣押、冻结期限届满的除外。

第一百六十九条　民事诉讼法规定的先予执行，人民法院应当在受理案件后终审判决作出前采取。先予执行应当限于当事人诉讼请求的范围，并以当事人的生活、生产经营的急需为限。

第一百七十条　民事诉讼法第一百零九条第三项规定的情况紧急，包括：

（一）需要立即停止侵害、排除妨碍的；

（二）需要立即制止某项行为的；

（三）追索恢复生产、经营急需的保险理赔费的；

（四）需要立即返还社会保险金、社会救助资金的；

（五）不立即返还款项，将严重影响权利人生活和生产经营的。

第一百七十一条 当事人对保全或者先予执行裁定不服的，可以自收到裁定书之日起五日内向作出裁定的人民法院申请复议。人民法院应当在收到复议申请后十日内审查。裁定正确的，驳回当事人的申请；裁定不当的，变更或者撤销原裁定。

第一百七十二条 利害关系人对保全或者先予执行的裁定不服申请复议的，由作出裁定的人民法院依照民事诉讼法第一百一十一条规定处理。

第一百七十三条 人民法院先予执行后，根据发生法律效力的判决，申请人应当返还因先予执行所取得的利益的，适用民事诉讼法第二百四十条的规定。

八、对妨害民事诉讼的强制措施

第一百七十四条 民事诉讼法第一百一十二条规定的必须到庭的被告，是指负有赡养、抚育、扶养义务和不到庭就无法查清案情的被告。

人民法院对必须到庭才能查清案件基本事实的原告，经两次传票传唤，无正当理由拒不到庭的，可以拘传。

第一百七十五条 拘传必须用拘传票，并直接送达被拘传人；在拘传前，应当向被拘传人说明拒不到庭的后果，经批评教育仍拒不到庭的，可以拘传其到庭。

第一百七十六条 诉讼参与人或者其他人有下列行为之一的，人民法院可以适用民事诉讼法第一百一十三条规定处理：

（一）未经准许进行录音、录像、摄影的；

（二）未经准许以移动通信等方式现场传播审判活动的；

（三）其他扰乱法庭秩序，妨害审判活动进行的。

有前款规定情形的，人民法院可以暂扣诉讼参与人或者其他人进行录音、录像、摄影、传播审判活动的器材，并责令其删除有关内容；拒不删除的，人民法院可以采取必要手段强制删除。

　　第一百七十七条　训诫、责令退出法庭由合议庭或者独任审判员决定。训诫的内容、被责令退出法庭者的违法事实应当记入庭审笔录。

　　第一百七十八条　人民法院依照民事诉讼法第一百一十三条至第一百一十七条的规定采取拘留措施的，应经院长批准，作出拘留决定书，由司法警察将被拘留人送交当地公安机关看管。

　　第一百七十九条　被拘留人不在本辖区的，作出拘留决定的人民法院应当派员到被拘留人所在地的人民法院，请该院协助执行，受委托的人民法院应当及时派员协助执行。被拘留人申请复议或者在拘留期间承认并改正错误，需要提前解除拘留的，受委托人民法院应当向委托人民法院转达或者提出建议，由委托人民法院审查决定。

　　第一百八十条　人民法院对被拘留人采取拘留措施后，应当在二十四小时内通知其家属；确实无法按时通知或者通知不到的，应当记录在案。

　　第一百八十一条　因哄闹、冲击法庭，用暴力、威胁等方法抗拒执行公务等紧急情况，必须立即采取拘留措施的，可在拘留后，立即报告院长补办批准手续。院长认为拘留不当的，应当解除拘留。

　　第一百八十二条　被拘留人在拘留期间认错悔改的，可以责令其具结悔过，提前解除拘留。提前解除拘留，应报经院长批准，并作出提前解除拘留决定书，交负责看管的公安机关执行。

　　第一百八十三条　民事诉讼法第一百一十三条至第一百一十六条规定的罚款、拘留可以单独适用，也可以合并适用。

　　第一百八十四条　对同一妨害民事诉讼行为的罚款、拘留不得连续适用。发生新的妨害民事诉讼行为的，人民法院可以重新予以罚款、拘留。

　　第一百八十五条　被罚款、拘留的人不服罚款、拘留决定申请复议的，应当自收到决定书之日起三日内提出。上级人民法院应当在收到复议申请后五日内作出决定，并将复议结果通知下级人民法院和当事人。

　　第一百八十六条　上级人民法院复议时认为强制措施不当的，应当制作决定书，撤销或者变更下级人民法院作出的拘留、罚款决定。情况紧急的，可以在口头通知后三日内发出决定书。

第一百八十七条 民事诉讼法第一百一十四条第一款第五项规定的以暴力、威胁或者其他方法阻碍司法工作人员执行职务的行为，包括：

（一）在人民法院哄闹、滞留，不听从司法工作人员劝阻的；

（二）故意毁损、抢夺人民法院法律文书、查封标志的；

（三）哄闹、冲击执行公务现场，围困、扣押执行或者协助执行公务人员的；

（四）毁损、抢夺、扣留案件材料、执行公务车辆、其他执行公务器械、执行公务人员服装和执行公务证件的；

（五）以暴力、威胁或者其他方法阻碍司法工作人员查询、查封、扣押、冻结、划拨、拍卖、变卖财产的；

（六）以暴力、威胁或者其他方法阻碍司法工作人员执行职务的其他行为。

第一百八十八条 民事诉讼法第一百一十四条第一款第六项规定的拒不履行人民法院已经发生法律效力的判决、裁定的行为，包括：

（一）在法律文书发生法律效力后隐藏、转移、变卖、毁损财产或者无偿转让财产、以明显不合理的价格交易财产、放弃到期债权、无偿为他人提供担保等，致使人民法院无法执行的；

（二）隐藏、转移、毁损或者未经人民法院允许处分已向人民法院提供担保的财产的；

（三）违反人民法院限制高消费令进行消费的；

（四）有履行能力而拒不按照人民法院执行通知履行生效法律文书确定的义务的；

（五）有义务协助执行的个人接到人民法院协助执行通知书后，拒不协助执行的。

第一百八十九条 诉讼参与人或者其他人有下列行为之一的，人民法院可以适用民事诉讼法第一百一十四条的规定处理：

（一）冒充他人提起诉讼或者参加诉讼的；

（二）证人签署保证书后作虚假证言，妨碍人民法院审理案件的；

（三）伪造、隐藏、毁灭或者拒绝交出有关被执行人履行能力的重要证据，妨碍人民法院查明被执行人财产状况的；

（四）擅自解冻已被人民法院冻结的财产的；

（五）接到人民法院协助执行通知书后，给当事人通风报信，协助其转移、隐匿财产的。

第一百九十条　民事诉讼法第一百一十五条规定的他人合法权益，包括案外人的合法权益、国家利益、社会公共利益。

第三人根据民事诉讼法第五十九条第三款规定提起撤销之诉，经审查，原案当事人之间恶意串通进行虚假诉讼的，适用民事诉讼法第一百一十五条规定处理。

第一百九十一条　单位有民事诉讼法第一百一十五条或者第一百一十六条规定行为的，人民法院应当对该单位进行罚款，并可以对其主要负责人或者直接责任人员予以罚款、拘留；构成犯罪的，依法追究刑事责任。

第一百九十二条　有关单位接到人民法院协助执行通知书后，有下列行为之一的，人民法院可以适用民事诉讼法第一百一十七条规定处理：

（一）允许被执行人高消费的；

（二）允许被执行人出境的；

（三）拒不停止办理有关财产权证照转移手续、权属变更登记、规划审批等手续的；

（四）以需要内部请示、内部审批，有内部规定等为由拖延办理的。

第一百九十三条　人民法院对个人或者单位采取罚款措施时，应当根据其实施妨害民事诉讼行为的性质、情节、后果，当地的经济发展水平，以及诉讼标的额等因素，在民事诉讼法第一百一十八条第一款规定的限额内确定相应的罚款金额。

九、诉讼费用

第一百九十四条　依照民事诉讼法第五十七条审理的案件不预交案件受理费，结案后按照诉讼标的额由败诉方交纳。

第一百九十五条 支付令失效后转入诉讼程序的，债权人应当按照《诉讼费用交纳办法》补交案件受理费。

支付令被撤销后，债权人另行起诉的，按照《诉讼费用交纳办法》交纳诉讼费用。

第一百九十六条 人民法院改变原判决、裁定、调解结果的，应当在裁判文书中对原审诉讼费用的负担一并作出处理。

第一百九十七条 诉讼标的物是证券的，按照证券交易规则并根据当事人起诉之日前最后一个交易日的收盘价、当日的市场价或者其载明的金额计算诉讼标的金额。

第一百九十八条 诉讼标的物是房屋、土地、林木、车辆、船舶、文物等特定物或者知识产权，起诉时价值难以确定的，人民法院应当向原告释明主张过高或者过低的诉讼风险，以原告主张的价值确定诉讼标的金额。

第一百九十九条 适用简易程序审理的案件转为普通程序的，原告自接到人民法院交纳诉讼费用通知之日起七日内补交案件受理费。

原告无正当理由未按期足额补交的，按撤诉处理，已经收取的诉讼费用退还一半。

第二百条 破产程序中有关债务人的民事诉讼案件，按照财产案件标准交纳诉讼费，但劳动争议案件除外。

第二百零一条 既有财产性诉讼请求，又有非财产性诉讼请求的，按照财产性诉讼请求的标准交纳诉讼费。

有多个财产性诉讼请求的，合并计算交纳诉讼费；诉讼请求中有多个非财产性诉讼请求的，按一件交纳诉讼费。

第二百零二条 原告、被告、第三人分别上诉的，按照上诉请求分别预交二审案件受理费。

同一方多人共同上诉的，只预交一份二审案件受理费；分别上诉的，按照上诉请求分别预交二审案件受理费。

第二百零三条 承担连带责任的当事人败诉的，应当共同负担诉讼费用。

第二百零四条 实现担保物权案件，人民法院裁定拍卖、变卖担保财产的，申请费由债务人、担保人负担；人民法院裁定驳回申请的，申请费由申请人负担。

申请人另行起诉的，其已经交纳的申请费可以从案件受理费中扣除。

第二百零五条　拍卖、变卖担保财产的裁定作出后，人民法院强制执行的，按照执行金额收取执行申请费。

第二百零六条　人民法院决定减半收取案件受理费的，只能减半一次。

第二百零七条　判决生效后，胜诉方预交但不应负担的诉讼费用，人民法院应当退还，由败诉方向人民法院交纳，但胜诉方自愿承担或者同意败诉方直接向其支付的除外。

当事人拒不交纳诉讼费用的，人民法院可以强制执行。

十、第一审普通程序

第二百零八条　人民法院接到当事人提交的民事起诉状时，对符合民事诉讼法第一百二十二条的规定，且不属于第一百二十七条规定情形的，应当登记立案；对当场不能判定是否符合起诉条件的，应当接收起诉材料，并出具注明收到日期的书面凭证。

需要补充必要相关材料的，人民法院应当及时告知当事人。在补齐相关材料后，应当在七日内决定是否立案。

立案后发现不符合起诉条件或者属于民事诉讼法第一百二十七条规定情形的，裁定驳回起诉。

第二百零九条　原告提供被告的姓名或者名称、住所等信息具体明确，足以使被告与他人相区别的，可以认定为有明确的被告。

起诉状列写被告信息不足以认定明确的被告的，人民法院可以告知原告补正。原告补正后仍不能确定明确的被告的，人民法院裁定不予受理。

第二百一十条　原告在起诉状中有谩骂和人身攻击之辞的，人民法院应当告知其修改后提起诉讼。

第二百一十一条　对本院没有管辖权的案件，告知原告向有管辖权的人民法院起诉；原告坚持起诉的，裁定不予受理；立案后发现本院没有管辖权的，应当将案件移送有管辖权的人民法院。

第二百一十二条 裁定不予受理、驳回起诉的案件，原告再次起诉，符合起诉条件且不属于民事诉讼法第一百二十七条规定情形的，人民法院应予受理。

第二百一十三条 原告应当预交而未预交案件受理费，人民法院应当通知其预交，通知后仍不预交或者申请减、缓、免未获批准而仍不预交的，裁定按撤诉处理。

第二百一十四条 原告撤诉或者人民法院按撤诉处理后，原告以同一诉讼请求再次起诉的，人民法院应予受理。

原告撤诉或者按撤诉处理的离婚案件，没有新情况、新理由，六个月内又起诉的，比照民事诉讼法第一百二十七条第七项的规定不予受理。

第二百一十五条 依照民事诉讼法第一百二十七条第二项的规定，当事人在书面合同中订有仲裁条款，或者在发生纠纷后达成书面仲裁协议，一方向人民法院起诉的，人民法院应当告知原告向仲裁机构申请仲裁，其坚持起诉的，裁定不予受理，但仲裁条款或者仲裁协议不成立、无效、失效、内容不明确无法执行的除外。

第二百一十六条 在人民法院首次开庭前，被告以有书面仲裁协议为由对受理民事案件提出异议的，人民法院应当进行审查。

经审查符合下列情形之一的，人民法院应当裁定驳回起诉：

（一）仲裁机构或者人民法院已经确认仲裁协议有效的；

（二）当事人没有在仲裁庭首次开庭前对仲裁协议的效力提出异议的；

（三）仲裁协议符合仲裁法第十六条规定且不具有仲裁法第十七条规定情形的。

第二百一十七条 夫妻一方下落不明，另一方诉至人民法院，只要求离婚，不申请宣告下落不明人失踪或者死亡的案件，人民法院应当受理，对下落不明人公告送达诉讼文书。

第二百一十八条 赡养费、扶养费、抚养费案件，裁判发生法律效力后，因新情况、新理由，一方当事人再行起诉要求增加或者减少费用的，人民法院应作为新案受理。

第二百一十九条　当事人超过诉讼时效期间起诉的，人民法院应予受理。受理后对方当事人提出诉讼时效抗辩，人民法院经审理认为抗辩事由成立的，判决驳回原告的诉讼请求。

第二百二十条　民事诉讼法第七十一条、第一百三十七条、第一百五十九条规定的商业秘密，是指生产工艺、配方、贸易联系、购销渠道等当事人不愿公开的技术秘密、商业情报及信息。

第二百二十一条　基于同一事实发生的纠纷，当事人分别向同一人民法院起诉的，人民法院可以合并审理。

第二百二十二条　原告在起诉状中直接列写第三人的，视为其申请人民法院追加该第三人参加诉讼。是否通知第三人参加诉讼，由人民法院审查决定。

第二百二十三条　当事人在提交答辩状期间提出管辖异议，又针对起诉状的内容进行答辩的，人民法院应当依照民事诉讼法第一百三十条第一款的规定，对管辖异议进行审查。

当事人未提出管辖异议，就案件实体内容进行答辩、陈述或者反诉的，可以认定为民事诉讼法第一百三十条第二款规定的应诉答辩。

第二百二十四条　依照民事诉讼法第一百三十六条第四项规定，人民法院可以在答辩期届满后，通过组织证据交换、召集庭前会议等方式，作好审理前的准备。

第二百二十五条　根据案件具体情况，庭前会议可以包括下列内容：

（一）明确原告的诉讼请求和被告的答辩意见；

（二）审查处理当事人增加、变更诉讼请求的申请和提出的反诉，以及第三人提出的与本案有关的诉讼请求；

（三）根据当事人的申请决定调查收集证据，委托鉴定，要求当事人提供证据，进行勘验，进行证据保全；

（四）组织交换证据；

（五）归纳争议焦点；

（六）进行调解。

第二百二十六条　人民法院应当根据当事人的诉讼请求、答辩意见以及证据交换的情况，归纳争议焦点，并就归纳的争议焦点征求当事人的意见。

第二百二十七条　人民法院适用普通程序审理案件，应当在开庭三日前用传票传唤当事人。对诉讼代理人、证人、鉴定人、勘验人、翻译人员应当用通知书通知其到庭。当事人或者其他诉讼参与人在外地的，应当留有必要的在途时间。

第二百二十八条　法庭审理应当围绕当事人争议的事实、证据和法律适用等焦点问题进行。

第二百二十九条　当事人在庭审中对其在审理前的准备阶段认可的事实和证据提出不同意见的，人民法院应当责令其说明理由。必要时，可以责令其提供相应证据。人民法院应当结合当事人的诉讼能力、证据和案件的具体情况进行审查。理由成立的，可以列入争议焦点进行审理。

第二百三十条　人民法院根据案件具体情况并征得当事人同意，可以将法庭调查和法庭辩论合并进行。

第二百三十一条　当事人在法庭上提出新的证据的，人民法院应当依照民事诉讼法第六十八条第二款规定和本解释相关规定处理。

第二百三十二条　在案件受理后，法庭辩论结束前，原告增加诉讼请求，被告提出反诉，第三人提出与本案有关的诉讼请求，可以合并审理的，人民法院应当合并审理。

第二百三十三条　反诉的当事人应当限于本诉的当事人的范围。

反诉与本诉的诉讼请求基于相同法律关系、诉讼请求之间具有因果关系，或者反诉与本诉的诉讼请求基于相同事实的，人民法院应当合并审理。

反诉应由其他人民法院专属管辖，或者与本诉的诉讼标的及诉讼请求所依据的事实、理由无关联的，裁定不予受理，告知另行起诉。

第二百三十四条　无民事行为能力人的离婚诉讼，当事人的法定代理人应当到庭；法定代理人不能到庭的，人民法院应当在查清事实的基础上，依法作出判决。

第二百三十五条　无民事行为能力的当事人的法定代理人，经传票传唤无正当理由拒不到庭，属于原告方的，比照民事诉讼法第一百四十六条的规定，按撤诉处理；属于被告方的，比照民事诉讼法第一百四十七条的规定，缺席判决。必要时，人民法院可以拘传其到庭。

第二百三十六条　有独立请求权的第三人经人民法院传票传唤，无正当理由拒不到庭的，或者未经法庭许可中途退庭的，比照民事诉讼法第一百四十六条的规定，按撤诉处理。

第二百三十七条　有独立请求权的第三人参加诉讼后，原告申请撤诉，人民法院在准许原告撤诉后，有独立请求权的第三人作为另案原告，原案原告、被告作为另案被告，诉讼继续进行。

第二百三十八条　当事人申请撤诉或者依法可以按撤诉处理的案件，如果当事人有违反法律的行为需要依法处理的，人民法院可以不准许撤诉或者不按撤诉处理。

法庭辩论终结后原告申请撤诉，被告不同意的，人民法院可以不予准许。

第二百三十九条　人民法院准许本诉原告撤诉的，应当对反诉继续审理；被告申请撤回反诉的，人民法院应予准许。

第二百四十条　无独立请求权的第三人经人民法院传票传唤，无正当理由拒不到庭，或者未经法庭许可中途退庭的，不影响案件的审理。

第二百四十一条　被告经传票传唤无正当理由拒不到庭，或者未经法庭许可中途退庭的，人民法院应当按期开庭或者继续开庭审理，对到庭的当事人诉讼请求、双方的诉辩理由以及已经提交的证据及其他诉讼材料进行审理后，可以依法缺席判决。

第二百四十二条　一审宣判后，原审人民法院发现判决有错误，当事人在上诉期内提出上诉的，原审人民法院可以提出原判决有错误的意见，报送第二审人民法院，由第二审人民法院按照第二审程序进行审理；当事人不上诉的，按照审判监督程序处理。

第二百四十三条　民事诉讼法第一百五十二条规定的审限，是指从立案之日起至裁判宣告、调解书送达之日止的期间，但公告期间、鉴定期间、双方当事人和解期间、审理当事人提出的管辖异议以及处理人民法院之间的管辖争议期间不应计算在内。

第二百四十四条 可以上诉的判决书、裁定书不能同时送达双方当事人的，上诉期从各自收到判决书、裁定书之日计算。

第二百四十五条 民事诉讼法第一百五十七条第一款第七项规定的笔误是指法律文书误写、误算，诉讼费用漏写、误算和其他笔误。

第二百四十六条 裁定中止诉讼的原因消除，恢复诉讼程序时，不必撤销原裁定，从人民法院通知或者准许当事人双方继续进行诉讼时起，中止诉讼的裁定即失去效力。

第二百四十七条 当事人就已经提起诉讼的事项在诉讼过程中或者裁判生效后再次起诉，同时符合下列条件的，构成重复起诉：

（一）后诉与前诉的当事人相同；

（二）后诉与前诉的诉讼标的相同；

（三）后诉与前诉的诉讼请求相同，或者后诉的诉讼请求实质上否定前诉裁判结果。

当事人重复起诉的，裁定不予受理；已经受理的，裁定驳回起诉，但法律、司法解释另有规定的除外。

第二百四十八条 裁判发生法律效力后，发生新的事实，当事人再次提起诉讼的，人民法院应当依法受理。

第二百四十九条 在诉讼中，争议的民事权利义务转移的，不影响当事人的诉讼主体资格和诉讼地位。人民法院作出的发生法律效力的判决、裁定对受让人具有拘束力。

受让人申请以无独立请求权的第三人身份参加诉讼的，人民法院可予准许。受让人申请替代当事人承担诉讼的，人民法院可以根据案件的具体情况决定是否准许；不予准许的，可以追加其为无独立请求权的第三人。

第二百五十条 依照本解释第二百四十九条规定，人民法院准许受让人替代当事人承担诉讼的，裁定变更当事人。

变更当事人后，诉讼程序以受让人为当事人继续进行，原当事人应当退出诉讼。原当事人已经完成的诉讼行为对受让人具有拘束力。

第二百五十一条　二审裁定撤销一审判决发回重审的案件，当事人申请变更、增加诉讼请求或者提出反诉，第三人提出与本案有关的诉讼请求的，依照民事诉讼法第一百四十三条规定处理。

第二百五十二条　再审裁定撤销原判决、裁定发回重审的案件，当事人申请变更、增加诉讼请求或者提出反诉，符合下列情形之一的，人民法院应当准许：

（一）原审未合法传唤缺席判决，影响当事人行使诉讼权利的；

（二）追加新的诉讼当事人的；

（三）诉讼标的物灭失或者发生变化致使原诉讼请求无法实现的；

（四）当事人申请变更、增加的诉讼请求或者提出的反诉，无法通过另诉解决的。

第二百五十三条　当庭宣判的案件，除当事人当庭要求邮寄发送裁判文书的外，人民法院应当告知当事人或者诉讼代理人领取裁判文书的时间和地点以及逾期不领取的法律后果。上述情况，应当记入笔录。

第二百五十四条　公民、法人或者其他组织申请查阅发生法律效力的判决书、裁定书的，应当向作出该生效裁判的人民法院提出。申请应当以书面形式提出，并提供具体的案号或者当事人姓名、名称。

第二百五十五条　对于查阅判决书、裁定书的申请，人民法院根据下列情形分别处理：

（一）判决书、裁定书已经通过信息网络向社会公开的，应当引导申请人自行查阅；

（二）判决书、裁定书未通过信息网络向社会公开，且申请符合要求的，应当及时提供便捷的查阅服务；

（三）判决书、裁定书尚未发生法律效力，或者已失去法律效力的，不提供查阅并告知申请人；

（四）发生法律效力的判决书、裁定书不是本院作出的，应当告知申请人向作出生效裁判的人民法院申请查阅；

（五）申请查阅的内容涉及国家秘密、商业秘密、个人隐私的，不予准许并告知申请人。

十一、简易程序

第二百五十六条 民事诉讼法第一百六十条规定的简单民事案件中的事实清楚，是指当事人对争议的事实陈述基本一致，并能提供相应的证据，无须人民法院调查收集证据即可查明事实；权利义务关系明确是指能明确区分谁是责任的承担者，谁是权利的享有者；争议不大是指当事人对案件的是非、责任承担以及诉讼标的争执无原则分歧。

第二百五十七条 下列案件，不适用简易程序：

（一）起诉时被告下落不明的；

（二）发回重审的；

（三）当事人一方人数众多的；

（四）适用审判监督程序的；

（五）涉及国家利益、社会公共利益的；

（六）第三人起诉请求改变或者撤销生效判决、裁定、调解书的；

（七）其他不宜适用简易程序的案件。

第二百五十八条 适用简易程序审理的案件，审理期限到期后，有特殊情况需要延长的，经本院院长批准，可以延长审理期限。延长后的审理期限累计不得超过四个月。

人民法院发现案件不宜适用简易程序，需要转为普通程序审理的，应当在审理期限届满前作出裁定并将审判人员及相关事项书面通知双方当事人。

案件转为普通程序审理的，审理期限自人民法院立案之日计算。

第二百五十九条 当事人双方可就开庭方式向人民法院提出申请，由人民法院决定是否准许。经当事人双方同意，可以采用视听传输技术等方式开庭。

第二百六十条 已经按照普通程序审理的案件，在开庭后不得转为简易程序审理。

第二百六十一条 适用简易程序审理案件，人民法院可以依照民事诉讼法第九十条、第一百六十二条的规定采取捎口信、电话、短信、传真、电子邮件等简便方式传唤双方当事人、通知证人和送达诉讼文书。

以简便方式送达的开庭通知，未经当事人确认或者没有其他证据证明当事人已经收到的，人民法院不得缺席判决。

适用简易程序审理案件，由审判员独任审判，书记员担任记录。

第二百六十二条　人民法庭制作的判决书、裁定书、调解书，必须加盖基层人民法院印章，不得用人民法庭的印章代替基层人民法院的印章。

第二百六十三条　适用简易程序审理案件，卷宗中应当具备以下材料：

（一）起诉状或者口头起诉笔录；

（二）答辩状或者口头答辩笔录；

（三）当事人身份证明材料；

（四）委托他人代理诉讼的授权委托书或者口头委托笔录；

（五）证据；

（六）询问当事人笔录；

（七）审理（包括调解）笔录；

（八）判决书、裁定书、调解书或者调解协议；

（九）送达和宣判笔录；

（十）执行情况；

（十一）诉讼费收据；

（十二）适用民事诉讼法第一百六十五条规定审理的，有关程序适用的书面告知。

第二百六十四条　当事人双方根据民事诉讼法第一百六十条第二款规定约定适用简易程序的，应当在开庭前提出。口头提出的，记入笔录，由双方当事人签名或者捺印确认。

本解释第二百五十七条规定的案件，当事人约定适用简易程序的，人民法院不予准许。

第二百六十五条　原告口头起诉的，人民法院应当将当事人的姓名、性别、工作单位、住所、联系方式等基本信息，诉讼请求，事实及理由等准确记入笔录，由原告核对无误后签名或者捺印。对当事人提交的证据材料，应当出具收据。

第二百六十六条 适用简易程序案件的举证期限由人民法院确定，也可以由当事人协商一致并经人民法院准许，但不得超过十五日。被告要求书面答辩的，人民法院可在征得其同意的基础上，合理确定答辩期间。

人民法院应当将举证期限和开庭日期告知双方当事人，并向当事人说明逾期举证以及拒不到庭的法律后果，由双方当事人在笔录和开庭传票的送达回证上签名或者捺印。

当事人双方均表示不需要举证期限、答辩期间的，人民法院可以立即开庭审理或者确定开庭日期。

第二百六十七条 适用简易程序审理案件，可以简便方式进行审理前的准备。

第二百六十八条 对没有委托律师、基层法律服务工作者代理诉讼的当事人，人民法院在庭审过程中可以对回避、自认、举证证明责任等相关内容向其作必要的解释或者说明，并在庭审过程中适当提示当事人正确行使诉讼权利、履行诉讼义务。

第二百六十九条 当事人就案件适用简易程序提出异议，人民法院经审查，异议成立的，裁定转为普通程序；异议不成立的，裁定驳回。裁定以口头方式作出的，应当记入笔录。

转为普通程序的，人民法院应当将审判人员及相关事项以书面形式通知双方当事人。

转为普通程序前，双方当事人已确认的事实，可以不再进行举证、质证。

第二百七十条 适用简易程序审理的案件，有下列情形之一的，人民法院在制作判决书、裁定书、调解书时，对认定事实或者裁判理由部分可以适当简化：

（一）当事人达成调解协议并需要制作民事调解书的；

（二）一方当事人明确表示承认对方全部或者部分诉讼请求的；

（三）涉及商业秘密、个人隐私的案件，当事人一方要求简化裁判文书中的相关内容，人民法院认为理由正当的；

（四）当事人双方同意简化的。

十二、简易程序中的小额诉讼

第二百七十一条　人民法院审理小额诉讼案件，适用民事诉讼法第一百六十五条的规定，实行一审终审。

第二百七十二条　民事诉讼法第一百六十五条规定的各省、自治区、直辖市上年度就业人员年平均工资，是指已经公布的各省、自治区、直辖市上一年度就业人员年平均工资。在上一年度就业人员年平均工资公布前，以已经公布的最近年度就业人员年平均工资为准。

第二百七十三条　海事法院可以适用小额诉讼的程序审理海事、海商案件。案件标的额应当以实际受理案件的海事法院或者其派出法庭所在的省、自治区、直辖市上年度就业人员年平均工资为基数计算。

第二百七十四条　人民法院受理小额诉讼案件，应当向当事人告知该类案件的审判组织、一审终审、审理期限、诉讼费用交纳标准等相关事项。

第二百七十五条　小额诉讼案件的举证期限由人民法院确定，也可以由当事人协商一致并经人民法院准许，但一般不超过七日。

被告要求书面答辩的，人民法院可以在征得其同意的基础上合理确定答辩期间，但最长不得超过十五日。

当事人到庭后表示不需要举证期限和答辩期间的，人民法院可立即开庭审理。

第二百七十六条　当事人对小额诉讼案件提出管辖异议的，人民法院应当作出裁定。裁定一经作出即生效。

第二百七十七条　人民法院受理小额诉讼案件后，发现起诉不符合民事诉讼法第一百二十二条规定的起诉条件的，裁定驳回起诉。裁定一经作出即生效。

第二百七十八条　因当事人申请增加或者变更诉讼请求、提出反诉、追加当事人等，致使案件不符合小额诉讼案件条件的，应当适用简易程序的其他规定审理。

前款规定案件，应当适用普通程序审理的，裁定转为普通程序。

适用简易程序的其他规定或者普通程序审理前，双方当事人已确认的事实，可以不再进行举证、质证。

第二百七十九条 当事人对按照小额诉讼案件审理有异议的，应当在开庭前提出。人民法院经审查，异议成立的，适用简易程序的其他规定审理或者裁定转为普通程序；异议不成立的，裁定驳回。裁定以口头方式作出的，应当记入笔录。

第二百八十条 小额诉讼案件的裁判文书可以简化，主要记载当事人基本信息、诉讼请求、裁判主文等内容。

第二百八十一条 人民法院审理小额诉讼案件，本解释没有规定的，适用简易程序的其他规定。

十三、公 益 诉 讼

第二百八十二条 环境保护法、消费者权益保护法等法律规定的机关和有关组织对污染环境、侵害众多消费者合法权益等损害社会公共利益的行为，根据民事诉讼法第五十八条规定提起公益诉讼，符合下列条件的，人民法院应当受理：

（一）有明确的被告；

（二）有具体的诉讼请求；

（三）有社会公共利益受到损害的初步证据；

（四）属于人民法院受理民事诉讼的范围和受诉人民法院管辖。

第二百八十三条 公益诉讼案件由侵权行为地或者被告住所地中级人民法院管辖，但法律、司法解释另有规定的除外。

因污染海洋环境提起的公益诉讼，由污染发生地、损害结果地或者采取预防污染措施地海事法院管辖。

对同一侵权行为分别向两个以上人民法院提起公益诉讼的，由最先立案的人民法院管辖，必要时由它们的共同上级人民法院指定管辖。

第二百八十四条 人民法院受理公益诉讼案件后，应当在十日内书面告知相关行政主管部门。

第二百八十五条　人民法院受理公益诉讼案件后，依法可以提起诉讼的其他机关和有关组织，可以在开庭前向人民法院申请参加诉讼。人民法院准许参加诉讼的，列为共同原告。

第二百八十六条　人民法院受理公益诉讼案件，不影响同一侵权行为的受害人根据民事诉讼法第一百二十二条规定提起诉讼。

第二百八十七条　对公益诉讼案件，当事人可以和解，人民法院可以调解。

当事人达成和解或者调解协议后，人民法院应当将和解或者调解协议进行公告。公告期间不得少于三十日。

公告期满后，人民法院经审查，和解或者调解协议不违反社会公共利益的，应当出具调解书；和解或者调解协议违反社会公共利益的，不予出具调解书，继续对案件进行审理并依法作出裁判。

第二百八十八条　公益诉讼案件的原告在法庭辩论终结后申请撤诉的，人民法院不予准许。

第二百八十九条　公益诉讼案件的裁判发生法律效力后，其他依法具有原告资格的机关和有关组织就同一侵权行为另行提起公益诉讼的，人民法院裁定不予受理，但法律、司法解释另有规定的除外。

十四、第三人撤销之诉

第二百九十条　第三人对已经发生法律效力的判决、裁定、调解书提起撤销之诉的，应当自知道或者应当知道其民事权益受到损害之日起六个月内，向作出生效判决、裁定、调解书的人民法院提出，并应当提供存在下列情形的证据材料：

（一）因不能归责于本人的事由未参加诉讼；

（二）发生法律效力的判决、裁定、调解书的全部或者部分内容错误；

（三）发生法律效力的判决、裁定、调解书内容错误损害其民事权益。

第二百九十一条　人民法院应当在收到起诉状和证据材料之日起五日内送

交对方当事人，对方当事人可以自收到起诉状之日起十日内提出书面意见。

人民法院应当对第三人提交的起诉状、证据材料以及对方当事人的书面意见进行审查。必要时，可以询问双方当事人。

经审查，符合起诉条件的，人民法院应当在收到起诉状之日起三十日内立案。不符合起诉条件的，应当在收到起诉状之日起三十日内裁定不予受理。

第二百九十二条 人民法院对第三人撤销之诉案件，应当组成合议庭开庭审理。

第二百九十三条 民事诉讼法第五十九条第三款规定的因不能归责于本人的事由未参加诉讼，是指没有被列为生效判决、裁定、调解书当事人，且无过错或者无明显过错的情形。包括：

（一）不知道诉讼而未参加的；

（二）申请参加未获准许的；

（三）知道诉讼，但因客观原因无法参加的；

（四）因其他不能归责于本人的事由未参加诉讼的。

第二百九十四条 民事诉讼法第五十九条第三款规定的判决、裁定、调解书的部分或者全部内容，是指判决、裁定的主文，调解书中处理当事人民事权利义务的结果。

第二百九十五条 对下列情形提起第三人撤销之诉的，人民法院不予受理：

（一）适用特别程序、督促程序、公示催告程序、破产程序等非讼程序处理的案件；

（二）婚姻无效、撤销或者解除婚姻关系等判决、裁定、调解书中涉及身份关系的内容；

（三）民事诉讼法第五十七条规定的未参加登记的权利人对代表人诉讼案件的生效裁判；

（四）民事诉讼法第五十八条规定的损害社会公共利益行为的受害人对公益诉讼案件的生效裁判。

第二百九十六条 第三人提起撤销之诉，人民法院应当将该第三人列为原告，生效判决、裁定、调解书的当事人列为被告，但生效判决、裁定、调解书中没有承担责任的无独立请求权的第三人列为第三人。

第二百九十七条　受理第三人撤销之诉案件后，原告提供相应担保，请求中止执行的，人民法院可以准许。

第二百九十八条　对第三人撤销或者部分撤销发生法律效力的判决、裁定、调解书内容的请求，人民法院经审理，按下列情形分别处理：

（一）请求成立且确认其民事权利的主张全部或部分成立的，改变原判决、裁定、调解书内容的错误部分；

（二）请求成立，但确认其全部或部分民事权利的主张不成立，或者未提出确认其民事权利请求的，撤销原判决、裁定、调解书内容的错误部分；

（三）请求不成立的，驳回诉讼请求。

对前款规定裁判不服的，当事人可以上诉。

原判决、裁定、调解书的内容未改变或者未撤销的部分继续有效。

第二百九十九条　第三人撤销之诉案件审理期间，人民法院对生效判决、裁定、调解书裁定再审的，受理第三人撤销之诉的人民法院应当裁定将第三人的诉讼请求并入再审程序。但有证据证明原审当事人之间恶意串通损害第三人合法权益的，人民法院应当先行审理第三人撤销之诉案件，裁定中止再审诉讼。

第三百条　第三人诉讼请求并入再审程序审理的，按照下列情形分别处理：

（一）按照第一审程序审理的，人民法院应当对第三人的诉讼请求一并审理，所作的判决可以上诉；

（二）按照第二审程序审理的，人民法院可以调解，调解达不成协议的，应当裁定撤销原判决、裁定、调解书，发回一审法院重审，重审时应当列明第三人。

第三百零一条　第三人提起撤销之诉后，未中止生效判决、裁定、调解书执行的，执行法院对第三人依照民事诉讼法第二百三十四条规定提出的执行异议，应予审查。第三人不服驳回执行异议裁定，申请对原判决、裁定、调解书再审的，人民法院不予受理。

案外人对人民法院驳回其执行异议裁定不服，认为原判决、裁定、调解书内容错误损害其合法权益的，应当根据民事诉讼法第二百三十四条规定申请再审，提起第三人撤销之诉的，人民法院不予受理。

十五、执行异议之诉

第三百零二条　根据民事诉讼法第二百三十四条规定，案外人、当事人对执行异议裁定不服，自裁定送达之日起十五日内向人民法院提起执行异议之诉的，由执行法院管辖。

第三百零三条　案外人提起执行异议之诉，除符合民事诉讼法第一百二十二条规定外，还应当具备下列条件：

（一）案外人的执行异议申请已经被人民法院裁定驳回；

（二）有明确的排除对执行标的执行的诉讼请求，且诉讼请求与原判决、裁定无关；

（三）自执行异议裁定送达之日起十五日内提起。

人民法院应当在收到起诉状之日起十五日内决定是否立案。

第三百零四条　申请执行人提起执行异议之诉，除符合民事诉讼法第一百二十二条规定外，还应当具备下列条件：

（一）依案外人执行异议申请，人民法院裁定中止执行；

（二）有明确的对执行标的继续执行的诉讼请求，且诉讼请求与原判决、裁定无关；

（三）自执行异议裁定送达之日起十五日内提起。

人民法院应当在收到起诉状之日起十五日内决定是否立案。

第三百零五条　案外人提起执行异议之诉的，以申请执行人为被告。被执行人反对案外人异议的，被执行人为共同被告；被执行人不反对案外人异议的，可以列被执行人为第三人。

第三百零六条　申请执行人提起执行异议之诉的，以案外人为被告。被执行人反对申请执行人主张的，以案外人和被执行人为共同被告；被执行人不反对申请执行人主张的，可以列被执行人为第三人。

第三百零七条　申请执行人对中止执行裁定未提起执行异议之诉，被执行人提起执行异议之诉的，人民法院告知其另行起诉。

第三百零八条　人民法院审理执行异议之诉案件，适用普通程序。

第三百零九条　案外人或者申请执行人提起执行异议之诉的，案外人应当就其对执行标的享有足以排除强制执行的民事权益承担举证证明责任。

第三百一十条　对案外人提起的执行异议之诉，人民法院经审理，按照下列情形分别处理：

（一）案外人就执行标的享有足以排除强制执行的民事权益的，判决不得执行该执行标的；

（二）案外人就执行标的不享有足以排除强制执行的民事权益的，判决驳回诉讼请求。

案外人同时提出确认其权利的诉讼请求的，人民法院可以在判决中一并作出裁判。

第三百一十一条　对申请执行人提起的执行异议之诉，人民法院经审理，按照下列情形分别处理：

（一）案外人就执行标的不享有足以排除强制执行的民事权益的，判决准许执行该执行标的；

（二）案外人就执行标的享有足以排除强制执行的民事权益的，判决驳回诉讼请求。

第三百一十二条　对案外人执行异议之诉，人民法院判决不得对执行标的执行的，执行异议裁定失效。

对申请执行人执行异议之诉，人民法院判决准许对该执行标的的执行的，执行异议裁定失效，执行法院可以根据申请执行人的申请或者依职权恢复执行。

第三百一十三条　案外人执行异议之诉审理期间，人民法院不得对执行标的进行处分。申请执行人请求人民法院继续执行并提供相应担保的，人民法院可以准许。

被执行人与案外人恶意串通，通过执行异议、执行异议之诉妨害执行的，人民法院应当依照民事诉讼法第一百一十六条规定处理。申请执行人因此受到损害的，可以提起诉讼要求被执行人、案外人赔偿。

第三百一十四条 人民法院对执行标的裁定中止执行后，申请执行人在法律规定的期间内未提起执行异议之诉的，人民法院应当自起诉期限届满之日起七日内解除对该执行标的采取的执行措施。

十六、第二审程序

第三百一十五条 双方当事人和第三人都提起上诉的，均列为上诉人。人民法院可以依职权确定第二审程序中当事人的诉讼地位。

第三百一十六条 民事诉讼法第一百七十三条、第一百七十四条规定的对方当事人包括被上诉人和原审其他当事人。

第三百一十七条 必要共同诉讼人的一人或者部分人提起上诉的，按下列情形分别处理：

（一）上诉仅对与对方当事人之间权利义务分担有意见，不涉及其他共同诉讼人利益的，对方当事人为被上诉人，未上诉的同一方当事人依原审诉讼地位列明；

（二）上诉仅对共同诉讼人之间权利义务分担有意见，不涉及对方当事人利益的，未上诉的同一方当事人为被上诉人，对方当事人依原审诉讼地位列明；

（三）上诉对双方当事人之间以及共同诉讼人之间权利义务承担有意见的，未提起上诉的其他当事人均为被上诉人。

第三百一十八条 一审宣判时或者判决书、裁定书送达时，当事人口头表示上诉的，人民法院应告知其必须在法定上诉期间内递交上诉状。未在法定上诉期间内递交上诉状的，视为未提起上诉。虽递交上诉状，但未在指定的期限内交纳上诉费的，按自动撤回上诉处理。

第三百一十九条 无民事行为能力人、限制民事行为能力人的法定代理人，可以代理当事人提起上诉。

第三百二十条 上诉案件的当事人死亡或者终止的，人民法院依法通知其权利义务承继者参加诉讼。

需要终结诉讼的，适用民事诉讼法第一百五十四条规定。

第三百二十一条　第二审人民法院应当围绕当事人的上诉请求进行审理。

当事人没有提出请求的，不予审理，但一审判决违反法律禁止性规定，或者损害国家利益、社会公共利益、他人合法权益的除外。

第三百二十二条　开庭审理的上诉案件，第二审人民法院可以依照民事诉讼法第一百三十六条第四项规定进行审理前的准备。

第三百二十三条　下列情形，可以认定为民事诉讼法第一百七十七条第一款第四项规定的严重违反法定程序：

（一）审判组织的组成不合法的；

（二）应当回避的审判人员未回避的；

（三）无诉讼行为能力人未经法定代理人代为诉讼的；

（四）违法剥夺当事人辩论权利的。

第三百二十四条　对当事人在第一审程序中已经提出的诉讼请求，原审人民法院未作审理、判决的，第二审人民法院可以根据当事人自愿的原则进行调解；调解不成的，发回重审。

第三百二十五条　必须参加诉讼的当事人或者有独立请求权的第三人，在第一审程序中未参加诉讼，第二审人民法院可以根据当事人自愿的原则予以调解；调解不成的，发回重审。

第三百二十六条　在第二审程序中，原审原告增加独立的诉讼请求或者原审被告提出反诉的，第二审人民法院可以根据当事人自愿的原则就新增加的诉讼请求或者反诉进行调解；调解不成的，告知当事人另行起诉。

双方当事人同意由第二审人民法院一并审理的，第二审人民法院可以一并裁判。

第三百二十七条　一审判决不准离婚的案件，上诉后，第二审人民法院认为应当判决离婚的，可以根据当事人自愿的原则，与子女抚养、财产问题一并调解；调解不成的，发回重审。

双方当事人同意由第二审人民法院一并审理的，第二审人民法院可以一并裁判。

第三百二十八条 人民法院依照第二审程序审理案件，认为依法不应由人民法院受理的，可以由第二审人民法院直接裁定撤销原裁判，驳回起诉。

第三百二十九条 人民法院依照第二审程序审理案件，认为第一审人民法院受理案件违反专属管辖规定的，应当裁定撤销原裁判并移送有管辖权的人民法院。

第三百三十条 第二审人民法院查明第一审人民法院作出的不予受理裁定有错误的，应当在撤销原裁定的同时，指令第一审人民法院立案受理；查明第一审人民法院作出的驳回起诉裁定有错误的，应当在撤销原裁定的同时，指令第一审人民法院审理。

第三百三十一条 第二审人民法院对下列上诉案件，依照民事诉讼法第一百七十六条规定可以不开庭审理：

（一）不服不予受理、管辖权异议和驳回起诉裁定的；

（二）当事人提出的上诉请求明显不能成立的；

（三）原判决、裁定认定事实清楚，但适用法律错误的；

（四）原判决严重违反法定程序，需要发回重审的。

第三百三十二条 原判决、裁定认定事实或者适用法律虽有瑕疵，但裁判结果正确的，第二审人民法院可以在判决、裁定中纠正瑕疵后，依照民事诉讼法第一百七十七条第一款第一项规定予以维持。

第三百三十三条 民事诉讼法第一百七十七条第一款第三项规定的基本事实，是指用以确定当事人主体资格、案件性质、民事权利义务等对原判决、裁定的结果有实质性影响的事实。

第三百三十四条 在第二审程序中，作为当事人的法人或者其他组织分立的，人民法院可以直接将分立后的法人或者其他组织列为共同诉讼人；合并的，将合并后的法人或者其他组织列为当事人。

第三百三十五条 在第二审程序中，当事人申请撤回上诉，人民法院经审查认为一审判决确有错误，或者当事人之间恶意串通损害国家利益、社会公共利益、他人合法权益的，不应准许。

第三百三十六条　在第二审程序中，原审原告申请撤回起诉，经其他当事人同意，且不损害国家利益、社会公共利益、他人合法权益的，人民法院可以准许。准许撤诉的，应当一并裁定撤销一审裁判。

原审原告在第二审程序中撤回起诉后重复起诉的，人民法院不予受理。

第三百三十七条　当事人在第二审程序中达成和解协议的，人民法院可以根据当事人的请求，对双方达成的和解协议进行审查并制作调解书送达当事人；因和解而申请撤诉，经审查符合撤诉条件的，人民法院应予准许。

第三百三十八条　第二审人民法院宣告判决可以自行宣判，也可以委托原审人民法院或者当事人所在地人民法院代行宣判。

第三百三十九条　人民法院审理对裁定的上诉案件，应当在第二审立案之日起三十日内作出终审裁定。有特殊情况需要延长审限的，由本院院长批准。

第三百四十条　当事人在第一审程序中实施的诉讼行为，在第二审程序中对该当事人仍具有拘束力。

当事人推翻其在第一审程序中实施的诉讼行为时，人民法院应当责令其说明理由。理由不成立的，不予支持。

十七、特 别 程 序

第三百四十一条　宣告失踪或者宣告死亡案件，人民法院可以根据申请人的请求，清理下落不明人的财产，并指定案件审理期间的财产管理人。公告期满后，人民法院判决宣告失踪的，应当同时依照民法典第四十二条的规定指定失踪人的财产代管人。

第三百四十二条　失踪人的财产代管人经人民法院指定后，代管人申请变更代管的，比照民事诉讼法特别程序的有关规定进行审理。申请理由成立的，裁定撤销申请人的代管人身份，同时另行指定财产代管人；申请理由不成立的，裁定驳回申请。

失踪人的其他利害关系人申请变更代管的，人民法院应当告知其以原指定的代管人为被告起诉，并按普通程序进行审理。

第三百四十三条　人民法院判决宣告公民失踪后，利害关系人向人民法院申请宣告失踪人死亡，自失踪之日起满四年的，人民法院应当受理，宣告失踪的判决即是该公民失踪的证明，审理中仍应依照民事诉讼法第一百九十二条规定进行公告。

第三百四十四条　符合法律规定的多个利害关系人提出宣告失踪、宣告死亡申请的，列为共同申请人。

第三百四十五条　寻找下落不明人的公告应当记载下列内容：

（一）被申请人应当在规定期间内向受理法院申报其具体地址及其联系方式。否则，被申请人将被宣告失踪、宣告死亡；

（二）凡知悉被申请人生存现状的人，应当在公告期间内将其所知道情况向受理法院报告。

第三百四十六条　人民法院受理宣告失踪、宣告死亡案件后，作出判决前，申请人撤回申请的，人民法院应当裁定终结案件，但其他符合法律规定的利害关系人加入程序要求继续审理的除外。

第三百四十七条　在诉讼中，当事人的利害关系人或者有关组织提出该当事人不能辨认或者不能完全辨认自己的行为，要求宣告该当事人无民事行为能力或者限制民事行为能力的，应由利害关系人或者有关组织向人民法院提出申请，由受诉人民法院按照特别程序立案审理，原诉讼中止。

第三百四十八条　认定财产无主案件，公告期间有人对财产提出请求的，人民法院应当裁定终结特别程序，告知申请人另行起诉，适用普通程序审理。

第三百四十九条　被指定的监护人不服居民委员会、村民委员会或者民政部门指定，应当自接到通知之日起三十日内向人民法院提出异议。经审理，认为指定并无不当的，裁定驳回异议；指定不当的，判决撤销指定，同时另行指定监护人。判决书应当送达异议人、原指定单位及判决指定的监护人。

有关当事人依照民法典第三十一条第一款规定直接向人民法院申请指定监护人的，适用特别程序审理，判决指定监护人。判决书应当送达申请人、判决指定的监护人。

第三百五十条　申请认定公民无民事行为能力或者限制民事行为能力的案件，被申请人没有近亲属的，人民法院可以指定经被申请人住所地的居民委员会、村民委员会或者民政部门同意，且愿意担任代理人的个人或者组织为代理人。

没有前款规定的代理人的，由被申请人住所地的居民委员会、村民委员会或者民政部门担任代理人。

代理人可以是一人，也可以是同一顺序中的两人。

第三百五十一条　申请司法确认调解协议的，双方当事人应当本人或者由符合民事诉讼法第六十一条规定的代理人依照民事诉讼法第二百零一条的规定提出申请。

第三百五十二条　调解组织自行开展的调解，有两个以上调解组织参与的，符合民事诉讼法第二百零一条规定的各调解组织所在地人民法院均有管辖权。

双方当事人可以共同向符合民事诉讼法第二百零一条规定的其中一个有管辖权的人民法院提出申请；双方当事人共同向两个以上有管辖权的人民法院提出申请的，由最先立案的人民法院管辖。

第三百五十三条　当事人申请司法确认调解协议，可以采用书面形式或者口头形式。当事人口头申请的，人民法院应当记入笔录，并由当事人签名、捺印或者盖章。

第三百五十四条　当事人申请司法确认调解协议，应当向人民法院提交调解协议、调解组织主持调解的证明，以及与调解协议相关的财产权利证明等材料，并提供双方当事人的身份、住所、联系方式等基本信息。

当事人未提交上述材料的，人民法院应当要求当事人限期补交。

第三百五十五条　当事人申请司法确认调解协议，有下列情形之一的，人民法院裁定不予受理：

（一）不属于人民法院受理范围的；

（二）不属于收到申请的人民法院管辖的；

（三）申请确认婚姻关系、亲子关系、收养关系等身份关系无效、有效或者解除的；

（四）涉及适用其他特别程序、公示催告程序、破产程序审理的；

（五）调解协议内容涉及物权、知识产权确权的。

人民法院受理申请后，发现有上述不予受理情形的，应当裁定驳回当事人的申请。

第三百五十六条　人民法院审查相关情况时，应当通知双方当事人共同到场对案件进行核实。

人民法院经审查，认为当事人的陈述或者提供的证明材料不充分、不完备或者有疑义的，可以要求当事人限期补充陈述或者补充证明材料。必要时，人民法院可以向调解组织核实有关情况。

第三百五十七条　确认调解协议的裁定作出前，当事人撤回申请的，人民法院可以裁定准许。

当事人无正当理由未在限期内补充陈述、补充证明材料或者拒不接受询问的，人民法院可以按撤回申请处理。

第三百五十八条　经审查，调解协议有下列情形之一的，人民法院应当裁定驳回申请：

（一）违反法律强制性规定的；

（二）损害国家利益、社会公共利益、他人合法权益的；

（三）违背公序良俗的；

（四）违反自愿原则的；

（五）内容不明确的；

（六）其他不能进行司法确认的情形。

第三百五十九条　民事诉讼法第二百零三条规定的担保物权人，包括抵押权人、质权人、留置权人；其他有权请求实现担保物权的人，包括抵押人、出质人、财产被留置的债务人或者所有权人等。

第三百六十条　实现票据、仓单、提单等有权利凭证的权利质权案件，可以由权利凭证持有人住所地人民法院管辖；无权利凭证的权利质权，由出质登记地人民法院管辖。

第三百六十一条　实现担保物权案件属于海事法院等专门人民法院管辖的，由专门人民法院管辖。

第三百六十二条　同一债权的担保物有多个且所在地不同，申请人分别向有管辖权的人民法院申请实现担保物权的，人民法院应当依法受理。

第三百六十三条　依照民法典第三百九十二条的规定，被担保的债权既有物的担保又有人的担保，当事人对实现担保物权的顺序有约定，实现担保物权的申请违反该约定的，人民法院裁定不予受理；没有约定或者约定不明的，人民法院应当受理。

第三百六十四条　同一财产上设立多个担保物权，登记在先的担保物权尚未实现的，不影响后顺位的担保物权人向人民法院申请实现担保物权。

第三百六十五条　申请实现担保物权，应当提交下列材料：

（一）申请书。申请书应当记明申请人、被申请人的姓名或者名称、联系方式等基本信息，具体的请求和事实、理由；

（二）证明担保物权存在的材料，包括主合同、担保合同、抵押登记证明或者他项权利证书，权利质权的权利凭证或者质权出质登记证明等；

（三）证明实现担保物权条件成就的材料；

（四）担保财产现状的说明；

（五）人民法院认为需要提交的其他材料。

第三百六十六条　人民法院受理申请后，应当在五日内向被申请人送达申请书副本、异议权利告知书等文书。

被申请人有异议的，应当在收到人民法院通知后的五日内向人民法院提出，同时说明理由并提供相应的证据材料。

第三百六十七条　实现担保物权案件可以由审判员一人独任审查。担保财产标的额超过基层人民法院管辖范围的，应当组成合议庭进行审查。

第三百六十八条　人民法院审查实现担保物权案件，可以询问申请人、被申请人、利害关系人，必要时可以依职权调查相关事实。

第三百六十九条　人民法院应当就主合同的效力、期限、履行情况，担保物权是否有效设立、担保财产的范围、被担保的债权范围、被担保的债权是否已届清偿期等担保物权实现的条件，以及是否损害他人合法权益等内容进行审查。

被申请人或者利害关系人提出异议的，人民法院应当一并审查。

第三百七十条 人民法院审查后，按下列情形分别处理：

（一）当事人对实现担保物权无实质性争议且实现担保物权条件成就的，裁定准许拍卖、变卖担保财产；

（二）当事人对实现担保物权有部分实质性争议的，可以就无争议部分裁定准许拍卖、变卖担保财产；

（三）当事人对实现担保物权有实质性争议的，裁定驳回申请，并告知申请人向人民法院提起诉讼。

第三百七十一条 人民法院受理申请后，申请人对担保财产提出保全申请的，可以按照民事诉讼法关于诉讼保全的规定办理。

第三百七十二条 适用特别程序作出的判决、裁定，当事人、利害关系人认为有错误的，可以向作出该判决、裁定的人民法院提出异议。人民法院经审查，异议成立或者部分成立的，作出新的判决、裁定撤销或者改变原判决、裁定；异议不成立的，裁定驳回。

对人民法院作出的确认调解协议、准许实现担保物权的裁定，当事人有异议的，应当自收到裁定之日起十五日内提出；利害关系人有异议的，自知道或者应当知道其民事权益受到侵害之日起六个月内提出。

十八、审判监督程序

第三百七十三条 当事人死亡或者终止的，其权利义务承继者可以根据民事诉讼法第二百零六条、第二百零八条的规定申请再审。

判决、调解书生效后，当事人将判决、调解书确认的债权转让，债权受让人对该判决、调解书不服申请再审的，人民法院不予受理。

第三百七十四条 民事诉讼法第二百零六条规定的人数众多的一方当事人，包括公民、法人和其他组织。

民事诉讼法第二百零六条规定的当事人双方为公民的案件，是指原告和被告均为公民的案件。

第三百七十五条 当事人申请再审，应当提交下列材料：

（一）再审申请书，并按照被申请人和原审其他当事人的人数提交副本；

（二）再审申请人是自然人的，应当提交身份证明；再审申请人是法人或者其他组织的，应当提交营业执照、组织机构代码证书、法定代表人或者主要负责人身份证明书。委托他人代为申请的，应当提交授权委托书和代理人身份证明；

（三）原审判决书、裁定书、调解书；

（四）反映案件基本事实的主要证据及其他材料。

前款第二项、第三项、第四项规定的材料可以是与原件核对无异的复印件。

第三百七十六条　再审申请书应当记明下列事项：

（一）再审申请人与被申请人及原审其他当事人的基本信息；

（二）原审人民法院的名称，原审裁判文书案号；

（三）具体的再审请求；

（四）申请再审的法定情形及具体事实、理由。

再审申请书应当明确申请再审的人民法院，并由再审申请人签名、捺印或者盖章。

第三百七十七条　当事人一方人数众多或者当事人双方为公民的案件，当事人分别向原审人民法院和上一级人民法院申请再审且不能协商一致的，由原审人民法院受理。

第三百七十八条　适用特别程序、督促程序、公示催告程序、破产程序等非讼程序审理的案件，当事人不得申请再审。

第三百七十九条　当事人认为发生法律效力的不予受理、驳回起诉的裁定错误的，可以申请再审。

第三百八十条　当事人就离婚案件中的财产分割问题申请再审，如涉及判决中已分割的财产，人民法院应当依照民事诉讼法第二百零七条的规定进行审查，符合再审条件的，应当裁定再审；如涉及判决中未作处理的夫妻共同财产，应当告知当事人另行起诉。

第三百八十一条　当事人申请再审，有下列情形之一的，人民法院不予受理：

（一）再审申请被驳回后再次提出申请的；

（二）对再审判决、裁定提出申请的；

（三）在人民检察院对当事人的申请作出不予提出再审检察建议或者抗诉决定后又提出申请的。

前款第一项、第二项规定情形，人民法院应当告知当事人可以向人民检察院申请再审检察建议或者抗诉，但因人民检察院提出再审检察建议或者抗诉而再审作出的判决、裁定除外。

第三百八十二条 当事人对已经发生法律效力的调解书申请再审，应当在调解书发生法律效力后六个月内提出。

第三百八十三条 人民法院应当自收到符合条件的再审申请书等材料之日起五日内向再审申请人发送受理通知书，并向被申请人及原审其他当事人发送应诉通知书、再审申请书副本等材料。

第三百八十四条 人民法院受理申请再审案件后，应当依照民事诉讼法第二百零七条、第二百零八条、第二百一十一条等规定，对当事人主张的再审事由进行审查。

第三百八十五条 再审申请人提供的新的证据，能够证明原判决、裁定认定基本事实或者裁判结果错误的，应当认定为民事诉讼法第二百零七条第一项规定的情形。

对于符合前款规定的证据，人民法院应当责令再审申请人说明其逾期提供该证据的理由；拒不说明理由或者理由不成立的，依照民事诉讼法第六十八条第二款和本解释第一百零二条的规定处理。

第三百八十六条 再审申请人证明其提交的新的证据符合下列情形之一的，可以认定逾期提供证据的理由成立：

（一）在原审庭审结束前已经存在，因客观原因于庭审结束后才发现的；

（二）在原审庭审结束前已经发现，但因客观原因无法取得或者在规定的期限内不能提供的；

（三）在原审庭审结束后形成，无法据此另行提起诉讼的。

再审申请人提交的证据在原审中已经提供，原审人民法院未组织质证且未作为裁判根据的，视为逾期提供证据的理由成立，但原审人民法院依照民事诉讼法第六十八条规定不予采纳的除外。

第三百八十七条　当事人对原判决、裁定认定事实的主要证据在原审中拒绝发表质证意见或者质证中未对证据发表质证意见的，不属于民事诉讼法第二百零七条第四项规定的未经质证的情形。

第三百八十八条　有下列情形之一，导致判决、裁定结果错误的，应当认定为民事诉讼法第二百零七条第六项规定的原判决、裁定适用法律确有错误：

（一）适用的法律与案件性质明显不符的；

（二）确定民事责任明显违背当事人约定或者法律规定的；

（三）适用已经失效或者尚未施行的法律的；

（四）违反法律溯及力规定的；

（五）违反法律适用规则的；

（六）明显违背立法原意的。

第三百八十九条　原审开庭过程中有下列情形之一的，应当认定为民事诉讼法第二百零七条第九项规定的剥夺当事人辩论权利：

（一）不允许当事人发表辩论意见的；

（二）应当开庭审理而未开庭审理的；

（三）违反法律规定送达起诉状副本或者上诉状副本，致使当事人无法行使辩论权利的；

（四）违法剥夺当事人辩论权利的其他情形。

第三百九十条　民事诉讼法第二百零七条第十一项规定的诉讼请求，包括一审诉讼请求、二审上诉请求，但当事人未对一审判决、裁定遗漏或者超出诉讼请求提起上诉的除外。

第三百九十一条　民事诉讼法第二百零七条第十二项规定的法律文书包括：

（一）发生法律效力的判决书、裁定书、调解书；

（二）发生法律效力的仲裁裁决书；

（三）具有强制执行效力的公证债权文书。

第三百九十二条　民事诉讼法第二百零七条第十三项规定的审判人员审理该案件时有贪污受贿、徇私舞弊、枉法裁判行为，是指已经由生效刑事法律文书或者纪律处分决定所确认的行为。

第三百九十三条　当事人主张的再审事由成立，且符合民事诉讼法和本解释规定的申请再审条件的，人民法院应当裁定再审。

当事人主张的再审事由不成立，或者当事人申请再审超过法定申请再审期限、超出法定再审事由范围等不符合民事诉讼法和本解释规定的申请再审条件的，人民法院应当裁定驳回再审申请。

第三百九十四条　人民法院对已经发生法律效力的判决、裁定、调解书依法决定再审，依照民事诉讼法第二百一十三条规定，需要中止执行的，应当在再审裁定中同时写明中止原判决、裁定、调解书的执行；情况紧急的，可以将中止执行裁定口头通知负责执行的人民法院，并在通知后十日内发出裁定书。

第三百九十五条　人民法院根据审查案件的需要决定是否询问当事人。新的证据可能推翻原判决、裁定的，人民法院应当询问当事人。

第三百九十六条　审查再审申请期间，被申请人及原审其他当事人依法提出再审申请的，人民法院应当将其列为再审申请人，对其再审事由一并审查，审查期限重新计算。经审查，其中一方再审申请人主张的再审事由成立的，应当裁定再审。各方再审申请人主张的再审事由均不成立的，一并裁定驳回再审申请。

第三百九十七条　审查再审申请期间，再审申请人申请人民法院委托鉴定、勘验的，人民法院不予准许。

第三百九十八条　审查再审申请期间，再审申请人撤回再审申请的，是否准许，由人民法院裁定。

再审申请人经传票传唤，无正当理由拒不接受询问的，可以按撤回再审申请处理。

第三百九十九条　人民法院准许撤回再审申请或者按撤回再审申请处理后，再审申请人再次申请再审的，不予受理，但有民事诉讼法第二百零七条第一项、第三项、第十二项、第十三项规定情形，自知道或者应当知道之日起六个月内提出的除外。

第四百条 再审申请审查期间，有下列情形之一的，裁定终结审查：

（一）再审申请人死亡或者终止，无权利义务承继者或者权利义务承继者声明放弃再审申请的；

（二）在给付之诉中，负有给付义务的被申请人死亡或者终止，无可供执行的财产，也没有应当承担义务的人的；

（三）当事人达成和解协议且已履行完毕的，但当事人在和解协议中声明不放弃申请再审权利的除外；

（四）他人未经授权以当事人名义申请再审的；

（五）原审或者上一级人民法院已经裁定再审的；

（六）有本解释第三百八十一条第一款规定情形的。

第四百零一条 人民法院审理再审案件应当组成合议庭开庭审理，但按照第二审程序审理，有特殊情况或者双方当事人已经通过其他方式充分表达意见，且书面同意不开庭审理的除外。

符合缺席判决条件的，可以缺席判决。

第四百零二条 人民法院开庭审理再审案件，应当按照下列情形分别进行：

（一）因当事人申请再审的，先由再审申请人陈述再审请求及理由，后由被申请人答辩、其他原审当事人发表意见；

（二）因抗诉再审的，先由抗诉机关宣读抗诉书，再由申请抗诉的当事人陈述，后由被申请人答辩、其他原审当事人发表意见；

（三）人民法院依职权再审，有申诉人的，先由申诉人陈述再审请求及理由，后由被申诉人答辩、其他原审当事人发表意见；

（四）人民法院依职权再审，没有申诉人的，先由原审原告或者原审上诉人陈述，后由原审其他当事人发表意见。

对前款第一项至第三项规定的情形，人民法院应当要求当事人明确其再审请求。

第四百零三条　人民法院审理再审案件应当围绕再审请求进行。当事人的再审请求超出原审诉讼请求的，不予审理；符合另案诉讼条件的，告知当事人可以另行起诉。

被申请人及原审其他当事人在庭审辩论结束前提出的再审请求，符合民事诉讼法第二百一十二条规定的，人民法院应当一并审理。

人民法院经再审，发现已经发生法律效力的判决、裁定损害国家利益、社会公共利益、他人合法权益的，应当一并审理。

第四百零四条　再审审理期间，有下列情形之一的，可以裁定终结再审程序：

（一）再审申请人在再审期间撤回再审请求，人民法院准许的；

（二）再审申请人经传票传唤，无正当理由拒不到庭的，或者未经法庭许可中途退庭，按撤回再审请求处理的；

（三）人民检察院撤回抗诉的；

（四）有本解释第四百条第一项至第四项规定情形的。

因人民检察院提出抗诉裁定再审的案件，申请抗诉的当事人有前款规定的情形，且不损害国家利益、社会公共利益或者他人合法权益的，人民法院应当裁定终结再审程序。

再审程序终结后，人民法院裁定中止执行的原生效判决自动恢复执行。

第四百零五条　人民法院经再审审理认为，原判决、裁定认定事实清楚、适用法律正确的，应予维持；原判决、裁定认定事实、适用法律虽有瑕疵，但裁判结果正确的，应当在再审判决、裁定中纠正瑕疵后予以维持。

原判决、裁定认定事实、适用法律错误，导致裁判结果错误的，应当依法改判、撤销或者变更。

第四百零六条　按照第二审程序再审的案件，人民法院经审理认为不符合民事诉讼法规定的起诉条件或者符合民事诉讼法第一百二十七条规定不予受理情形的，应当裁定撤销一、二审判决，驳回起诉。

第四百零七条　人民法院对调解书裁定再审后，按照下列情形分别处理：

（一）当事人提出的调解违反自愿原则的事由不成立，且调解书的内容不违反法律强制性规定的，裁定驳回再审申请；

（二）人民检察院抗诉或者再审检察建议所主张的损害国家利益、社会公共利益的理由不成立的，裁定终结再审程序。

前款规定情形，人民法院裁定中止执行的调解书需要继续执行的，自动恢复执行。

第四百零八条　一审原告在再审审理程序中申请撤回起诉，经其他当事人同意，且不损害国家利益、社会公共利益、他人合法权益的，人民法院可以准许。裁定准许撤诉的，应当一并撤销原判决。

一审原告在再审审理程序中撤回起诉后重复起诉的，人民法院不予受理。

第四百零九条　当事人提交新的证据致使再审改判，因再审申请人或者申请检察监督当事人的过错未能在原审程序中及时举证，被申请人等当事人请求补偿其增加的交通、住宿、就餐、误工等必要费用的，人民法院应予支持。

第四百一十条　部分当事人到庭并达成调解协议，其他当事人未作出书面表示的，人民法院应当在判决中对该事实作出表述；调解协议内容不违反法律规定，且不损害其他当事人合法权益的，可以在判决主文中予以确认。

第四百一十一条　人民检察院依法对损害国家利益、社会公共利益的发生法律效力的判决、裁定、调解书提出抗诉，或者经人民检察院检察委员会讨论决定提出再审检察建议的，人民法院应予受理。

第四百一十二条　人民检察院对已经发生法律效力的判决以及不予受理、驳回起诉的裁定依法提出抗诉的，人民法院应予受理，但适用特别程序、督促程序、公示催告程序、破产程序以及解除婚姻关系的判决、裁定等不适用审判监督程序的判决、裁定除外。

第四百一十三条　人民检察院依照民事诉讼法第二百一十六条第一款第三项规定对有明显错误的再审判决、裁定提出抗诉或者再审检察建议的，人民法院应予受理。

第四百一十四条　地方各级人民检察院依当事人的申请对生效判决、裁定向同级人民法院提出再审检察建议，符合下列条件的，应予受理：

（一）再审检察建议书和原审当事人申请书及相关证据材料已经提交；

（二）建议再审的对象为依照民事诉讼法和本解释规定可以进行再审的判决、裁定；

（三）再审检察建议书列明该判决、裁定有民事诉讼法第二百一十五条第二款规定情形；

（四）符合民事诉讼法第二百一十六条第一款第一项、第二项规定情形；

（五）再审检察建议经该人民检察院检察委员会讨论决定。

不符合前款规定的，人民法院可以建议人民检察院予以补正或者撤回；不予补正或者撤回的，应当函告人民检察院不予受理。

第四百一十五条　人民检察院依当事人的申请对生效判决、裁定提出抗诉，符合下列条件的，人民法院应当在三十日内裁定再审：

（一）抗诉书和原审当事人申请书及相关证据材料已经提交；

（二）抗诉对象为依照民事诉讼法和本解释规定可以进行再审的判决、裁定；

（三）抗诉书列明该判决、裁定有民事诉讼法第二百一十五条第一款规定情形；

（四）符合民事诉讼法第二百一十六条第一款第一项、第二项规定情形。

不符合前款规定的，人民法院可以建议人民检察院予以补正或者撤回；不予补正或者撤回的，人民法院可以裁定不予受理。

第四百一十六条　当事人的再审申请被上级人民法院裁定驳回后，人民检察院对原判决、裁定、调解书提出抗诉，抗诉事由符合民事诉讼法第二百零七条第一项至第五项规定情形之一的，受理抗诉的人民法院可以交由下一级人民法院再审。

第四百一十七条　人民法院收到再审检察建议后，应当组成合议庭，在三个月内进行审查，发现原判决、裁定、调解书确有错误，需要再审的，依照民事诉讼法第二百零五条规定裁定再审，并通知当事人；经审查，决定不予再审的，应当书面回复人民检察院。

第四百一十八条　人民法院审理因人民检察院抗诉或者检察建议裁定再审的案件，不受此前已经作出的驳回当事人再审申请裁定的影响。

第四百一十九条　人民法院开庭审理抗诉案件，应当在开庭三日前通知人民检察院、当事人和其他诉讼参与人。同级人民检察院或者提出抗诉的人民检察院应当派员出庭。

人民检察院因履行法律监督职责向当事人或者案外人调查核实的情况，应当向法庭提交并予以说明，由双方当事人进行质证。

第四百二十条　必须共同进行诉讼的当事人因不能归责于本人或者其诉讼代理人的事由未参加诉讼的，可以根据民事诉讼法第二百零七条第八项规定，自知道或者应当知道之日起六个月内申请再审，但符合本解释第四百二十一条规定情形的除外。

人民法院因前款规定的当事人申请而裁定再审，按照第一审程序再审的，应当追加其为当事人，作出新的判决、裁定；按照第二审程序再审，经调解不能达成协议的，应当撤销原判决、裁定，发回重审，重审时应追加其为当事人。

第四百二十一条　根据民事诉讼法第二百三十四条规定，案外人对驳回其执行异议的裁定不服，认为原判决、裁定、调解书内容错误损害其民事权益的，可以自执行异议裁定送达之日起六个月内，向作出原判决、裁定、调解书的人民法院申请再审。

第四百二十二条　根据民事诉讼法第二百三十四条规定，人民法院裁定再审后，案外人属于必要的共同诉讼当事人的，依照本解释第四百二十条第二款规定处理。

案外人不是必要的共同诉讼当事人的，人民法院仅审理原判决、裁定、调解书对其民事权益造成损害的内容。经审理，再审请求成立的，撤销或者改变原判决、裁定、调解书；再审请求不成立的，维持原判决、裁定、调解书。

第四百二十三条　本解释第三百三十八条规定适用于审判监督程序。

第四百二十四条　对小额诉讼案件的判决、裁定，当事人以民事诉讼法第二百零七条规定的事由向原审人民法院申请再审的，人民法院应当受理。申请再审事由成立的，应当裁定再审，组成合议庭进行审理。作出的再审判决、裁定，当事人不得上诉。

当事人以不应按小额诉讼案件审理为由向原审人民法院申请再审的，人民法院应当受理。理由成立的，应当裁定再审，组成合议庭审理。作出的再审判决、裁定，当事人可以上诉。

十九、督促程序

第四百二十五条 两个以上人民法院都有管辖权的，债权人可以向其中一个基层人民法院申请支付令。

债权人向两个以上有管辖权的基层人民法院申请支付令的，由最先立案的人民法院管辖。

第四百二十六条 人民法院收到债权人的支付令申请书后，认为申请书不符合要求的，可以通知债权人限期补正。人民法院应当自收到补正材料之日起五日内通知债权人是否受理。

第四百二十七条 债权人申请支付令，符合下列条件的，基层人民法院应当受理，并在收到支付令申请书后五日内通知债权人：

（一）请求给付金钱或者汇票、本票、支票、股票、债券、国库券、可转让的存款单等有价证券；

（二）请求给付的金钱或者有价证券已到期且数额确定，并写明了请求所根据的事实、证据；

（三）债权人没有对待给付义务；

（四）债务人在我国境内且未下落不明；

（五）支付令能够送达债务人；

（六）收到申请书的人民法院有管辖权；

（七）债权人未向人民法院申请诉前保全。

不符合前款规定的，人民法院应当在收到支付令申请书后五日内通知债权人不予受理。

基层人民法院受理申请支付令案件，不受债权金额的限制。

第四百二十八条 人民法院受理申请后，由审判员一人进行审查。经审查，有下列情形之一的，裁定驳回申请：

（一）申请人不具备当事人资格的；

（二）给付金钱或者有价证券的证明文件没有约定逾期给付利息或者违约金、赔偿金，债权人坚持要求给付利息或者违约金、赔偿金的；

（三）要求给付的金钱或者有价证券属于违法所得的；

（四）要求给付的金钱或者有价证券尚未到期或者数额不确定的。

人民法院受理支付令申请后，发现不符合本解释规定的受理条件的，应当在受理之日起十五日内裁定驳回申请。

第四百二十九条　向债务人本人送达支付令，债务人拒绝接收的，人民法院可以留置送达。

第四百三十条　有下列情形之一的，人民法院应当裁定终结督促程序，已发出支付令的，支付令自行失效：

（一）人民法院受理支付令申请后，债权人就同一债权债务关系又提起诉讼的；

（二）人民法院发出支付令之日起三十日内无法送达债务人的；

（三）债务人收到支付令前，债权人撤回申请的。

第四百三十一条　债务人在收到支付令后，未在法定期间提出书面异议，而向其他人民法院起诉的，不影响支付令的效力。

债务人超过法定期间提出异议的，视为未提出异议。

第四百三十二条　债权人基于同一债权债务关系，在同一支付令申请中向债务人提出多项支付请求，债务人仅就其中一项或者几项请求提出异议的，不影响其他各项请求的效力。

第四百三十三条　债权人基于同一债权债务关系，就可分之债向多个债务人提出支付请求，多个债务人中的一人或者几人提出异议的，不影响其他请求的效力。

第四百三十四条　对设有担保的债务的主债务人发出的支付令，对担保人没有拘束力。

债权人就担保关系单独提起诉讼的，支付令自人民法院受理案件之日起失效。

第四百三十五条 经形式审查，债务人提出的书面异议有下列情形之一的，应当认定异议成立，裁定终结督促程序，支付令自行失效：

（一）本解释规定的不予受理申请情形的；

（二）本解释规定的裁定驳回申请情形的；

（三）本解释规定的应当裁定终结督促程序情形的；

（四）人民法院对是否符合发出支付令条件产生合理怀疑的。

第四百三十六条 债务人对债务本身没有异议，只是提出缺乏清偿能力、延缓债务清偿期限、变更债务清偿方式等异议的，不影响支付令的效力。

人民法院经审查认为异议不成立的，裁定驳回。

债务人的口头异议无效。

第四百三十七条 人民法院作出终结督促程序或者驳回异议裁定前，债务人请求撤回异议的，应当裁定准许。

债务人对撤回异议反悔的，人民法院不予支持。

第四百三十八条 支付令失效后，申请支付令的一方当事人不同意提起诉讼的，应当自收到终结督促程序裁定之日起七日内向受理申请的人民法院提出。

申请支付令的一方当事人不同意提起诉讼的，不影响其向其他有管辖权的人民法院提起诉讼。

第四百三十九条 支付令失效后，申请支付令的一方当事人自收到终结督促程序裁定之日起七日内未向受理申请的人民法院表明不同意提起诉讼的，视为向受理申请的人民法院起诉。

债权人提出支付令申请的时间，即为向人民法院起诉的时间。

第四百四十条 债权人向人民法院申请执行支付令的期间，适用民事诉讼法第二百四十六条的规定。

第四百四十一条 人民法院院长发现本院已经发生法律效力的支付令确有错误，认为需要撤销的，应当提交本院审判委员会讨论决定后，裁定撤销支付令，驳回债权人的申请。

二十、公示催告程序

第四百四十二条　民事诉讼法第二百二十五条规定的票据持有人，是指票据被盗、遗失或者灭失前的最后持有人。

第四百四十三条　人民法院收到公示催告的申请后，应当立即审查，并决定是否受理。经审查认为符合受理条件的，通知予以受理，并同时通知支付人停止支付；认为不符合受理条件的，七日内裁定驳回申请。

第四百四十四条　因票据丧失，申请公示催告的，人民法院应结合票据存根、丧失票据的复印件、出票人关于签发票据的证明、申请人合法取得票据的证明、银行挂失止付通知书、报案证明等证据，决定是否受理。

第四百四十五条　人民法院依照民事诉讼法第二百二十六条规定发出的受理申请的公告，应当写明下列内容：

（一）公示催告申请人的姓名或者名称；

（二）票据的种类、号码、票面金额、出票人、背书人、持票人、付款期限等事项以及其他可以申请公示催告的权利凭证的种类、号码、权利范围、权利人、义务人、行权日期等事项；

（三）申报权利的期间；

（四）在公示催告期间转让票据等权利凭证，利害关系人不申报的法律后果。

第四百四十六条　公告应当在有关报纸或者其他媒体上刊登，并于同日公布于人民法院公告栏内。人民法院所在地有证券交易所的，还应当同日在该交易所公布。

第四百四十七条　公告期间不得少于六十日，且公示催告期间届满日不得早于票据付款日后十五日。

第四百四十八条　在申报期届满后、判决作出之前，利害关系人申报权利的，应当适用民事诉讼法第二百二十八条第二款、第三款规定处理。

第四百四十九条　利害关系人申报权利，人民法院应当通知其向法院出示票据，并通知公示催告申请人在指定的期间查看该票据。公示催告申请人申请公示催告的票据与利害关系人出示的票据不一致的，应当裁定驳回利害关系人的申报。

第四百五十条 在申报权利的期间无人申报权利，或者申报被驳回的，申请人应当自公示催告期间届满之日起一个月内申请作出判决。逾期不申请判决的，终结公示催告程序。

裁定终结公示催告程序的，应当通知申请人和支付人。

第四百五十一条 判决公告之日起，公示催告申请人有权依据判决向付款人请求付款。

付款人拒绝付款，申请人向人民法院起诉，符合民事诉讼法第一百二十二条规定的起诉条件的，人民法院应予受理。

第四百五十二条 适用公示催告程序审理案件，可由审判员一人独任审理；判决宣告票据无效的，应当组成合议庭审理。

第四百五十三条 公示催告申请人撤回申请，应在公示催告前提出；公示催告期间申请撤回的，人民法院可以径行裁定终结公示催告程序。

第四百五十四条 人民法院依照民事诉讼法第二百二十七条规定通知支付人停止支付，应当符合有关财产保全的规定。支付人收到停止支付通知后拒不止付的，除可依照民事诉讼法第一百一十四条、第一百一十七条规定采取强制措施外，在判决后，支付人仍应承担付款义务。

第四百五十五条 人民法院依照民事诉讼法第二百二十八条规定终结公示催告程序后，公示催告申请人或者申报人向人民法院提起诉讼，因票据权利纠纷提起的，由票据支付地或者被告住所地人民法院管辖；因非票据权利纠纷提起的，由被告住所地人民法院管辖。

第四百五十六条 依照民事诉讼法第二百二十八条规定制作的终结公示催告程序的裁定书，由审判员、书记员署名，加盖人民法院印章。

第四百五十七条 依照民事诉讼法第二百三十条的规定，利害关系人向人民法院起诉的，人民法院可按票据纠纷适用普通程序审理。

第四百五十八条 民事诉讼法第二百三十条规定的正当理由，包括：

（一）因发生意外事件或者不可抗力致使利害关系人无法知道公告事

实的；

（二）利害关系人因被限制人身自由而无法知道公告事实，或者虽然知道公告事实，但无法自己或者委托他人代为申报权利的；

（三）不属于法定申请公示催告情形的；

（四）未予公告或者未按法定方式公告的；

（五）其他导致利害关系人在判决作出前未能向人民法院申报权利的客观事由。

第四百五十九条　根据民事诉讼法第二百三十条的规定，利害关系人请求人民法院撤销除权判决的，应当将申请人列为被告。

利害关系人仅诉请确认其为合法持票人的，人民法院应当在裁判文书中写明，确认利害关系人为票据权利人的判决作出后，除权判决即被撤销。

二十一、执 行 程 序

第四百六十条　发生法律效力的实现担保物权裁定、确认调解协议裁定、支付令，由作出裁定、支付令的人民法院或者与其同级的被执行财产所在地的人民法院执行。

认定财产无主的判决，由作出判决的人民法院将无主财产收归国家或者集体所有。

第四百六十一条　当事人申请人民法院执行的生效法律文书应当具备下列条件：

（一）权利义务主体明确；

（二）给付内容明确。

法律文书确定继续履行合同的，应当明确继续履行的具体内容。

第四百六十二条　根据民事诉讼法第二百三十四条规定，案外人对执行标的提出异议的，应当在该执行标的的执行程序终结前提出。

第四百六十三条　案外人对执行标的提出的异议，经审查，按照下列情形分别处理：

（一）案外人对执行标的不享有足以排除强制执行的权益的，裁定驳回其异议；

（二）案外人对执行标的享有足以排除强制执行的权益的，裁定中止执行。

驳回案外人执行异议裁定送达案外人之日起十五日内，人民法院不得对执行标的进行处分。

第四百六十四条　申请执行人与被执行人达成和解协议后请求中止执行或者撤回执行申请的，人民法院可以裁定中止执行或者终结执行。

第四百六十五条　一方当事人不履行或者不完全履行在执行中双方自愿达成的和解协议，对方当事人申请执行原生效法律文书的，人民法院应当恢复执行，但和解协议已履行的部分应当扣除。和解协议已经履行完毕的，人民法院不予恢复执行。

第四百六十六条　申请恢复执行原生效法律文书，适用民事诉讼法第二百四十六条申请执行期间的规定。申请执行期间因达成执行中的和解协议而中断，其期间自和解协议约定履行期限的最后一日起重新计算。

第四百六十七条　人民法院依照民事诉讼法第二百三十八条规定决定暂缓执行的，如果担保是有期限的，暂缓执行的期限应当与担保期限一致，但最长不得超过一年。被执行人或者担保人对担保的财产在暂缓执行期间有转移、隐藏、变卖、毁损等行为的，人民法院可以恢复强制执行。

第四百六十八条　根据民事诉讼法第二百三十八条规定向人民法院提供执行担保的，可以由被执行人或者他人提供财产担保，也可以由他人提供保证。担保人应当具有代为履行或者代为承担赔偿责任的能力。

他人提供执行保证的，应当向执行法院出具保证书，并将保证书副本送交申请执行人。被执行人或者他人提供财产担保的，应当参照民法典的有关规定办理相应手续。

第四百六十九条　被执行人在人民法院决定暂缓执行的期限届满后仍不履行义务的，人民法院可以直接执行担保财产，或者裁定执行担保人的财产，但执行担保人的财产以担保人应当履行义务部分的财产为限。

第四百七十条　依照民事诉讼法第二百三十九条规定，执行中作为被执行人的法人或者其他组织分立、合并的，人民法院可以裁定变更后的法人或者其他组织为被执行人；被注销的，如果依照有关实体法的规定有权利义务承受人的，可以裁定该权利义务承受人为被执行人。

第四百七十一条　其他组织在执行中不能履行法律文书确定的义务的，人民法院可以裁定执行对该其他组织依法承担义务的法人或者公民个人的财产。

第四百七十二条　在执行中，作为被执行人的法人或者其他组织名称变更的，人民法院可以裁定变更后的法人或者其他组织为被执行人。

第四百七十三条　作为被执行人的公民死亡，其遗产继承人没有放弃继承的，人民法院可以裁定变更被执行人，由该继承人在遗产的范围内偿还债务。继承人放弃继承的，人民法院可以直接执行被执行人的遗产。

第四百七十四条　法律规定由人民法院执行的其他法律文书执行完毕后，该法律文书被有关机关或者组织依法撤销的，经当事人申请，适用民事诉讼法第二百四十条规定。

第四百七十五条　仲裁机构裁决的事项，部分有民事诉讼法第二百四十四条第二款、第三款规定情形的，人民法院应当裁定对该部分不予执行。

应当不予执行部分与其他部分不可分的，人民法院应当裁定不予执行仲裁裁决。

第四百七十六条　依照民事诉讼法第二百四十四条第二款、第三款规定，人民法院裁定不予执行仲裁裁决后，当事人对该裁定提出执行异议或者复议的，人民法院不予受理。当事人可以就该民事纠纷重新达成书面仲裁协议申请仲裁，也可以向人民法院起诉。

第四百七十七条　在执行中，被执行人通过仲裁程序将人民法院查封、扣押、冻结的财产确权或者分割给案外人的，不影响人民法院执行程序的进行。

案外人不服的，可以根据民事诉讼法第二百三十四条规定提出异议。

第四百七十八条　有下列情形之一的，可以认定为民事诉讼法第二百四十五条第二款规定的公证债权文书确有错误：

（一）公证债权文书属于不得赋予强制执行效力的债权文书的；

（二）被执行人一方未亲自或者未委托代理人到场公证等严重违反法律规

定的公证程序的；

（三）公证债权文书的内容与事实不符或者违反法律强制性规定的；

（四）公证债权文书未载明被执行人不履行义务或者不完全履行义务时同意接受强制执行的。

人民法院认定执行该公证债权文书违背社会公共利益的，裁定不予执行。

公证债权文书被裁定不予执行后，当事人、公证事项的利害关系人可以就债权争议提起诉讼。

第四百七十九条 当事人请求不予执行仲裁裁决或者公证债权文书的，应当在执行终结前向执行法院提出。

第四百八十条 人民法院应当在收到申请执行书或者移交执行书后十日内发出执行通知。

执行通知中除应责令被执行人履行法律文书确定的义务外，还应通知其承担民事诉讼法第二百六十条规定的迟延履行利息或者迟延履行金。

第四百八十一条 申请执行人超过申请执行时效期间向人民法院申请强制执行的，人民法院应予受理。被执行人对申请执行时效期间提出异议，人民法院经审查异议成立的，裁定不予执行。

被执行人履行全部或者部分义务后，又以不知道申请执行时效期间届满为由请求执行回转的，人民法院不予支持。

第四百八十二条 对必须接受调查询问的被执行人、被执行人的法定代表人、负责人或者实际控制人，经依法传唤无正当理由拒不到场的，人民法院可以拘传其到场。

人民法院应当及时对被拘传人进行调查询问，调查询问的时间不得超过八小时；情况复杂，依法可能采取拘留措施的，调查询问的时间不得超过二十四小时。

人民法院在本辖区以外采取拘传措施时，可以将被拘传人拘传到当地人民法院，当地人民法院应予协助。

第四百八十三条 人民法院有权查询被执行人的身份信息与财产信息，掌握相关信息的单位和个人必须按照协助执行通知书办理。

第四百八十四条　对被执行的财产，人民法院非经查封、扣押、冻结不得处分。对银行存款等各类可以直接扣划的财产，人民法院的扣划裁定同时具有冻结的法律效力。

第四百八十五条　人民法院冻结被执行人的银行存款的期限不得超过一年，查封、扣押动产的期限不得超过两年，查封不动产、冻结其他财产权的期限不得超过三年。

申请执行人申请延长期限的，人民法院应当在查封、扣押、冻结期限届满前办理续行查封、扣押、冻结手续，续行期限不得超过前款规定的期限。

人民法院也可以依职权办理续行查封、扣押、冻结手续。

第四百八十六条　依照民事诉讼法第二百五十四条规定，人民法院在执行中需要拍卖被执行人财产的，可以由人民法院自行组织拍卖，也可以交由具备相应资质的拍卖机构拍卖。

交拍卖机构拍卖的，人民法院应当对拍卖活动进行监督。

第四百八十七条　拍卖评估需要对现场进行检查、勘验的，人民法院应当责令被执行人、协助义务人予以配合。被执行人、协助义务人不予配合的，人民法院可以强制进行。

第四百八十八条　人民法院在执行中需要变卖被执行人财产的，可以交有关单位变卖，也可以由人民法院直接变卖。

对变卖的财产，人民法院或者其工作人员不得买受。

第四百八十九条　经申请执行人和被执行人同意，且不损害其他债权人合法权益和社会公共利益的，人民法院可以不经拍卖、变卖，直接将被执行人的财产作价交申请执行人抵偿债务。对剩余债务，被执行人应当继续清偿。

第四百九十条　被执行人的财产无法拍卖或者变卖的，经申请执行人同意，且不损害其他债权人合法权益和社会公共利益的，人民法院可以将该项财产作价后交付申请执行人抵偿债务，或者交付申请执行人管理；申请执行人拒绝接收或者管理的，退回被执行人。

第四百九十一条　拍卖成交或者依法定程序裁定以物抵债的，标的物所有权自拍卖成交裁定或者抵债裁定送达买受人或者接受抵债物的债权人时转移。

第四百九十二条 执行标的物为特定物的，应当执行原物。原物确已毁损或者灭失的，经双方当事人同意，可以折价赔偿。

双方当事人对折价赔偿不能协商一致的，人民法院应当终结执行程序。申请执行人可以另行起诉。

第四百九十三条 他人持有法律文书指定交付的财物或者票证，人民法院依照民事诉讼法第二百五十六条第二款、第三款规定发出协助执行通知后，拒不转交的，可以强制执行，并可依照民事诉讼法第一百一十七条、第一百一十八条规定处理。

他人持有期间财物或者票证毁损、灭失的，参照本解释第四百九十二条规定处理。

他人主张合法持有财物或者票证的，可以根据民事诉讼法第二百三十四条规定提出执行异议。

第四百九十四条 在执行中，被执行人隐匿财产、会计账簿等资料的，人民法院除可依照民事诉讼法第一百一十四条第一款第六项规定对其处理外，还应责令被执行人交出隐匿的财产、会计账簿等资料。被执行人拒不交出的，人民法院可以采取搜查措施。

第四百九十五条 搜查人员应当按规定着装并出示搜查令和工作证件。

第四百九十六条 人民法院搜查时禁止无关人员进入搜查现场；搜查对象是公民的，应当通知被执行人或者他的成年家属以及基层组织派员到场；搜查对象是法人或者其他组织的，应当通知法定代表人或者主要负责人到场。拒不到场的，不影响搜查。

搜查妇女身体，应当由女执行人员进行。

第四百九十七条 搜查中发现应当依法采取查封、扣押措施的财产，依照民事诉讼法第二百五十二条第二款和第二百五十四条规定办理。

第四百九十八条 搜查应当制作搜查笔录，由搜查人员、被搜查人及其他在场人签名、捺印或者盖章。拒绝签名、捺印或者盖章的，应当记入搜查笔录。

第四百九十九条 人民法院执行被执行人对他人的到期债权，可以作出冻结债权的裁定，并通知该他人向申请执行人履行。

该他人对到期债权有异议，申请执行人请求对异议部分强制执行的，人民法院不予支持。利害关系人对到期债权有异议的，人民法院应当按照民事诉讼法第二百三十四条规定处理。

对生效法律文书确定的到期债权，该他人予以否认的，人民法院不予支持。

第五百条　人民法院在执行中需要办理房产证、土地证、林权证、专利证书、商标证书、车船执照等有关财产权证照转移手续的，可以依照民事诉讼法第二百五十八条规定办理。

第五百零一条　被执行人不履行生效法律文书确定的行为义务，该义务可由他人完成的，人民法院可以选定代履行人；法律、行政法规对履行该行为义务有资格限制的，应当从有资格的人中选定。必要时，可以通过招标的方式确定代履行人。

申请执行人可以在符合条件的人中推荐代履行人，也可以申请自己代为履行，是否准许，由人民法院决定。

第五百零二条　代履行费用的数额由人民法院根据案件具体情况确定，并由被执行人在指定期限内预先支付。被执行人未预付的，人民法院可以对该费用强制执行。

代履行结束后，被执行人可以查阅、复制费用清单以及主要凭证。

第五百零三条　被执行人不履行法律文书指定的行为，且该项行为只能由被执行人完成的，人民法院可以依照民事诉讼法第一百一十四条第一款第六项规定处理。

被执行人在人民法院确定的履行期间内仍不履行的，人民法院可以依照民事诉讼法第一百一十四条第一款第六项规定再次处理。

第五百零四条　被执行人迟延履行的，迟延履行期间的利息或者迟延履行金自判决、裁定和其他法律文书指定的履行期间届满之日起计算。

第五百零五条　被执行人未按判决、裁定和其他法律文书指定的期间履行非金钱给付义务的，无论是否已给申请执行人造成损失，都应当支付迟延履行金。已经造成损失的，双倍补偿申请执行人已经受到的损失；没有造成损失的，迟延履行金可以由人民法院根据具体案件情况决定。

第五百零六条 被执行人为公民或者其他组织，在执行程序开始后，被执行人的其他已经取得执行依据的债权人发现被执行人的财产不能清偿所有债权的，可以向人民法院申请参与分配。

对人民法院查封、扣押、冻结的财产有优先权、担保物权的债权人，可以直接申请参与分配，主张优先受偿权。

第五百零七条 申请参与分配，申请人应当提交申请书。申请书应当写明参与分配和被执行人不能清偿所有债权的事实、理由，并附有执行依据。

参与分配申请应当在执行程序开始后，被执行人的财产执行终结前提出。

第五百零八条 参与分配执行中，执行所得价款扣除执行费用，并清偿应当优先受偿的债权后，对于普通债权，原则上按照其占全部申请参与分配债权数额的比例受偿。清偿后的剩余债务，被执行人应当继续清偿。债权人发现被执行人有其他财产的，可以随时请求人民法院执行。

第五百零九条 多个债权人对执行财产申请参与分配的，执行法院应当制作财产分配方案，并送达各债权人和被执行人。债权人或者被执行人对分配方案有异议的，应当自收到分配方案之日起十五日内向执行法院提出书面异议。

第五百一十条 债权人或者被执行人对分配方案提出书面异议的，执行法院应当通知未提出异议的债权人、被执行人。

未提出异议的债权人、被执行人自收到通知之日起十五日内未提出反对意见的，执行法院依异议人的意见对分配方案审查修正后进行分配；提出反对意见的，应当通知异议人。异议人可以自收到通知之日起十五日内，以提出反对意见的债权人、被执行人为被告，向执行法院提起诉讼；异议人逾期未提起诉讼的，执行法院按照原分配方案进行分配。

诉讼期间进行分配的，执行法院应当提存与争议债权数额相应的款项。

第五百一十一条 在执行中，作为被执行人的企业法人符合企业破产法第二条第一款规定情形的，执行法院经申请执行人之一或者被执行人同意，应当裁定中止对该被执行人的执行，将执行案件相关材料移送被执行人住所地人民法院。

第五百一十二条　被执行人住所地人民法院应当自收到执行案件相关材料之日起三十日内，将是否受理破产案件的裁定告知执行法院。不予受理的，应当将相关案件材料退回执行法院。

第五百一十三条　被执行人住所地人民法院裁定受理破产案件的，执行法院应当解除对被执行人财产的保全措施。被执行人住所地人民法院裁定宣告被执行人破产的，执行法院应当裁定终结对该被执行人的执行。

被执行人住所地人民法院不受理破产案件的，执行法院应当恢复执行。

第五百一十四条　当事人不同意移送破产或者被执行人住所地人民法院不受理破产案件的，执行法院就执行变价所得财产，在扣除执行费用及清偿优先受偿的债权后，对于普通债权，按照财产保全和执行中查封、扣押、冻结财产的先后顺序清偿。

第五百一十五条　债权人根据民事诉讼法第二百六十一条规定请求人民法院继续执行的，不受民事诉讼法第二百四十六条规定申请执行时效期间的限制。

第五百一十六条　被执行人不履行法律文书确定的义务的，人民法院除对被执行人予以处罚外，还可以根据情节将其纳入失信被执行人名单，将被执行人不履行或者不完全履行义务的信息向其所在单位、征信机构以及其他相关机构通报。

第五百一十七条　经过财产调查未发现可供执行的财产，在申请执行人签字确认或者执行法院组成合议庭审查核实并经院长批准后，可以裁定终结本次执行程序。

依照前款规定终结执行后，申请执行人发现被执行人有可供执行财产的，可以再次申请执行。再次申请不受申请执行时效期间的限制。

第五百一十八条　因撤销申请而终结执行后，当事人在民事诉讼法第二百四十六条规定的申请执行时效期间内再次申请执行的，人民法院应当受理。

第五百一十九条　在执行终结六个月内，被执行人或者其他人对已执行的标的有妨害行为的，人民法院可以依申请排除妨害，并可以依照民事诉讼法第一百一十四条规定进行处罚。因妨害行为给执行债权人或者其他人造成损失的，受害人可以另行起诉。

二十二、涉外民事诉讼程序的特别规定

第五百二十条　有下列情形之一，人民法院可以认定为涉外民事案件：

（一）当事人一方或者双方是外国人、无国籍人、外国企业或者组织的；

（二）当事人一方或者双方的经常居所地在中华人民共和国领域外的；

（三）标的物在中华人民共和国领域外的；

（四）产生、变更或者消灭民事关系的法律事实发生在中华人民共和国领域外的；

（五）可以认定为涉外民事案件的其他情形。

第五百二十一条　外国人参加诉讼，应当向人民法院提交护照等用以证明自己身份的证件。

外国企业或者组织参加诉讼，向人民法院提交的身份证明文件，应当经所在国公证机关公证，并经中华人民共和国驻该国使领馆认证，或者履行中华人民共和国与该所在国订立的有关条约中规定的证明手续。

代表外国企业或者组织参加诉讼的人，应当向人民法院提交其有权作为代表人参加诉讼的证明，该证明应当经所在国公证机关公证，并经中华人民共和国驻该国使领馆认证，或者履行中华人民共和国与该所在国订立的有关条约中规定的证明手续。

本条所称的"所在国"，是指外国企业或者组织的设立登记地国，也可以是办理了营业登记手续的第三国。

第五百二十二条　依照民事诉讼法第二百七十一条以及本解释第五百二十一条规定，需要办理公证、认证手续，而外国当事人所在国与中华人民共和国没有建立外交关系的，可以经该国公证机关公证，经与中华人民共和国有外交关系的第三国驻该国使领馆认证，再转由中华人民共和国驻该第三国使领馆认证。

第五百二十三条　外国人、外国企业或者组织的代表人在人民法院法官的

见证下签署授权委托书，委托代理人进行民事诉讼的，人民法院应予认可。

第五百二十四条　外国人、外国企业或者组织的代表人在中华人民共和国境内签署授权委托书，委托代理人进行民事诉讼，经中华人民共和国公证机构公证的，人民法院应予认可。

第五百二十五条　当事人向人民法院提交的书面材料是外文的，应当同时向人民法院提交中文翻译件。

当事人对中文翻译件有异议的，应当共同委托翻译机构提供翻译文本；当事人对翻译机构的选择不能达成一致的，由人民法院确定。

第五百二十六条　涉外民事诉讼中的外籍当事人，可以委托本国人为诉讼代理人，也可以委托本国律师以非律师身份担任诉讼代理人；外国驻华使领馆官员，受本国公民的委托，可以以个人名义担任诉讼代理人，但在诉讼中不享有外交或者领事特权和豁免。

第五百二十七条　涉外民事诉讼中，外国驻华使领馆授权其本馆官员，在作为当事人的本国国民不在中华人民共和国领域内的情况下，可以以外交代表身份为其本国国民在中华人民共和国聘请中华人民共和国律师或者中华人民共和国公民代理民事诉讼。

第五百二十八条　涉外民事诉讼中，经调解双方达成协议，应当制发调解书。当事人要求发给判决书的，可以依协议的内容制作判决书送达当事人。

第五百二十九条　涉外合同或者其他财产权益纠纷的当事人，可以书面协议选择被告住所地、合同履行地、合同签订地、原告住所地、标的物所在地、侵权行为地等与争议有实际联系地点的外国法院管辖。

根据民事诉讼法第三十四条和第二百七十三条规定，属于中华人民共和国法院专属管辖的案件，当事人不得协议选择外国法院管辖，但协议选择仲裁的除外。

第五百三十条　涉外民事案件同时符合下列情形的，人民法院可以裁定驳回原告的起诉，告知其向更方便的外国法院提起诉讼：

（一）被告提出案件应由更方便外国法院管辖的请求，或者提出管辖异议；

（二）当事人之间不存在选择中华人民共和国法院管辖的协议；

（三）案件不属于中华人民共和国法院专属管辖；

（四）案件不涉及中华人民共和国国家、公民、法人或者其他组织的利益；

（五）案件争议的主要事实不是发生在中华人民共和国境内，且案件不适用中华人民共和国法律，人民法院审理案件在认定事实和适用法律方面存在重大困难；

（六）外国法院对案件享有管辖权，且审理该案件更加方便。

第五百三十一条 中华人民共和国法院和外国法院都有管辖权的案件，一方当事人向外国法院起诉，而另一方当事人向中华人民共和国法院起诉的，人民法院可予受理。判决后，外国法院申请或者当事人请求人民法院承认和执行外国法院对本案作出的判决、裁定的，不予准许；但双方共同缔结或者参加的国际条约另有规定的除外。

外国法院判决、裁定已经被人民法院承认，当事人就同一争议向人民法院起诉的，人民法院不予受理。

第五百三十二条 对在中华人民共和国领域内没有住所的当事人，经用公告方式送达诉讼文书，公告期满不应诉，人民法院缺席判决后，仍应当将裁判文书依照民事诉讼法第二百七十四条第八项规定公告送达。自公告送达裁判文书满三个月之日起，经过三十日的上诉期当事人没有上诉的，一审判决即发生法律效力。

第五百三十三条 外国人或者外国企业、组织的代表人、主要负责人在中华人民共和国领域内的，人民法院可以向该自然人或者外国企业、组织的代表人、主要负责人送达。

外国企业、组织的主要负责人包括该企业、组织的董事、监事、高级管理人员等。

第五百三十四条 受送达人所在国允许邮寄送达的，人民法院可以邮寄送达。

邮寄送达时应当附有送达回证。受送达人未在送达回证上签收但在邮件回执上签收的，视为送达，签收日期为送达日期。

自邮寄之日起满三个月，如果未收到送达的证明文件，且根据各种情况不足以认定已经送达的，视为不能用邮寄方式送达。

第五百三十五条　人民法院一审时采取公告方式向当事人送达诉讼文书的，二审时可径行采取公告方式向其送达诉讼文书，但人民法院能够采取公告方式之外的其他方式送达的除外。

第五百三十六条　不服第一审人民法院判决、裁定的上诉期，对在中华人民共和国领域内有住所的当事人，适用民事诉讼法第一百七十一条规定的期限；对在中华人民共和国领域内没有住所的当事人，适用民事诉讼法第二百七十六条规定的期限。当事人的上诉期均已届满没有上诉的，第一审人民法院的判决、裁定即发生法律效力。

第五百三十七条　人民法院对涉外民事案件的当事人申请再审进行审查的期间，不受民事诉讼法第二百一十一条规定的限制。

第五百三十八条　申请人向人民法院申请执行中华人民共和国涉外仲裁机构的裁决，应当提出书面申请，并附裁决书正本。如申请人为外国当事人，其申请书应当用中文文本提出。

第五百三十九条　人民法院强制执行涉外仲裁机构的仲裁裁决时，被执行人以有民事诉讼法第二百八十一条第一款规定的情形为由提出抗辩的，人民法院应当对被执行人的抗辩进行审查，并根据审查结果裁定执行或者不予执行。

第五百四十条　依照民事诉讼法第二百七十九条规定，中华人民共和国涉外仲裁机构将当事人的保全申请提交人民法院裁定的，人民法院可以进行审查，裁定是否进行保全。裁定保全的，应当责令申请人提供担保，申请人不提供担保的，裁定驳回申请。

当事人申请证据保全，人民法院经审查认为无需提供担保的，申请人可以不提供担保。

第五百四十一条　申请人向人民法院申请承认和执行外国法院作出的发生法律效力的判决、裁定，应当提交申请书，并附外国法院作出的发生法律效力的判决、裁定正本或者经证明无误的副本以及中文译本。外国法院判决、裁定为缺席判决、裁定的，申请人应当同时提交该外国法院已经合法传唤的证明文件，但判决、裁定已经对此予以明确说明的除外。

中华人民共和国缔结或者参加的国际条约对提交文件有规定的，按照规定办理。

第五百四十二条 当事人向中华人民共和国有管辖权的中级人民法院申请承认和执行外国法院作出的发生法律效力的判决、裁定的，如果该法院所在国与中华人民共和国没有缔结或者共同参加国际条约，也没有互惠关系的，裁定驳回申请，但当事人向人民法院申请承认外国法院作出的发生法律效力的离婚判决的除外。

承认和执行申请被裁定驳回的，当事人可以向人民法院起诉。

第五百四十三条 对临时仲裁庭在中华人民共和国领域外作出的仲裁裁决，一方当事人向人民法院申请承认和执行的，人民法院应当依照民事诉讼法第二百九十条规定处理。

第五百四十四条 对外国法院作出的发生法律效力的判决、裁定或者外国仲裁裁决，需要中华人民共和国法院执行的，当事人应当先向人民法院申请承认。人民法院经审查，裁定承认后，再根据民事诉讼法第三编的规定予以执行。

当事人仅申请承认而未同时申请执行的，人民法院仅对应否承认进行审查并作出裁定。

第五百四十五条 当事人申请承认和执行外国法院作出的发生法律效力的判决、裁定或者外国仲裁裁决的期间，适用民事诉讼法第二百四十六条的规定。

当事人仅申请承认而未同时申请执行的，申请执行的期间自人民法院对承认申请作出的裁定生效之日起重新计算。

第五百四十六条 承认和执行外国法院作出的发生法律效力的判决、裁定或者外国仲裁裁决的案件，人民法院应当组成合议庭进行审查。

人民法院应当将申请书送达被申请人。被申请人可以陈述意见。

人民法院经审查作出的裁定，一经送达即发生法律效力。

第五百四十七条　与中华人民共和国没有司法协助条约又无互惠关系的国家的法院，未通过外交途径，直接请求人民法院提供司法协助的，人民法院应予退回，并说明理由。

第五百四十八条　当事人在中华人民共和国领域外使用中华人民共和国法院的判决书、裁定书，要求中华人民共和国法院证明其法律效力的，或者外国法院要求中华人民共和国法院证明判决书、裁定书的法律效力的，作出判决、裁定的中华人民共和国法院，可以本法院的名义出具证明。

第五百四十九条　人民法院审理涉及香港、澳门特别行政区和台湾地区的民事诉讼案件，可以参照适用涉外民事诉讼程序的特别规定。

二十三、附　　则

第五百五十条　本解释公布施行后，最高人民法院于 1992 年 7 月 14 日发布的《关于适用〈中华人民共和国民事诉讼法〉若干问题的意见》同时废止；最高人民法院以前发布的司法解释与本解释不一致的，不再适用。

人民法院在线诉讼规则

（2021 年 5 月 18 日最高人民法院审判委员会第 1838 次会议通过，自 2021 年 8 月 1 日起施行）

为推进和规范在线诉讼活动，完善在线诉讼规则，依法保障当事人及其他诉讼参与人等诉讼主体的合法权利，确保公正高效审理案件，根据《中华人民共和国刑事诉讼法》《中华人民共和国民事诉讼法》《中华人民共和国行政诉讼法》等相关法律规定，结合人民法院工作实际，制定本规则。

第一条 人民法院、当事人及其他诉讼参与人等可以依托电子诉讼平台（以下简称"诉讼平台"），通过互联网或者专用网络在线完成立案、调解、证据交换、询问、庭审、送达等全部或者部分诉讼环节。

在线诉讼活动与线下诉讼活动具有同等法律效力。

第二条 人民法院开展在线诉讼应当遵循以下原则：

（一）公正高效原则。严格依法开展在线诉讼活动，完善审判流程，健全工作机制，加强技术保障，提高司法效率，保障司法公正。

（二）合法自愿原则。尊重和保障当事人及其他诉讼参与人对诉讼方式的选择权，未经当事人及其他诉讼参与人同意，人民法院不得强制或者变相强制适用在线诉讼。

（三）权利保障原则。充分保障当事人各项诉讼权利，强化提示、说明、告知义务，不得随意减少诉讼环节和减损当事人诉讼权益。

（四）便民利民原则。优化在线诉讼服务，完善诉讼平台功能，加强信息技术应用，降低当事人诉讼成本，提升纠纷解决效率。统筹兼顾不同群体司法需求，对未成年人、老年人、残障人士等特殊群体加强诉讼引导，提供相应司法便利。

（五）安全可靠原则。依法维护国家安全，保护国家秘密、商业秘密、个人隐私和个人信息，有效保障在线诉讼数据信息安全。规范技术应用，确保技术中立和平台中立。

第三条　人民法院综合考虑案件情况、当事人意愿和技术条件等因素，可以对以下案件适用在线诉讼：

（一）民事、行政诉讼案件；

（二）刑事速裁程序案件，减刑、假释案件，以及因其他特殊原因不宜线下审理的刑事案件；

（三）民事特别程序、督促程序、破产程序和非诉执行审查案件；

（四）民事、行政执行案件和刑事附带民事诉讼执行案件；

（五）其他适宜采取在线方式审理的案件。

第四条　人民法院开展在线诉讼，应当征得当事人同意，并告知适用在线诉讼的具体环节、主要形式、权利义务、法律后果和操作方法等。

人民法院应当根据当事人对在线诉讼的相应意思表示，作出以下处理：

（一）当事人主动选择适用在线诉讼的，人民法院可以不再另行征得其同意，相应诉讼环节可以直接在线进行；

（二）各方当事人均同意适用在线诉讼的，相应诉讼环节可以在线进行；

（三）部分当事人同意适用在线诉讼，部分当事人不同意的，相应诉讼环节可以采取同意方当事人线上、不同意方当事人线下的方式进行；

（四）当事人仅主动选择或者同意对部分诉讼环节适用在线诉讼的，人民法院不得推定其对其他诉讼环节均同意适用在线诉讼。

对人民检察院参与的案件适用在线诉讼的，应当征得人民检察院同意。

第五条　在诉讼过程中，如存在当事人欠缺在线诉讼能力、不具备在线诉讼条件或者相应诉讼环节不宜在线办理等情形之一的，人民法院应当将相应诉讼环节转为线下进行。

当事人已同意对相应诉讼环节适用在线诉讼，但诉讼过程中又反悔的，应当在开展相应诉讼活动前的合理期限内提出。经审查，人民法院认为不存在故意拖延诉讼等不当情形的，相应诉讼环节可以转为线下进行。

在调解、证据交换、询问、听证、庭审等诉讼环节中，一方当事人要求其他当事人及诉讼参与人在线下参与诉讼的，应当提出具体理由。经审查，人民法院认为案件存在案情疑难复杂、需证人现场作证、有必要线下举证质证、陈述辩论等情形之一的，相应诉讼环节可以转为线下进行。

第六条 当事人已同意适用在线诉讼，但无正当理由不参与在线诉讼活动或者不作出相应诉讼行为，也未在合理期限内申请提出转为线下进行的，应当依照法律和司法解释的相关规定承担相应法律后果。

第七条 参与在线诉讼的诉讼主体应当先行在诉讼平台完成实名注册。人民法院应当通过证件证照在线比对、身份认证平台认证等方式，核实诉讼主体的实名手机号码、居民身份证件号码、护照号码、统一社会信用代码等信息，确认诉讼主体身份真实性。诉讼主体在线完成身份认证后，取得登录诉讼平台的专用账号。

参与在线诉讼的诉讼主体应当妥善保管诉讼平台专用账号和密码。除有证据证明存在账号被盗用或者系统错误的情形外，使用专用账号登录诉讼平台所作出的行为，视为被认证人本人行为。

人民法院在线开展调解、证据交换、庭审等诉讼活动，应当再次验证诉讼主体的身份；确有必要的，应当在线下进一步核实身份。

第八条 人民法院、特邀调解组织、特邀调解员可以通过诉讼平台、人民法院调解平台等开展在线调解活动。在线调解应当按照法律和司法解释相关规定进行，依法保护国家秘密、商业秘密、个人隐私和其他不宜公开的信息。

第九条 当事人采取在线方式提交起诉材料的，人民法院应当在收到材料后的法定期限内，在线作出以下处理：

（一）符合起诉条件的，登记立案并送达案件受理通知书、交纳诉讼费用通知书、举证通知书等诉讼文书；

（二）提交材料不符合要求的，及时通知其补正，并一次性告知补正内容和期限，案件受理时间自收到补正材料后次日重新起算；

（三）不符合起诉条件或者起诉材料经补正仍不符合要求，原告坚持起诉的，依法裁定不予受理或者不予立案；

当事人已在线提交符合要求的起诉状等材料的，人民法院不得要求当事人再提供纸质件。

上诉、申请再审、特别程序、执行等案件的在线受理规则，参照本条第一款、第二款规定办理。

第十条　案件适用在线诉讼的，人民法院应当通知被告、被上诉人或者其他诉讼参与人，询问其是否同意以在线方式参与诉讼。被通知人同意采用在线方式的，应当在收到通知的三日内通过诉讼平台验证身份、关联案件，并在后续诉讼活动中通过诉讼平台了解案件信息、接收和提交诉讼材料，以及实施其他诉讼行为。

被通知人未明确表示同意采用在线方式，且未在人民法院指定期限内注册登录诉讼平台的，针对被通知人的相关诉讼活动在线下进行。

第十一条　当事人可以在诉讼平台直接填写录入起诉状、答辩状、反诉状、代理意见等诉讼文书材料。

当事人可以通过扫描、翻拍、转录等方式，将线下的诉讼文书材料或者证据材料作电子化处理后上传至诉讼平台。诉讼材料为电子数据，且诉讼平台与存储该电子数据的平台已实现对接的，当事人可以将电子数据直接提交至诉讼平台。

当事人提交电子化材料确有困难的，人民法院可以辅助当事人将线下材料作电子化处理后导入诉讼平台。

第十二条　当事人提交的电子化材料，经人民法院审核通过后，可以直接在诉讼中使用。诉讼中存在下列情形之一的，人民法院应当要求当事人提供原件、原物：

（一）对方当事人认为电子化材料与原件、原物不一致，并提出合理理由和依据的；

（二）电子化材料呈现不完整、内容不清晰、格式不规范的；

（三）人民法院卷宗、档案管理相关规定要求提供原件、原物的；

（四）人民法院认为有必要提交原件、原物的。

第十三条　当事人提交的电子化材料，符合下列情形之一的，人民法院可以认定符合原件、原物形式要求：

（一）对方当事人对电子化材料与原件、原物的一致性未提出异议的；

（二）电子化材料形成过程已经过公证机构公证的；

（三）电子化材料已在之前诉讼中提交并经人民法院确认的；

（四）电子化材料已通过在线或者线下方式与原件、原物比对一致的；

（五）有其他证据证明电子化材料与原件、原物一致的。

第十四条 人民法院根据当事人选择和案件情况，可以组织当事人开展在线证据交换，通过同步或者非同步方式在线举证、质证。

各方当事人选择同步在线交换证据的，应当在人民法院指定的时间登录诉讼平台，通过在线视频或者其他方式，对已经导入诉讼平台的证据材料或者线下送达的证据材料副本，集中发表质证意见。

各方当事人选择非同步在线交换证据的，应当在人民法院确定的合理期限内，分别登录诉讼平台，查看已经导入诉讼平台的证据材料，并发表质证意见。

各方当事人均同意在线证据交换，但对具体方式无法达成一致意见的，适用同步在线证据交换。

第十五条 当事人作为证据提交的电子化材料和电子数据，人民法院应当按照法律和司法解释的相关规定，经当事人举证质证后，依法认定其真实性、合法性和关联性。未经人民法院查证属实的证据，不得作为认定案件事实的根据。

第十六条 当事人作为证据提交的电子数据系通过区块链技术存储，并经技术核验一致的，人民法院可以认定该电子数据上链后未经篡改，但有相反证据足以推翻的除外。

第十七条 当事人对区块链技术存储的电子数据上链后的真实性提出异议，并有合理理由的，人民法院应当结合下列因素作出判断：

（一）存证平台是否符合国家有关部门关于提供区块链存证服务的相关规定；

（二）当事人与存证平台是否存在利害关系，并利用技术手段不当干预取证、存证过程；

（三）存证平台的信息系统是否符合清洁性、安全性、可靠性、可用性的国家标准或者行业标准；

（四）存证技术和过程是否符合相关国家标准或者行业标准中关于系统环境、技术安全、加密方式、数据传输、信息验证等方面的要求。

第十八条　当事人提出电子数据上链存储前已不具备真实性，并提供证据证明或者说明理由的，人民法院应当予以审查。

人民法院根据案件情况，可以要求提交区块链技术存储电子数据的一方当事人，提供证据证明上链存储前数据的真实性，并结合上链存储前数据的具体来源、生成机制、存储过程、公证机构公证、第三方见证、关联印证数据等情况作出综合判断。当事人不能提供证据证明或者作出合理说明，该电子数据也无法与其他证据相互印证的，人民法院不予确认其真实性。

第十九条　当事人可以申请具有专门知识的人就区块链技术存储电子数据相关技术问题提出意见。人民法院可以根据当事人申请或者依职权，委托鉴定区块链技术存储电子数据的真实性，或者调取其他相关证据进行核对。

第二十条　经各方当事人同意，人民法院可以指定当事人在一定期限内，分别登录诉讼平台，以非同步的方式开展调解、证据交换、调查询问、庭审等诉讼活动。

适用小额诉讼程序或者民事、行政简易程序审理的案件，同时符合下列情形的，人民法院和当事人可以在指定期限内，按照庭审程序环节分别录制参与庭审视频并上传至诉讼平台，非同步完成庭审活动：

（一）各方当事人同时在线参与庭审确有困难；

（二）一方当事人提出书面申请，各方当事人均表示同意；

（三）案件经过在线证据交换或者调查询问，各方当事人对案件主要事实和证据不存在争议。

第二十一条　人民法院开庭审理的案件，应当根据当事人意愿、案件情况、社会影响、技术条件等因素，决定是否采取视频方式在线庭审，但具有下列情形之一的，不得适用在线庭审：

（一）各方当事人均明确表示不同意，或者一方当事人表示不同意且有正当理由的；

（二）各方当事人均不具备参与在线庭审的技术条件和能力的；

（三）需要通过庭审现场查明身份、核对原件、查验实物的；

（四）案件疑难复杂、证据繁多，适用在线庭审不利于查明事实和适用法律的；

（五）案件涉及国家安全、国家秘密的；

（六）案件具有重大社会影响，受到广泛关注的；

（七）人民法院认为存在其他不宜适用在线庭审情形的。

采取在线庭审方式审理的案件，审理过程中发现存在上述情形之一的，人民法院应当及时转为线下庭审。已完成的在线庭审活动具有法律效力。

在线询问的适用范围和条件参照在线庭审的相关规则。

第二十二条　适用在线庭审的案件，应当按照法律和司法解释的相关规定开展庭前准备、法庭调查、法庭辩论等庭审活动，保障当事人申请回避、举证、质证、陈述、辩论等诉讼权利。

第二十三条　需要公告送达的案件，人民法院可以在公告中明确线上或者线下参与庭审的具体方式，告知当事人选择在线庭审的权利。被公告方当事人未在开庭前向人民法院表示同意在线庭审的，被公告方当事人适用线下庭审。其他同意适用在线庭审的当事人，可以在线参与庭审。

第二十四条　在线开展庭审活动，人民法院应当设置环境要素齐全的在线法庭。在线法庭应当保持国徽在显著位置，审判人员及席位名称等在视频画面合理区域。因存在特殊情形，确需在在线法庭之外的其他场所组织在线庭审的，应当报请本院院长同意。

出庭人员参加在线庭审，应当选择安静、无干扰、光线适宜、网络信号良好、相对封闭的场所，不得在可能影响庭审音频视频效果或者有损庭审严肃性的场所参加庭审。必要时，人民法院可以要求出庭人员到指定场所参加在线庭审。

第二十五条　出庭人员参加在线庭审应当尊重司法礼仪，遵守法庭纪律。人民法院根据在线庭审的特点，适用《中华人民共和国人民法院法庭规则》相关规定。

除确属网络故障、设备损坏、电力中断或者不可抗力等原因外，当事人无正当理由不参加在线庭审，视为"拒不到庭"；在庭审中擅自退出，经提示、警告后仍不改正的，视为"中途退庭"，分别按照相关法律和司法解释的规定处理。

第二十六条　证人通过在线方式出庭的，人民法院应当通过指定在线出庭场所、设置在线作证室等方式，保证其不旁听案件审理和不受他人干扰。当事人对证人在线出庭提出异议且有合理理由的，或者人民法院认为确有必要的，应当要求证人线下出庭作证。

鉴定人、勘验人、具有专门知识的人在线出庭的，参照前款规定执行。

第二十七条　适用在线庭审的案件，应当按照法律和司法解释的相关规定公开庭审活动。

对涉及国家安全、国家秘密、个人隐私的案件，庭审过程不得在互联网上公开。对涉及未成年人、商业秘密、离婚等民事案件，当事人申请不公开审理的，在线庭审过程可以不在互联网上公开。

未经人民法院同意，任何人不得违法违规录制、截取、传播涉及在线庭审过程的音频视频、图文资料。

第二十八条　在线诉讼参与人故意违反本规则第八条、第二十四条、第二十五条、第二十六条、第二十七条的规定，实施妨害在线诉讼秩序行为的，人民法院可以根据法律和司法解释关于妨害诉讼的相关规定作出处理。

第二十九条　经受送达人同意，人民法院可以通过送达平台，向受送达人的电子邮箱、即时通讯账号、诉讼平台专用账号等电子地址，按照法律和司法解释的相关规定送达诉讼文书和证据材料。

具备下列情形之一的，人民法院可以确定受送达人同意电子送达：

（一）受送达人明确表示同意的；

（二）受送达人在诉讼前对适用电子送达已作出约定或者承诺的；

（三）受送达人在提交的起诉状、上诉状、申请书、答辩状中主动提供用于接收送达的电子地址的；

（四）受送达人通过回复收悉、参加诉讼等方式接受已经完成的电子送达，并且未明确表示不同意电子送达的。

第三十条　人民法院可以通过电话确认、诉讼平台在线确认、线下发送电子送达确认书等方式，确认受送达人是否同意电子送达，以及受送达人接收电子送达的具体方式和地址，并告知电子送达的适用范围、效力、送达地址变更方式以及其他需告知的送达事项。

第三十一条　人民法院向受送达人主动提供或者确认的电子地址送达的，送达信息到达电子地址所在系统时，即为送达。

受送达人未提供或者未确认有效电子送达地址，人民法院向能够确认为受送达人本人的电子地址送达的，根据下列情形确定送达是否生效：

（一）受送达人回复已收悉，或者根据送达内容已作出相应诉讼行为的，即为完成有效送达；

（二）受送达人的电子地址所在系统反馈受送达人已阅知，或者有其他证据可以证明受送达人已经收悉的，推定完成有效送达，但受送达人能够证明存在系统错误、送达地址非本人使用或者非本人阅知等未收悉送达内容的情形除外。

人民法院开展电子送达，应当在系统中全程留痕，并制作电子送达凭证。电子送达凭证具有送达回证效力。

对同一内容的送达材料采取多种电子方式发送受送达人的，以最先完成的有效送达时间作为送达生效时间。

第三十二条　人民法院适用电子送达，可以同步通过短信、即时通讯工具、诉讼平台提示等方式，通知受送达人查阅、接收、下载相关送达材料。

第三十三条　适用在线诉讼的案件，各方诉讼主体可以通过在线确认、电子签章等方式，确认和签收调解协议、笔录、电子送达凭证及其他诉讼材料。

第三十四条　适用在线诉讼的案件，人民法院应当在调解、证据交换、庭审、合议等诉讼环节同步形成电子笔录。电子笔录以在线方式核对确认后，与书面笔录具有同等法律效力。

第三十五条　适用在线诉讼的案件，人民法院应当利用技术手段随案同步生成电子卷宗，形成电子档案。电子档案的立卷、归档、存储、利用等，按照档案管理相关法律法规的规定执行。

案件无纸质材料或者纸质材料已经全部转化为电子材料的，第一审人民法院可以采用电子卷宗代替纸质卷宗进行上诉移送。

适用在线诉讼的案件存在纸质卷宗材料的，应当按照档案管理相关法律法规立卷、归档和保存。

第三十六条 执行裁决案件的在线立案、电子材料提交、执行和解、询问当事人、电子送达等环节，适用本规则的相关规定办理。

人民法院可以通过财产查控系统、网络询价评估平台、网络拍卖平台、信用惩戒系统等，在线完成财产查明、查封、扣押、冻结、划扣、变价和惩戒等执行实施环节。

第三十七条 符合本规定第三条第二项规定的刑事案件，经公诉人、当事人、辩护人同意，可以根据案件情况，采取在线方式讯问被告人、开庭审理、宣判等。

案件采取在线方式审理的，按照以下情形分别处理：

（一）被告人、罪犯被羁押的，可以在看守所、监狱等羁押场所在线出庭；

（二）被告人、罪犯未被羁押的，因特殊原因确实无法到庭的，可以在人民法院指定的场所在线出庭；

（三）证人、鉴定人一般应当在线下出庭，但法律和司法解释另有规定的除外。

第三十八条 参与在线诉讼的相关主体应当遵守数据安全和个人信息保护的相关法律法规，履行数据安全和个人信息保护义务。除人民法院依法公开的以外，任何人不得违法违规披露、传播和使用在线诉讼数据信息。出现上述情形的，人民法院可以根据具体情况，依照法律和司法解释关于数据安全、个人信息保护以及妨害诉讼的规定追究相关单位和人员法律责任，构成犯罪的，依法追究刑事责任。

第三十九条 本规则自 2021 年 8 月 1 日起施行。最高人民法院之前发布的司法解释涉及在线诉讼的规定与本规则不一致的，以本规则为准。

中华人民共和国人民调解法

（2010 年 8 月 28 日第十一届全国人民代表大会常务委员会第十六次会议通过）

目　　录

第一章　总　　则

第一条　为了完善人民调解制度，规范人民调解活动，及时解决民间纠纷，维护社会和谐稳定，根据宪法，制定本法。

第二条　本法所称人民调解，是指人民调解委员会通过说服、疏导等方法，促使当事人在平等协商基础上自愿达成调解协议，解决民间纠纷的活动。

第三条　人民调解委员会调解民间纠纷，应当遵循下列原则：

（一）在当事人自愿、平等的基础上进行调解；

（二）不违背法律、法规和国家政策；

（三）尊重当事人的权利，不得因调解而阻止当事人依法通过仲裁、行政、司法等途径维护自己的权利。

第四条　人民调解委员会调解民间纠纷，不收取任何费用。

第五条　国务院司法行政部门负责指导全国的人民调解工作，县级以上地方人民政府司法行政部门负责指导本行政区域的人民调解工作。

基层人民法院对人民调解委员会调解民间纠纷进行业务指导。

第六条　国家鼓励和支持人民调解工作。县级以上地方人民政府对人民调解工作所需经费应当给予必要的支持和保障，对有突出贡献的人民调解委员会和人民调解员按照国家规定给予表彰奖励。

第二章　人民调解委员会

第七条　人民调解委员会是依法设立的调解民间纠纷的群众性组织。

第八条　村民委员会、居民委员会设立人民调解委员会。企业事业单位根据需要设立人民调解委员会。

人民调解委员会由委员三至九人组成，设主任一人，必要时，可以设副主任若干人。

人民调解委员会应当有妇女成员，多民族居住的地区应当有人数较少民族的成员。

第九条　村民委员会、居民委员会的人民调解委员会委员由村民会议或者村民代表会议、居民会议推选产生；企业事业单位设立的人民调解委员会委员由职工大会、职工代表大会或者工会组织推选产生。

人民调解委员会委员每届任期三年，可以连选连任。

第十条　县级人民政府司法行政部门应当对本行政区域内人民调解委员会的设立情况进行统计，并且将人民调解委员会以及人员组成和调整情况及时通报所在地基层人民法院。

第十一条　人民调解委员会应当建立健全各项调解工作制度，听取群众意见，接受群众监督。

第十二条　村民委员会、居民委员会和企业事业单位应当为人民调解委员会开展工作提供办公条件和必要的工作经费。

第三章　人民调解员

第十三条　人民调解员由人民调解委员会委员和人民调解委员会聘任的人员担任。

第十四条　人民调解员应当由公道正派、热心人民调解工作，并具有一定文化水平、政策水平和法律知识的成年公民担任。

县级人民政府司法行政部门应当定期对人民调解员进行业务培训。

第十五条 人民调解员在调解工作中有下列行为之一的，由其所在的人民调解委员会给予批评教育、责令改正，情节严重的，由推选或者聘任单位予以罢免或者解聘：

（一）偏袒一方当事人的；

（二）侮辱当事人的；

（三）索取、收受财物或者牟取其他不正当利益的；

（四）泄露当事人的个人隐私、商业秘密的。

第十六条 人民调解员从事调解工作，应当给予适当的误工补贴；因从事调解工作致伤致残，生活发生困难的，当地人民政府应当提供必要的医疗、生活救助；在人民调解工作岗位上牺牲的人民调解员，其配偶、子女按照国家规定享受抚恤和优待。

第四章　调解程序

第十七条 当事人可以向人民调解委员会申请调解；人民调解委员会也可以主动调解。当事人一方明确拒绝调解的，不得调解。

第十八条 基层人民法院、公安机关对适宜通过人民调解方式解决的纠纷，可以在受理前告知当事人向人民调解委员会申请调解。

第十九条 人民调解委员会根据调解纠纷的需要，可以指定一名或者数名人民调解员进行调解，也可以由当事人选择一名或者数名人民调解员进行调解。

第二十条 人民调解员根据调解纠纷的需要，在征得当事人的同意后，可以邀请当事人的亲属、邻里、同事等参与调解，也可以邀请具有专门知识、特定经验的人员或者有关社会组织的人员参与调解。

人民调解委员会支持当地公道正派、热心调解、群众认可的社会人士参与调解。

第二十一条 人民调解员调解民间纠纷，应当坚持原则，明法析理，主持公道。

调解民间纠纷，应当及时、就地进行，防止矛盾激化。

第二十二条　人民调解员根据纠纷的不同情况，可以采取多种方式调解民间纠纷，充分听取当事人的陈述，讲解有关法律、法规和国家政策，耐心疏导，在当事人平等协商、互谅互让的基础上提出纠纷解决方案，帮助当事人自愿达成调解协议。

第二十三条　当事人在人民调解活动中享有下列权利：

（一）选择或者接受人民调解员；

（二）接受调解、拒绝调解或者要求终止调解；

（三）要求调解公开进行或者不公开进行；

（四）自主表达意愿、自愿达成调解协议。

第二十四条　当事人在人民调解活动中履行下列义务：

（一）如实陈述纠纷事实；

（二）遵守调解现场秩序，尊重人民调解员；

（三）尊重对方当事人行使权利。

第二十五条　人民调解员在调解纠纷过程中，发现纠纷有可能激化的，应当采取有针对性的预防措施；对有可能引起治安案件、刑事案件的纠纷，应当及时向当地公安机关或者其他有关部门报告。

第二十六条　人民调解员调解纠纷，调解不成的，应当终止调解，并依据有关法律、法规的规定，告知当事人可以依法通过仲裁、行政、司法等途径维护自己的权利。

第二十七条　人民调解员应当记录调解情况。人民调解委员会应当建立调解工作档案，将调解登记、调解工作记录、调解协议书等材料立卷归档。

第五章　调解协议

第二十八条　经人民调解委员会调解达成调解协议的，可以制作调解协议书。当事人认为无需制作调解协议书的，可以采取口头协议方式，人民调解员应当记录协议内容。

第二十九条 调解协议书可以载明下列事项：

（一）当事人的基本情况；

（二）纠纷的主要事实、争议事项以及各方当事人的责任；

（三）当事人达成调解协议的内容，履行的方式、期限。

调解协议书自各方当事人签名、盖章或者按指印，人民调解员签名并加盖人民调解委员会印章之日起生效。调解协议书由当事人各执一份，人民调解委员会留存一份。

第三十条 口头调解协议自各方当事人达成协议之日起生效。

第三十一条 经人民调解委员会调解达成的调解协议，具有法律约束力，当事人应当按照约定履行。

人民调解委员会应当对调解协议的履行情况进行监督，督促当事人履行约定的义务。

第三十二条 经人民调解委员会调解达成调解协议后，当事人之间就调解协议的履行或者调解协议的内容发生争议的，一方当事人可以向人民法院提起诉讼。

第三十三条 经人民调解委员会调解达成调解协议后，双方当事人认为有必要的，可以自调解协议生效之日起三十日内共同向人民法院申请司法确认，人民法院应当及时对调解协议进行审查，依法确认调解协议的效力。

人民法院依法确认调解协议有效，一方当事人拒绝履行或者未全部履行的，对方当事人可以向人民法院申请强制执行。

人民法院依法确认调解协议无效的，当事人可以通过人民调解方式变更原调解协议或者达成新的调解协议，也可以向人民法院提起诉讼。

第六章 附 则

第三十四条 乡镇、街道以及社会团体或者其他组织根据需要可以参照本法有关规定设立人民调解委员会，调解民间纠纷。

第三十五条 本法自 2011 年 1 月 1 日起施行。

人民法院在线调解规则

法释〔2021〕23 号

（2021 年 12 月 27 日最高人民法院审判委员会第 1859 次会议通过，自 2022 年 1 月 1 日起施行）

为方便当事人及时解决纠纷，规范依托人民法院调解平台开展的在线调解活动，提高多元化解纠纷效能，根据《中华人民共和国民事诉讼法》《中华人民共和国行政诉讼法》《中华人民共和国刑事诉讼法》等法律的规定，结合人民法院工作实际，制定本规则。

第一条　在立案前或者诉讼过程中依托人民法院调解平台开展在线调解的，适用本规则。

第二条　在线调解包括人民法院、当事人、调解组织或者调解员通过人民法院调解平台开展的在线申请、委派委托、音视频调解、制作调解协议、申请司法确认调解协议、制作调解书等全部或者部分调解活动。

第三条　民事、行政、执行、刑事自诉以及被告人、罪犯未被羁押的刑事附带民事诉讼等法律规定可以调解或者和解的纠纷，可以开展在线调解。

行政、刑事自诉和刑事附带民事诉讼案件的在线调解，法律和司法解释另有规定的，从其规定。

第四条　人民法院采用在线调解方式应当征得当事人同意，并综合考虑案件具体情况、技术条件等因素。

第五条　人民法院审判人员、专职或者兼职调解员、特邀调解组织和特邀调解员以及人民法院邀请的其他单位或者个人，可以开展在线调解。

在线调解组织和调解员的基本情况、纠纷受理范围、擅长领域、是否收费、作出邀请的人民法院等信息应当在人民法院调解平台进行公布，方便当事人选择。

第六条　人民法院可以邀请符合条件的外国人入驻人民法院调解平台，参与调解当事人一方或者双方为外国人、无国籍人、外国企业或者组织的民商事纠纷。

符合条件的港澳地区居民可以入驻人民法院调解平台，参与调解当事人一方或者双方为香港特别行政区、澳门特别行政区居民、法人或者非法人组织以及大陆港资澳资企业的民商事纠纷。

符合条件的台湾地区居民可以入驻人民法院调解平台，参与调解当事人一方或者双方为台湾地区居民、法人或者非法人组织以及大陆台资企业的民商事纠纷。

第七条 人民法院立案人员、审判人员在立案前或者诉讼过程中，认为纠纷适宜在线调解的，可以通过口头、书面、在线等方式充分释明在线调解的优势，告知在线调解的主要形式、权利义务、法律后果和操作方法等，引导当事人优先选择在线调解方式解决纠纷。

第八条 当事人同意在线调解的，应当在人民法院调解平台填写身份信息、纠纷简要情况、有效联系电话以及接收诉讼文书电子送达地址等，并上传电子化起诉申请材料。当事人在电子诉讼平台已经提交过电子化起诉申请材料的，不再重复提交。

当事人填写或者提交电子化起诉申请材料确有困难的，人民法院可以辅助当事人将纸质材料作电子化处理后导入人民法院调解平台。

第九条 当事人在立案前申请在线调解，属于下列情形之一的，人民法院退回申请并分别予以处理：

（一）当事人申请调解的纠纷不属于人民法院受案范围，告知可以采用的其他纠纷解决方式；

（二）与当事人选择的在线调解组织或者调解员建立邀请关系的人民法院对该纠纷不具有管辖权，告知选择对纠纷有管辖权的人民法院邀请的调解组织或者调解员进行调解；

（三）当事人申请调解的纠纷不适宜在线调解，告知到人民法院诉讼服务大厅现场办理调解或者立案手续。

第十条 当事人一方在立案前同意在线调解的，由人民法院征求其意见后指定调解组织或者调解员。

当事人双方同意在线调解的，可以在案件管辖法院确认的在线调解组织和调解员中共同选择调解组织或者调解员。当事人同意由人民法院指定调解组织或者调解员，或者无法在同意在线调解后两个工作日内共同选择调解组织或者调解员的，由人民法院指定调解组织或者调解员。

人民法院应当在收到当事人在线调解申请后三个工作日内指定调解组织或者调解员。

第十一条　在线调解一般由一名调解员进行，案件重大、疑难复杂或者具有较强专业性的，可以由两名以上调解员调解，并由当事人共同选定其中一人主持调解。无法共同选定的，由人民法院指定一名调解员主持。

第十二条　调解组织或者调解员应当在收到人民法院委派委托调解信息或者当事人在线调解申请后三个工作日内，确认接受人民法院委派委托或者当事人调解申请。纠纷不符合调解组织章程规定的调解范围或者行业领域，明显超出调解员擅长领域或者具有其他不适宜接受情形的，调解组织或者调解员可以写明理由后不予接受。

调解组织或者调解员不予接受或者超过规定期限未予确认的，人民法院、当事人可以重新指定或者选定。

第十三条　主持或者参与在线调解的人员有下列情形之一，应当在接受调解前或者调解过程中进行披露：

（一）是纠纷当事人或者当事人、诉讼代理人近亲属的；

（二）与纠纷有利害关系的；

（三）与当事人、诉讼代理人有其他可能影响公正调解关系的。

当事人在调解组织或者调解员披露上述情形后或者明知其具有上述情形，仍同意调解的，由该调解组织或者调解员继续调解。

第十四条　在线调解过程中，当事人可以申请更换调解组织或者调解员；更换后，当事人仍不同意且拒绝自行选择的，视为当事人拒绝调解。

第十五条　人民法院对当事人一方立案前申请在线调解的，应当征询对方当事人的调解意愿。调解员可以在接受人民法院委派调解之日起三个工作日内协助人民法院通知对方当事人，询问是否同意调解。

对方当事人拒绝调解或者无法联系对方当事人的，调解员应当写明原因，终结在线调解程序，即时将相关材料退回人民法院，并告知当事人。

第十六条 主持在线调解的人员应当在组织调解前确认当事人参与调解的方式，并按照下列情形作出处理：

（一）各方当事人均具备使用音视频技术条件的，指定在同一时间登录人民法院调解平台；无法在同一时间登录的，征得各方当事人同意后，分别指定时间开展音视频调解；

（二）部分当事人不具备使用音视频技术条件的，在人民法院诉讼服务中心、调解组织所在地或者其他便利地点，为其参与在线调解提供场所和音视频设备。

各方当事人均不具备使用音视频技术条件或者拒绝通过音视频方式调解的，确定现场调解的时间、地点。

在线调解过程中，部分当事人提出不宜通过音视频方式调解的，调解员在征得其他当事人同意后，可以组织现场调解。

第十七条 在线调解开始前，主持调解的人员应当通过证件证照在线比对等方式核实当事人和其他参与调解人员的身份，告知虚假调解法律后果。立案前调解的，调解员还应当指导当事人填写《送达地址确认书》等相关材料。

第十八条 在线调解过程中，当事人可以通过语音、文字、视频等形式自主表达意愿，提出纠纷解决方案。除共同确认的无争议事实外，当事人为达成调解协议作出妥协而认可的事实、证据等，不得在诉讼程序中作为对其不利的依据或者证据，但法律另有规定或者当事人均同意的除外。

第十九条 调解员组织当事人就所有或者部分调解请求达成一致意见的，应当在线制作或者上传调解协议，当事人和调解员应当在调解协议上进行电子签章；由调解组织主持达成调解协议的，还应当加盖调解组织电子印章，调解组织没有电子印章的，可以将加盖印章的调解协议上传至人民法院调解平台。

调解协议自各方当事人均完成电子签章之时起发生法律效力，并通过人民法院调解平台向当事人送达。调解协议有给付内容的，当事人应当按照调解协议约定内容主动履行。

第二十条　各方当事人在立案前达成调解协议的，调解员应当记入调解笔录并按诉讼外调解结案，引导当事人自动履行。依照法律和司法解释规定可以申请司法确认调解协议的，当事人可以在线提出申请，人民法院经审查符合法律规定的，裁定调解协议有效。

各方当事人在立案后达成调解协议的，可以请求人民法院制作调解书或者申请撤诉。人民法院经审查符合法律规定的，可以制作调解书或者裁定书结案。

第二十一条　经在线调解达不成调解协议，调解组织或者调解员应当记录调解基本情况、调解不成的原因、导致其他当事人诉讼成本增加的行为以及需要向人民法院提示的其他情况。人民法院按照下列情形作出处理：

（一）当事人在立案前申请在线调解的，调解组织或者调解员可以建议通过在线立案或者其他途径解决纠纷，当事人选择在线立案的，调解组织或者调解员应当将电子化调解材料在线推送给人民法院，由人民法院在法定期限内依法登记立案；

（二）立案前委派调解的，调解不成后，人民法院应当依法登记立案；

（三）立案后委托调解的，调解不成后，人民法院应当恢复审理。

审判人员在诉讼过程中组织在线调解的，调解不成后，应当及时审判。

第二十二条　调解员在线调解过程中，同步形成电子笔录，并确认无争议事实。经当事人双方明确表示同意的，可以以调解录音录像代替电子笔录，但无争议事实应当以书面形式确认。

电子笔录以在线方式核对确认后，与书面笔录具有同等法律效力。

第二十三条　人民法院在审查司法确认申请或者出具调解书过程中，发现当事人可能采取恶意串通、伪造证据、捏造事实、虚构法律关系等手段实施虚假调解行为，侵害他人合法权益的，可以要求当事人提供相关证据。当事人不提供相关证据的，人民法院不予确认调解协议效力或者出具调解书。

经审查认为构成虚假调解的，依照《中华人民共和国民事诉讼法》等相关法律规定处理。发现涉嫌刑事犯罪的，及时将线索和材料移送有管辖权的机关。

第二十四条 立案前在线调解期限为三十日。各方当事人同意延长的，不受此限。立案后在线调解，适用普通程序的调解期限为十五日，适用简易程序的调解期限为七日，各方当事人同意延长的，不受此限。立案后延长的调解期限不计入审理期限。

委派委托调解或者当事人申请调解的调解期限，自调解组织或者调解员在人民法院调解平台确认接受委派委托或者确认接受当事人申请之日起算。审判人员主持调解的，自各方当事人同意之日起算。

第二十五条 有下列情形之一的，在线调解程序终结：

（一）当事人达成调解协议；

（二）当事人自行和解，撤回调解申请；

（三）在调解期限内无法联系到当事人；

（四）当事人一方明确表示不愿意继续调解；

（五）当事人分歧较大且难以达成调解协议；

（六）调解期限届满，未达成调解协议，且各方当事人未达成延长调解期限的合意；

（七）当事人一方拒绝在调解协议上签章；

（八）其他导致调解无法进行的情形。

第二十六条 立案前调解需要鉴定评估的，人民法院工作人员、调解组织或者调解员可以告知当事人诉前委托鉴定程序，指导通过电子诉讼平台或者现场办理等方式提交诉前委托鉴定评估申请，鉴定评估期限不计入调解期限。

诉前委托鉴定评估经人民法院审查符合法律规定的，可以作为证据使用。

第二十七条 各级人民法院负责本级在线调解组织和调解员选任确认、业务培训、资质认证、指导入驻、权限设置、业绩评价等管理工作。上级人民法院选任的在线调解组织和调解员，下级人民法院在征得其同意后可以确认为本院在线调解组织和调解员。

第二十八条 人民法院可以建立婚姻家庭、劳动争议、道路交通、金融消费、证券期货、知识产权、海事海商、国际商事和涉港澳台侨纠纷等专业行业特邀调解名册，按照不同专业邀请具备相关专业能力的组织和人员加入。

最高人民法院建立全国性特邀调解名册，邀请全国人大代表、全国政协委员、知名专家学者、具有较高知名度的调解组织以及较强调解能力的人员加入，参与调解全国法院有重大影响、疑难复杂、适宜调解的案件。

高级人民法院、中级人民法院可以建立区域性特邀调解名册，参与本辖区法院案件的调解。

第二十九条　在线调解组织和调解员在调解过程中，存在下列行为之一的，当事人可以向作出邀请的人民法院投诉：

（一）强迫调解；

（二）无正当理由多次拒绝接受人民法院委派委托或者当事人调解申请；

（三）接受当事人请托或者收受财物；

（四）泄露调解过程、调解协议内容以及调解过程中获悉的国家秘密、商业秘密、个人隐私和其他不宜公开的信息，但法律和行政法规另有规定的除外；

（五）其他违反调解职业道德应当作出处理的行为。

人民法院经核查属实的，应当视情形作出解聘等相应处理，并告知有关主管部门。

第三十条　本规则自 2022 年 1 月 1 日起施行。最高人民法院以前发布的司法解释与本规则不一致的，以本规则为准。

最高人民法院关于人民法院特邀调解的规定

法释〔2016〕14号

为健全多元化纠纷解决机制，加强诉讼与非诉讼纠纷解决方式的有效衔接，规范人民法院特邀调解工作，维护当事人合法权益，根据《中华人民共和国民事诉讼法》《中华人民共和国人民调解法》等法律及相关司法解释，结合人民法院工作实际，制定本规定。

第一条 特邀调解是指人民法院吸纳符合条件的人民调解、行政调解、商事调解、行业调解等调解组织或者个人成为特邀调解组织或者特邀调解员，接受人民法院立案前委派或者立案后委托依法进行调解，促使当事人在平等协商基础上达成调解协议、解决纠纷的一种调解活动。

第二条 特邀调解应当遵循以下原则：

（一）当事人平等自愿；

（二）尊重当事人诉讼权利；

（三）不违反法律、法规的禁止性规定；

（四）不损害国家利益、社会公共利益和他人合法权益；

（五）调解过程和调解协议内容不公开，但是法律另有规定的除外。

第三条 人民法院在特邀调解工作中，承担以下职责：

（一）对适宜调解的纠纷，指导当事人选择名册中的调解组织或者调解员先行调解；

（二）指导特邀调解组织和特邀调解员开展工作；

（三）管理特邀调解案件流程并统计相关数据；

（四）提供必要场所、办公设施等相关服务；

（五）组织特邀调解员进行业务培训；

（六）组织开展特邀调解业绩评估工作；

（七）承担其他与特邀调解有关的工作。

第四条 人民法院应当指定诉讼服务中心等部门具体负责指导特邀调解工

作，并配备熟悉调解业务的工作人员。

人民法庭根据需要开展特邀调解工作。

第五条　人民法院开展特邀调解工作应当建立特邀调解组织和特邀调解员名册。建立名册的法院应当为入册的特邀调解组织或者特邀调解员颁发证书，并对名册进行管理。上级法院建立的名册，下级法院可以使用。

第六条　依法成立的人民调解、行政调解、商事调解、行业调解及其他具有调解职能的组织，可以申请加入特邀调解组织名册。品行良好、公道正派、热心调解工作并具有一定沟通协调能力的个人可以申请加入特邀调解员名册。

人民法院可以邀请符合条件的调解组织加入特邀调解组织名册，可以邀请人大代表、政协委员、人民陪审员、专家学者、律师、仲裁员、退休法律工作者等符合条件的个人加入特邀调解员名册。

特邀调解组织应当推荐本组织中适合从事特邀调解工作的调解员加入名册，并在名册中列明；在名册中列明的调解员，视为人民法院特邀调解员。

第七条　特邀调解员在入册前和任职期间，应当接受人民法院组织的业务培训。

第八条　人民法院应当在诉讼服务中心等场所提供特邀调解组织和特邀调解员名册，并在法院公示栏、官方网站等平台公开名册信息，方便当事人查询。

第九条　人民法院可以设立家事、交通事故、医疗纠纷等专业调解委员会，并根据特定专业领域的纠纷特点，设定专业调解委员会的入册条件，规范专业领域特邀调解程序。

第十条　人民法院应当建立特邀调解组织和特邀调解员业绩档案，定期组织开展特邀调解评估工作，并及时更新名册信息。

第十一条　对适宜调解的纠纷，登记立案前，人民法院可以经当事人同意委派给特邀调解组织或者特邀调解员进行调解；登记立案后或者在审理过程中，可以委托给特邀调解组织或者特邀调解员进行调解。

当事人申请调解的，应当以口头或者书面方式向人民法院提出；当事人口头提出的，人民法院应当记入笔录。

第十二条　双方当事人应当在名册中协商确定特邀调解员；协商不成的，由特邀调解组织或者人民法院指定。当事人不同意指定的，视为不同意调解。

第十三条　特邀调解一般由一名调解员进行。对于重大、疑难、复杂或者当事人要求由两名以上调解员共同调解的案件，可以由两名以上调解员调解，并由特邀调解组织或者人民法院指定一名调解员主持。当事人有正当理由的，可以申请更换特邀调解员。

第十四条　调解一般应当在人民法院或者调解组织所在地进行，双方当事人也可以在征得人民法院同意的情况下选择其他地点进行调解。

特邀调解组织或者特邀调解员接受委派或者委托调解后，应当将调解时间、地点等相关事项及时通知双方当事人，也可以通知与纠纷有利害关系的案外人参加调解。

调解程序开始之前，特邀调解员应当告知双方当事人权利义务、调解规则、调解程序、调解协议效力、司法确认申请等事项。

第十五条　特邀调解员有下列情形之一的，当事人有权申请回避：

（一）是一方当事人或者其代理人近亲属的；

（二）与纠纷有利害关系的；

（三）与纠纷当事人、代理人有其他关系，可能影响公正调解的。

特邀调解员有上述情形的，应当自行回避；但是双方当事人同意由该调解员调解的除外。

特邀调解员的回避由特邀调解组织或者人民法院决定。

第十六条　特邀调解员不得在后续的诉讼程序中担任该案的人民陪审员、诉讼代理人、证人、鉴定人以及翻译人员等。

第十七条　特邀调解员应当根据案件具体情况采用适当的方法进行调解，可以提出解决争议的方案建议。特邀调解员为促成当事人达成调解协议，可以邀请对达成调解协议有帮助的人员参与调解。

第十八条　特邀调解员发现双方当事人存在虚假调解可能的，应当中止调解，并向人民法院或者特邀调解组织报告。

人民法院或者特邀调解组织接到报告后，应当及时审查，并依据相关规定作出处理。

第十九条　委派调解达成调解协议，特邀调解员应当将调解协议送达双方当事人，并提交人民法院备案。

委派调解达成的调解协议，当事人可以依照民事诉讼法、人民调解法等法律申请司法确认。当事人申请司法确认的，由调解组织所在地或者委派调解的基层人民法院管辖。

第二十条　委托调解达成调解协议，特邀调解员应当向人民法院提交调解协议，由人民法院审查并制作调解书结案。达成调解协议后，当事人申请撤诉的，人民法院应当依法作出裁定。

第二十一条　委派调解未达成调解协议的，特邀调解员应当将当事人的起诉状等材料移送人民法院；当事人坚持诉讼的，人民法院应当依法登记立案。

委托调解未达成调解协议的，转入审判程序审理。

第二十二条　在调解过程中，当事人为达成调解协议作出妥协而认可的事实，不得在诉讼程序中作为对其不利的根据，但是当事人均同意的除外。

第二十三条　经特邀调解组织或者特邀调解员调解达成调解协议的，可以制作调解协议书。当事人认为无需制作调解协议书的，可以采取口头协议方式，特邀调解员应当记录协议内容。

第二十四条　调解协议书应当记载以下内容：

（一）当事人的基本情况；

（二）纠纷的主要事实、争议事项；

（三）调解结果。

双方当事人和特邀调解员应当在调解协议书或者调解笔录上签名、盖章或者捺印；由特邀调解组织主持达成调解协议的，还应当加盖调解组织印章。

委派调解达成调解协议，自双方当事人签名、盖章或者捺印后生效。委托调解达成调解协议，根据相关法律规定确定生效时间。

第二十五条　委派调解达成调解协议后，当事人就调解协议的履行或者调解协议的内容发生争议的，可以向人民法院提起诉讼，人民法院应当受理。一方当事人以原纠纷向人民法院起诉，对方当事人以调解协议提出抗辩的，应当提供调解协议书。

经司法确认的调解协议，一方当事人拒绝履行或者未全部履行的，对方当事人可以向人民法院申请执行。

第二十六条 有下列情形之一的，特邀调解员应当终止调解：

（一）当事人达成调解协议的；

（二）一方当事人撤回调解请求或者明确表示不接受调解的；

（三）特邀调解员认为双方分歧较大且难以达成调解协议的；

（四）其他导致调解难以进行的情形。

特邀调解员终止调解的，应当向委派、委托的人民法院书面报告，并移送相关材料。

第二十七条 人民法院委派调解的案件，调解期限为 30 日。但是双方当事人同意延长调解期限的，不受此限。

人民法院委托调解的案件，适用普通程序的调解期限为 15 日，适用简易程序的调解期限为 7 日。但是双方当事人同意延长调解期限的，不受此限。延长的调解期限不计入审理期限。

委派调解和委托调解的期限自特邀调解组织或者特邀调解员签字接收法院移交材料之日起计算。

第二十八条 特邀调解员不得有下列行为：

（一）强迫调解；

（二）违法调解；

（三）接受当事人请托或收受财物；

（四）泄露调解过程或调解协议内容；

（五）其他违反调解员职业道德的行为。

当事人发现存在上述情形的，可以向人民法院投诉。经审查属实的，人民法院应当予以纠正并作出警告、通报、除名等相应处理。

第二十九条　人民法院应当根据实际情况向特邀调解员发放误工、交通等补贴，对表现突出的特邀调解组织和特邀调解员给予物质或者荣誉奖励。补贴经费应当纳入人民法院专项预算。

人民法院可以根据有关规定向有关部门申请特邀调解专项经费。

第三十条　本规定自 2016 年 7 月 1 日起施行。

最高人民法院关于人民法院民事调解工作若干问题的规定

（2004 年 8 月 18 日最高人民法院审判委员会第 1321 次会议通过，根据 2008 年 12 月 16 日公布的《最高人民法院关于调整司法解释等文件中引用〈中华人民共和国民事诉讼法〉条文序号的决定》第一次修正，根据 2020 年 12 月 23 日最高人民法院审判委员会第 1823 次会议通过的《最高人民法院关于修改〈最高人民法院关于人民法院民事调解工作若干问题的规定〉等十九件民事诉讼类司法解释的决定》第二次修正）

为了保证人民法院正确调解民事案件，及时解决纠纷，保障和方便当事人依法行使诉讼权利，节约司法资源，根据《中华人民共和国民事诉讼法》等法律的规定，结合人民法院调解工作的经验和实际情况，制定本规定。

第一条 根据民事诉讼法第九十五条的规定，人民法院可以邀请与当事人有特定关系或者与案件有一定联系的企业事业单位、社会团体或者其他组织，和具有专门知识、特定社会经验、与当事人有特定关系并有利于促成调解的个人协助调解工作。

经各方当事人同意，人民法院可以委托前款规定的单位或者个人对案件进行调解，达成调解协议后，人民法院应当依法予以确认。

第二条 当事人在诉讼过程中自行达成和解协议的，人民法院可以根据当事人的申请依法确认和解协议制作调解书。双方当事人申请庭外和解的期间，不计入审限。

当事人在和解过程中申请人民法院对和解活动进行协调的，人民法院可以委派审判辅助人员或者邀请、委托有关单位和个人从事协调活动。

第三条 人民法院应当在调解前告知当事人主持调解人员和书记员姓名以及是否申请回避等有关诉讼权利和诉讼义务。

第四条 在答辩期满前人民法院对案件进行调解，适用普通程序的案件在当事人同意调解之日起 15 天内，适用简易程序的案件在当事人同意调解之日起 7 天内未达成调解协议的，经各方当事人同意，可以继续调解。延长的调解期间不计入审限。

第五条　当事人申请不公开进行调解的，人民法院应当准许。

调解时当事人各方应当同时在场，根据需要也可以对当事人分别作调解工作。

第六条　当事人可以自行提出调解方案，主持调解的人员也可以提出调解方案供当事人协商时参考。

第七条　调解协议内容超出诉讼请求的，人民法院可以准许。

第八条　人民法院对于调解协议约定一方不履行协议应当承担民事责任的，应予准许。

调解协议约定一方不履行协议，另一方可以请求人民法院对案件作出裁判的条款，人民法院不予准许。

第九条　调解协议约定一方提供担保或者案外人同意为当事人提供担保的，人民法院应当准许。

案外人提供担保的，人民法院制作调解书应当列明担保人，并将调解书送交担保人。担保人不签收调解书的，不影响调解书生效。

当事人或者案外人提供的担保符合民法典规定的条件时生效。

第十条　调解协议具有下列情形之一的，人民法院不予确认：

（一）侵害国家利益、社会公共利益的；

（二）侵害案外人利益的；

（三）违背当事人真实意思的；

（四）违反法律、行政法规禁止性规定的。

第十一条　当事人不能对诉讼费用如何承担达成协议的，不影响调解协议的效力。人民法院可以直接决定当事人承担诉讼费用的比例，并将决定记入调解书。

第十二条　对调解书的内容既不享有权利又不承担义务的当事人不签收调解书的，不影响调解书的效力。

第十三条　当事人以民事调解书与调解协议的原意不一致为由提出异议，

人民法院审查后认为异议成立的，应当根据调解协议裁定补正民事调解书的相关内容。

第十四条　当事人就部分诉讼请求达成调解协议的，人民法院可以就此先行确认并制作调解书。

当事人就主要诉讼请求达成调解协议，请求人民法院对未达成协议的诉讼请求提出处理意见并表示接受该处理结果的，人民法院的处理意见是调解协议的一部分内容，制作调解书的记入调解书。

第十五条　调解书确定的担保条款条件或者承担民事责任的条件成就时，当事人申请执行的，人民法院应当依法执行。

不履行调解协议的当事人按照前款规定承担了调解书确定的民事责任后，对方当事人又要求其承担民事诉讼法第二百五十三条规定的迟延履行责任的，人民法院不予支持。

第十六条　调解书约定给付特定标的物的，调解协议达成前该物上已经存在的第三人的物权和优先权不受影响。第三人在执行过程中对执行标的物提出异议的，应当按照民事诉讼法第二百二十七条规定处理。

第十七条　人民法院对刑事附带民事诉讼案件进行调解，依照本规定执行。

第十八条　本规定实施前人民法院已经受理的案件，在本规定施行后尚未审结的，依照本规定执行。

第十九条　本规定实施前最高人民法院的有关司法解释与本规定不一致的，适用本规定。

第二十条　本规定自 2004 年 11 月 1 日起实施。

最高人民法院关于人民调解协议司法确认程序的若干规定

法释〔2011〕5 号

(2011 年 3 月 21 日最高人民法院审判委员会第 1515 次会议通过 2011 年 3 月 23 日最高人民法院公告公布 自 2011 年 3 月 30 日起施行)

为了规范经人民调解委员会调解达成的民事调解协议的司法确认程序，进一步建立健全诉讼与非诉讼相衔接的矛盾纠纷解决机制，依照《中华人民共和国民事诉讼法》和《中华人民共和国人民调解法》的规定，结合审判实际，制定本规定。

第一条 当事人根据《中华人民共和国人民调解法》第三十三条的规定共同向人民法院申请确认调解协议的，人民法院应当依法受理。

第二条 当事人申请确认调解协议的，由主持调解的人民调解委员会所在地基层人民法院或者它派出的法庭管辖。

人民法院在立案前委派人民调解委员会调解并达成调解协议，当事人申请司法确认的，由委派的人民法院管辖。

第三条 当事人申请确认调解协议，应当向人民法院提交司法确认申请书、调解协议和身份证明、资格证明，以及与调解协议相关的财产权利证明等证明材料，并提供双方当事人的送达地址、电话号码等联系方式。委托他人代为申请的，必须向人民法院提交由委托人签名或者盖章的授权委托书。

第四条 人民法院收到当事人司法确认申请，应当在三日内决定是否受理。人民法院决定受理的，应当编立"调确字"案号，并及时向当事人送达受理通知书。双方当事人同时到法院申请司法确认的，人民法院可以当即受理并作出是否确认的决定。

有下列情形之一的，人民法院不予受理：

（一）不属于人民法院受理民事案件的范围或者不属于接受申请的人民法院管辖的；

（二）确认身份关系的；

（三）确认收养关系的；

（四）确认婚姻关系的。

第五条 人民法院应当自受理司法确认申请之日起十五日内作出是否确认的决定。因特殊情况需要延长的，经本院院长批准，可以延长十日。

在人民法院作出是否确认的决定前，一方或者双方当事人撤回司法确认申请的，人民法院应当准许。

第六条 人民法院受理司法确认申请后，应当指定一名审判人员对调解协议进行审查。人民法院在必要时可以通知双方当事人同时到场，当面询问当事人。当事人应当向人民法院如实陈述申请确认的调解协议的有关情况，保证提交的证明材料真实、合法。人民法院在审查中，认为当事人的陈述或者提供的证明材料不充分、不完备或者有疑义的，可以要求当事人补充陈述或者补充证明材料。当事人无正当理由未按时补充或者拒不接受询问的，可以按撤回司法确认申请处理。

第七条 具有下列情形之一的，人民法院不予确认调解协议效力：

（一）违反法律、行政法规强制性规定的；

（二）侵害国家利益、社会公共利益的；

（三）侵害案外人合法权益的；

（四）损害社会公序良俗的；

（五）内容不明确，无法确认的；

（六）其他不能进行司法确认的情形。

第八条 人民法院经审查认为调解协议符合确认条件的，应当作出确认决定书；决定不予确认调解协议效力的，应当作出不予确认决定书。

第九条 人民法院依法作出确认决定后，一方当事人拒绝履行或者未全部履行的，对方当事人可以向作出确认决定的人民法院申请强制执行。

第十条 案外人认为经人民法院确认的调解协议侵害其合法权益的，可以自知道或者应当知道权益被侵害之日起一年内，向作出确认决定的人民法院申请撤销确认决定。

第十一条　人民法院办理人民调解协议司法确认案件，不收取费用。

第十二条　人民法院可以将调解协议不予确认的情况定期或者不定期通报同级司法行政机关和相关人民调解委员会。

第十三条　经人民法院建立的调解员名册中的调解员调解达成协议后，当事人申请司法确认的，参照本规定办理。人民法院立案后委托他人调解达成的协议的司法确认，按照《最高人民法院关于人民法院民事调解工作若干问题的规定》（法释〔2004〕12 号）的有关规定办理。

中华人民共和国仲裁法

(1994 年 8 月 31 日第八届全国人民代表大会常务委员会第九次会议通过
根据 2009 年 8 月 27 日第十一届全国人民代表大会常务委员会第十次会议
《关于修改部分法律的决定》第一次修正 根据 2017 年 9 月 1 日第十二届全国
人民代表大会常务委员会第二十九次会议《关于修改〈中华人民共和国法官
法〉等八部法律的决定》第二次修正)

目　　录

第一章　总　　则

第一条　为保证公正、及时地仲裁经济纠纷，保护当事人的合法权益，保障社会主义市场经济健康发展，制定本法。

第二条　平等主体的公民、法人和其他组织之间发生的合同纠纷和其他财产权益纠纷，可以仲裁。

第三条　下列纠纷不能仲裁：

（一）婚姻、收养、监护、扶养、继承纠纷；

（二）依法应当由行政机关处理的行政争议。

第四条　当事人采用仲裁方式解决纠纷，应当双方自愿，达成仲裁协议。没有仲裁协议，一方申请仲裁的，仲裁委员会不予受理。

第五条　当事人达成仲裁协议，一方向人民法院起诉的，人民法院不予受理，但仲裁协议无效的除外。

第六条　仲裁委员会应当由当事人协议选定。

仲裁不实行级别管辖和地域管辖。

第七条　仲裁应当根据事实，符合法律规定，公平合理地解决纠纷。

第八条　仲裁依法独立进行，不受行政机关、社会团体和个人的干涉。

第九条　仲裁实行一裁终局的制度。裁决作出后，当事人就同一纠纷再申请仲裁或者向人民法院起诉的，仲裁委员会或者人民法院不予受理。

裁决被人民法院依法裁定撤销或者不予执行的，当事人就该纠纷可以根据双方重新达成的仲裁协议申请仲裁，也可以向人民法院起诉。

第二章　仲裁委员会和仲裁协会

第十条　仲裁委员会可以在直辖市和省、自治区人民政府所在地的市设立，也可以根据需要在其他设区的市设立，不按行政区划层层设立。

仲裁委员会由前款规定的市的人民政府组织有关部门和商会统一组建。

设立仲裁委员会，应当经省、自治区、直辖市的司法行政部门登记。

第十一条　仲裁委员会应当具备下列条件：

（一）有自己的名称、住所和章程；

（二）有必要的财产；

（三）有该委员会的组成人员；

（四）有聘任的仲裁员。

仲裁委员会的章程应当依照本法制定。

第十二条　仲裁委员会由主任一人、副主任二至四人和委员七至十一人组成。

仲裁委员会的主任、副主任和委员由法律、经济贸易专家和有实际工作经验的人员担任。仲裁委员会的组成人员中，法律、经济贸易专家不得少于三分之二。

第十三条 仲裁委员会应当从公道正派的人员中聘任仲裁员。

仲裁员应当符合下列条件之一：

（一）通过国家统一法律职业资格考试取得法律职业资格，从事仲裁工作满八年的；

（二）从事律师工作满八年的；

（三）曾任法官满八年的；

（四）从事法律研究、教学工作并具有高级职称的；

（五）具有法律知识、从事经济贸易等专业工作并具有高级职称或者具有同等专业水平的。

仲裁委员会按照不同专业设仲裁员名册。

第十四条 仲裁委员会独立于行政机关，与行政机关没有隶属关系。仲裁委员会之间也没有隶属关系。

第十五条 中国仲裁协会是社会团体法人。仲裁委员会是中国仲裁协会的会员。中国仲裁协会的章程由全国会员大会制定。

中国仲裁协会是仲裁委员会的自律性组织，根据章程对仲裁委员会及其组成人员、仲裁员的违纪行为进行监督。

中国仲裁协会依照本法和民事诉讼法的有关规定制定仲裁规则。

第三章　仲裁协议

第十六条 仲裁协议包括合同中订立的仲裁条款和以其他书面方式在纠纷发生前或者纠纷发生后达成的请求仲裁的协议。

仲裁协议应当具有下列内容：

（一）请求仲裁的意思表示；

（二）仲裁事项；

（三）选定的仲裁委员会。

第十七条 有下列情形之一的，仲裁协议无效：

（一）约定的仲裁事项超出法律规定的仲裁范围的；

（二）无民事行为能力人或者限制民事行为能力人订立的仲裁协议；

（三）一方采取胁迫手段，迫使对方订立仲裁协议的。

第十八条 仲裁协议对仲裁事项或者仲裁委员会没有约定或者约定不明确的，当事人可以补充协议；达不成补充协议的，仲裁协议无效。

第十九条 仲裁协议独立存在，合同的变更、解除、终止或者无效，不影响仲裁协议的效力。

仲裁庭有权确认合同的效力。

第二十条 当事人对仲裁协议的效力有异议的，可以请求仲裁委员会作出决定或者请求人民法院作出裁定。一方请求仲裁委员会作出决定，另一方请求人民法院作出裁定的，由人民法院裁定。

当事人对仲裁协议的效力有异议，应当在仲裁庭首次开庭前提出。

第四章　仲裁程序

第一节　申请和受理

第二十一条 当事人申请仲裁应当符合下列条件：

（一）有仲裁协议；

（二）有具体的仲裁请求和事实、理由；

（三）属于仲裁委员会的受理范围。

第二十二条 当事人申请仲裁，应当向仲裁委员会递交仲裁协议、仲裁申请书及副本。

第二十三条 仲裁申请书应当载明下列事项：

（一）当事人的姓名、性别、年龄、职业、工作单位和住所，法人或者其他组织的名称、住所和法定代表人或者主要负责人的姓名、职务；

（二）仲裁请求和所根据的事实、理由；

（三）证据和证据来源、证人姓名和住所。

第二十四条 仲裁委员会收到仲裁申请书之日起五日内，认为符合受理条件的，应当受理，并通知当事人；认为不符合受理条件的，应当书面通知当事人不予受理，并说明理由。

第二十五条 仲裁委员会受理仲裁申请后，应当在仲裁规则规定的期限内将仲裁规则和仲裁员名册送达申请人，并将仲裁申请书副本和仲裁规则、仲裁员名册送达被申请人。

被申请人收到仲裁申请书副本后，应当在仲裁规则规定的期限内向仲裁委员会提交答辩书。仲裁委员会收到答辩书后，应当在仲裁规则规定的期限内将答辩书副本送达申请人。被申请人未提交答辩书的，不影响仲裁程序的进行。

第二十六条 当事人达成仲裁协议，一方向人民法院起诉未声明有仲裁协议，人民法院受理后，另一方在首次开庭前提交仲裁协议的，人民法院应当驳回起诉，但仲裁协议无效的除外；另一方在首次开庭前未对人民法院受理该案提出异议的，视为放弃仲裁协议，人民法院应当继续审理。

第二十七条 申请人可以放弃或者变更仲裁请求。被申请人可以承认或者反驳仲裁请求，有权提出反请求。

第二十八条 一方当事人因另一方当事人的行为或者其他原因，可能使裁决不能执行或者难以执行的，可以申请财产保全。

当事人申请财产保全的，仲裁委员会应当将当事人的申请依照民事诉讼法的有关规定提交人民法院。

申请有错误的，申请人应当赔偿被申请人因财产保全所遭受的损失。

第二十九条 当事人、法定代理人可以委托律师和其他代理人进行仲裁活动。委托律师和其他代理人进行仲裁活动的，应当向仲裁委员会提交授权委托书。

第二节 仲裁庭的组成

第三十条 仲裁庭可以由三名仲裁员或者一名仲裁员组成。由三名仲裁员组成的，设首席仲裁员。

第三十一条 当事人约定由三名仲裁员组成仲裁庭的，应当各自选定或者各自委托仲裁委员会主任指定一名仲裁员，第三名仲裁员由当事人共同选定或者共同委托仲裁委员会主任指定。第三名仲裁员是首席仲裁员。

当事人约定由一名仲裁员成立仲裁庭的，应当由当事人共同选定或者共同委托仲裁委员会主任指定仲裁员。

第三十二条　当事人没有在仲裁规则规定的期限内约定仲裁庭的组成方式或者选定仲裁员的，由仲裁委员会主任指定。

第三十三条　仲裁庭组成后，仲裁委员会应当将仲裁庭的组成情况书面通知当事人。

第三十四条　仲裁员有下列情形之一的，必须回避，当事人也有权提出回避申请：

（一）是本案当事人或者当事人、代理人的近亲属；

（二）与本案有利害关系；

（三）与本案当事人、代理人有其他关系，可能影响公正仲裁的；

（四）私自会见当事人、代理人，或者接受当事人、代理人的请客送礼的。

第三十五条　当事人提出回避申请，应当说明理由，在首次开庭前提出。回避事由在首次开庭后知道的，可以在最后一次开庭终结前提出。

第三十六条　仲裁员是否回避，由仲裁委员会主任决定；仲裁委员会主任担任仲裁员时，由仲裁委员会集体决定。

第三十七条　仲裁员因回避或者其他原因不能履行职责的，应当依照本法规定重新选定或者指定仲裁员。

因回避而重新选定或者指定仲裁员后，当事人可以请求已进行的仲裁程序重新进行，是否准许，由仲裁庭决定；仲裁庭也可以自行决定已进行的仲裁程序是否重新进行。

第三十八条　仲裁员有本法第三十四条第四项规定的情形，情节严重的，或者有本法第五十八条第六项规定的情形的，应当依法承担法律责任，仲裁委员会应当将其除名。

第三节　开庭和裁决

第三十九条　仲裁应当开庭进行。当事人协议不开庭的，仲裁庭可以根据仲裁申请书、答辩书以及其他材料作出裁决。

第四十条 仲裁不公开进行。当事人协议公开的，可以公开进行，但涉及国家秘密的除外。

第四十一条 仲裁委员会应当在仲裁规则规定的期限内将开庭日期通知双方当事人。当事人有正当理由的，可以在仲裁规则规定的期限内请求延期开庭。是否延期，由仲裁庭决定。

第四十二条 申请人经书面通知，无正当理由不到庭或者未经仲裁庭许可中途退庭的，可以视为撤回仲裁申请。

被申请人经书面通知，无正当理由不到庭或者未经仲裁庭许可中途退庭的，可以缺席裁决。

第四十三条 当事人应当对自己的主张提供证据。

仲裁庭认为有必要收集的证据，可以自行收集。

第四十四条 仲裁庭对专门性问题认为需要鉴定的，可以交由当事人约定的鉴定部门鉴定，也可以由仲裁庭指定的鉴定部门鉴定。

根据当事人的请求或者仲裁庭的要求，鉴定部门应当派鉴定人参加开庭。当事人经仲裁庭许可，可以向鉴定人提问。

第四十五条 证据应当在开庭时出示，当事人可以质证。

第四十六条 在证据可能灭失或者以后难以取得的情况下，当事人可以申请证据保全。当事人申请证据保全的，仲裁委员会应当将当事人的申请提交证据所在地的基层人民法院。

第四十七条 当事人在仲裁过程中有权进行辩论。辩论终结时，首席仲裁员或者独任仲裁员应当征询当事人的最后意见。

第四十八条 仲裁庭应当将开庭情况记入笔录。当事人和其他仲裁参与人认为对自己陈述的记录有遗漏或者差错的，有权申请补正。如果不予补正，应当记录该申请。

笔录由仲裁员、记录人员、当事人和其他仲裁参与人签名或者盖章。

第四十九条 当事人申请仲裁后，可以自行和解。达成和解协议的，可以请求仲裁庭根据和解协议作出裁决书，也可以撤回仲裁申请。

第五十条　当事人达成和解协议，撤回仲裁申请后反悔的，可以根据仲裁协议申请仲裁。

第五十一条　仲裁庭在作出裁决前，可以先行调解。当事人自愿调解的，仲裁庭应当调解。调解不成的，应当及时作出裁决。

调解达成协议的，仲裁庭应当制作调解书或者根据协议的结果制作裁决书。调解书与裁决书具有同等法律效力。

第五十二条　调解书应当写明仲裁请求和当事人协议的结果。调解书由仲裁员签名，加盖仲裁委员会印章，送达双方当事人。

调解书经双方当事人签收后，即发生法律效力。

在调解书签收前当事人反悔的，仲裁庭应当及时作出裁决。

第五十三条　裁决应当按照多数仲裁员的意见作出，少数仲裁员的不同意见可以记入笔录。仲裁庭不能形成多数意见时，裁决应当按照首席仲裁员的意见作出。

第五十四条　裁决书应当写明仲裁请求、争议事实、裁决理由、裁决结果、仲裁费用的负担和裁决日期。当事人协议不愿写明争议事实和裁决理由的，可以不写。裁决书由仲裁员签名，加盖仲裁委员会印章。对裁决持不同意见的仲裁员，可以签名，也可以不签名。

第五十五条　仲裁庭仲裁纠纷时，其中一部分事实已经清楚，可以就该部分先行裁决。

第五十六条　对裁决书中的文字、计算错误或者仲裁庭已经裁决但在裁决书中遗漏的事项，仲裁庭应当补正；当事人自收到裁决书之日起三十日内，可以请求仲裁庭补正。

第五十七条　裁决书自作出之日起发生法律效力。

第五章　申请撤销裁决

第五十八条　当事人提出证据证明裁决有下列情形之一的，可以向仲裁委员会所在地的中级人民法院申请撤销裁决：

（一）没有仲裁协议的；

（二）裁决的事项不属于仲裁协议的范围或者仲裁委员会无权仲裁的；

（三）仲裁庭的组成或者仲裁的程序违反法定程序的；

（四）裁决所根据的证据是伪造的；

（五）对方当事人隐瞒了足以影响公正裁决的证据的；

（六）仲裁员在仲裁该案时有索贿受贿，徇私舞弊，枉法裁决行为的。

人民法院经组成合议庭审查核实裁决有前款规定情形之一的，应当裁定撤销。

人民法院认定该裁决违背社会公共利益的，应当裁定撤销。

第五十九条 当事人申请撤销裁决的，应当自收到裁决书之日起六个月内提出。

第六十条 人民法院应当在受理撤销裁决申请之日起两个月内作出撤销裁决或者驳回申请的裁定。

第六十一条 人民法院受理撤销裁决的申请后，认为可以由仲裁庭重新仲裁的，通知仲裁庭在一定期限内重新仲裁，并裁定中止撤销程序。仲裁庭拒绝重新仲裁的，人民法院应当裁定恢复撤销程序。

第六章 执 行

第六十二条 当事人应当履行裁决。一方当事人不履行的，另一方当事人可以依照民事诉讼法的有关规定向人民法院申请执行。受申请的人民法院应当执行。

第六十三条 被申请人提出证据证明裁决有民事诉讼法第二百一十三条第二款规定的情形之一的，经人民法院组成合议庭审查核实，裁定不予执行。

第六十四条 一方当事人申请执行裁决，另一方当事人申请撤销裁决的，人民法院应当裁定中止执行。

人民法院裁定撤销裁决的，应当裁定终结执行。撤销裁决的申请被裁定驳回的，人民法院应当裁定恢复执行。

第七章　涉外仲裁的特别规定

第六十五条　涉外经济贸易、运输和海事中发生的纠纷的仲裁，适用本章规定。本章没有规定的，适用本法其他有关规定。

第六十六条　涉外仲裁委员会可以由中国国际商会组织设立。

涉外仲裁委员会由主任一人、副主任若干人和委员若干人组成。

涉外仲裁委员会的主任、副主任和委员可以由中国国际商会聘任。

第六十七条　涉外仲裁委员会可以从具有法律、经济贸易、科学技术等专门知识的外籍人士中聘任仲裁员。

第六十八条　涉外仲裁的当事人申请证据保全的，涉外仲裁委员会应当将当事人的申请提交证据所在地的中级人民法院。

第六十九条　涉外仲裁的仲裁庭可以将开庭情况记入笔录，或者作出笔录要点，笔录要点可以由当事人和其他仲裁参与人签字或者盖章。

第七十条　当事人提出证据证明涉外仲裁裁决有民事诉讼法第二百五十八条第一款规定的情形之一的，经人民法院组成合议庭审查核实，裁定撤销。

第七十一条　被申请人提出证据证明涉外仲裁裁决有民事诉讼法第二百五十八条第一款规定的情形之一的，经人民法院组成合议庭审查核实，裁定不予执行。

第七十二条　涉外仲裁委员会作出的发生法律效力的仲裁裁决，当事人请求执行的，如果被执行人或者其财产不在中华人民共和国领域内，应当由当事人直接向有管辖权的外国法院申请承认和执行。

第七十三条　涉外仲裁规则可以由中国国际商会依照本法和民事诉讼法的有关规定制定。

第八章　附　则

第七十四条　法律对仲裁时效有规定的，适用该规定。法律对仲裁时效没有规定的，适用诉讼时效的规定。

第七十五条　中国仲裁协会制定仲裁规则前，仲裁委员会依照本法和民事诉讼法的有关规定可以制定仲裁暂行规则。

第七十六条 当事人应当按照规定交纳仲裁费用。

收取仲裁费用的办法，应当报物价管理部门核准。

第七十七条 劳动争议和农业集体经济组织内部的农业承包合同纠纷的仲裁，另行规定。

第七十八条 本法施行前制定的有关仲裁的规定与本法的规定相抵触的，以本法为准。

第七十九条 本法施行前在直辖市、省、自治区人民政府所在地的市和其他设区的市设立的仲裁机构，应当依照本法的有关规定重新组建；未重新组建的，自本法施行之日起届满一年时终止。

本法施行前设立的不符合本法规定的其他仲裁机构，自本法施行之日起终止。

第八十条 本法自 1995 年 9 月 1 日起施行。

中华人民共和国劳动争议调解仲裁法

（2007 年 12 月 29 日第十届全国人民代表大会常务委员会第三十一次会议
通过）

目　录

第一章　总　　则

第一条　为了公正及时解决劳动争议，保护当事人合法权益，促进劳动关
系和谐稳定，制定本法。

第二条　中华人民共和国境内的用人单位与劳动者发生的下列劳动争议，
适用本法：

（一）因确认劳动关系发生的争议；

（二）因订立、履行、变更、解除和终止劳动合同发生的争议；

（三）因除名、辞退和辞职、离职发生的争议；

（四）因工作时间、休息休假、社会保险、福利、培训以及劳动保护发生
的争议；

（五）因劳动报酬、工伤医疗费、经济补偿或者赔偿金等发生的争议；

（六）法律、法规规定的其他劳动争议。

第三条　解决劳动争议，应当根据事实，遵循合法、公正、及时、着重调

解的原则，依法保护当事人的合法权益。

第四条 发生劳动争议，劳动者可以与用人单位协商，也可以请工会或者第三方共同与用人单位协商，达成和解协议。

第五条 发生劳动争议，当事人不愿协商、协商不成或者达成和解协议后不履行的，可以向调解组织申请调解；不愿调解、调解不成或者达成调解协议后不履行的，可以向劳动争议仲裁委员会申请仲裁；对仲裁裁决不服的，除本法另有规定的外，可以向人民法院提起诉讼。

第六条 发生劳动争议，当事人对自己提出的主张，有责任提供证据。与争议事项有关的证据属于用人单位掌握管理的，用人单位应当提供；用人单位不提供的，应当承担不利后果。

第七条 发生劳动争议的劳动者一方在十人以上，并有共同请求的，可以推举代表参加调解、仲裁或者诉讼活动。

第八条 县级以上人民政府劳动行政部门会同工会和企业方面代表建立协调劳动关系三方机制，共同研究解决劳动争议的重大问题。

第九条 用人单位违反国家规定，拖欠或者未足额支付劳动报酬，或者拖欠工伤医疗费、经济补偿或者赔偿金的，劳动者可以向劳动行政部门投诉，劳动行政部门应当依法处理。

第二章 调 解

第十条 发生劳动争议，当事人可以到下列调解组织申请调解：

（一）企业劳动争议调解委员会；

（二）依法设立的基层人民调解组织；

（三）在乡镇、街道设立的具有劳动争议调解职能的组织。

企业劳动争议调解委员会由职工代表和企业代表组成。职工代表由工会成员担任或者由全体职工推举产生，企业代表由企业负责人指定。企业劳动争议调解委员会主任由工会成员或者双方推举的人员担任。

第十一条 劳动争议调解组织的调解员应当由公道正派、联系群众、热心调解工作，并具有一定法律知识、政策水平和文化水平的成年公民担任。

第十二条　当事人申请劳动争议调解可以书面申请，也可以口头申请。口头申请的，调解组织应当当场记录申请人基本情况、申请调解的争议事项、理由和时间。

第十三条　调解劳动争议，应当充分听取双方当事人对事实和理由的陈述，耐心疏导，帮助其达成协议。

第十四条　经调解达成协议的，应当制作调解协议书。

调解协议书由双方当事人签名或者盖章，经调解员签名并加盖调解组织印章后生效，对双方当事人具有约束力，当事人应当履行。

自劳动争议调解组织收到调解申请之日起十五日内未达成调解协议的，当事人可以依法申请仲裁。

第十五条　达成调解协议后，一方当事人在协议约定期限内不履行调解协议的，另一方当事人可以依法申请仲裁。

第十六条　因支付拖欠劳动报酬、工伤医疗费、经济补偿或者赔偿金事项达成调解协议，用人单位在协议约定期限内不履行的，劳动者可以持调解协议书依法向人民法院申请支付令。人民法院应当依法发出支付令。

第三章　仲　裁

第一节　一般规定

第十七条　劳动争议仲裁委员会按照统筹规划、合理布局和适应实际需要的原则设立。省、自治区人民政府可以决定在市、县设立；直辖市人民政府可以决定在区、县设立。直辖市、设区的市也可以设立一个或者若干个劳动争议仲裁委员会。劳动争议仲裁委员会不按行政区划层层设立。

第十八条　国务院劳动行政部门依照本法有关规定制定仲裁规则。省、自治区、直辖市人民政府劳动行政部门对本行政区域的劳动争议仲裁工作进行指导。

第十九条　劳动争议仲裁委员会由劳动行政部门代表、工会代表和企业方面代表组成。劳动争议仲裁委员会组成人员应当是单数。

劳动争议仲裁委员会依法履行下列职责：

（一）聘任、解聘专职或者兼职仲裁员；

（二）受理劳动争议案件；

（三）讨论重大或者疑难的劳动争议案件；

（四）对仲裁活动进行监督。

劳动争议仲裁委员会下设办事机构，负责办理劳动争议仲裁委员会的日常工作。

第二十条 劳动争议仲裁委员会应当设仲裁员名册。

仲裁员应当公道正派并符合下列条件之一：

（一）曾任审判员的；

（二）从事法律研究、教学工作并具有中级以上职称的；

（三）具有法律知识、从事人力资源管理或者工会等专业工作满五年的；

（四）律师执业满三年的。

第二十一条 劳动争议仲裁委员会负责管辖本区域内发生的劳动争议。

劳动争议由劳动合同履行地或者用人单位所在地的劳动争议仲裁委员会管辖。双方当事人分别向劳动合同履行地和用人单位所在地的劳动争议仲裁委员会申请仲裁的，由劳动合同履行地的劳动争议仲裁委员会管辖。

第二十二条 发生劳动争议的劳动者和用人单位为劳动争议仲裁案件的双方当事人。

劳务派遣单位或者用工单位与劳动者发生劳动争议的，劳务派遣单位和用工单位为共同当事人。

第二十三条 与劳动争议案件的处理结果有利害关系的第三人，可以申请参加仲裁活动或者由劳动争议仲裁委员会通知其参加仲裁活动。

第二十四条 当事人可以委托代理人参加仲裁活动。委托他人参加仲裁活动，应当向劳动争议仲裁委员会提交有委托人签名或者盖章的委托书，委托书应当载明委托事项和权限。

第二十五条 丧失或者部分丧失民事行为能力的劳动者，由其法定代理人代为参加仲裁活动；无法定代理人的，由劳动争议仲裁委员会为其指定代理人。劳动者死亡的，由其近亲属或者代理人参加仲裁活动。

第二十六条　劳动争议仲裁公开进行，但当事人协议不公开进行或者涉及国家秘密、商业秘密和个人隐私的除外。

第二节　申请和受理

第二十七条　劳动争议申请仲裁的时效期间为一年。仲裁时效期间从当事人知道或者应当知道其权利被侵害之日起计算。

前款规定的仲裁时效，因当事人一方向对方当事人主张权利，或者向有关部门请求权利救济，或者对方当事人同意履行义务而中断。从中断时起，仲裁时效期间重新计算。

因不可抗力或者有其他正当理由，当事人不能在本条第一款规定的仲裁时效期间申请仲裁的，仲裁时效中止。从中止时效的原因消除之日起，仲裁时效期间继续计算。

劳动关系存续期间因拖欠劳动报酬发生争议的，劳动者申请仲裁不受本条第一款规定的仲裁时效期间的限制；但是，劳动关系终止的，应当自劳动关系终止之日起一年内提出。

第二十八条　申请人申请仲裁应当提交书面仲裁申请，并按照被申请人人数提交副本。

仲裁申请书应当载明下列事项：

（一）劳动者的姓名、性别、年龄、职业、工作单位和住所，用人单位的名称、住所和法定代表人或者主要负责人的姓名、职务；

（二）仲裁请求和所根据的事实、理由；

（三）证据和证据来源、证人姓名和住所。

书写仲裁申请确有困难的，可以口头申请，由劳动争议仲裁委员会记入笔录，并告知对方当事人。

第二十九条　劳动争议仲裁委员会收到仲裁申请之日起五日内，认为符合受理条件的，应当受理，并通知申请人；认为不符合受理条件的，应当书面通知申请人不予受理，并说明理由。对劳动争议仲裁委员会不予受理或者逾期未作出决定的，申请人可以就该劳动争议事项向人民法院提起诉讼。

第三十条　劳动争议仲裁委员会受理仲裁申请后，应当在五日内将仲裁申请书副本送达被申请人。

被申请人收到仲裁申请书副本后，应当在十日内向劳动争议仲裁委员会提交答辩书。劳动争议仲裁委员会收到答辩书后，应当在五日内将答辩书副本送达申请人。被申请人未提交答辩书的，不影响仲裁程序的进行。

第三节 开庭和裁决

第三十一条 劳动争议仲裁委员会裁决劳动争议案件实行仲裁庭制。仲裁庭由三名仲裁员组成，设首席仲裁员。简单劳动争议案件可以由一名仲裁员独任仲裁。

第三十二条 劳动争议仲裁委员会应当在受理仲裁申请之日起五日内将仲裁庭的组成情况书面通知当事人。

第三十三条 仲裁员有下列情形之一，应当回避，当事人也有权以口头或者书面方式提出回避申请：

（一）是本案当事人或者当事人、代理人的近亲属的；

（二）与本案有利害关系的；

（三）与本案当事人、代理人有其他关系，可能影响公正裁决的；

（四）私自会见当事人、代理人，或者接受当事人、代理人的请客送礼的。

劳动争议仲裁委员会对回避申请应当及时作出决定，并以口头或者书面方式通知当事人。

第三十四条 仲裁员有本法第三十三条第四项规定情形，或者有索贿受贿、徇私舞弊、枉法裁决行为的，应当依法承担法律责任。劳动争议仲裁委员会应当将其解聘。

第三十五条 仲裁庭应当在开庭五日前，将开庭日期、地点书面通知双方当事人。当事人有正当理由的，可以在开庭三日前请求延期开庭。是否延期，由劳动争议仲裁委员会决定。

第三十六条 申请人收到书面通知，无正当理由拒不到庭或者未经仲裁庭同意中途退庭的，可以视为撤回仲裁申请。

被申请人收到书面通知，无正当理由拒不到庭或者未经仲裁庭同意中途退庭的，可以缺席裁决。

第三十七条　仲裁庭对专门性问题认为需要鉴定的，可以交由当事人约定的鉴定机构鉴定；当事人没有约定或者无法达成约定的，由仲裁庭指定的鉴定机构鉴定。

根据当事人的请求或者仲裁庭的要求，鉴定机构应当派鉴定人参加开庭。当事人经仲裁庭许可，可以向鉴定人提问。

第三十八条　当事人在仲裁过程中有权进行质证和辩论。质证和辩论终结时，首席仲裁员或者独任仲裁员应当征询当事人的最后意见。

第三十九条　当事人提供的证据经查证属实的，仲裁庭应当将其作为认定事实的根据。

劳动者无法提供由用人单位掌握管理的与仲裁请求有关的证据，仲裁庭可以要求用人单位在指定期限内提供。用人单位在指定期限内不提供的，应当承担不利后果。

第四十条　仲裁庭应当将开庭情况记入笔录。当事人和其他仲裁参加人认为对自己陈述的记录有遗漏或者差错的，有权申请补正。如果不予补正，应当记录该申请。

笔录由仲裁员、记录人员、当事人和其他仲裁参加人签名或者盖章。

第四十一条　当事人申请劳动争议仲裁后，可以自行和解。达成和解协议的，可以撤回仲裁申请。

第四十二条　仲裁庭在作出裁决前，应当先行调解。

调解达成协议的，仲裁庭应当制作调解书。

调解书应当写明仲裁请求和当事人协议的结果。调解书由仲裁员签名，加盖劳动争议仲裁委员会印章，送达双方当事人。调解书经双方当事人签收后，发生法律效力。

调解不成或者调解书送达前，一方当事人反悔的，仲裁庭应当及时作出裁决。

第四十三条　仲裁庭裁决劳动争议案件，应当自劳动争议仲裁委员会受理仲裁申请之日起四十五日内结束。案情复杂需要延期的，经劳动争议仲裁委员会主任批准，可以延期并书面通知当事人，但是延长期限不得超过十五日。逾期未作出仲裁裁决的，当事人可以就该劳动争议事项向人民法院提起诉讼。

仲裁庭裁决劳动争议案件时，其中一部分事实已经清楚，可以就该部分先行裁决。

第四十四条 仲裁庭对追索劳动报酬、工伤医疗费、经济补偿或者赔偿金的案件，根据当事人的申请，可以裁决先予执行，移送人民法院执行。

仲裁庭裁决先予执行的，应当符合下列条件：

（一）当事人之间权利义务关系明确；

（二）不先予执行将严重影响申请人的生活。

劳动者申请先予执行的，可以不提供担保。

第四十五条 裁决应当按照多数仲裁员的意见作出，少数仲裁员的不同意见应当记入笔录。仲裁庭不能形成多数意见时，裁决应当按照首席仲裁员的意见作出。

第四十六条 裁决书应当载明仲裁请求、争议事实、裁决理由、裁决结果和裁决日期。裁决书由仲裁员签名，加盖劳动争议仲裁委员会印章。对裁决持不同意见的仲裁员，可以签名，也可以不签名。

第四十七条 下列劳动争议，除本法另有规定的外，仲裁裁决为终局裁决，裁决书自作出之日起发生法律效力：

（一）追索劳动报酬、工伤医疗费、经济补偿或者赔偿金，不超过当地月最低工资标准十二个月金额的争议；

（二）因执行国家的劳动标准在工作时间、休息休假、社会保险等方面发生的争议。

第四十八条 劳动者对本法第四十七条规定的仲裁裁决不服的，可以自收到仲裁裁决书之日起十五日内向人民法院提起诉讼。

第四十九条 用人单位有证据证明本法第四十七条规定的仲裁裁决有下列情形之一，可以自收到仲裁裁决书之日起三十日内向劳动争议仲裁委员会所在地的中级人民法院申请撤销裁决：

（一）适用法律、法规确有错误的；

（二）劳动争议仲裁委员会无管辖权的；

（三）违反法定程序的；

（四）裁决所根据的证据是伪造的；

（五）对方当事人隐瞒了足以影响公正裁决的证据的；

（六）仲裁员在仲裁该案时有索贿受贿、徇私舞弊、枉法裁决行为的。

人民法院经组成合议庭审查核实裁决有前款规定情形之一的，应当裁定撤销。

仲裁裁决被人民法院裁定撤销的，当事人可以自收到裁定书之日起十五日内就该劳动争议事项向人民法院提起诉讼。

第五十条　当事人对本法第四十七条规定以外的其他劳动争议案件的仲裁裁决不服的，可以自收到仲裁裁决书之日起十五日内向人民法院提起诉讼；期满不起诉的，裁决书发生法律效力。

第五十一条　当事人对发生法律效力的调解书、裁决书，应当依照规定的期限履行。一方当事人逾期不履行的，另一方当事人可以依照民事诉讼法的有关规定向人民法院申请执行。受理申请的人民法院应当依法执行。

第四章　附　　则

第五十二条　事业单位实行聘用制的工作人员与本单位发生劳动争议的，依照本法执行；法律、行政法规或者国务院另有规定的，依照其规定。

第五十三条　劳动争议仲裁不收费。劳动争议仲裁委员会的经费由财政予以保障。

第五十四条　本法自 2008 年 5 月 1 日起施行。

信访工作条例

（2022 年 1 月 24 日中共中央政治局会议审议批准　2022 年 2 月 25 日中共中央、国务院发布）

第一章　总　　则

第一条　为了坚持和加强党对信访工作的全面领导，做好新时代信访工作，保持党和政府同人民群众的密切联系，制定本条例。

第二条　本条例适用于各级党的机关、人大机关、行政机关、政协机关、监察机关、审判机关、检察机关以及群团组织、国有企事业单位等开展信访工作。

第三条　信访工作是党的群众工作的重要组成部分，是党和政府了解民情、集中民智、维护民利、凝聚民心的一项重要工作，是各级机关、单位及其领导干部、工作人员接受群众监督、改进工作作风的重要途径。

第四条　信访工作坚持以马克思列宁主义、毛泽东思想、邓小平理论、"三个代表"重要思想、科学发展观、习近平新时代中国特色社会主义思想为指导，贯彻落实习近平总书记关于加强和改进人民信访工作的重要思想，增强"四个意识"、坚定"四个自信"、做到"两个维护"，牢记为民解难、为党分忧的政治责任，坚守人民情怀，坚持底线思维、法治思维，服务党和国家工作大局，维护群众合法权益，化解信访突出问题，促进社会和谐稳定。

第五条　信访工作应当遵循下列原则：

（一）坚持党的全面领导。把党的领导贯彻到信访工作各方面和全过程，确保正确政治方向。

（二）坚持以人民为中心。践行党的群众路线，倾听群众呼声，关心群众疾苦，千方百计为群众排忧解难。

（三）坚持落实信访工作责任。党政同责、一岗双责，属地管理、分级负责，谁主管、谁负责。

（四）坚持依法按政策解决问题。将信访纳入法治化轨道，依法维护群众权益、规范信访秩序。

（五）坚持源头治理化解矛盾。多措并举、综合施策，着力点放在源头预防和前端化解，把可能引发信访问题的矛盾纠纷化解在基层、化解在萌芽状态。

第六条　各级机关、单位应当畅通信访渠道，做好信访工作，认真处理信访事项，倾听人民群众建议、意见和要求，接受人民群众监督，为人民群众服务。

第二章　信访工作体制

第七条　坚持和加强党对信访工作的全面领导，构建党委统一领导、政府组织落实、信访工作联席会议协调、信访部门推动、各方齐抓共管的信访工作格局。

第八条　党中央加强对信访工作的统一领导：

（一）强化政治引领，确立信访工作的政治方向和政治原则，严明政治纪律和政治规矩；

（二）制定信访工作方针政策，研究部署信访工作中事关党和国家工作大局、社会和谐稳定、群众权益保障的重大改革措施；

（三）领导建设一支对党忠诚可靠、恪守为民之责、善做群众工作的高素质专业化信访工作队伍，为信访工作提供组织保证。

第九条　地方党委领导本地区信访工作，贯彻落实党中央关于信访工作的方针政策和决策部署，执行上级党组织关于信访工作的部署要求，统筹信访工作责任体系构建，支持和督促下级党组织做好信访工作。

地方党委常委会应当定期听取信访工作汇报，分析形势，部署任务，研究重大事项，解决突出问题。

第十条　各级政府贯彻落实上级党委和政府以及本级党委关于信访工作的部署要求，科学民主决策、依法履行职责，组织各方力量加强矛盾纠纷排查化解，及时妥善处理信访事项，研究解决政策性、群体性信访突出问题和疑难复杂信访问题。

第十一条 中央信访工作联席会议在党中央、国务院领导下，负责全国信访工作的统筹协调、整体推进、督促落实，履行下列职责：

（一）研究分析全国信访形势，为中央决策提供参考；

（二）督促落实党中央关于信访工作的方针政策和决策部署；

（三）研究信访制度改革和信访法治化建设重大问题和事项；

（四）研究部署重点工作任务，协调指导解决具有普遍性的信访突出问题；

（五）领导组织信访工作责任制落实、督导考核等工作；

（六）指导地方各级信访工作联席会议工作；

（七）承担党中央、国务院交办的其他事项。

中央信访工作联席会议由党中央、国务院领导同志以及有关部门负责同志担任召集人，各成员单位负责同志参加。中央信访工作联席会议办公室设在国家信访局，承担联席会议的日常工作，督促检查联席会议议定事项的落实。

第十二条 中央信访工作联席会议根据工作需要召开全体会议或者工作会议。研究涉及信访工作改革发展的重大问题和重要信访事项的处理意见，应当及时向党中央、国务院请示报告。

中央信访工作联席会议各成员单位应当落实联席会议确定的工作任务和议定事项，及时报送落实情况；及时将本领域重大敏感信访问题提请联席会议研究。

第十三条 地方各级信访工作联席会议在本级党委和政府领导下，负责本地区信访工作的统筹协调、整体推进、督促落实，协调处理发生在本地区的重要信访问题，指导下级信访工作联席会议工作。联席会议召集人一般由党委和政府负责同志担任。

地方党委和政府应当根据信访工作形势任务，及时调整成员单位，健全规章制度，建立健全信访信息分析研判、重大信访问题协调处理、联合督查等工作机制，提升联席会议工作的科学化、制度化、规范化水平。

根据工作需要，乡镇党委和政府、街道党工委和办事处可以建立信访工作联席会议机制，或者明确党政联席会定期研究本地区信访工作，协调处理发生在本地区的重要信访问题。

第十四条　各级党委和政府信访部门是开展信访工作的专门机构，履行下列职责：

（一）受理、转送、交办信访事项；

（二）协调解决重要信访问题；

（三）督促检查重要信访事项的处理和落实；

（四）综合反映信访信息，分析研判信访形势，为党委和政府提供决策参考；

（五）指导本级其他机关、单位和下级的信访工作；

（六）提出改进工作、完善政策和追究责任的建议；

（七）承担本级党委和政府交办的其他事项。

各级党委和政府信访部门以外的其他机关、单位应当根据信访工作形势任务，明确负责信访工作的机构或者人员，参照党委和政府信访部门职责，明确相应的职责。

第十五条　各级党委和政府以外的其他机关、单位应当做好各自职责范围内的信访工作，按照规定及时受理办理信访事项，预防和化解政策性、群体性信访问题，加强对下级机关、单位信访工作的指导。

各级机关、单位应当拓宽社会力量参与信访工作的制度化渠道，发挥群团组织、社会组织和"两代表一委员"、社会工作者等作用，反映群众意见和要求，引导群众依法理性反映诉求、维护权益，推动矛盾纠纷及时有效化解。

乡镇党委和政府、街道党工委和办事处以及村（社区）"两委"应当全面发挥职能作用，坚持和发展新时代"枫桥经验"，积极协调处理化解发生在当地的信访事项和矛盾纠纷，努力做到小事不出村、大事不出镇、矛盾不上交。

第十六条　各级党委和政府应当加强信访部门建设，选优配强领导班子，配备与形势任务相适应的工作力量，建立健全信访督查专员制度，打造高素质专业化信访干部队伍。各级党委和政府信访部门主要负责同志应当由本级党委或者政府副秘书长〔办公厅（室）副主任〕兼任。

各级党校（行政学院）应当将信访工作作为党性教育内容纳入教学培训，加强干部教育培训。

各级机关、单位应当建立健全年轻干部和新录用干部到信访工作岗位锻炼制度。

各级党委和政府应当为信访工作提供必要的支持和保障，所需经费列入本级预算。

第三章　信访事项的提出和受理

第十七条　公民、法人或者其他组织可以采用信息网络、书信、电话、传真、走访等形式，向各级机关、单位反映情况，提出建议、意见或者投诉请求，有关机关、单位应当依规依法处理。

采用前款规定的形式，反映情况，提出建议、意见或者投诉请求的公民、法人或者其他组织，称信访人。

第十八条　各级机关、单位应当向社会公布网络信访渠道、通信地址、咨询投诉电话、信访接待的时间和地点、查询信访事项处理进展以及结果的方式等相关事项，在其信访接待场所或者网站公布与信访工作有关的党内法规和法律、法规、规章，信访事项的处理程序，以及其他为信访人提供便利的相关事项。

各级机关、单位领导干部应当阅办群众来信和网上信访、定期接待群众来访、定期下访，包案化解群众反映强烈的突出问题。

市、县级党委和政府应当建立和完善联合接访工作机制，根据工作需要组织有关机关、单位联合接待，一站式解决信访问题。

任何组织和个人不得打击报复信访人。

第十九条　信访人一般应当采用书面形式提出信访事项，并载明其姓名（名称）、住址和请求、事实、理由。对采用口头形式提出的信访事项，有关机关、单位应当如实记录。

信访人提出信访事项，应当客观真实，对其所提供材料内容的真实性负责，不得捏造、歪曲事实，不得诬告、陷害他人。

信访事项已经受理或者正在办理的，信访人在规定期限内向受理、办理机关、单位的上级机关、单位又提出同一信访事项的，上级机关、单位不予受理。

第二十条　信访人采用走访形式提出信访事项的，应当到有权处理的本级或者上一级机关、单位设立或者指定的接待场所提出。

信访人采用走访形式提出涉及诉讼权利救济的信访事项，应当按照法律法规规定的程序向有关政法部门提出。

多人采用走访形式提出共同的信访事项的，应当推选代表，代表人数不得超过5人。

各级机关、单位应当落实属地责任，认真接待处理群众来访，把问题解决在当地，引导信访人就地反映问题。

第二十一条　各级党委和政府应当加强信访工作信息化、智能化建设，依规依法有序推进信访信息系统互联互通、信息共享。

各级机关、单位应当及时将信访事项录入信访信息系统，使网上信访、来信、来访、来电在网上流转，方便信访人查询、评价信访事项办理情况。

第二十二条　各级党委和政府信访部门收到信访事项，应当予以登记，并区分情况，在15日内分别按照下列方式处理：

（一）对依照职责属于本级机关、单位或者其工作部门处理决定的，应当转送有权处理的机关、单位；情况重大、紧急的，应当及时提出建议，报请本级党委和政府决定。

（二）涉及下级机关、单位或者其工作人员的，按照"属地管理、分级负责，谁主管、谁负责"的原则，转送有权处理的机关、单位。

（三）对转送信访事项中的重要情况需要反馈办理结果的，可以交由有权处理的机关、单位办理，要求其在指定办理期限内反馈结果，提交办结报告。

各级党委和政府信访部门对收到的涉法涉诉信件，应当转送同级政法部门依法处理；对走访反映涉诉问题的信访人，应当释法明理，引导其向有关政法部门反映问题。对属于纪检监察机关受理的检举控告类信访事项，应当按照管理权限转送有关纪检监察机关依规依纪依法处理。

第二十三条　党委和政府信访部门以外的其他机关、单位收到信访人直接提出的信访事项，应当予以登记；对属于本机关、单位职权范围的，应当告知信访人接收情况以及处理途径和程序；对属于本系统下级机关、单位职权范围的，应当转送、交办有权处理的机关、单位，并告知信访人转送、交办去向；对不属于本机关、单位或者本系统职权范围的，应当告知信访人向有权处理的机关、单位提出。

对信访人直接提出的信访事项，有关机关、单位能够当场告知的，应当当场书面告知；不能当场告知的，应当自收到信访事项之日起15日内书面告知信访人，但信访人的姓名（名称）、住址不清的除外。

对党委和政府信访部门或者本系统上级机关、单位转送、交办的信访事项，属于本机关、单位职权范围的，有关机关、单位应当自收到之日起15日内书面告知信访人接收情况以及处理途径和程序；不属于本机关、单位或者本系统职权范围的，有关机关、单位应当自收到之日起5个工作日内提出异议，并详细说明理由，经转送、交办的信访部门或者上级机关、单位核实同意后，交还相关材料。

政法部门处理涉及诉讼权利救济事项、纪检监察机关处理检举控告事项的告知按照有关规定执行。

第二十四条　涉及两个或者两个以上机关、单位的信访事项，由所涉及的机关、单位协商受理；受理有争议的，由其共同的上一级机关、单位决定受理机关；受理有争议且没有共同的上一级机关、单位的，由共同的信访工作联席会议协调处理。

应当对信访事项作出处理的机关、单位分立、合并、撤销的，由继续行使其职权的机关、单位受理；职责不清的，由本级党委和政府或者其指定的机关、单位受理。

第二十五条　各级机关、单位对可能造成社会影响的重大、紧急信访事项和信访信息，应当及时报告本级党委和政府，通报相关主管部门和本级信访工作联席会议办公室，在职责范围内依法及时采取措施，防止不良影响的产生、扩大。

地方各级党委和政府信访部门接到重大、紧急信访事项和信访信息，应当向上一级信访部门报告，同时报告国家信访局。

第二十六条　信访人在信访过程中应当遵守法律、法规，不得损害国家、社会、集体的利益和其他公民的合法权利，自觉维护社会公共秩序和信访秩序，不得有下列行为：

（一）在机关、单位办公场所周围、公共场所非法聚集，围堵、冲击机关、单位，拦截公务车辆，或者堵塞、阻断交通；

（二）携带危险物品、管制器具；

（三）侮辱、殴打、威胁机关、单位工作人员，非法限制他人人身自由，或者毁坏财物；

（四）在信访接待场所滞留、滋事，或者将生活不能自理的人弃留在信访接待场所；

（五）煽动、串联、胁迫、以财物诱使、幕后操纵他人信访，或者以信访为名借机敛财；

（六）其他扰乱公共秩序、妨害国家和公共安全的行为。

第四章　信访事项的办理

第二十七条　各级机关、单位及其工作人员应当根据各自职责和有关规定，按照诉求合理的解决问题到位、诉求无理的思想教育到位、生活困难的帮扶救助到位、行为违法的依法处理的要求，依法按政策及时就地解决群众合法合理诉求，维护正常信访秩序。

第二十八条　各级机关、单位及其工作人员办理信访事项，应当恪尽职守、秉公办事，查明事实、分清责任，加强教育疏导，及时妥善处理，不得推诿、敷衍、拖延。

各级机关、单位应当按照诉讼与信访分离制度要求，将涉及民事、行政、刑事等诉讼权利救济的信访事项从普通信访体制中分离出来，由有关政法部门依法处理。

各级机关、单位工作人员与信访事项或者信访人有直接利害关系的，应当回避。

第二十九条 对信访人反映的情况、提出的建议意见类事项，有权处理的机关、单位应当认真研究论证。对科学合理、具有现实可行性的，应当采纳或者部分采纳，并予以回复。

信访人反映的情况、提出的建议意见，对国民经济和社会发展或者对改进工作以及保护社会公共利益有贡献的，应当按照有关规定给予奖励。

各级党委和政府应当健全人民建议征集制度，对涉及国计民生的重要工作，主动听取群众的建议意见。

第三十条 对信访人提出的检举控告类事项，纪检监察机关或者有权处理的机关、单位应当依规依纪依法接收、受理、办理和反馈。

党委和政府信访部门应当按照干部管理权限向组织（人事）部门通报反映干部问题的信访情况，重大情况向党委主要负责同志和分管组织（人事）工作的负责同志报送。组织（人事）部门应当按照干部选拔任用监督的有关规定进行办理。

不得将信访人的检举、揭发材料以及有关情况透露或者转给被检举、揭发的人员或者单位。

第三十一条 对信访人提出的申诉求决类事项，有权处理的机关、单位应当区分情况，分别按照下列方式办理：

（一）应当通过审判机关诉讼程序或者复议程序、检察机关刑事立案程序或者法律监督程序、公安机关法律程序处理的，涉法涉诉信访事项未依法终结的，按照法律法规规定的程序处理。

（二）应当通过仲裁解决的，导入相应程序处理。

（三）可以通过党员申诉、申请复审等解决的，导入相应程序处理。

（四）可以通过行政复议、行政裁决、行政确认、行政许可、行政处罚等行政程序解决的，导入相应程序处理。

（五）属于申请查处违法行为、履行保护人身权或者财产权等合法权益职责的，依法履行或者答复。

（六）不属于以上情形的，应当听取信访人陈述事实和理由，并调查核实，出具信访处理意见书。对重大、复杂、疑难的信访事项，可以举行听证。

第三十二条　信访处理意见书应当载明信访人投诉请求、事实和理由、处理意见及其法律法规依据：

（一）请求事实清楚，符合法律、法规、规章或者其他有关规定的，予以支持；

（二）请求事由合理但缺乏法律依据的，应当作出解释说明；

（三）请求缺乏事实根据或者不符合法律、法规、规章或者其他有关规定的，不予支持。

有权处理的机关、单位作出支持信访请求意见的，应当督促有关机关、单位执行；不予支持的，应当做好信访人的疏导教育工作。

第三十三条　各级机关、单位在处理申诉求决类事项过程中，可以在不违反政策法规强制性规定的情况下，在裁量权范围内，经争议双方当事人同意进行调解；可以引导争议双方当事人自愿和解。经调解、和解达成一致意见的，应当制作调解协议书或者和解协议书。

第三十四条　对本条例第三十一条第六项规定的信访事项应当自受理之日起 60 日内办结；情况复杂的，经本机关、单位负责人批准，可以适当延长办理期限，但延长期限不得超过 30 日，并告知信访人延期理由。

第三十五条　信访人对信访处理意见不服的，可以自收到书面答复之日起 30 日内请求原办理机关、单位的上一级机关、单位复查。收到复查请求的机关、单位应当自收到复查请求之日起 30 日内提出复查意见，并予以书面答复。

第三十六条　信访人对复查意见不服的，可以自收到书面答复之日起 30 日内向复查机关、单位的上一级机关、单位请求复核。收到复核请求的机关、单位应当自收到复核请求之日起 30 日内提出复核意见。

复核机关、单位可以按照本条例第三十一条第六项的规定举行听证，经过听证的复核意见可以依法向社会公示。听证所需时间不计算在前款规定的期限内。

信访人对复核意见不服，仍然以同一事实和理由提出投诉请求的，各级党委和政府信访部门和其他机关、单位不再受理。

第三十七条 各级机关、单位应当坚持社会矛盾纠纷多元预防调处化解，人民调解、行政调解、司法调解联动，综合运用法律、政策、经济、行政等手段和教育、协商、疏导等办法，多措并举化解矛盾纠纷。

各级机关、单位在办理信访事项时，对生活确有困难的信访人，可以告知或者帮助其向有关机关或者机构依法申请社会救助。符合国家司法救助条件的，有关政法部门应当按照规定给予司法救助。

地方党委和政府以及基层党组织和基层单位对信访事项已经复查复核和涉法涉诉信访事项已经依法终结的相关信访人，应当做好疏导教育、矛盾化解、帮扶救助等工作。

第五章 监督和追责

第三十八条 各级党委和政府应当对开展信访工作、落实信访工作责任的情况组织专项督查。

信访工作联席会议及其办公室、党委和政府信访部门应当根据工作需要开展督查，就发现的问题向有关地方和部门进行反馈，重要问题向本级党委和政府报告。

各级党委和政府督查部门应当将疑难复杂信访问题列入督查范围。

第三十九条 各级党委和政府应当以依规依法及时就地解决信访问题为导向，每年对信访工作情况进行考核。考核结果应当在适当范围内通报，并作为对领导班子和有关领导干部综合考核评价的重要参考。

对在信访工作中作出突出成绩和贡献的机关、单位或者个人，可以按照有关规定给予表彰和奖励。

对在信访工作中履职不力、存在严重问题的领导班子和领导干部，视情节轻重，由信访工作联席会议进行约谈、通报、挂牌督办，责令限期整改。

第四十条 党委和政府信访部门发现有关机关、单位存在违反信访工作规定受理、办理信访事项，办理信访事项推诿、敷衍、拖延、弄虚作假或者拒不执行信访处理意见等情形的，应当及时督办，并提出改进工作的建议。

对工作中发现的有关政策性问题，应当及时向本级党委和政府报告，并提出完善政策的建议。

对在信访工作中推诿、敷衍、拖延、弄虚作假造成严重后果的机关、单位及其工作人员，应当向有管理权限的机关、单位提出追究责任的建议。

对信访部门提出的改进工作、完善政策、追究责任的建议，有关机关、单位应当书面反馈采纳情况。

第四十一条　党委和政府信访部门应当编制信访情况年度报告，每年向本级党委和政府、上一级党委和政府信访部门报告。年度报告应当包括下列内容：

（一）信访事项的数据统计、信访事项涉及领域以及被投诉较多的机关、单位；

（二）党委和政府信访部门转送、交办、督办情况；

（三）党委和政府信访部门提出改进工作、完善政策、追究责任建议以及被采纳情况；

（四）其他应当报告的事项。

根据巡视巡察工作需要，党委和政府信访部门应当向巡视巡察机构提供被巡视巡察地区、单位领导班子及其成员和下一级主要负责人有关信访举报，落实信访工作责任制，具有苗头性、倾向性的重要信访问题，需要巡视巡察工作关注的重要信访事项等情况。

第四十二条　因下列情形之一导致信访事项发生，造成严重后果的，对直接负责的主管人员和其他直接责任人员，依规依纪依法严肃处理；构成犯罪的，依法追究刑事责任：

（一）超越或者滥用职权，侵害公民、法人或者其他组织合法权益；

（二）应当作为而不作为，侵害公民、法人或者其他组织合法权益；

（三）适用法律、法规错误或者违反法定程序，侵害公民、法人或者其他组织合法权益；

（四）拒不执行有权处理机关、单位作出的支持信访请求意见。

第四十三条　各级党委和政府信访部门对收到的信访事项应当登记、转送、交办而未按照规定登记、转送、交办，或者应当履行督办职责而未履行的，由其上级机关责令改正；造成严重后果的，对直接负责的主管人员和其他直接责任人员依规依纪依法严肃处理。

第四十四条　负有受理信访事项职责的机关、单位有下列情形之一的，由其上级机关、单位责令改正；造成严重后果的，对直接负责的主管人员和其他直接责任人员依规依纪依法严肃处理：

（一）对收到的信访事项不按照规定登记；

（二）对属于其职权范围的信访事项不予受理；

（三）未在规定期限内书面告知信访人是否受理信访事项。

第四十五条　对信访事项有权处理的机关、单位有下列情形之一的，由其上级机关、单位责令改正；造成严重后果的，对直接负责的主管人员和其他直接责任人员依规依纪依法严肃处理：

（一）推诿、敷衍、拖延信访事项办理或者未在规定期限内办结信访事项；

（二）对事实清楚，符合法律、法规、规章或者其他有关规定的投诉请求未予支持；

（三）对党委和政府信访部门提出的改进工作、完善政策等建议重视不够、落实不力，导致问题长期得不到解决；

（四）其他不履行或者不正确履行信访事项处理职责的情形。

第四十六条　有关机关、单位及其领导干部、工作人员有下列情形之一的，由其上级机关、单位责令改正；造成严重后果的，对直接负责的主管人员和其他直接责任人员依规依纪依法严肃处理；构成犯罪的，依法追究刑事责任：

（一）对待信访人态度恶劣、作风粗暴，损害党群干群关系；

（二）在处理信访事项过程中吃拿卡要、谋取私利；

（三）对规模性集体访、负面舆情等处置不力，导致事态扩大；

（四）对可能造成社会影响的重大、紧急信访事项和信访信息隐瞒、谎报、缓报，或者未依法及时采取必要措施；

（五）将信访人的检举、揭发材料或者有关情况透露、转给被检举、揭发的人员或者单位；

（六）打击报复信访人；

（七）其他违规违纪违法的情形。

第四十七条　信访人违反本条例第二十条、第二十六条规定的，有关机关、单位工作人员应当对其进行劝阻、批评或者教育。

信访人滋事扰序、缠访闹访情节严重，构成违反治安管理行为的，或者违反集会游行示威相关法律法规的，由公安机关依法采取必要的现场处置措施、给予治安管理处罚；构成犯罪的，依法追究刑事责任。

信访人捏造歪曲事实、诬告陷害他人，构成违反治安管理行为的，依法给予治安管理处罚；构成犯罪的，依法追究刑事责任。

第六章　附　　则

第四十八条　对外国人、无国籍人、外国组织信访事项的处理，参照本条例执行。

第四十九条　本条例由国家信访局负责解释。

第五十条　本条例自 2022 年 5 月 1 日起施行。